RÉPERTOIRE GÉNÉRAL

DES

MARQUES DE FABRIQUE

POUR FILS DE LIN ET DE COTON A COUDRE

DÉPOSÉES A LILLE

*au Secrétariat du Conseil des Prud'hommes
de 1812 à 1857
et au Greffe du Tribunal de Commerce
de 1857 à 1895*

Publié par les soins du Syndicat des Fabricants de fils de lin à coudre.

LILLE

IMPRIMERIE LEFEBVRE-DUCROCQ

1897

RÉPERTOIRE GÉNÉRAL

DES

MARQUES DE FABRIQUE

RÉPERTOIRE GÉNÉRAL

DES

MARQUES DE FABRIQUE

POUR FILS DE LIN ET DE COTON A COUDRE

DÉPOSÉES A LILLE

*au Secrétariat du Conseil des Prud'hommes
de 1812 à 1857
et au Greffe du Tribunal de Commerce
de 1857 à 1895*

Publié par les soins du Syndicat des Fabricants de fils de lin à coudre.

LILLE

IMPRIMERIE LEFEBVRE-DUCROCQ

1897

TABLE GÉNÉRALE DES MATIÈRES

I.

MARQUES DÉPOSÉES AU SECRÉTARIAT DU CONSEIL DES PRUD'HOMMES DE LILLE
DE 1812 A 1857 :

Pages
1°. — Titres de marques par ordre alphabétique 5
2°. — Marques sans titre par ordre de dépôt 27

II.

MARQUES DÉPOSÉES AU GREFFE DU TRIBUNAL DE COMMERCE DE LILLE
DE 1857 A 1895 :

1°. — Titres de marques par ordre alphabétique 53
2°. — Marques sans titre par ordre de dépôt 229
3°. — Titres de cartes par ordre alphabétique 251
4°. — Cartes sans titre par ordre de dépôt 299

I
MARQUES
déposées au Secrétariat du Conseil des Prud'hommes de Lille

DE 1812 A 1857

TITRES DE MARQUES

PAR

ORDRE ALPHABÉTIQUE

No D'ORDRE	No D'INSCRIPTION	DATE DU DÉPOT	NOM DE LA MARQUE	NATURE DE LA MARQUE	NOM DU DÉPOSANT	INITIALES
			A			
1	269	3 janvier 1853	Abondance (fil à l')	Vignette	Philibert Vrau	
2	399	14 février 1857	Abondance (fil à l')	Etiquette	Gustave Toussin	G T
3	399	14 février 1857	Abondance (fil à l')	Vignette	Gustave Toussin	G T
4	123	20 janvier 1845	Acier (fil d')	Vignette	Henri Carbon	H C
5	229	14 septembre 1850	Acier (fil d')	Vignette	Philibert Vrau	E M
6	269	3 janvier 1853	Acier (fil d')	Vignette	Philibert Vrau	
7	296	29 mars 1854	Acier (fil d')	Etiquette	Picavet aîné	
8	296	29 mars 1854	Acier (fil d')	Vignette	Picavet aîné	
9	339 bis	21 mai 1855	Aigle (à l')	Etiquette	Antoine Devos	A D
10	339 bis	21 mai 1855	Aigle (à l')	Vignette	Antoine Devos	A D
11	192	9 février 1848	Aigle (fil à l')	Vignette	Philibert Vrau	P V
12	204	5 mars 1849	Aigle (fil à l')	Vignette	Antoine Picavet	P Aé
13	336	10 avril 1855	Aigle (fil à l')	Etiquette	Auguste Descamps	Augte D
14	336	10 avril 1855	Aigle (fil à l')	Vignette	Auguste Descamps	Augte D
15	336	10 avril 1855	Aigle (fil à l')	Vignette	Auguste Descamps	Augte D
16	400	20 février 1857	Aigle (fil à l')	Vignette	Dre et Victor Picavet aîné	P Aé
17	404	15 juin 1857	Aigle (fil à l')	Vignette	Pierre Bianco	B Aé
18	162	22 mars 1847	Aigle couronné (à l')	Vignette	Ignace-Alexandre Senélar	S K
19	66	18 octobre 1840	Aigle d'or (à l')	Vignette	Delespaul aîné	P et B
20	350	5 septembre 1855	Airain (fil d')	Etiquette	Hassebroucq frères	Hᶠ
21	350	5 septembre 1855	Airain (fil d')	Vignette	Hassebroucq frères	Hᶠ
22	175	6 juillet 1847	Amazone (fil)	Etiquette	A. Fauchille-Delanoy	A F D
23	175	6 juillet 1847	Amazone (fil)	Vignette	A. Fauchille-Delanoy	A F D
24	229	14 septembre 1850	Américain (fil à l')	Vignette	Philibert Vrau	P V
25	124	30 janvier 1845	Ange (fil à l')	Vignette	Hassebroucq frères	Hᶠ

N° D'ORDRE	N° D'INSCRIPTION	DATE DU DÉPOT	NOM DE LA MARQUE	NATURE DE LA MARQUE	NOM DU DÉPOSANT	INITIALES
26	398	10 février 1857	Ange conducteur (à l')	Vignette	Pierre-Louis Dezonsart	
27	187	29 novembre 1847	Ange gardien (à l')	Vignette	Philibert Vrau	C A°, à Rennes
28	296	29 mars 1854	Ange gardien (à l')	Etiquette	Picavet aîné	A S
29	296	29 mars 1854	Ange gardien (à l')	Vignette	Picavet aîné	A S
30	353	12 octobre 1855	Angélus (fil à l')	Vignette	Philibert Vrau	R F
31	280	13 août 1853	Anges (fil aux)	Vignette	Philibert Vrau	P V
32	404	15 juin 1857	Anges (fil aux)	Vignette	Pierre Bianco	B A°
33	132	9 août 1845	Anglais (fil)	Etiquette	Hubert-Stanislas Ghéquière	E G et R
34	132	9 août 1845	Anglais (fil)	Vignette	Hubert-Stanislas Ghéquière	E G et R
35	355	19 octobre 1855	Anglais (fil)	Etiquette	Descamps-Crespel	
36	355	19 octobre 1855	Anglais (fil)	Vignette	Descamps-Crespel	
37	179	13 août 1847	Anne de Bretagne	Vignette	Philibert Vrau	L S
38	368	25 mars 1856	Arabe (fil à l')	Vignette	Poullier-Longhaye	B L
39	180	22 août 1847	Archange (fil à l')	Etiquette	Jean-Louis Lambry-Scrive	L S
40	180	22 août 1847	Archange (fil à l')	Vignette	Jean-Louis Lambry-Scrive	L S
41	400	20 février 1857	Arlésienne (fil à l')	Vignette	D* et Victor Picavet aîné	P A°
42	221	5 février 1850	Armes (fil aux)	Vignette	Picavet aîné	P A°
43	346	9 août 1855	Armes d'Angoulême (fil aux)	Etiquette	Crespel et Descamps	
44	346	9 août 1855	Armes d'Angoulême (fil aux)	Vignette	Crespel et Descamps	G F
45	388	6 septembre 1856	Armes de Bourgogne (fil aux)	Vignette	Poullier-Longhaye	J M
46	308	5 juillet 1854	Armes de Charleville (fil aux)	Vignette	Ignace Lambin	D L
47	319	15 novembre 1854	Armes de Flandre (aux)	Vignette	Saint-Léger-Hovyn	S H
48	187	29 novembre 1847	Armes de Lille	Vignette	Philibert Vrau	P V
49	293	16 février 1854	Armes de Lyon (aux)	Etiquette	Crespel et Descamps	A B
50	293	16 février 1854	Armes de Lyon (aux)	Vignette	Crespel et Descamps	A B
51	229	14 septembre 1850	Armes de Nantes (fil aux)	Vignette	Philibert Vrau	J P L
52	170	9 juin 1847	Armes de Paris (fil aux)	Vignette	Jean-Louis Lambry-Scrive	L S
53	186	25 novembre 1847	Armes de Saint-Dizier	Etiquette	Barthélemy Delespaul	T F
54	186	25 novembre 1847	Armes de Saint-Dizier	Vignette	Barthélemy Delespaul	T F
55	269	3 janvier 1853	Auvergnat (à l')	Vignette	Philibert Vrau	
56	318	3 novembre 1854	A. Y. d'Irlande (fil)	Vignette	Adolphe Yon	A Y
57	318	3 novembre 1854	A. Y. glacé (fil)	Vignette	Adolphe Yon	A Y
58	318	3 novembre 1854	A. Y. glacé (fil de)	Vignette	Adolphe Yon	A Y

B

59	125	30 janvier 1845	Balance (fil à la)	Vignette	Philibert Vrau	P V
60	408 bis	22 août 1857	Beau sapeur (au)	Bande	Martin Blieck	M B
61	279	3 août 1853	Beauté (à la)	Vignette	Verstraete frères	J V et B

N° D'ORDRE	N° D'INSCRIPTION	DATE DU DÉPOT	NOM DE LA MARQUE	NATURE DE LA MARQUE	NOM DU DÉPOSANT	INITIALES
62	303	30 mai 1854	Bédouin (fil au)	Etiquette	Emile Humbert	L B
63	303	30 mai 1854	Bédouin (fil au)	Vignette	Emile Humbert	L B
64	339 bis	21 mai 1855	Bédouin (fil au)	Vignette	Antoine Devos	A D
65	181	1er septembre 1847	Belge (fil)	Etiquette	César et Désiré Hassebroucq	HF
66	181	1er septembre 1847	Belge (fil)	Vignette	César et Désiré Hassebroucq	HF
67	237	30 avril 1851	Bélisaire (fil à)	Etiquette	Hassebroucq frères	HF
68	237	30 avril 1851	Bélisaire (fil à)	Vignette	César et Désiré Hassebroucq, Hassebroucq fr.	HF
69	357	23 novembre 1855	Belle Jardinière (fil à la)	Vignette	Poullier-Longhaye	P L
70	100	12 mars 1843	Bergère (fil à la)	Vignette	Hassebroucq frères	HF
71	353	12 octobre 1855	Bergère (fil à la)	Vignette	Philibert Vrau	P V
72	282	30 septembre 1853	Berger landais (au)	Vignette	Crespel et Descamps	
73	268	9 octobre 1852	Bienheureux Pierre Fourier (fil au)	Vignette	Antoine Picavet	Vve C N
74	170	9 juin 1847	Blason (fil au)	Etiquette	Jean-Louis Lambry-Scrive	L S
75	170	9 juin 1847	Blason (fil au)	Vignette	Jean-Louis Lambry-Scrive	L S
76	280	13 août 1853	Bon marchand (fil au)	Vignette	Philibert Vrau	
77	336	10 avril 1855	Bon marchand (fil au)	Vignette	Auguste Descamps	Augte D
78	378	17 juin 1856	Bonne fileuse (fil à la)	Vignette	Philibert Vrau	A G
79	268	9 octobre 1852	Bonne foi (fil à la)	Etiquette	Antoine Picavet	P Ae
80	268	9 octobre 1852	Bonne foi (fil à la)	Vignette	Antoine Picavet	P Ae
81	350	5 septembre 1855	Bonne mère (fil à la)	Etiquette	Hassebroucq frères	HF
82	350	5 septembre 1855	Bonne mère (fil à la)	Vignette	Hassebroucq frères	HF
83	104	15 novembre 1843	Bon ouvrier (fil)	Vignette	Jules Descamps	G J D B
84	104	15 novembre 1843	Bon ouvrier (fil extra fort)	Vignette	Jules Descamps	G J D B
85	344	26 juillet 1855	Bon pasteur (fil au)	Etiquette	Pierre-Louis Dezonsart	D S
86	344	26 juillet 1855	Bon pasteur (fil au)	Vignette	Pierre-Louis Dezonsart	D S
87	404	15 juin 1857	Bon vieux temps (fil du)	Etiquette	Pierre Bianco	B Ae
88	404	15 juin 1857	Bon vieux temps (fil du)	Vignette	Pierre Bianco	B Ae
89	332	14 mars 1855	Bouquet (fil au)	Etiquette	Poullier-Longhaye	P L
90	332	14 mars 1855	Bouquet (fil au)	Vignette	Poullier-Longhaye	P L
91	391	24 novembre 1856	Bouquetière (fil à la)	Vignette	A. Fauchille-Delanoy	A F D
92	190	5 février 1848	Breton (fil au)	Etiquette	A. Fauchille-Delanoy	A F D
93	190	5 février 1848	Breton (fil au)	Vignette	A. Fauchille-Delanoy	A F D
94	240	20 mai 1851	Breton (fil au)	Vignette	Antoine Picavet	
95	336	10 avril 1855	Breton (fil au)	Vignette	Auguste Descamps	Augte D
96	408	28 juillet 1857	Bretonne (fil à la)	Etiquette	Charles Crespel	R F
97	406	 1857	Bretonne (fil à la)	Vignette	Charles Crespel	R F
98	404	15 juin 1857	Brevet (fil au)	Etiquette	Pierre Bianco	B Ae
99	404	15 juin 1857	Brevet (fil au)	Vignette	Pierre Bianco	B Ae

C

N° D'ORDRE	N° D'INSCRIPTION	DATE DU DÉPÔT	NOM DE LA MARQUE	NATURE DE LA MARQUE	NOM DU DÉPOSANT	INITIALES
100	307	30 juin 1854....	Camélia (fil au)........	Vignette...	Saint-Léger-Hovyn.....	S H
101	410	21 septembre 1857.	Capitole (fil au).......	Vignette...	Crespel et Descamps....	
102	187	29 novembre 1847.	Cérès (fil à)........	Vignette...	Philibert Vrau.......	P V
103	398	10 février 1857....	Chaîne (fil à la).......	Vignette...	Pierre-Louis Dezonsart...	R M A
104	360	3 janvier 1856....	Championnet (fil à)....	Vignette..	Philibert Vrau.......	P C
105	289	16 décembre 1853.	Chapelet (fil au)......	Etiquette..	Picavet aîné......	P Aé
106	289	16 décembre 1853.	Chapelet (fil au)......	Vignette...	Picavet aîné.......	P Aé
107	236	9 avril 1851....	Charité (fil à la)....	Etiquette..	Crespel et Descamps....	D Aé
108	236	9 avril 1851....	Charité (fil à la)....	Vignette...	Crespel et Descamps....	D Aé
109	236	9 avril 1851....	Chasseur (fil au).....	Etiquette..	Crespel et Descamps....	D Aé
110	236	9 avril 1851....	Chasseur (fil au).....	Vignette...	Crespel et Descamps....	D Aé
111	353	12 octobre 1855..	Chasseur des Alpes (fil au)...	Vignette...	Philibert Vrau.......	P V
112	182	20 septembre 1847.	Chêne (fil au)........	Etiquette..	César et Désiré Hassebroucq	HF
113	182	20 septembre 1847.	Chêne (fil au)........	Vignette...	César et Désiré Hassebroucq	HF
114	355	19 octobre 1855..	Chevalier (fil au).....	Etiquette..	Crespel et Descamps....	D Aé
115	355	19 octobre 1855..	Chevalier (fil au).....	Vignette...	Crespel et Descamps....	D Aé
116	387	30 août 1856....	Chevalier Bayard......	Vignette...	Crespel et Descamps....	M et C
117	216	12 octobre 1849..	Chiffonnier (fil au)....	Etiquette..	Ignace Senélar.......	S R
118	216	12 octobre 1849..	Chiffonnier (fil au)....	Vignette...	Ignace Senélar.......	S R
119	46	11 avril 1838......	Chine (fil de)........	Vignette...	Adolphe Yon........	A D Y
120	318	3 novembre 1854..	Chine (fil de)........	Etiquette..	Adolphe Yon........	
121	318	3 novembre 1854..	Chine (fil de)........	Vignette...	Adolphe Yon........	A D Y
122	318	3 novembre 1854..	Chine (fil de)........	Etiquette..	Adolphe Yon........	A D Y
123	318	3 novembre 1854..	Chine glacé (fil de)....	Etiquette..	Adolphe Yon........	A Y
124	318	3 novembre 1854..	Chine glacé (fil de)....	Etiquette..	Adolphe Yon........	
125	187	29 novembre 1847.	Chinois (fil au).......	Vignette...	Philibert Vrau.......	P V
126	100	12 mars 1843....	Chouette (fil à la)....	Vignette...	Hassebroucq frères.....	HF
127	391	24 novembre 1856.	Clairon (fil au).......	Vignette...	A Fauchille-Delanoy...	A F D
128	399	14 février 1857....	Clairons (fil aux).....	Etiquette..	Gustave Toussin......	G T
129	399	14 février 1857....	Clairons (fil aux).....	Vignette...	Gustave Toussin......	G T
130	282	30 septembre 1853.	Clémence Isaure (à)....	Etiquette..	Crespel et Descamps....	D Aé
131	282	30 septembre 1853.	Clémence Isaure (à)....	Vignette...	Crespel et Descamps....	D Aé
132	372	19 mai 1856....	Cœur de lin (fil).....	Etiquette..	Roman-Ghéquière.....	R G
133	372	19 mai 1856....	Cœur de lin (fil).....	Vignette...	Roman-Ghéquière.....	R G
134	201	24 janvier 1849..	Colporteur (fil au)....	Vignette...	Ignace Lambin.......	I L B
135	240	20 mai 1851....	Colporteur (fil au)....	Vignette...	Antoine Picavet......	
136	248	8 novembre 1851..	Comines (fil de)......	Etiquette..	Hassebroucq frères.....	HF
137	248	8 novembre 1851..	Comines (fil de)......	Vignette...	Hassebroucq frères.....	HF
138	208	17 avril 1849....	Commerce (fil du).....	Etiquette..	Henri Carbon.......	H C

N° d'ordre	N° d'inscription	DATE DU DÉPOT	NOM DE LA MARQUE	NATURE DE LA MARQUE	NOM DU DÉPOSANT	INITIALES
139	208	17 avril 1849....	Commerce (fil du).......	Vignette...	Henri Carbon........	H C
140	269	3 janvier 1853...	Commerce et Industrie.....	Vignette...	Philibert Vrau........	P V
141	269	3 janvier 1853...	Commerce et Industrie.....	Vignette...	Philibert Vrau........	T B
142	268	9 octobre 1852...	Cordeliers (fil aux).......	Vignette...	Antoine Picavet.......	A N^{eu}
143	56	26 août 1839....	Cordonnet (fil).........	Vignette...	Henri Carbon........	H C
144	386	2 août 1856	Cordonnet (fil).........	Vignette ..		
145	287	23 novembre 1853.	Corsaire (au)..........	Etiquette ..	Poullier-Longhaye.....	
146	287	23 novembre 1853.	Corsaire (fil au)	Vignette...	Poullier-Longhaye.....	
147	289	16 décembre 1853.	Corsaire (fil au)	Vignette ..	Picavet aîné.........	J D
148	116	21 septembre 1844.	Couronne (fil à la)	Vignette...	Henri Carbon	
149	192	9 février 1848 ...	Couronne (fil à la)	Vignette...	Philibert Vrau	P V
150	339 bis	21 mai 1855....	Couturière (fil à la).	Etiquette ..	Antoine Devos.......	A D
151	339 bis	21 mai 1855	Couturière (fil à la)	Vignette...	Antoine Devos.......	A D
152	192	9 février 1848 ...	Couturières (fil aux).....	Vignette...	Philibert Vrau.......	P V
153	268	9 octobre 1852...	Croix (fil à la)	Vignette...	Antoine Picavet......	P A^é
154	299	22 avril 1854....	Croix de Malte (fil à la).....	Vignette...	Picavet aîné........	

D

155	334	2 avril 1855	Déballeur (fil au).......	Vignette...	Auguste Descamps.....	Aug^{te} D
156	98	11 janvier 1843 ..	Déesse (fil à la)	Vignette...	Bigo frères.........	J B B F
157	318	3 novembre 1854..	Dentelles (fil à)........	Vignette...	Adolphe Yon........	A D Y
158	286	22 novembre 1853 .	Deux aigles (fil aux)	Vignette...	Philibert Vrau	E F
159	126	24 mars 1845....	Deux amis (fil aux)	Etiquette ..	Hassebroucq frères.....	HF
160	126	24 mars 1845....	Deux amis (fil aux)	Vignette...	Hassebroucq frères.....	HF
161	311	26 juillet 1854...	Deux amis bretons (fil aux)...	Vignette...	Picavet aîné	P A^é
162	335	19 octobre 1855 ..	Deux anges (aux).......	Etiquette ..	Crespel et Descamps....	
163	335	19 octobre 1855 ..	Deux anges (aux).......	Vignette...	Crespel et Descamps....	
164	162	22 mars 1847 ...	Deux béliers (aux)	Vignette...	Ignace-Alexandre Senélar.	S R
165	168	19 mai 1847	Deux béliers (fil aux)	Etiquette ..	Ignace-Alexandre Senélar.	S R
166	278	9 juillet 1853 ...	Deux canards (fil aux)	Etiquette ..	Charles Senélar.......	S R
167	278	9 juillet 1853 ...	Deux canards (fil aux)	Vignette...	Charles Senélar.......	S R
168	221	5 février 1850 ...	Deux cerfs (aux)	Vignette...	Picavet aîné	P A^é
169	296	29 mars 1854....	Deux frères (fil aux)	Etiquette ..	Picavet aîné.........	L G
170	296	29 mars 1854....	Deux frères (fil aux)	Vignette	Picavet aîné.........	L G
171	221	5 février 1850 ...	Deux gagne-petit (aux)	Vignette...	Picavet aîné.........	P A^é
172	336	10 avril 1855....	Deux Phénix (fil supérieur aux) .	Etiquette ..	Auguste Descamps.....	Aug^{te} D
173	336	10 avril 1855....	Deux Phénix (fil supérieur aux) .	Vignette...	Auguste Descamps.....	Aug^{te} D
174	204	5 mars 1849	Deux sœurs charitables (fil aux).	Vignette...	Antoine Picavet.......	P A^é
175	298	10 avril 1854....	Deux sœurs charitables (fil aux).	Vignette...	Picavet aîné.........	P A^é

N° D'ORDRE	N° D'INSCRIPTION	DATE DU DÉPOT	NOM DE LA MARQUE	NATURE DE LA MARQUE	NOM DU DÉPOSANT	INITIALES
176	90	25 juin 1842	Deux tailleurs (aux)	Vignette	Barthélemy Delespaul	D A^e
177	172	1er juillet 1847	Diadème (fil au)	Vignette	Julien Saint-Léger	J S L
178	181	1er septembre 1847	Diane (fil de)	Etiquette	César et Désiré Hassebroucq	HF
179	181	1er septembre 1847	Diane (fil de)	Vignette	César et Désiré Hassebroucq	HF
180	237	30 avril 1851	Diane (fil de)	Etiquette	Hassebroucq frères	HF
181	237	30 avril 1851	Diane (fil de)	Vignette	Hassebroucq frères	HF
182	411	26 septembre 1857	Divinité commerciale (fil à la)	Etiquette	Charles-Auguste Senélar	S R
183	411	26 septembre 1857	Divinité commerciale (fil à la)	Vignette	Charles-Auguste Senélar	S R
184	334	2 avril 1855	Dragon (fil au)	Vignette	Auguste Descamps	Aug^{te} D
185	186	25 novembre 1847	Duquesne	Etiquette	Barthélemy Delespaul	D A^e
186	186	25 novembre 1847	Duquesne	Vignette	Barthélemy Delespaul	D A^e

E

187	39	29 septembre 1835	Ecosse (fil d')	Etiquette	Aug. Dejaeghère frères	₸
188	63	14 mai 1840	Ecosse (fil d')	Etiquette	Adolphe Yon	A D Y
189	63	14 mai 1840	Ecosse (fil d')	Vignette	Adolphe Yon	A D Y
190	67	24 octobre 1840	Ecosse (fil d')	Etiquette	Gustave Toussin	G T
191	145	18 mars 1846	Ecosse (fil d')	Vignette	Van Remoortère-Sénelar	V R
192	149	22 mai 1846	Ecosse (fil d')	Vignette	Gustave Toussin	G T
193	224	24 février 1850	Ecosse (fil d')	Vignette	Van Remoortère-Sénelar	V R
194	318	3 novembre 1854	Ecosse (fil d')	Etiquette	Adolphe Yon	A D Y
195	318	3 novembre 1854	Ecosse (fil d')	Etiquette	Adolphe Yon	A Y
196	318	3 novembre 1854	Ecosse (fil d')	Etiquette	Adolphe Yon	V et M
197	318	3 novembre 1854	Ecosse (fil d')	Vignette	Adolphe Yon	A D Y
198	318	3 novembre 1854	Ecosse (fil d')	Vignette	Adolphe Yon	V et M
199	274	25 février 1853	Egyptien (fil à l')	Vignette	Philibert Vrau	P V
200	181	1er septembre 1847	Empereur (fil à l')	Vignette	César et Désiré Hassebroucq	HF
201	320	21 novembre 1854	Epoques (fil aux)	Vignette	Antoine-Joseph Picavet	P A^e
202	400	20 février 1857	Epoques (fil aux)	Vignette	Désiré et Victor Picavet aîné	P A^e
203	235	2 avril 1851	Epreuve (fil à l')	Vignette	César Delobelle	D et F
204	95	19 novembre 1842	Espérance (à l')	Vignette	Julien Saint-Léger	B F
205	181	1er septembre 1847	Espérance (fil à l')	Etiquette	César et Désiré Hassebroucq	HF
206	181	1er septembre 1847	Espérance (fil à l')	Vignette	César et Désiré Hassebroucq	HF
207	353	12 octobre 1855	Espérance (fil à l')	Vignette	Philibert Vrau	P V
208	240	20 mai 1851	Etoile (fils à l')	Vignette	Antoine Picavet	PA^e
209	353	12 octobre 1855	Etoile (à l')	Vignette	Philibert Vrau	A G
210	302	29 mai 1854	Etoile du Nord (fil à l')	Vignette	Picavet aîné	P V
211	320	21 novembre 1854	Etoile du Nord (fil à l')	Vignette	Antoine-Joseph Picavet	P A^e
212	400	20 février 1857	Etoile du Nord (fil à l')	Vignette	Désiré et Victor Picavet aîné	P A^e

No d'ordre	No d'inscription	DATE DU DÉPOT	NOM DE LA MARQUE	NATURE DE LA MARQUE	NOM DU DÉPOSANT	INITIALES
213	391	24 novembre 1856	Etoiles (fil aux)	Vignette	A. Fauchille-Delanoy	A F D
214	400	20 février 1857	Evangéliste (à l')	Vignette	Désiré et Victor Picavet aîné	P Aé
215	248	8 novembre 1851	Exposition universelle (fil de l')	Etiquette	Hassebroucq frères	Hf
216	248	8 novembre 1851	Exposition universelle (fil de l')	Vignette	Hassebroucq frères	Hf
217	155	15 novembre 1846	Extra cordonnet (fil)	Etiquette	Ghéquière et Roman	M et F
218	155	15 novembre 1846	Extra cordonnet (fil)	Vignette	Ghéquière et Roman	M et F
219	386	2 août 1856	Extra-fort (fil)	Etiquette	Roman-Ghéquière	R G
220	386	2 août 1856	Extra-fort (fil)	Vignette	Roman-Ghéquière	R G
221	399	14 février 1857	Extra-fort (fil)	Etiquette	Gustave Toussin	G T
222	399	14 février 1857	Extra-fort (fil)	Vignette	Gustave Toussin	G T

F

No d'ordre	No d'inscription	DATE DU DÉPOT	NOM DE LA MARQUE	NATURE DE LA MARQUE	NOM DU DÉPOSANT	INITIALES
223	404	15 juin 1857	Fanchonnette (fil à la)	Vignette	Pierre Bianco	B Aé
224	100	12 mars 1843	Fer (fil de)	Vignette	Hassebroucq frères	Hf
225	109	1er avril 1844	Fer (fil de)	Vignette	Edouard-Moïse Cuvelier	L C
226	282	30 septembre 1853	Fiancée (fil à la)	Etiquette	Crespel et Descamps	D Aé
227	282	30 septembre 1853	Fiancée (fil à la)	Vignette	Crespel et Descamps	D Aé
228	186	25 novembre 1847	Filature française	Vignette	Barthélemy Delespaul	C et Ate C
229	386	2 août 1856	Filature française	Etiquette	Roman-Ghéquière	R G
230	386	2 août 1856	Filature française	Vignette	Roman-Ghéquière	R G
231	213	20 juillet 1849	Fileur (au)	Etiquette	Victor Saint-Léger	Vve S L F
232	213	20 juillet 1849	Fileur (au)	Vignette	Victor Saint-Léger	Vve S L F
233	289	16 décembre 1853	Fileuse (à la)	Vignette	Picavet aîné	P Aé
234	177	3 août 1847	Fileuse bretonne (à la)	Vignette	Philibert Vrau	H M Jne
235	339 bis	21 mai 1855	Fileuse décorée (à la)	Etiquette	Antoine Devos	A D
236	339 bis	21 mai 1855	Fileuse décorée (à la)	Vignette	Antoine Devos	A D
237	336	10 avril 1855	Fileuse flamande (à la)	Vignette	Auguste Descamps	Augte D
238	229	14 septembre 1850	Flandre (fil de)	Vignette	Philibert Vrau	P V
239	116	21 septembre 1844	Fontaine (fil à la)	Vignette	Henri Carbon	H C
240	350	5 septembre 1855	Fontaine de Nîmes (à la)	Etiquette	Hassebroucq frères	
241	350	5 septembre 1855	Fontaine de Nîmes (à la)	Vignette	Hassebroucq frères	
242	381	4 juillet 1856	Force (fil de)	Vignette	Louis Darras	L D
243	404	15 juin 1857	Force (fil de)	Etiquette	Pierre Bianco	B Aé
244	404	15 juin 1857	Force (fil de)	Vignette	Pierre Bianco	B Aé
245	204	5 mars 1849	Forces de Samson (aux)	Vignette	Antoine Picavet	P Aé
246	56	26 août 1839	Fort (fil)	Vignette	Henri Carbon	H C
247	125	30 janvier 1845	Fort (fil)	Vignette	Philibert Vrau	P V
248	349	31 août 1855	Fort (fil)	Etiquette	Louis Darras	L D
249	349	31 août 1855	Fort (fil)	Vignette	Louis Darras	L D

N° D'ORDRE	N° D'INSCRIPTION	DATE DU DÉPOT	NOM DE LA MARQUE	NATURE DE LA MARQUE	NOM DU DÉPOSANT	INITIALES
250	372	19 mai 1856	Fort (fil)	Etiquette	Roman-Ghéquière	R G
251	372	19 mai 1856	Fort (fil)	Vignette	Roman-Ghéquière	R G
252	390	18 octobre 1856	Fort (fil)	Etiquette	Charles-Auguste Senélar	
253	390	18 octobre 1856	Fort (fil)	Vignette	Charles-Auguste Senélar	
254	88	10 avril 1842	Fort de Lille (fil)	Vignette	Ignace Senélar	S R
255	182	20 septembre 1847	Foudres (fil aux)	Etiquette	César et Désiré Hassebroucq	HF
256	182	20 septembre 1847	Foudres (fil aux)	Vignette	César et Désiré Hassebroucq	HF
257	100	12 mars 1843	Français (fil)	Vignette	Hassebroucq frères	HF
258	196	19 août 1848	France	Vignette	Poullier-Longhaye	P B
259	396 bis	4 février 1857	France (à la)	Etiquette	Crespel et Descamps	D Aé
260	396	4 février 1857	France (à la)	Vignette	Crespel et Descamps	D Aé
261	247	13 septembre 1851	France (fil de)	Etiquette	Poullier-Longhaye	T A
262	247	13 septembre 1851	France (fil de)	Vignette	Poullier-Longhaye	T A
263	360	3 janvier 1856	France (fil de)	Vignette	Philibert Vrau	P V
264	398	10 février 1857	Frileuse (à la)	Vignette	Pierre-Louis Dezonsart	D S
265	265	4 août 1852	Fruitière (fil à la)	Etiquette	Hassebroucq frères	HF
266	265	4 août 1852	Fruitière (fil à la)	Vignette	Hassebroucq frères	HF

G

N° D'ORDRE	N° D'INSCRIPTION	DATE DU DÉPOT	NOM DE LA MARQUE	NATURE DE LA MARQUE	NOM DU DÉPOSANT	INITIALES
267	90	25 juin 1842	Gagne-petit (au)	Vignette	Barthélemy-Delespaul	D Aé
268	229	14 septembre 1850	Gamin de Paris (au)	Vignette	Philibert Vrau	P S
269	378	17 juin 1856	Gauloise (fil à la)	Vignette	Philibert Vrau	P V
270	236	9 avril 1851	Génie (fil au)	Vignette	Crespel et Descamps	D Aé
271	342	6 juillet 1855	Gerbe de lin (fil à la)	Vignette	C.-J. Ovigneur frères	
272	289	16 décembre 1853	Gerbe d'or (à la)	Etiquette	Picavet aîné	P Aé
273	289	16 décembre 1853	Gerbe d'or (à la)	Vignette	Picavet aîné	P Aé
274	311	26 juillet 1854	Gerbes d'or (fil aux)	Vignette	Picavet aîné	P Aé
275	181	1er septembre 1847	Glacé (fil)	Etiquette	César et Désiré Hassebroucq	HF
276	181	1er septembre 1847	Glacé (fil)	Vignette	César et Désiré Hassebroucq	HF
277	186	25 novembre 1847	Glacé (fil)	Etiquette	Barthélemy Delespaul	D Aé
278	186	25 novembre 1847	Glacé (fil)	Vignette	Barthélemy Delespaul	D Aé
279	192	9 février 1848	Glacé (fil)	Vignette	Philibert Vrau	P V
280	210	7 mai 1849	Glacé (fil)	Vignette	Gustave Toussin	G T
281	282	30 septembre 1853	Grâce de Dieu (à la)	Etiquette	Crespel et Descamps	D Aé
282	282	30 septembre 1853	Grâce de Dieu (à la)	Vignette	Crespel et Descamps	D Aé
283	181	1er septembre 1847	Grâces (fil aux)	Etiquette	César et Désiré Hassebroucq	HF
284	181	1er septembre 1847	Grâces (fil aux)	Vignette	César et Désiré Hassebroucq	HF
285	240	20 mai 1851	Grand apôtre (fil au)	Vignette	Antoine Picavet	P Aé
286	353	12 octobre 1855	Grand Saint-Bernard (au)	Vignette	Philibert Vrau	M F

N° D'ORDRE	N° D'INSCRIPTION	DATE DU DÉPOT	NOM DE LA MARQUE	NATURE DE LA MARQUE	NOM DU DÉPOSANT	INITIALES
287	362	18 janvier 1856...	Grand Saint-Georges (au)....	Etiquette..	Charles-Auguste Senélar.	G R
288	362	18 janvier 1856...	Grand Saint-Georges (au)....	Vignette...	Charles-Auguste Senélar.	G R
289	362	18 janvier 1856...	Grand Saint-Pierre (au).....	Etiquette..	Charles-Auguste Senélar.	B B
290	362	18 janvier 1856...	Grand Saint-Pierre (au).....	Vignette...	Charles-Auguste Senélar.	B B
291	312	31 juillet 1854...	Grand Turc (fil au).......	Etiquette..	Roman-Ghéquière.....	E B
292	312	31 juillet 1854...	Grand Turc (fil au).......	Vignette...	Roman-Ghéquière.....	E B
293	405	17 juin 1857....	Grosse caisse (fil à la).....	Vignette...	Ch. Crespel........	C F
294	268	9 octobre 1852...	Guillaume le Conquérant (à)...	Vignette...	Antoine Picavet.......	R L, à Caen

H

295	253	5 février 1852...	Henri IV (fil à)........	Vignette...	Poullier-Longhaye.....	
296	122	3 janvier 1845...	Hercule (fil à l')........	Etiquette..	Hassebroucq frères.....	HF
297	122	3 janvier 1845...	Hercule (fil à l')........	Vignette...	Hassebroucq frères.....	HF
298	124	30 janvier 1845..	Hercule (fil à l')........	Vignette...	Hassebroucq frères.....	HF
299	125	30 janvier 1845..	Hercule (fil à l')........	Vignette...	Philibert Vrau........	P V

I

300	124	30 janvier 1845..	Impérial (fil).........	Etiquette.	Hassebroucq frères.....	HF
301	124	30 janvier 1845..	Impérial (fil).........	Vignette...	Hassebroucq frères.....	HF
302	386	2 août 1856....	Impérial (fil).........	Etiquette..	Roman-Ghéquière......	R G
303	386	2 août 1856....	Impérial (fil).........	Vignette...	Roman-Ghéquière......	R G
304	404	15 juin 1857....	Impérial (fil).........	Etiquette..	Pierre Bianco........	B Aé
305	404	15 juin 1857....	Impérial (fil).........	Vignette...	Pierre Bianco........	B Aé
306	276	11 mai 1853....	Industrie (fil à l').......	Vignette...	Philibert Vrau.......	P V
307	282	30 septembre 1853.	Industrie (fil à l').......	Etiquette..	Crespel et Descamps...	D Aé
308	282	30 septembre 1853 .	Industrie (fil à l').......	Vignette...	Crespel et Descamps....	D Aé
309	221	5 février 1850...	Invincible (à l')........	Vignette...	Picavet aîné........	P Aé
310	271	21 janvier 1853..	Irlande............	Etiquette..	Adolphe Yon........	A Y
311	119	15 novembre 1844.	Irlande (fil d')........	Vignette...	Vantroyen et Mallet....	V et M
312	145	18 mars 1846....	Irlande (fil d')........	Etiquette..	Van Remoortère-Senélar.	V R
313	145	18 mars 1846....	Irlande (fil d')........	Vignette...	Van Remoortère-Senélar.	V R
314	149	22 mai 1846....	Irlande (fil d')........	Etiquette..	Gustave Toussin......	G T
315	149	22 mai 1846....	Irlande (fil d')........	Vignette...	Gustave Toussin......	G T
316	153	17 octobre 1846..	Irlande (fil d')........	Etiquette..	Vantroyen et Mallet....	V et M
317	153	17 octobre 1846...	Irlande (fil d')........	Vignette...	Vantroyen et Mallet....	V et M
318	224	24 février 1850...	Irlande (fil d')........	Etiquette..	Van Remoortère-Senélar.	V R

No d'ordre	No d'inscription	DATE DU DÉPOT	NOM DE LA MARQUE	NATURE DE LA MARQUE	NOM DU DÉPOSANT	INITIALES
319	224	24 février 1850	Irlande (fil d')	Vignette	Van Remoortère-Senélar	V R
320	271	21 janvier 1853	Irlande (fil d')	Vignette	Adolphe Yon	A Y
321	318	3 novembre 1854	Irlande (fil d')	Etiquette	Adolphe Yon	A Y
322	318	3 novembre 1854	Irlande (fil d')	Vignette	Adolphe Yon	A Y
323	318	3 novembre 1854	Irlande (fil d')	Etiquette	Adolphe Yon	V et M
324	318	3 novembre 1854	Irlande (fil d')	Vignette	Adolphe Yon	V et M
325	399	14 février 1857	Irlande (fil d')	Etiquette	Gustave Toussin	
326	318	3 novembre 1854	Irlande glacé (fil d')	Etiquette	Adolphe Yon	
327	318	3 novembre 1854	Irlande glacé (fil d')	Etiquette	Adolphe Yon	A Y
328	161	6 mars 1847	Irlande Victoria (fil d')	Etiquette	Gustave Toussin	G T

J

329	100	12 mars 1843	Jardinière (fil à la)	Vignette	Hassebroucq frères	HF
330	390	18 octobre 1856	J. J. Rousseau (à)	Etiquette	Charles-Auguste Senélar	S R
331	390	18 octobre 1856	J. J. Rousseau (à)	Vignette	Charles-Auguste Senélar	S R
332	205	30 mars 1849	Jeanne d'Arc (fil à)	Vignette	Barthélemy Delespaul	D A^d
333	174	3 juillet 1847	Jupiter (à)	Vignette	Jean-Louis Lambry-Scrive	L S
334	181	1er septembre 1847	Jupiter (fil)	Etiquette	César et Désiré Hassebroucq	HF
335	181	1er septembre 1847	Jupiter (fil)	Vignette	César et Désiré Hassebroucq	HF
336	181	1er septembre 1847	Justice (fil à la)	Etiquette	César et Désiré Hassebroucq	HF
337	181	1er septembre 1847	Justice (fil à la)	Vignette	César et Désiré Hassebroucq	HF

L

338	245	30 août 1851	Laboureur (fil au)	Vignette	Julien Saint-Léger	J C S L
339	240	20 mai 1851	Lancier (fil au)	Vignette	Antoine Picavet	P A^d
340	402	9 mai 1857	Lanciers (fil aux)	Etiquette	A. Fauchille-Delanoy	A F D
341	402	9 mai 1857	Lanciers (les)	Vignette	A. Fauchille-Delanoy	A F D
342	100	12 mars 1843	Lapin (fil au)	Vignette	Hassebroucq frères	
343	291	19 janvier 1854	Laurier (fil au)	Vignette	Poullier-Longhaye	C F
344	291	19 janvier 1854	Léopard (fil au)	Vignette	Poullier-Longhaye	I P V
345	86	16 mars 1842	Lille	Vignette	Philibert Vrau	
346	55	1er juin 1839	Lille (fil de)	Vignette	Auguste Descamps	Aug^{te} D
347	69	30 octobre 1840	Lille (fil de)	Vignette	Auguste Richebé	A R
348	88	10 avril 1842	Lille (fil de)	Vignette	Ignace Senélar	S R
349	91	30 juillet 1842	Lille (fil de)	Vignette	A. Fauchille-Delanoy	
350	91	30 juillet 1842	Lille (fil de)	Vignette	A. Fauchille-Delanoy	G^d Baud.

No D'ORDRE	No D'INSCRIPTION	DATE DU DÉPÔT	NOM DE LA MARQUE	NATURE DE LA MARQUE	NOM DU DÉPOSANT	INITIALES
351	132	9 août 1845	Lille (fil de)	Vignette	Hubert-Stanislas Ghéquière	E G et R
352	135	1er septembre 1845	Lille (fil de)	Vignette	Bernard Boulanger	B B
353	162	22 mars 1847	Lille (fil de)	Vignette	Ignace-Alexandre Senélar	S R
354	289	16 décembre 1853	Lille (fil de)	Etiquette	Picavet aîné	P A^é
355	289	16 décembre 1853	Lille (fil de)	Vignette	Picavet aîné	P A^é
356	334	2 avril 1855	Lille (fil de)	Vignette	Auguste Descamps	Aug^{te} D
357	386	2 août 1856	Lin (fil de)	Vignette	Roman-Ghéquière	S G et F
358	234	14 mars 1851	Lingot d'or (fil au)	Vignette	Philibert Vrau	B et A
359	170	9 juin 1847	Lions (fil aux)	Vignette	Jean-Louis Lambry-Scrive	L S
360	399	14 février 1857	Lissé (fil)	Etiquette	Gustave Toussin	
361	399	14 février 1857	Lissé (fil)	Vignette	Gustave Toussin	
362	142	18 décembre 1845	Lustré (fil)	Vignette	Auguste Descamps	Aug^{te} D
363	152	11 juillet 1846	Lustré (fil)	Etiquette	Philibert Vrau	P V
364	152	11 juillet 1846	Lustré (fil)	Vignette	Philibert Vrau	P V
365	339 bis	21 mai 1855	Lyonnais (fil)	Etiquette	Antoine Devos	A D
366	414	30 septembre 1857	Lyre (à la)	Carton	Antoine Devos	
367	414	30 septembre 1857	Lyre (à la)	Carton	Antoine Devos	

M

No D'ORDRE	No D'INSCRIPTION	DATE DU DÉPÔT	NOM DE LA MARQUE	NATURE DE LA MARQUE	NOM DU DÉPOSANT	INITIALES
368	116	21 septembre 1844	Madone (fil à la)	Vignette	Henri Carbon	H C
369	172	1er juillet 1847	Madone (fil à la)	Vignette	Julien Saint-Léger	
370	269	3 janvier 1853	Magique (fil)	Vignette	Philibert Vrau	P V
371	362	18 janvier 1856	Marché des Carmes (au)	Etiquette	Charles-Auguste Senélar	
372	400	20 février 1857	Marie Stuart (fil à)	Vignette	Désiré et Victor Picavet aîné	P A^é
373	181	1er septembre 1847	Mars (fil de)	Etiquette	César et Désiré Hassebroucq	HF
374	181	1er septembre 1847	Mars (fil de)	Vignette	César et Désiré Hassebroucq	HF
375	391	24 novembre 1856	Martyr (fil au)	Vignette	A. Fauchille-Delanoy	A F D
376	300	27 avril 1854	Masque de fer (fil au)	Etiquette	Roman-Ghéquière	N C T J^{ne}
377	300	27 avril 1854	Masque de fer (fil au)	Vignette	Roman-Ghéquière	N C T J^{ne}
378	336	10 avril 1855	Médaille (fil à la)	Vignette	Auguste Descamps	Aug^{te} D
379	318	3 novembre 1854	Médaille d'or (fil d'or à la)	Vignette	Adolphe Yon	V et M
380	124	30 janvier 1845	Médaillon (au)	Vignette	Hassebroucq frères	HF
381	350	5 septembre 1855	Mendiante (fil à la)	Etiquette	Hassebroucq frères	HF
382	350	5 septembre 1855	Mendiante (fil à la)	Vignette	Hassebroucq frères	HF
383	321	4 décembre 1854	Ménétrier breton (fil au)	Vignette	Philibert Vrau	P V
384	192	9 février 1848	Mercure (fil au)	Vignette	Philibert Vrau	P V
385	237	30 avril 1851	Mère de famille (à la)	Vignette	Hassebroucq frères	HF
386	124	30 janvier 1845	Mère de famille (fil à la)	Vignette	Hassebroucq frères	HF
387	265	4 août 1852	Mètre (fil au)	Etiquette	Hassebroucq frères	HF

No D'ORDRE	No D'INSCRIPTION	DATE DU DÉPOT	NOM DE LA MARQUE	NATURE DE LA MARQUE	NOM DU DÉPOSANT	INITIALES
388	265	4 août 1852	Mètre (fil au)	Vignette	Hassebroucq frères	HF
389	172	1er juillet 1847	Métrique impérial (fil à coudre)	Vignette	Julien Saint-Léger	
390	178	14 août 1847	Minerve (fil à)	Vignette	Jean-Louis Lambry-Scrive	
391	176	29 juillet 1847	Miroir (au)	Vignette	Poullier et Longhaye	P et L
392	176	29 juillet 1847	Miroir (fil au)	Etiquette	Poullier et Longhaye	P et L
393	381	4 juillet 1856	Missionnaire (fil au)	Etiquette	Louis Darras	L D
394	381	4 juillet 1856	Missionnaire (fil au)	Vignette	Louis Darras	L D
395	313	16 août 1854	Moine (fil au)	Vignette	Charles-Auguste Senélar	S R
396	390	18 octobre 1856	Moine (fil au)	Etiquette	Charles-Auguste Senélar	S R
397	390	18 octobre 1856	Moine (fil au)	Vignette	Charles-Auguste Senélar	S R
398	338	28 avril 1855	Mouche (fil à la)	Vignette	A. Humbert frères	AF
399	338	28 avril 1855	Mouche (fil à la)	Vignette	A. Humbert frères	
400	174	3 juillet 1847	Mousquetaires (fil aux)	Vignette	Jean-Louis Lambry-Scrive	L S
401	284	11 novembre 1853	Muletier (fil au)	Vignette	Philibert Vrau	P V

N

402	362	18 janvier 1856	Navette d'or (à la)	Etiquette	Charles-Auguste Senélar	A O
403	362	18 janvier 1856	Navette d'or (à la)	Vignette	Charles-Auguste Senélar	A O
404	124	30 janvier 1845	Neptune (fil à)	Vignette	Hassebroucq frères	HF
405	404	15 juin 1857	Nord (fil du)	Etiquette	Pierre Bianco	B Aé
406	404	15 juin 1857	Nord (fil du)	Vignette	Pierre Bianco	B Aé
407	268	9 octobre 1852	Notre-Dame de Bon-Secours (à)	Vignette	Antoine Picavet	A Neu
408	344	26 juillet 1855	Notre-Dame de Doitecourt (fil à)	Etiquette	Pierre-Louis Dezonsart	D S
409	344	26 juillet 1855	Notre-Dame de Doitecourt (fil à)	Vignette	Pierre-Louis Dezonsart	D S
410	198	13 novembre 1848	Notre-Dame de Fourvière	Etiquette	Poullier et Longhaye	P et L
411	198	13 novembre 1848	Notre-Dame de Fourvière	Vignette	Poullier et Longhaye	P et L
412	339 bis	21 mai 1855	Notre-Dame de Fourvière fil Lyonnais	Vignette	Antoine Devos	A D
413	334	2 avril 1855	Notre-Dame de la Garde (fil à)	Etiquette	Auguste Descamps	Augte D
414	334	2 avril 1855	Notre-Dame de la Garde (fil à)	Vignette	Auguste Descamps	Augte D
415	306	23 juin 1854	Notre-Dame de la Treille patronne de Lille	Vignette	Philibert Vrau	P V
416	289	16 décembre 1853	Notre-Dame de Lille (fil à)	Vignette	Picavet aîné	P Aé
417	362	18 janvier 1856	Notre-Dame de Peyragude à Penne (fil à)	Etiquette	Charles-Auguste Senélar	S R
418	362	18 janvier 1856	Notre-Dame de Peyragude à Penne (fil à)	Vignette	Charles-Auguste Senélar	S R
419	238	12 mai 1851	Notre-Dame-des-Victoires (à)	Vignette	Ignace Lambin	I L B
420	287	23 novembre 1853	Notre-Dame du Puy	Vignette	Poullier-Longhaye	L D
421	400	20 février 1857	Nouveau monde (fil au)	Vignette	Désiré et Victor Picavet aîné	P Aé

O

422	335	2 avril 1855	Oiseau de paradis (fil à l')	Etiquette	Ve Crespel et fils	C F
423	335	2 avril 1855	Oiseau de paradis (fil à l')	Vignette	Ve Crespel et fils	C F

N° D'ORDRE	N° D'INSCRIPTION	DATE DU DÉPOT	NOM DE LA MARQUE	NATURE DE LA MARQUE	NOM DU DÉPOSANT	INITIALES
424	240	20 mai 1851	Oiseleur (fil à l')	Vignette	Antoine Picavet	P A é
425	124	30 janvier 1845	Olivier (fil à l')	Etiquette	Hassebroucq frères	H F
426	124	30 janvier 1845	Olivier (fil à l')	Vignette	Hassebroucq frères	H F
427	323	23 décembre 1854	Omer Pacha (à)	Etiquette	Crespel et Descamps	
428	323	23 décembre 1854	Omer Pacha (à)	Vignette	Crespel et Descamps	
429	386	2 août 1856	Oracle (fil à l')	Etiquette	Roman-Ghéquière	R G
430	386	2 août 1856	Oracle (fil à l')	Vignette	Roman-Ghéquière	R G
431	306	23 juin 1854	Orient (fil d')	Vignette	Philibert Vrau	P V
432	298	10 avril 1854	Orphelins (fil aux)	Vignette	Picavet aîné	P A é

P

N° D'ORDRE	N° D'INSCRIPTION	DATE DU DÉPOT	NOM DE LA MARQUE	NATURE DE LA MARQUE	NOM DU DÉPOSANT	INITIALES
433	269	3 janvier 1853	Page (fil au)	Vignette	Philibert Vrau	J P
434	283	11 novembre 1853	Pagode (fil à la)	Etiquette	Julien Saint-Léger	J S L
435	284	11 novembre 1853	Paix (fil à la)	Vignette	Philibert Vrau	P V
436	116	21 septembre 1844	Paletot (fil au)	Vignette	Henri Carbon	
437	138	23 octobre 1845	Paletot (fil au)	Vignette	Henri Carbon	H C
438	362	18 janvier 1856	Panthéon (au)	Etiquette	Charles-Auguste Senélar	
439	362	18 janvier 1856	Panthéon (au)	Vignette	Charles-Auguste Senélar	
440	100	12 mars 1843	Papillon (fil au)	Vignette	Hassebroucq frères	H F
441	109	1er avril 1844	Parfait (fil)	Vignette	Édouard-Moïse Cuvelier	L C
442	399	14 février 1857	Paris (fil de)	Etiquette	Gustave Toussin	G T
443	404	15 juin 1857	Parisienne (fil à la)	Vignette	Pierre Bianco	B A é
444	305	14 juin 1854	Parques (fil aux)	Vignette	Poullier-Longhaye	P L
445	146	3 mai 1846	Pauvre diable (fil au)	Etiquette	Barthélemy Delespaul	D A é
446	146	3 mai 1846	Pauvre diable (fil au)	Vignette	Barthélemy Delespaul	D A é
447	268	9 octobre 1852	Pauvre diable (au)	Vignette	Antoine Picavet	A C
448	268	9 octobre 1852	Pauvre diable (au)	Vignette	Antoine Picavet	J bte G
449	404	15 juin 1857	Pêcheur (au)	Etiquette	Pierre Bianco	B A é
450	404	15 juin 1857	Pêcheur (fil au)	Vignette	Pierre Bianco	B A é
451	166	8 avril 1847	Pêcheurs (fil aux)	Etiquette	Philibert Vrau	V R
452	166	8 avril 1847	Pêcheurs (fil aux)	Vignette	Ph. et Victor Saint-Léger	R L
453	163	23 mars 1847	Pékin (fil de)	Etiquette	Joseph Van Remoortère	V R
454	163	23 mars 1847	Pékin (fils de)	Vignette	Joseph Van Remoortère	V R
455	289	16 décembre 1853	Pensée (fil à la)	Vignette	Picavet aîné	P A é
456	304	14 juin 1854	Père de famille (au)	Etiquette	Crespel et Descamps	D A é
457	304	14 juin 1854	Père de famille (au)	Vignette	Crespel et Descamps	D A é
458	339bis	21 mai 1855	Perfectionné (fil)	Etiquette	Antoine Devos	A D
459	339bis	21 mai 1855	Perfectionné (fil)	Vignette	Antoine Devos	A D
460	386	2 août 1856	Perfectionné (fil)	Etiquette	Roman-Ghéquière	R G

No D'ORDRE	No D'INSCRIPTION	DATE DU DÉPOT	NOM DE LA MARQUE	NATURE DE LA MARQUE	NOM DU DÉPOSANT	INITIALES
461	386	2 août 1856	Perfectionné (fil)	Vignette	Roman-Ghéquière	R G
462	207	13 avril 1849	Petit bon Dieu (fil au)	Vignette	Poullier et Longhaye	P et L
463	285	11 novembre 1853	Petit camelot (fil au)	Vignette	Julien Saint-Léger	J S L
464	268	9 octobre 1852	Petit chiffonnier (au)	Vignette	Antoine Picavet	G C
465	401	21 avril 1857	Petite flûte (à la)	Bande	Crespel et Descamps	D Aé
466	401	21 avril 1857	Petite flûte (fil à la)	Vignette	Crespel et Descamps	D Aé
467	186	25 novembre 1847	Petite Jeannette (fil à la)	Vignette	Barthélemy Delespaul	D Aé
468	339 bis	21 mai 1855	Petit marchand (fil au)	Vignette	Antoine Devos	A D
469	295	16 mars 1854	Petit savoyard (au)	Vignette	Ovigneur frères	C Aés
470	240	20 mai 1851	Petit Saint-Jean (fil au)	Vignette	Antoine Picavet	P Aé
471	303	30 mai 1854	Petit tambour (fil au)	Etiquette	Emile Humbert	
472	339	8 mai 1855	Petit tambour (au)	Bande	Emile Humbert	A F
473	339	8 mai 1855	Petit tambour (fil au)	Vignette	Emile Humbert	
474	403	25 mai 1857	Petit tambour (au)	Bande	A. Humbert frères	A F
475	56	26 août 1839	Phénix (fil au)	Etiquette	Henri Carbon	H C
476	116	21 septembre 1844	Phénix (fil au)	Vignette	Henri Carbon	H C
477	208	17 avril 1849	Phénix (fil au)	Vignette	Henri Carbon	H C
478	47	2 juin 1838	Phénix (fils au)	Vignette	Henri Carbon	H C
479	304	14 juin 1854	Ph. de Girard (à)	Etiquette	Crespel et Descamps	D Aé
480	304	14 juin 1854	Ph. de Girard (à)	Vignette	Crespel et Descamps	D Aé
481	321	4 décembre 1854	Piété (fil à la)	Vignette	Philibert Vrau	P V
482	162	22 mars 1847	Planète Leverrier (à la)	Vignette	Ignace-Alexandre Senélar	S R
483	168	19 mai 1847	Planète Leverrier (à la)	Etiquette	Ignace-Alexandre Senélar	S R
484	221	5 février 1850	Polka (à la)	Vignette	Picavet aîné	P Aé
485	229	14 septembre 1850	Pomme d'or (à la)	Vignette	Philibert Vrau	
486	241	19 juin 1851	Porte-balle (fil au)	Vignette	Alfred Descamps	A D
487	410	21 septembre 1857	Préférence (à la)	Vignette	Crespel et Descamps	S et A
488	132	9 août 1845	Premier choix (fil)	Vignette	Hubert Stanislas Ghéquière	E G et R
489	199	12 janvier 1849	Premier choix (fil)	Etiquette	Victor Roman	R G
490	199	12 janvier 1849	Premier choix (fil)	Vignette	Victor Roman	R G
491	237	30 avril 1851	Prière (fil à la)	Etiquette	Hassebroucq frères	H F
492	237	30 avril 1851	Prière (fil à la)	Vignette	Hassebroucq frères	H F
493	192	9 février 1848	Princesse (fil à la)	Vignette	Philibert Vrau	L R
494	334	2 avril 1855	Princesse (à la)	Vignette	Auguste Descamps	A D
495	399	14 février 1857	Progrès (fil au)	Etiquette	Gustave Toussin	G T
496	399	14 février 1857	Progrès (fil au)	Vignette	Gustave Toussin	G T
497	258	1er avril 1852	Prophète (fil au)	Vignette	Poullier-Longhaye	P et L
498	334	2 avril 1855	Protecteur de l'industrie française (au)	Etiquette	Auguste Descamps	Augte D
499	334	2 avril 1855	Protecteur de l'industrie française (au)	Vignette	Auguste Descamps	Augte D

— 19 —

N° D'ORDRE	N° D'INSCRIPTION	DATE DU DÉPÔT	NOM DE LA MARQUE	NATURE DE LA MARQUE	NOM DU DÉPOSANT	INITIALES
			Q			
500	204	5 mars 1849	Quatre étoiles (aux)	Vignette	Antoine Picavet	P A^e
501	237	30 avril 1851	Quatre saisons (fil aux)	Etiquette	Hassebroucq frères	
502	237	30 avril 1851	Quatre saisons (fil aux)	Etiquette	Hassebroucq frères	HF
503	237	30 avril 1851	Quatre saisons (fil aux)	Vignette	Hassebroucq frères	
504	237	30 avril 1852	Quatre saisons (fil aux)	Vignette	Hassebroucq frères	HF
505	268	9 octobre 1852	Quêteuse (fil à la)	Vignette	Antoine Picavet	N B
506	400	20 février 1857	Quêteuse (fil à la)	Vignette	Désiré et Victor Picavet aîné	P A^e
			R			
507	390	18 octobre 1856	Rédempteur (fil au)	Etiquette	Charles-Auguste Senélar	S R
508	390	18 octobre 1856	Rédempteur (fil au)	Vignette	Charles-Auguste Senélar	S R
509	362	18 janvier 1856	Rédempteur (fil de lin au)	Vignette	Charles-Auguste Senélar	Ch^{es} S
510	352	3 octobre 1855	Reine (fil à la)	Etiquette	Picavet aîné	F M
511	352	3 octobre 1855	Reine (fil à la)	Vignette	Picavet aîné	F M
512	274	25 février 1853	Reine Berthe (fil à la)	Vignette	Philibert Vrau	P V
513	372	19 mai 1856	Reine-marguerite (à la)	Etiquette	Roman-Ghéquière	
514	372	19 mai 1856	Reine-marguerite (à la)	Vignette	Roman-Ghéquière	
515	181	1er septembre 1847	Reine Victoria (fil à la)	Etiquette	César et Désiré Hassebroucq	HF
516	181	1er septembre 1847	Reine Victoria (fil à la)	Vignette	César et Désiré Hassebroucq	HF
517	6	6 juillet 1818	Religieuse (fil à la)	Vignette	Jean-Baptiste Bigo frères	J B B F
518	289	16 décembre 1853	Renaissance (fil à la)	Vignette	Picavet aîné	S M A
519	268	9 octobre 1852	Renommée (à la)	Vignette	Antoine Picavet	A L H
520	399	14 février 1857	Renommée (à la)	Vignette	Gustave Toussin	L M
521	146	3 mai 1846	Renommée (fil à la)	Vignette	Barthélemy Delespaul	D A^e
522	168	19 mai 1847	Renommée (fil à la)	Etiquette	Ignace-Alexandre Senélar	S R
523	168	19 mai 1847	Renommée (fil à la)	Vignette	Ignace-Alexandre Senélar	S R
524	201	24 janvier 1849	Renommée (fil à la)	Vignette	Ignace Lambin	I L B
525	15	8 décembre 1824	Renommée (fils à la)	Vignette	Carlos Dathis	
526	311	26 juillet 1854	Résurrection (fil à la)	Vignette	Picavet aîné	F A^e
527	95	19 novembre 1842	Retorderie de Lille	Vignette	Julien Saint-Léger	A^{te} D
528	303	14 juin 1854	Roi des mers (fil au)	Vignette	Poullier-Longhaye	P L
529	362	18 janvier 1856	Roi Henri IV (au)	Etiquette	Charles-Auguste Senélar	
530	362	18 janvier 1856	Roi Henri IV (au)	Vignette	Charles-Auguste Senélar	
531	237	30 avril 1851	Romain (fil)	Etiquette	Hassebroucq frères	HF
532	237	30 avril 1851	Romain (fil)	Vignette	Hassebroucq frères	HF
533	240	20 mai 1851	Rose (fil à la)	Vignette	Antoine Picavet	

N° D'ORDRE	N° D'INSCRIPTION	DATE DU DÉPOT	NOM DE LA MARQUE	NATURE DE LA MARQUE	NOM DU DÉPOSANT	INITIALES
534	268	9 octobre 1852	Rose (fil à la)	Etiquette	Antoine Picavet	P A⁶
535	289	16 décembre 1853	Rose (fil à la)	Etiquette	Picavet aîné	
536	289	16 décembre 1853	Rose (fil à la)	Vignette	Picavet aîné	
537	289	16 décembre 1853	Rose (fil à la)	Vignette	Picavet aîné	P A⁶
538	295	16 mars 1854	Rose (fil à la)	Vignette	Ovigneur frères	
539	381	4 juillet 1856	Rouet (fil au)	Vignette	Louis Darras	L D
540	396	28 janvier 1857	Royal tambour (fil au)	Etiquette	Hassebroucq frères	HF
541	396	28 janvier 1857	Royal tambour (fil au)	Vignette	Hassebroucq frères	HF
542	334	2 avril 1855	Ruche (fil à la)	Vignette	Auguste Descamps	Aug^{te} D

S

N° D'ORDRE	N° D'INSCRIPTION	DATE DU DÉPOT	NOM DE LA MARQUE	NATURE DE LA MARQUE	NOM DU DÉPOSANT	INITIALES
543	410	21 septembre 1857	Saint Louis (fil à)	Vignette	Crespel et Descamps	L P
544	374	31 mai 1856	Saint Martin	Vignette	Verstraete frères	
545	186	25 novembre 1847	Saint Nicolas (fil au)	Etiquette	Barthélemy Delespaul	D A⁶
546	186	25 novembre 1847	Saint Nicolas (fil au)	Vignette	Barthélemy Delespaul	D A⁶
547	181	1er septembre 1847	Saint Pierre (fil à)	Etiquette	César et Désiré Hassebroucq	HF
548	181	1er septembre 1847	Saint Pierre (fil à)	Vignette	César et Désiré Hassebroucq	HF
549	265	4 août 1852	Saint Vincent de Paul (fil à)	Etiquette	Hassebroucq frères	HF
550	265	4 août 1852	Saint Vincent de Paul (fil à)	Vignette	Hassebroucq frères	HF
551	181	1er septembre 1847	Sainte Barbe (fil à)	Etiquette	César et Désiré Hassebroucq	HF
552	181	1er septembre 1847	Sainte Barbe (fil à)	Vignette	César et Désiré Hassebroucq	HF
553	396	28 janvier 1857	Sainte Cécile (à)	Bande	Hassebroucq frères	HF
554	396	28 janvier 1857	Sainte Cécile (fil à)	Vignette	Hassebroucq frères	HF
555	204	5 mars 1849	Sainte Famille (fil à la)	Vignette	Antoine Picavet	P A⁶
556	400	20 février 1857	Sainte Famille (fil à la)	Vignette	Désiré et Victor Picavet aîné	P A⁶
557	257	1er avril 1852	Sainte Geneviève de Paris (à)	Etiquette	Ignace Senélar	S R
558	257	1er avril 1852	Sainte Geneviève de Paris (à)	Vignette	Ignace Senélar	S R
559	313	16 août 1854	Sainte Geneviève de Pibrac (à)	Etiquette	Charles-Auguste Senélar	S R
560	323	23 décembre 1854	Sainte Germaine (à)	Etiquette	Crespel et Descamps	P G J
561	323	23 décembre 1854	Sainte Germaine (à)	Vignette	Crespel et Descamps	P G J
562	313	16 août 1854	Sainte Germaine de Pibrac (à)	Vignette	Charles-Auguste Senélar	S R
563	229	14 septembre 1850	Sainte Marie (à)	Vignette	Philibert Vrau	P V
564	362	18 janvier 1856	Sainte Marthe (à)	Etiquette	Charles-Auguste Senélar	L C
565	362	18 janvier 1856	Sainte Marthe (à)	Vignette	Charles-Auguste Senélar	L C
566	126	24 mars 1845	Samson (fil à)	Etiquette	Hassebroucq frères	HF
567	126	24 mars 1845	Samson (fil à)	Vignette	Hassebroucq frères	HF
568	399	14 février 1857	Satiné (fil)	Vignette	Gustave Toussin	G T
569	174	3 juillet 1847	Saturne (à)	Vignette	Jean-Louis Lambry-Scrive	L S
570	375	31 mai 1856	Sauveur (au)	Etiquette	Verstraete frères	J M L

No d'ORDRE	No D'INSCRIPTION	DATE DU DÉPOT	NOM DE LA MARQUE	NATURE DE LA MARQUE	NOM DU DÉPOSANT	INITIALES
571	375	31 mai 1856	Sauveur (au)	Vignette	Verstraete frères	J M L
572	400	20 février 1857	Sauveur (fil au)	Vignette	Désiré et Victor Picavet aîné	P A⁶
573	100	12 mars 1843	Sœur (fil à la)	Vignette	César Hassebroucq	H F
574	290	7 janvier 1854	Sœurs (fil aux)	Vignette	Ovigneur frères	O F
575	220	3 février 1850	Soie d'Orient	Vignette	Gustave Toussin	G T
576	164	26 mars 1847	Soie lustré (fil)	Vignette	Philibert Vrau	A F
577	200	19 janvier 1849	Soldat laboureur (au)	Etiquette	Senélar	S R
578	200	19 janvier 1849	Soldat laboureur (au)	Vignette	Senélar	S R
579	350	5 septembre 1855	Soleil (fil du)	Etiquette	Hassebroucq frères	H F
580	350	5 septembre 1855	Soleil (fil du)	Vignette	Hassebroucq frères	H F
581	350	5 septembre 1855	Soleil d'or (au)	Vignette	Hassebroucq frères	
582	396 bis	4 février 1857	Source (fil à la)	Etiquette	Crespel et Descamps	H C
583	396 bis	4 février 1857	Source (fil à la)	Vignette	Crespel et Descamps	H C
584	248	8 novembre 1851	Source du fil 3 bouts (à la)	Etiquette	Hassebroucq frères	H F
585	248	8 novembre 1851	Source du fil 3 bouts (à la)	Vignette	Hassebroucq frères	H F
586	228	15 juin 1850	Souvenir (fil au)	Vignette	Antoine Picavet aîné	A R
587	339 bis	21 mai 1855	Spahis (fil au)	Etiquette	Antoine Devos	A D
588	339 bis	21 mai 1855	Spahis (fil au)	Vignette	Antoine Devos	A D
589	193	9 février 1848	Statue de Lille (à la)	Vignette	Ignace Senélar	S R
590	216	12 octobre 1849	Statue de Lille (à la)	Etiquette	Ignace Senélar	S R
591	216	12 octobre 1849	Statue de Lille (à la)	Vignette	Ignace Senélar	S R
592	323	23 décembre 1854	Sultan (fil au)	Etiquette	Crespel et Descamps	P G J
593	323	23 décembre 1854	Sultan (fil au)	Vignette	Crespel et Descamps	P G J
594	353	12 octobre 1855	Sultan (fil au)	Vignette	Philibert Vrau	R F
595	192	9 février 1848	Sultane (fil à la)	Vignette	Philibert Vrau	P V
596	169	24 mai 1847	Supérieur (fil)	Vignette	Philibert Vrau	B et C
597	100	12 mars 1843	Sylphide (fil à la)	Vignette	Hassebroucq frères	H F

T

598	396 bis	4 février 1857	Tambour-major (fil au)	Vignette	Crespel et Descamps	D A⁶
599	146	3 mai 1846	Tailleur (au)	Etiquette	Barthélemy Delespaul	D A⁶
600	61	27 avril 1840	Tailleur (fil au)	Vignette	Jean-Baptiste Bigo frères	J B B F
601	304	14 juin 1854	Tailleur (fil au)	Etiquette	Crespel et Descamps	D A⁶
602	304	14 juin 1854	Tailleur (fil au)	Vignette	Crespel et Descamps	D A⁶
603	146	3 mai 1846	Tailleur (fil fort au)	Vignette	Barthélemy Delespaul	D A⁶
604	290	7 janvier 1854	Tailleurs (fil aux)	Vignette	Ovigneur frères	O F
605	75	23 février 1841	Tailleurs (fil pour)	Vignette	Henri Carbon	H C
606	282	30 septembre 1853	Templier (fil au)	Etiquette	Crespel et Descamps	D A⁶
607	282	30 septembre 1853	Templier (fil au)	Vignette	Crespel et Descamps	D A⁶

Nº D'ORDRE	Nº D'INSCRIPTION	DATE DU DÉPOT	NOM DE LA MARQUE	NATURE DE LA MARQUE	NOM DU DÉPOSANT	INITIALES
608	290	7 janvier 1854	Tenailles (fil aux)	Vignette	Ovigneur frères	O F
609	19	22 novembre 1825	Tête du More (la)	Vignette	Crespel-Destombes et fils aîné	
610	178	14 août 1847	Thémis (fil à)	Vignette	Jean-Louis Lambry-Scrive	L S
611	362	18 janvier 1856	Tisserand de Ségovie (au)	Etiquette	Charles-Auguste Senélar	
612	362	18 janvier 1856	Tisserand de Ségovie (au)	Vignette	Charles-Auguste Senélar	
613	362	18 janvier 1856	Tour du Pin (à la)	Etiquette	Charles-Auguste Senélar	P R
614	362	18 janvier 1856	Tour du Pin (à la)	Vignette	Charles-Auguste Senélar	P R
615	235	2 avril 1851	Tout jeu (fil à)	Vignette	César Delobelle	D et F
616	400	20 février 1857	Trois cerfs (aux)	Vignette	Désiré et Victor Picavet aîné	P Aé
617	221	5 février 1850	Trois étoiles (aux)	Vignette	Picavet aîné	P Aé
618	204	5 mars 1849	Trois fileuses (fil aux)	Vignette	Antoine Picavet	P Aé
619	207	13 avril 1849	Trois frères (fil aux)	Vignette	Poullier et Longhaye	P et L
620	240	20 mai 1851	Tulipe (fil à la)	Vignette	Antoine Picavet	P Aé
621	175	6 juillet 1847	Turc (fil au)	Etiquette	A. Fauchille-Delanoy	A F D
622	175	6 juillet 1847	Turc (fil au)	Vignette	A. Fauchille-Delanoy	A F D

U

Nº D'ORDRE	Nº D'INSCRIPTION	DATE DU DÉPOT	NOM DE LA MARQUE	NATURE DE LA MARQUE	NOM DU DÉPOSANT	INITIALES
623	372	19 mai 1856	Union (fil à l')	Etiquette	Roman-Ghéquière	T Aé
624	372	19 mai 1856	Union (fil à l')	Vignette	Roman-Ghéquière	T Aé
625	400	20 février 1857	Union (fil à l')	Vignette	Désiré et Victor Picavet aîné	P Aé
626	307	30 juin 1854	Union et force	Vignette	Saint-Léger-Hovyn	S H
627	371	30 avril 1856	Universel (fil)	Etiquette	Hassebroucq frères	Hᶠ
628	371	30 avril 1856	Universel (fil)	Vignette	Hassebroucq frères	Hᶠ
629	305	14 juin 1854	Un mètre (fil à)	Vignette	Poullier-Longhaye	P L
630	237	30 avril 1851	Ursino le Navarin	Vignette	Hassebroucq frères	

V

Nº D'ORDRE	Nº D'INSCRIPTION	DATE DU DÉPOT	NOM DE LA MARQUE	NATURE DE LA MARQUE	NOM DU DÉPOSANT	INITIALES
631	116	21 septembre 1844	Vaisseau (fil au)	Vignette	Henri Carbon	H C
632	387	30 août 1856	Vaucanson (à)	Etiquette	Crespel et Descamps	M et C
633	387	30 août 1856	Vaucanson (à)	Vignette	Crespel et Descamps	M et C
634	339 bis	21 mai 1855	Vautour (au)	Vignette	Antoine Devos	A D
635	339 bis	21 mai 1855	Vautour (fil au)	Etiquette	Antoine Devos	A D
636	396 bis	4 février 1857	Vertus (fil aux)	Etiquette	Crespel et Descamps	D Aé
637	396 bis	4 février 1857	Vertus (fil aux)	Vignette	Crespel et Descamps	D Aé
638	408	28 juillet 1857	Vesta (fil à)	Etiquette	Ch. Crespel	C F
639	408	28 juillet 1857	Vesta (fil à)	Vignette	Ch. Crespel	C F

N° D'ORDRE	N° D'INSCRIPTION	DATE DU DÉPOT	NOM DE LA MARQUE	NATURE DE LA MARQUE	NOM DU DÉPOSANT	INITIALES
640	186	25 novembre 1847	Victoire (fil à la)	Etiquette	Barthélemy Delespaul	D Aé
641	186	25 novembre 1847	Victoire (fil à la)	Vignette	Barthélemy Delespaul	D Aé
642	163	23 mars 1847	Victoria (fil)	Etiquette	Joseph Van Remoortère	V R
643	163	23 mars 1847	Victoria (fil)	Vignette	Joseph Van Remoortère	V R
644	210	7 mai 1849	Victoria (fil)	Vignette	Gustave Toussin	G T
645	399	14 février 1857	Victoria (fil)	Etiquette	Gustave Toussin	G T
646	192	9 février 1848	Vieille tour (à la)	Vignette	Philibert Vrau	L C
647	204	5 mars 1849	Vierge (fil à la)	Vignette	Antoine Picavet	P Aé
648	207	13 avril 1849	Vierge (fil à la)	Vignette	Poullier et Longhaye	P et L
649	221	5 février 1850	Vierge (fil à la)	Vignette	Picavet aîné	P Aé
650	228	15 juin 1850	Vierge (fil à la)	Vignette	Antoine Picavet aîné	G et R
651	240	20 mai 1851	Vierge (fil à la)	Vignette	Antoine Picavet	P Aé
652	293	16 février 1854	Vierge (fil à la)	Etiquette	Crespel et Descamps	R F
653	293	16 février 1854	Vierge (fil à la)	Vignette	Crespel et Descamps	R F
654	339 bis	21 mai 1855	Vierge (fil à la)	Etiquette	Antoine Devos	A D
655	339 bis	21 mai 1855	Vierge (fil à la)	Vignette	Antoine Devos	A D
656	404	15 juin 1857	Vierge (fil à la)	Etiquette	Pierre Bianco	B Aé
657	404	15 juin 1857	Vierge (fil à la)	Vignette	Pierre Bianco	B Aé
658	336	10 avril 1855	Ville de Paris (à la)	Vignette	Auguste Descamps	Augte D
659	344	26 juillet 1855	Ville du Puy (fil à la)	Etiquette	Pierre-Louis Dezonsart	L D
660	344	26 juillet 1855	Ville du Puy (fil à la)	Vignette	Pierre-Louis Dezonsart	L D
661	399	14 février 1857	Violon (fil au)	Vignette	Gustave Toussin	P S et C
662	186	25 novembre 1847	Vrai cœur de lin	Etiquette	Barthélemy-Delespaul	D Aé
663	186	25 novembre 1847	Vrai cœur de lin	Vignette	Barthélemy-Delespaul	D Aé
664	372	19 mai 1856	Vrai gagne-petit (au)	Etiquette	Roman-Ghéquière	R G
665	372	19 mai 1856	Vrai gagne-petit (au)	Vignette	Roman-Ghéquière	R G
666	240	20 mai 1851	Vraie Renommée (à la)	Vignette	Antoine Picavet	P Aé
667	127	2 avril 1845	Vulcain (fil de)	Etiquette	G. et F. Crespel frères	C F
668	127	2 avril 1845	Vulcain (fil de)	Vignette	G. et F. Crespel frères	C F

Z

| 669 | 400 | 20 février 1857 | Zampa (fil à) | Vignette | Désiré et Victor Picavet aîné | P Aé |

MARQUES SANS TITRE

PAR

ORDRE DE DÉPOT

MARQUES SANS TITRE

PAR

ORDRE DU PRIOT

N° D'ORDRE	N° D'INSCRIPTION	DATE DU DÉPOT	NATURE DE LA MARQUE	NOM DU DÉPOSANT	INITIALES
1	1	27 février 1812	Cachet en forme d'ellipse, encadré d'un filet grec	Mottez-Gillon & Deformigier	M G et D
2	2	29 février 1812	Cachet de forme oblongue à coins coupés, entouré d'un simple filet	J.-B^{te} Mazurel et Aug^{te} Boisacq	J.-B. M et A B
3	11	25 juin 1822	Vignette en forme d'insigne, dont le médaillon est formé de deux branches	Lucien Cuvelier	L C
4	12	2 avril 1823	Cachet de forme elliptique, composé de deux branches réunies à leurs extrémités	Louis Bonte	L^s B
5	12	2 avril 1823	Etiquette de forme rectangulaire ayant pour cadre un simple filet	Louis Bonte	L^s B
6	15	8 décembre 1824	Vignette encadrée, de forme rectangulaire à coins coupés, représentant, au centre, la porte de Paris, à Lille, vue de l'extérieur de la ville	Carlos Dathis	
7	15	8 décembre 1824	Vignette représentant, sur des nuages, une Renommée tenant suspendu par un anneau, un écusson finissant en pointe	Carlos Dathis	
8	17	17 mai 1825	Vignette formée d'un double cadre de forme rectangulaire et à coins coupés, surmonté et étreint par une Renommée	Bonnier fils	B F D B C
9	17	17 mai 1825	Vignette coloriée, de forme ronde, représentant une Renommée entourée de nuages et tenant dans la main droite un écusson contenant une balance	Bonnier fils	
10	18	22 novembre 1825	Vignette encadrée, de forme ronde, représentant un Mercure tenant d'une main son caducée	Edouard Cuvelier	L F
11	19	22 novembre 1825	Cachet de forme ovale formé de deux branches se joignant aux extrémités	Crespel-Destombes et fils aîné	C D
12	22	24 juin 1826	Empreinte en forme d'ellipse formée d'un cadre imitant des branches	Vve Delespaul aîné	D A^é
13	22	24 juin 1826	Empreinte en forme d'ellipse presque circulaire, formée d'un simple cadre composé d'un filet double	Vve Delespaul aîné	D A^é
14	22	24 juin 1826	Vignette de forme ronde formée d'un simple filet	Vve Delespaul aîné	
15	23	26 juillet 1826	Cachet de forme ronde encadré d'un filet	Auguste Descamps	
16	23	27 juillet 1826	Vignette de forme ovale comprenant deux branches formant le cadre	Auguste Descamps	Aug^{te} D
17	23	27 juillet 1826	Vignette composée d'un cadre ovale formé de deux branches jointes aux deux extrémités	Auguste Descamps	Aug^{te} D

Nº D'ORDRE	Nº D'INSCRIPTION	DATE DU DÉPOT	NATURE DE LA MARQUE	NOM DU DÉPOSANT	INITIALES
18	23	27 juillet 1826 . .	Vignette composée d'un cadre ovale formé de deux branches jointes à leurs extrémités . .	Auguste Descamps	Aug^{te} D
19	23	27 juillet 1826. .	Idem.	Auguste Descamps	Aug^{te} D
20	24	15 mars 1827 . . .	Cachet formé d'un cadre rectangulaire à coins coupés	Auguste Descamps	J.-B. Smet
21	24	15 mars 1827. . . .	Vignette formée de deux branches jointes à leurs extrémités, forme ronde	Auguste Descamps	S
22	25	2 juin 1827	Vignette de forme ovale composée de deux branches enlacées dans le bas et surmontées d'une couronne.	Edouard Cuvelier	D R
23	26	18 novembre 1828 .	Cachet en forme d'ellipse.	Théodore Petit-Leclercq . .	T P L
24	26	18 novembre 1828 .	Vignette représentant une ellipse double. Au-dessus de l'ellipse se trouve un ruban ondulé et deux branches enlacées.	Théodore Petit-Leclercq . .	T P L
25	28	19 novembre 1829 .	Cachet de forme ronde, composé d'un cadre orné	César Tierce et Dehaynin .	C T et D
26	29	7 juillet 1830 . . .	Cachet en forme d'ellipse, avec encadrement imitant le branchage.	Delespaul aîné.	D A^{e}
27	29	7 juillet 1830 . . .	Cachet en forme d'ellipse presque ronde, encadré d'un filet.	Delespaul aîné.	D A^{e}
28	29	7 juillet 1830 . . .	Cachet rond encadré d'un filet.	Delespaul aîné.	D A^{e}
29	29	7 juillet 1830 . . .	Vignette encadrée, représentant une fileuse assise travaillant sur un rouet	Delespaul aîné	D A^{e}
30	30	2 février 1831 . . .	Cachet de forme ovale ayant pour cadre un filet	Edouard Cuvelier	F
31	30	2 février 1831 . . .	Cachet de forme ronde encadré par des branches enlacées et un filet extérieur.	Edouard Cuvelier	T P L
32	30	2 février 1831 . . .	Cachet en forme d'ellipse.	Edouard Cuvelier	T P L
33	30	2 février 1831 . . .	Cachet formé par un filet.	Edouard Cuvelier	D et C
34	30	2 février 1831 . . .	Vignette dont le dessin représente une ellipse double. Au-dessus de l'ellipse se trouve un ruban ondulé et deux branches enlacées. . .	Edouard Cuvelier	T P L
35	31	18 février 1831. . .	Vignette en forme de médaille ronde.	Delespaul aîné.	D A^{e}
36	32	2 avril 1831	Cachet de forme elliptique.	Louis Bonte	L^{s} B
37	32	2 avril 1831	Cachet de forme ovale	Louis Bonte	L^{s} B
38	33	12 avril 1831. . . .	Cachet de forme elliptique, composé de deux branches réunies à leurs extrémités.	Auguste Descamps	Aug^{te} D
39	33	12 avril 1831. . . .	Idem.	Auguste Descamps	Aug^{te} D
40	33	12 avril 1831. . . .	Idem.	Auguste Descamps	Aug^{te} D
41	33	12 avril 1831. . . .	Idem.	Auguste Descamps	Aug^{te} D
42	33	12 avril 1831. . . .	Idem.	Auguste Descamps	Aug^{te} D
43	33	12 avril 1831. . . .	Idem.	Auguste Descamps	Aug^{te} D
44	33	12 avril 1831. . . .	Cachet de forme oblongue à coins coupés. . .	Auguste Descamps	J.-B. Smet
45	33	12 avril 1831. . . .	Cachet de forme ronde composé de deux branches enlacées aux extrémités.	Auguste Descamps	S
46	33	12 avril 1831 . . .	Cachet de forme ronde entouré d'un cercle . .	Auguste Descamps	AD
47	33	12 avril 1831. . . .	Cachet de forme ronde formé d'un filet. . . .	Auguste Descamps	AE
48	33	12 avril 1831. . . .	Dessin représentant les initiales au milieu d'un cercle rayonnant	Auguste Descamps	AD
49	34	21 juin 1833	Cachet de forme elliptique presque ronde. . . .		

N° D'ORDRE	N° D'INSCRIPTION	DATE DU DÉPOT	NATURE DE LA MARQUE	NOM DU DÉPOSANT	INITIALES
50	34	21 juin 1833	Vignette représentant les initiales dans un médaillon suspendu à un nœud de ruban. Au-dessous se trouvent trois cœurs posant sur deux branches	André-Jean-Baptiste Reust	A R
51	35	1er février 1834	Cachet de forme elliptique	A. Fauchille-Delanoy	A F D
52	35	1er février 1834	Cachet de forme elliptique très allongée	A. Fauchille-Delanoy	
53	35	1er février 1834	Cachet de forme ronde	A. Fauchille-Delanoy	A F D
54	35	1er février 1834	Cachet de forme elliptique	A. Fauchille-Delanoy	A F D
55	36	13 septembre 1834	Vignette représentant une ellipse. De chaque côté de l'ellipse s'élèvent des branches qui se joignent à leur extrémité supérieure	J.-B. Lefebvre-Desquiens	L D
56	40	5 août 1836	Cachet de forme elliptique	Louis-Joseph Descamps	Louis D^a
57	41	14 février 1837	Etiquette encadrée	Delespaul aîné	
58	41	14 février 1837	Idem	Delespaul aîné	D A^é
59	41	14 février 1837	Idem	Delespaul aîné	D A^e
60	41	14 février 1837	Vignette encadrée représentant un paysage où se trouve au premier plan un colporteur en route. Au loin on aperçoit une ville	Delespaul aîné	D A^é
61	42	20 février 1837	Cachet de forme ronde. Au milieu plane une Renommée; à la trompette se trouve suspendue une bannière	Henri Carbon	E D
62	42	20 février 1837	Médaillon	Henri Carbon	H C F
63	42	20 février 1837	Idem	Henri Carbon	H C
64	42	20 février 1837	Vignette représentant une ellipse laquelle est suspendue à un nœud de ruban	Henri Carbon	L H C
65	43	10 avril 1837	Vignette représentant, au centre, dans un ovale, un paysage où se trouve au premier plan une fileuse travaillant au rouet	Delespaul aîné	D A^é
66	47	2 juin 1838	Vignette encadrée représentant un paysage avec une fileuse au rouet	Henri Carbon	H C
67	47	2 juin 1838	Vignette représentant un médaillon de forme elliptique lequel est suspendu à un ruban	Henri Carbon	E D
68	48	29 juin 1838	Vignette composée d'un ovale entouré d'arabesques et de fleurs. Dans l'ovale est représentée une couturière assise. Au-dessus on lit sur un ruban: Mon fil est bon	Edouard Coingny	
69	50	28 septembre 1838	Vignette de forme ovale représentant une maison à deux étages devant laquelle sont placés plusieurs ballots de marchandises. L'ovale est entouré d'arabesques	Antoine Devos	A D
70	51	1er octobre 1838	Vignette formée d'une ellipse au centre entouré d'un encadrement imitant la dentelle, dessin blanc en relief sur fond rouge	L. Desmons	
71	52	22 février 1839	Cachet formé d'un encadrement fleuronné de forme elliptique	Bigo frères	J B-B F
72	52	22 février 1839	Idem	Bigo frères	J B-B F
73	52	22 février 1839	Deux cachets de forme elliptique composés chacun d'un cadre fleuronné	Bigo frères	J B-B F
74	52	22 février 1839	Deux cachets de forme elliptique composés d'un cadre fleuronné	Bigo frères	J B-B F
75	52	22 février 1839	Vignette encadrée représentant deux lions debout et montés sur des ballots de marchandises tenant une balance et un moulin. Dans le haut est placé un encadrement elliptique surmonté d'un ruban	Bigo frères	J B-B F

N° D'ORDRE	N° D'INSCRIPTION	DATE DU DÉPOT	NATURE DE LA MARQUE	NOM DU DÉPOSANT	INITIALES
76	52	22 février 1839	Vignette représentant la statue allégorique de la ville de Lille entourée de fleurs. Au-dessus un autre dessin représentant des paquets de marchandises entourés d'une auréole.	Bigo frères	J B-B F
77	52	22 février 1839	Vignette encadrée représentant un lion placé sur deux paquets de fil. Au-dessus un encadrement elliptique.	Bigo frères	J B-B F
78	52	22 février 1839	Vignette représentant un papillon et un cachet formé d'un cadre fleuronné de forme elliptique.	Bigo frères	J B-B F
79	53	17 mai 1839	Vignette encadrée représentant au centre deux femmes ailées appuyées sur un entablement. Ce dessin entouré d'ornements est surmonté d'une couronne.	Henri Carbon	H C
80	54	25 mai 1839	Vignette représentant au centre, un lion ayant une patte posée sur un écusson. Le tout surmonté d'une couronne enlacée d'un ruban. Au-dessous deux palmes reliées.	Dominique Simon	S B
81	55	1er juin 1839	Cachet rond contenant les initiales au milieu d'un cadre formé par un filet.	Auguste Descamps	AD
82	55	1er juin 1839	Cachet rond formé des initiales encadrées de deux branches réunies à leurs extrémités.	Auguste Descamps	AD
83	55	1er juin 1839	Cachet rond formé des initiales enlacées et encadrées d'un filet.	Auguste Descamps	AD
84	55	1er juin 1839	Cachet rond formé des initiales enlacées et entourées de rayons.	Auguste Descamps	AD
85	55	1er juin 1839	Vignette formant un cachet elliptique fait de deux branches jointes aux extrémités.	Auguste Descamps	A E-D S
86	55	1er juin 1839	Vignette formant un cachet elliptique fait de deux branches jointes aux extrémités.	Auguste Descamps	Augte D
87	55	1er juin 1839	Vignette formant un cachet rond fait de deux branches.	Auguste Descamps	S
88	55	1er juin 1839	Vignette de forme elliptique encadrée de quatorze filets.	Auguste Descamps	Augte D
89	56	26 août 1839	Cachet de forme elliptique au centre duquel se trouvent les initiales.	Henri Carbon	H C
90	56	26 août 1839	Étiquette encadrée dont le dessin représente une couronne et l'inscription : Fil à la Couronne.	Henri Carbon	H C
91	56	26 août 1839	Étiquette encadrée dont le dessin représente une fileuse au rouet.	Henri Carbon	H C
92	56	26 août 1839	Étiquette encadrée d'un petit fleuron entre deux filets.	Henri Carbon	H C
93	56	26 août 1839	Médaillon rond.	Henri Carbon	H C
94	56	26 août 1839	Vignette en losange, encadrée.	Henri Carbon	H C
95	56	26 août 1839	Vignette dont le dessin représente les initiales entourées de deux branches formant couronne.	Henri Carbon	H C
96	56	26 août 1839	Vignette représentant deux mains entrelacées entourées d'une couronne à laquelle est fixé un ruban.	Henri Carbon	
97	56	26 août 1839	Vignette encadrée représentant une fileuse dans une mansarde.	Henri Carbon	C B
98	56	26 août 1839	Vignette encadrée représentant une Renommée sur le globe terrestre.	Henri Carbon	
99	57	7 décembre 1839	Vignette représentant une guirlande ouverte à une extrémité.	Julien Saint-Léger	Ate D

N° D'ORDRE	N° D'INSCRIPTION	DATE DU DÉPOT	NATURE DE LA MARQUE	NOM DU DÉPOSANT	INITIALES
100	57	7 décembre 1839	Vignette composée d'arabesques formant cadre à une partie ovale	Julien Saint-Léger	G F
101	57	7 décembre 1839	Vignette composée d'un encadrement de forme ovale entouré d'ornements	Julien Saint-Léger	G & E L F
102	57	7 décembre 1839	Vignette de forme ovale représentant une fileuse au rouet dans une chambre. L'ovale est entouré d'ornements	Julien Saint-Léger	A^{te} D
103	57	7 décembre 1839	Idem	Julien Saint-Léger	A^{te} D
104	57	7 décembre 1839	Idem	Julien Saint-Léger	A^{te} D
105	57	7 décembre 1839	Vignette représentant un encadrement ovale avec rayons	Julien Saint-Léger	A^{te} D
106	57	7 décembre 1839	Vignette représentant un cadre elliptique formé d'ornements et entouré de rayons	Julien Saint-Léger	J P & F
107	57	7 décembre 1839	Vignette représentant une bande cintrée	Julien Saint-Léger	C F & F A
108	57	7 décembre 1839	Vignette représentant une bande ou ruban	Julien Saint-Léger	G F
109	57	7 décembre 1839	Vignette représentant une bande ou ruban	Julien Saint-Léger	A^{te} D
110	57	7 décembre 1839	Vignette représentant un cadre de forme ovale et très ornementé, au centre duquel se trouvent les initiales	Julien Saint-Léger	C F & F A
111	57	7 décembre 1839	Vignette de forme ovale représentant un tailleur dans une chambre	Julien Saint-Léger	A^{te} D
112	57	7 décembre 1839	Vignette de forme ovale représentant une couturière dans une chambre	Julien Saint-Léger	A^{te} D
113	57	7 décembre 1839	Vignette en forme d'ellipse représentant une couronne au milieu de laquelle se trouvent les initiales	Julien Saint-Léger	G F
114	57	7 décembre 1839	Vignette en forme d'ellipse composée de plusieurs cadres et ornements entourant les initiales	Julien Saint-Léger	L L et C
115	57	7 décembre 1839	Vignette en forme d'ellipse représentant une couronne	Julien Saint-Léger	B C
116	57	7 décembre 1839	Vignette en forme de losange entourée de rayons	Julien Saint-Léger	B C
117	57	7 décembre 1839	Vignette représentant, dans un ovale entouré d'ornements, une Renommée ; la partie supérieure de l'ovale est entourée de rayons. Dans le bas une guirlande	Julien Saint-Léger	D E
118	57	7 décembre 1839	Vignette représentant, dans un rectangle ornementé lui formant cadre, un ovale contenant les initiales	Julien Saint-Léger	G F
119	57	7 décembre 1839	Vignette représentant dans un rectangle ornementé lui formant cadre, un ovale où se trouvent les initiales	Julien Saint-Léger	G F
120	57	7 décembre 1839	Vignette représentant, dans un ovale, une fileuse au rouet. L'ovale est entouré d'arabesques et de guirlandes	Julien Saint-Léger	G F
121	57	7 décembre 1839	Vignette représentant deux branches courbées en forme d'ellipse ayant au centre les initiales	Julien Saint-Léger	H L F
122	57	7 décembre 1839	Idem	Julien Saint-Léger	L A H
123	57	7 décembre 1839	Idem	Julien Saint-Léger	L L et R
124	57	7 décembre 1839	Vignette représentant deux branches courbées en forme d'ellipse ayant au centre l'inscription : Fil tailleur	Julien Saint-Léger	L A H
125	57	7 décembre 1839	Vignette représentant deux branches courbées entourant les initiales	Julien Saint-Léger	L A H

N° D'ORDRE	N° D'INSCRIPTION	DATE DU DÉPOT	NATURE DE LA MARQUE	NOM DU DÉPOSANT	INITIALES
126	57	7 décembre 1839	Vignette représentant deux branches courbées entourant les initiales	Julien Saint-Léger	L A H
127	57	7 décembre 1839	Vignette représentant deux branches courbées en forme d'ellipse ayant au centre l'inscription : Fil tailleur	Julien Saint-Léger	L L et C
128	57	7 décembre 1839	Vignette représentant une bande	Julien Saint-Léger	J P et F
129	57	7 décembre 1839	Vignette encadrée représentant une bande entourée d'ornements	Julien Saint-Léger	J P et F
130	57	7 décembre 1839	Vignette représentant une bande	Julien Saint-Léger	J P et F
131	57	7 décembre 1839	Vignette de forme ovale représentant une fileuse dans une chambre. L'ovale est entouré d'ornements	Julien Saint-Léger	L L et C
132	57	7 décembre 1839	Vignette de forme ovale représentant une fileuse sous un arbre. L'ovale est entouré d'ornements	Julien Saint-Léger	L L et C
133	57	7 décembre 1839	Vignette dont le dessin représente deux branches formant une ellipse à laquelle est attaché un ruban dont les bouts sont flottants	Julien Saint-Léger	
134	57	7 décembre 1839	Idem	Julien Saint-Léger	F F R T
135	57	7 décembre 1839	Idem	Julien Saint-Léger	F F R T
136	57	7 décembre 1839	Vignette dont le dessin représente une bande courbée	Julien Saint-Léger	C F & F A
137	57	7 décembre 1839	Idem	Julien Saint-Léger	C F & F A
138	57	7 décembre 1839	Vignette encadrée ayant au centre les initiales entourées de dessin imitant les traits de plume	Julien Saint-Léger	G F
139	57	7 décembre 1839	Vignette encadrée dont le dessin représente une fileuse assise tenant une quenouille	Julien Saint-Léger	C G B C
140	57	7 décembre 1839	Vignette encadrée représentant un lion debout ayant une patte appuyée sur une balle de lin	Julien Saint-Léger	G F
141	57	7 décembre 1839	Vignette encadrée représentant un Mercure. Au-dessus une banderole, entourée de guirlandes de fleurs	Julien Saint-Léger	C F & F A
142	57	7 décembre 1839	Vignette encadrée représentant une banderole	Julien Saint-Léger	C F & F A
143	58	25 janvier 1840	Etiquette encadrée dont le dessin représente un lion et un cheval tenant un écusson en 4 quartiers surmonté d'une couronne	Poullier et Longhaye	P et L
144	58	25 janvier 1840	Idem	Poullier et Longhaye	P et L
145	58	25 janvier 1840	Idem	Poullier et Longhaye	P et L
146	58	25 janvier 1840	Idem	Poullier et Longhaye	P et L
147	58	25 janvier 1840	Idem	Poullier et Longhaye	P et L
148	58	25 janvier 1840	Vignette représentant, au centre, un cartouche entouré d'arabesques et de guirlandes, surmonté d'une banderole portant l'inscription : Fil anglais perfectionné en France. Au-dessous, un lion et un cheval debout tiennent un écusson en 4 quartiers surmonté d'une couronne	Poullier et Longhaye	P et L
149	58	25 janvier 1840	Idem	Poullier et Longhaye	P et L
150	58	25 janvier 1840	Idem	Poullier et Longhaye	P et L
151	58	25 janvier 1840	Vignette représentant un aigle tenant dans ses serres une banderole. Plus bas, dans un cartouche entouré d'ornements, se trouvent les initiales	Poullier et Longhaye	B et D

— 33 —

N° D'ORDRE	N° D'INSCRIPTION	DATE DU DÉPOT	NATURE DE LA MARQUE	NOM DU DÉPOSANT	INITIALES
152	59	5 avril 1840	Cachet-signature	Philippe Saint-Léger	
153	59	5 avril 1840	Etiquette composée d'une signature	Philippe Saint-Léger	
154	59	5 avril 1840	Etiquette composée d'un encadrement rectangulaire	Philippe Saint-Léger	
155	59	5 avril 1840	Etiquette encadrée, de forme ovale. Au centre se trouvent les initiales	Philippe Saint-Léger	S L
156	59	5 avril 1840	Etiquette de forme rectangulaire, encadrée d'un filet	Philippe Saint-Léger	R L
157	59	5 avril 1840	Idem	Philippe Saint-Léger	R L
158	59	5 avril 1840	Vignette encadrée représentant, au centre, dans un losange, les initiales, et entourant le losange des ornements et des rayons	Philippe Saint-Léger	R L
159	59	5 avril 1840	Vignette oblongue encadrée d'un filet à pans coupés	Philippe Saint-Léger	
160	59	5 avril 1840	Vignette représentant des arabesques et, au centre, un ovale	Philippe Saint-Léger	R L
161	59	5 avril 1840	Idem	Philippe Saint-Léger	R L
162	59	5 avril 1840	Vignette représentant deux Renommées tenant un médaillon sur lequel se trouvent les initiales	Philippe Saint-Léger	R L
163	60	16 avril 1840	Vignette représentant, dans un ovale entouré d'ornements, un tailleur coupant	Julien Saint-Léger	L A H
164	60	16 avril 1840	Vignette représentant dans un ovale entouré d'ornements, un tailleur cousant	Julien Saint-Léger	L L et C
165	64	30 mai 1840	Etiquette encadrée de forme rectangulaire	Henri Collette	H C
166	65	30 juin 1840	Vignette représentant un aigle couronné, aux ailes déployées. La couronne se trouve au centre d'une étoile entourée de rayons	Delespaul aîné	D A é
167	66	18 octobre 1840	Cachet de forme elliptique au centre duquel se trouvent les initiales	Delespaul aîné	D A é
168	66	18 octobre 1840	Etiquette encadrée dont le dessin représente un aigle couronné, aux ailes déployées et, au-dessous, les initiales	Delespaul aîné	D A é
169	66	18 octobre 1840	Etiquette encadrée sur laquelle est représentée une balance	Delespaul aîné	D A é
170	66	18 octobre 1840	Vignette encadrée, représentant dans une partie ovale, une fileuse dans la campagne. Au-dessus trois triangles	Delespaul aîné	D A é
171	66	18 octobre 1840	Vignette encadrée représentant, dans une partie ovale, une Renommée sous laquelle se trouvent placées les initiales. Au-dessus, trois triangles	Delespaul aîné	D A é
172	66	18 octobre 1840	Vignette représentant, au centre, un cartouche portant les initiales, entouré d'arabesques	Delespaul aîné	D A é
173	66	18 octobre 1840	Vignette représentant, au centre, une balance, entourée d'un cadre forme de fleurs et de banderoles	Delespaul aîné	D A é
174	66	18 octobre 1840	Vignette représentant au centre un ovale à fond ombré entouré d'ornements	Delespaul aîné	D A é
175	66	18 octobre 1840	Vignette représentant, dans une partie ovale entourée d'ornements, une femme cousant sous un arbre	Delespaul aîné	D A é
176	66	18 octobre 1840	Vignette représentant des arabesques	Delespaul aîné	D A é
177	66	18 octobre 1840	Vignette représentant un aigle couronné, aux ailes déployées, placé sur un nuage sillonné par la foudre. La couronne est entourée de rayons	Delespaul aîné	D A é

N° D'ORDRE	N° D'INSCRIPTION	DATE DU DÉPOT	NATURE DE LA MARQUE	NOM DU DÉPOSANT	INITIALES
178	66	18 octobre 1840	Vignette représentant une grande fabrique au-dessus de laquelle plane une Renommée portant les initiales, et surmontée d'une banderole sur laquelle on lit : Filature de lin système anglais et fabrique de fil retors en tous genres.	Delespaul aîné	D A^é
179	67	24 octobre 1840	Etiquette encadrée de forme ovale, portant les initiales	Gustave Toussin	G T
180	68	28 octobre 1840	Vignette encadrée représentant une fileuse assise dans une chambre	A. Fauchille-Delanoy	A F D
181	68	28 octobre 1840	Vignette encadrée représentant une fileuse au rouet.	A. Fauchille-Delanoy	
182	69	30 octobre 1840	Etiquette encadrée dont le dessin représente une fileuse au rouet.	Auguste Richebé	A R
183	69	30 octobre 1840	Etiquette encadrée dont le dessin représente une fileuse dans une campagne.	Auguste Richebé	
184	69	30 octobre 1840	Etiquette encadrée en forme d'ellipse, portant au centre, sur une partie ombrée, les initiales	Auguste Richebé	Aug^{te} R
185	69	30 octobre 1840	Etiquette encadrée dont le dessin représente, sur un nuage, une Renommée portant une banderole avec les initiales	Auguste Richebé	A R
186	69	30 octobre 1840	Vignette encadrée représentant une fileuse travaillant sous un arbre ; à côté d'elle est un chien.	Auguste Richebé	A R
187	69	30 octobre 1840	Vignette représentant, à la partie supérieure, une couronne de forme elliptique, et au-dessous, deux palmes attachées ensemble.	Auguste Richebé	A R
188	69	30 octobre 1840	Vignette représentant un écusson sur lequel on voit un lion couronné tenant un glaive. L'écusson est entouré d'arabesques, il est placé sur une ancre.	Auguste Richebé	A R
189	69	30 octobre 1840	Vignette représentant une fileuse encadrée dans un paysage.	Auguste Richebé	
190	71	10 décembre 1840	Vignette encadrée représentant un jeune garçon occupé à coudre sur un établi.	Henri Collette	H C
191	73	27 janvier 1841	Etiquette forme médaillon	Gustave Toussin	G T
192	73	27 janvier 1841	Etiquette forme médaillon, où on distingue un écusson surmonté d'une couronne avec le titre : Victoria	Gustave Toussin	G T
193	73	27 janvier 1841	Vignette encadrée forme oblongue, représentant au centre, un portrait de femme entouré d'arabesques et surmonté d'une couronne. Au-dessous, sur une banderole : Victoria Queen	Gustave Toussin	G T
194	74	17 février 1841	Etiquette encadrée représentant au centre une fileuse.	Philippe Saint-Léger	R L
195	74	17 février 1841	Vignette encadrée d'arabesques, représentant une fileuse au rouet	Philippe Saint-Léger	R L
196	75	23 février 1841	Etiquette encadrée dont le dessin représente un vaisseau en pleine mer.	Henri Carbon	H C
197	75	23 février 1841	Etiquette encadrée dont le dessin représente deux Renommées tenant une banderole où se trouvent les initiales	Henri Carbon	H C
198	75	23 février 1841	Étiquette forme elliptique genre médaillon, portant au centre les initiales.	Henri Carbon	H C
199	75	23 février 1841	Vignette encadrée représentant un vaisseau en pleine mer.	Henri Carbon	H C

N° D'ORDRE	N° D'INSCRIPTION	DATE DU DÉPOT	NATURE DE LA MARQUE	NOM DU DÉPOSANT	INITIALES
200	75	23 février 1841	Vignette encadrée représentant trois fileuses au rouet, au-dessus desquelles deux Renommées tiennent une banderole	Henri Carbon	H C
201	75	23 février 1841	Vignette entourée d'un encadrement et représentant une fileuse au rouet	Henri Carbon	H C
202	75	23 février 1841	Vignette représentant une ellipse genre médaillon, portant au centre les initiales	Henri Carbon	B G P et F
203	76	1er avril 1841	Vignette composée d'un cadre orné, forme losange, portant au centre les initiales	Julien Saint-Léger	J S L
204	76	1er avril 1841	Vignette de forme ovale entourée d'arabesques et autres ornements, dont le dessin représente un tailleur-coupeur dans une chambre	Julien Saint-Léger	J S L
205	76	1er avril 1841	Vignette formée d'arabesques et autres ornements, au centre desquels, sur une partie ovale, se trouvent les initiales	Julien Saint-Léger	J S L
206	76	1er avril 1841	Vignette représentant, entre un lion et un cheval, un écusson surmonté d'une couronne sur laquelle se trouve un autre lion	Julien Saint-Léger	S P et F
207	76	1er avril 1841	Vignette représentant un lion et un cheval debouts tenant un écusson en 4 quartiers, surmonté d'une couronne	Julien Saint-Léger	S P et F
208	77	10 avril 1841	Etiquette encadrée, dont le dessin représente un lion appuyé sur un médaillon portant les initiales	Philippe Saint-Léger	R L
209	77	10 avril 1841	Vignette représentant un cartouche encadré de nombreux ornements: au-dessus, une tête; de chaque côté, un buste de femme; dans le bas se trouve suspendu un cor de chasse. Dans le médaillon les initiales	Philippe Saint-Léger	R L
210	77	10 avril 1841	Vignette représentant un lion appuyé sur un médaillon portant les initiales, et, autour, des arabesques et des guirlandes	Philippe Saint-Léger	R L
211	78	30 mai 1841	Vignette encadrée représentant une jeune fileuse au rouet	Philippe Saint-Léger	B C
212	79	5 juin 1841	Vignette encadrée représentant une fileuse au rouet travaillant dans la campagne	Henri Collette	H C
213	79	5 juin 1841	Vignette encadrée représentant un tailleur sur son établi	Henri Collette	H C
214	80	14 juin 1841	Vignette représentant les armes d'une ville, sur lesquelles on voit les initiales	Julien Saint-Léger	C M
215	83	11 octobre 1841	Une croix de Malte	Julien Saint-Léger	
216	83	11 octobre 1841	Etiquette représentant un caducée avec les mots: Nouvelle filature française	Julien Saint-Léger	
217	83	11 octobre 1841	Vignette représentant Jeanne d'Arc	Julien Saint-Léger	J P S
218	84	16 décembre 1841	Etiquette représentant une fileuse	Henri Collette	H C
219	84	16 décembre 1841	Etiquette représentant un tailleur	Henri Collette	H C
220	84	16 décembre 1841	Vignette de forme ronde représentant une Renommée	Henri Collette	F D
221	85	9 mars 1842	Etiquette représentant au centre un ovale dans lequel se trouvent les initiales	Philippe Saint-Léger	R L
222	85	9 mars 1842	Vignette représentant une fileuse	Philippe Saint-Léger	R L
223	86	16 mars 1842	Vignette au centre de laquelle se trouve un cartouche avec les initiales	Philibert Vrau	R H
224	86	16 mars 1842	Vignette au centre de laquelle un cartouche	Philibert Vrau	B J
225	86	16 mars 1842	Idem	Philibert Vrau	C F et C

N° d'ordre	N° d'inscription	DATE DU DÉPÔT	NATURE DE LA MARQUE	NOM DU DÉPOSANT	INITIALES
226	86	16 mars 1842	Vignette représentant un aigle couronné	Philibert Vrau	P V
227	86	16 mars 1842	Vignette représentant un médaillon contenant les initiales.	Philibert Vrau.	S L
228	86	16 mars 1842	Vignette représentant un médaillon de forme ovale ayant au milieu les initiales et surmonté d'un aigle; au-dessous un écusson aux armes de la ville de Lille	Philibert Vrau	P V
229	87	23 mars 1842	Etiquette forme rectangulaire encadrée, contenant une croix à quatre branches.	Julien Saint-Léger	
230	87	23 mars 1842	Médaillon avec les initiales au milieu	Julien Saint-Léger	LSetFA
231	87	23 mars 1842	Vignette médaillon.	Julien Saint-Léger	A R
232	87	23 mars 1842	Vignette avec une croix à quatre branches.	Julien Saint-Léger	
233	87	23 mars 1842	Vignette médaillon	Julien Saint-Léger	
234	87	23 mars 1842	Vignette représentant un cartouche en forme de losange, dans lequel se trouve un caducée	Julien Saint-Léger	
235	87	23 mars 1842	Vignette représentant une guirlande avec initiales au milieu	Julien Saint-Léger	M et T
236	87	23 mars 1842	Idem.	Julien Saint-Léger	M et T
237	88	10 avril 1842	Etiquette encadrée. Au milieu une Renommée.	Ignace Senélar	S R
238	88	10 avril 1842	Etiquette encadrée. Au milieu, dans un ovale rayonnant, les initiales.	Ignace Senélar.	S R
239	88	10 avril 1842	Vignette encadrée représentant un ouvrier et une ouvrière dans un magasin; dans le haut une Renommée	Ignace Senélar	S R
240	90	25 juin 1842	Etiquette encadrée. Dans le haut une Renommée portant une écharpe	Barthélemy Delespaul	D Aé
241	90	25 juin 1842	Etiquette encadrée. Dans le haut une Renommée portant une écharpe.	Barthélemy Delespaul	D Aé
242	90	25 juin 1842	Une vignette de forme ovale représentant un colporteur	Barthélemy Delespaul	D Aé
243	90	25 juin 1842	Vignette dont le milieu contient un cartouche avec les initiales.	Barthélemy Delespaul	D Aé
244	90	25 juin 1842	Vignette encadrée représentant dans un ovale un jeune garçon jouant à la toupie	Barthélemy Delespaul	D Aé
245	90	25 juin 1842	Vignette formant médaillon avec un cartouche au milieu contenant les initiales.	Barthélemy Delespaul	D Aé
246	90	25 juin 1842	Vignette représentant au milieu un ovale contenant les initiales.	Barthélemy Delespaul	D Aé
247	90	25 juin 1842	Vignette représentant dans une ellipse une Renommée planant au-dessus d'une ville.	Barthélemy Delespaul	D Aé
248	90	25 juin 1842	Vignette représentant deux lions supportant un cartouche avec les initiales. Au-dessous: l'Union fait la force	Barthélemy Delespaul	D Aé
249	90	25 juin 1842	Vignette représentant en haut : un aigle sur une couronne ; au-dessous, deux anges avec un cartouche au milieu ; dans le bas un lion. Au-dessus de cette vignette, trois autres vignettes triangulaires	Barthélemy Delespaul	R T
250	90	25 juin 1842	Vignette représentant plusieurs fileuses près d'un âtre.	Barthélemy Delespaul	D Aé
251	90	25 juin 1842	Vignette représentant un Ange gardien.	Barthélemy Delespaul	D Aé
252	90	25 juin 1842	Vignette représentant une dame en costume moyen-âge occupée à filer.	Barthélemy Delespaul	D Aé

N° D'ORDRE	N° D'INSCRIPTION	DATE DU DÉPOT	NATURE DE LA MARQUE	NOM DU DÉPOSANT	INITIALES
253	90	25 juin 1842....	Vignette représentant une femme entourée d'enfants, occupée à coudre.........	Barthélemy Delespaul...	D Aé
254	90	25 juin 1842....	Vignette représentant une femme tenant une quenouille................	Barthélemy Delespaul..	D Aé
255	90	25 juin 1842....	Vignette représentant une fileuse assise à l'entrée d'une chaumière..........	Barthélemy Delespaul...	D A
256	90	25 juin 1842....	Idem....................	Barthélemy Delespaul...	D A
257	90	25 juin 1842....	Vignette représentant une fileuse, avec encadrement................	Barthélemy Delespaul...	D A
258	90	25 juin 1842....	Vignette représentant une Renommée.....	Barthélemy Delespaul...	D Aé
259	90	25 juin 1842....	Vignette représentant un médaillon de forme ovale contenant les initiales. — Au-dessous des guirlandes de fleurs..........	Barthélemy Delespaul...	D Aé
260	90	25 juin 1842....	Vignette représentant un tailleur assis sur son établi..................	Barthélemy Delespaul...	D Aé
261	91	30 juillet 1842...	Vignette représentant divers sujets : dans le haut une Renommée. Au milieu un cartouche avec initiales................	A. Fauchille-Delanoy...	M et D
262	91	30 juillet 1842...	Vignette représentant une fileuse entourée d'une guirlande formant un ovale ; un ange de chaque côté. Dans le haut un oiseau de paradis..................	A. Fauchille-Delanoy...	L A
263	91	30 juillet 1842...	Vignette représentant une Renommée portant une banderole.............	A. Fauchille-Delanoy...	A F D
264	91	30 juillet 1842...	Vignette représentant une vue pittoresque où on remarque un pont suspendu.....	A. Fauchille-Delanoy...	G y
265	92	10 septembre 1842.	Vignette composée d'un ruban, sur lequel les mots : Filature de coton mue par machine à vapeur.................	Auguste Moreau......	
266	93	4 octobre 1842...	Vignette représentant, dans le haut, un Mercure tenant un caducée ; au-dessous un cartouche; dans le bas, rouet, un tonneau, des ballots, une botte de lin..............	Philippe Saint-Léger....	R L
267	93	4 octobre 1842...	Vignette représentant un paysage où l'on voit sur le premier plan un rouet et deux quenouilles ; au-dessous les initiales dans un cartouche..............	Philippe Saint-Léger....	R L
268	95	19 novembre 1842.	Médaillon orné d'arabesques et de guirlandes sur lequel se trouvent les initiales.....	Julien Saint-Léger......	P S
269	95	19 novembre 1842.	Médaillon orné d'arabesques sur lequel se trouvent les initiales...........	Julien Saint-Léger......	P S
270	96	20 décembre 1842.	Vignette représentant une fontaine surmontée d'une statue...............	Poullier et Longhaye....	E B
271	97	27 décembre 1842.	Vignette encadrée représentant la Vierge Marie tenant l'Enfant Jésus. Au-dessous, un écusson aux armes de Lille............	Philibert Vrau........	P V
272	98	11 janvier 1843...	Vignette encadrée représentant deux lions tenant un cartouche en forme d'ellipse avec initiales................	Bigo frères..........	J B-B F
273	98	11 janvier 1843...	Vignette encadrée représentant la Maison Carrée	Bigo frères..........	R L D
274	98	11 janvier 1843..	Vignette formant un encadrement dans le haut duquel on voit un Mercure dans des nuages. Dans le bas, deux anges tenant une toile déroulée sur laquelle se trouvent les initiales.	Bigo frères..........	J B-B F
275	98	11 janvier 1843..	Vignette formée d'arabesques. Dans le haut, un cartouche avec les initiales.......	Bigo frères..........	B F

N° d'ordre	N° d'inscription	DATE DU DÉPOT	NATURE DE LA MARQUE	NOM DU DÉPOSANT	INITIALES
276	98	11 janvier 1843	Vignette représentant, dans le haut, une fileuse, dans le bas, un médaillon, entouré de guirlandes, dans lequel se trouvent les initiales	Bigo frères	J B-B F
277	98	11 janvier 1843	Vignette représentant un encadrement; le centre est de forme ovale et contient les initiales.	Bigo frères	J B-B F
278	98	11 janvier 1843	Vignette représentant un vaisseau. Plus haut, dans une ellipse, les initiales.	Bigo frères	J B-B F
279	98	11 janvier 1843	Vignettes représentant : celle du haut, un médaillon composé d'arabesques et de guirlandes avec les initiales; celle du bas, un ours au premier plan, sur la droite, un arbre avec un autre ours dans les branches et un troisième qui commence à grimper.	Bigo frères	O H et C
280	99	24 février 1843	Vignette formée d'arabesques, de rubans et de guirlandes.	Julien Saint-Léger	
281	99	24 février 1843	Médaillon surmonté d'une couronne	Julien Saint-Léger	
282	99	24 février 1843	Vignette formée d'arabesques. Dans le haut sur un ruban, les mots: A l'Union douanière. Au centre deux médaillons, l'un aux armes de France, l'autre aux armes de Belgique.	Julien Saint-Léger	A D
283	99	24 février 1843	Vignette représentant au centre un grand écusson avec la figure allégorique de la ville.	Julien Saint-Léger	J S L
284	99	24 février 1843	Vignette représentant une croix de la Légion d'honneur avec un ruban.	Julien Saint-Léger	
285	100	12 mars 1843	Etiquette avec les mots: Fil de remise.	Hassebroucq frères	
286	100	12 mars 1843	Etiquette encadrée	Hassebroucq frères	
287	100	12 mars 1843	Etiquette ronde encadrée	Hassebroucq frères	HF
288	100	12 mars 1843	Idem.	Hassebroucq frères	HF
289	100	12 mars 1843	Etiquette ronde encadrée ayant au centre les initiales.	Hassebroucq frères	HF
290	100	12 mars 1843	Vignette formée d'arabesques. Au centre un médaillon rond contenant les initiales.	Hassebroucq frères	HF
291	100	12 mars 1843	Vignette de forme oblongue, le dessin représente au centre des armoiries. De chaque côté les initiales	Hassebroucq frères	HF
292	100	12 mars 1843	Vignette encadrée en forme d'ellipse contenant au centre un ange entouré d'arabesques.	Hassebroucq frères	HF
293	100	12 mars 1843	Vignette encadrée représentant au centre un toréador avec un taureau dans l'arène	Hassebroucq frères	HF
294	100	12 mars 1843	Vignette en forme d'ellipse représentant une jeune fille filant assise près d'un arbre.	Hassebroucq frères	HF
295	100	12 mars 1843	Vignette en forme de médaille, avec le ruban.	Hassebroucq frères	HF
296	100	12 mars 1843	Vignette étiquette encadrée. Au centre d'une couronne d'arabesques est placé le numéro.	Hassebroucq frères	HF
297	100	12 mars 1843	Vignette représentant un colporteur portant sur le dos un ballot avec les initiales.	Hassebroucq frères	HF
298	101	31 mars 1843	Vignette représentant: en haut, des armoiries avec drapeaux, surmontées d'une couronne; au centre le mot Lille	Longhaye	P et L
299	104	15 novembre 1843	Etiquette avec les initiales dans une ellipse.	Jules Descamps	G J D B
300	104	15 novembre 1843	Idem.	Jules Descamps	G J D B
301	104	15 novembre 1843	Médaillon de forme ronde, au centre duquel est une ancre avec les initiales.	Jules Descamps	G J D B

N° D'ORDRE	N° D'INSCRIPTION	DATE DU DÉPOT	NATURE DE LA MARQUE	NOM DU DÉPOSANT	INITIALES
302	104	15 novembre 1843	Vignette représentant une ancre dans un cercle avec les initiales	Jules Descamps	G J D B
303	104	15 novembre 1843	Idem	Jules Descamps	G J D B
304	104	15 novembre 1843	Idem	Jules Descamps	G J D B
305	105	25 novembre 1843	Etiquette de forme rectangulaire contenant le titre : A Pygmalion	Philippe-Ch. Saint-Léger	L L et C
306	105	25 novembre 1843	Etiquette encadrée, de forme rectangulaire	Philippe-Ch. Saint-Léger	P D
307	105	25 novembre 1843	Vignette formée d'arabesques. Dans le haut un ange	Philippe-Ch. Saint-Léger	P D
308	105	25 novembre 1843	Vignette formée de trois personnages : sur un socle, Galathée ; en face, Pygmalion	Philippe-Ch. Saint-Léger	L L et C
309	107	18 janvier 1844	Etiquette encadrée, de forme rectangulaire, contenant un Mercure et les initiales	Philippe-Ch. Saint-Léger	M F Aé
310	107	18 janvier 1844	Vignette encadrée, représentant dans le haut un Mercure ; dans le bas, des ballots de marchandises, un rouet. Au centre les initiales	Philippe-Ch. Saint-Léger	M F Aé
311	112	1er août 1844	Vignette de forme ovale, représentant une femme tenant un ruban. Au bas, les initiales	Caudrelier et Waroux	L M
312	116	21 septembre 1844	Etiquette de forme ovale	Henri Carbon	
313	116	21 septembre 1844	Etiquette encadrée de forme ronde	Henri Carbon	H C
314	116	21 septembre 1844	Idem	Henri Carbon	
315	116	21 septembre 1844	Etiquette encadrée en forme de losange	Henri Carbon	H C
316	116	21 septembre 1844	Vignette encadrée formée d'arabesques surmontées d'une couronne	Henri Carbon	
317	116	21 septembre 1844	Vignette avec encadrement gothique. Le sujet principal représente trois fileuses au rouet. Deux Renommées tiennent l'inscription	Henri Carbon	
318	116	21 septembre 1844	Vignette encadrée représentant une fileuse	Henri Carbon	
319	116	21 septembre 1844	Vignette formée d'arabesques et de guirlandes. Au-dessus un ruban surmonté d'une grande couronne	Henri Carbon	H C
320	116	21 septembre 1844	Vignette représentant deux Renommées tenant une inscription	Henri Carbon	H C
321	116	21 septembre 1844	Vignette représentant un Mercure sous un arbre, le bras appuyé sur un bouclier posé sur des ballots de marchandises	Henri Carbon	H C
322	117	21 septembre 1844	Etiquette représentant une fileuse	Henri Collette	H C
323	117	21 septembre 1844	Etiquette représentant un colporteur en marche	Henri Collette	H C
324	117	21 septembre 1844	Etiquette représentant un tailleur assis	Henri Collette	H C
325	117	21 septembre 1844	Vignette représentant un colporteur en marche	Henri Collette	
326	117	21 septembre 1844	Vignette représentant une fileuse	Henri Collette	H C
327	117	21 septembre 1844	Vignette représentant un tailleur assis et cousant	Henri Collette	H C
328	119	15 novembre 1844	Etiquette représentant au centre une médaille. Dans le haut deux anges tiennent un écusson où sont les initiales	Vantroyen et Mallet	V et M
329	120	25 novembre 1844	Etiquette encadrée de forme ovale	Poullier et Longhaye	D et A
330	120	25 novembre 1844	Etiquette encadrée représentant une balance	Poullier et Longhaye	
331	120	25 novembre 1844	Etiquette encadrée représentant une statue	Poullier et Longhaye	D et A
332	120	25 novembre 1844	Vignette représentant une balance entourée d'arabesques	Poullier et Longhaye	

N° D'ORDRE	N° D'INSCRIPTION	DATE DU DÉPOT	NATURE DE LA MARQUE	NOM DU DÉPOSANT	INITIALES
333	120	25 novembre 1844	Vignette représentant une fabrique au-dessus de laquelle se trouve un dessin.	Poullier et Longhaye.	P et L
334	120	25 novembre 1844	Vignette représentant une statue, au bas: Progrès industriel.	Poullier et Longhaye.	D et A
335	124	30 janvier 1845	Bande portant à son extrémité un cartouche formé d'arabesques avec les initiales.	Hassebroucq frères.	H^F
336	124	30 janvier 1845	Bande portant un cartouche formé d'arabesques avec les initiales.	Hassebroucq frères.	H^F
337	125	30 janvier 1845	Vignette encadrée représentant trois jeunes filles occupées à coudre et un cartouche au milieu d'arabesques.	Philibert Vrau.	P V
338	125	30 janvier 1845	Vignette formée d'arabesques surmontées d'une couronne.	Philibert Vrau.	B J P et F
339	125	30 janvier 1845	Vignette représentant, dans le haut, deux figures allégoriques du Rhône et de la Saône, avec les mots: Rhône et Saône. Au-dessous, sur des arabesques, un cartouche.	Philibert Vrau.	S^r de V J^{me} C
340	125	30 janvier 1845	Vignette représentant, dans sa partie supérieure, un oiseau de proie au milieu d'arabesques et de guirlandes. Au-dessous un cartouche. Dans le bas, les initiales, au milieu de guirlandes.	Philibert Vrau.	P V
341	127	2 avril 1845	Etiquette encadrée représentant un cerf.	C. et F. Crespel frères.	C F
342	127	2 avril 1845	Etiquette encadrée représentant un écureuil.	C. et F. Crespel frères.	C F
343	127	2 avril 1845	Etiquette encadrée représentant un paon.	C. et F. Crespel frères.	C F
344	127	2 avril 1845	Vignette encadrée représentant un cerf.	C. et F. Crespel frères.	C F
345	127	2 avril 1845	Vignette représentant, dans la partie supérieure, un paon avec ailes déployées.	C. et F. Crespel frères.	C F
346	127	2 avril 1845	Vignette représentant un écureuil.	C. et F. Crespel frères.	C F
347	127	2 avril 1845	Vignette représentant une petite guirlande formant un ovale avec les initiales.	C. et F. Crespel frères.	C D
348	128	4 mai 1845	Vignette de forme ovale représentant une ancre à laquelle s'attache un papillon.	A. Chocquet-Vantroyen.	A C V
349	132	9 août 1845	Etiquette encadrée représentant une fileuse assise près de son rouet.	Hubert-Stanislas Ghéquière	E G et R
350	141	6 décembre 1845	Vignette encadrée représentant au centre une fileuse avec un rouet.	Saint-Léger et fils.	R L
351	141	6 décembre 1845	Vignette représentant une colonne surmontée de la statue de la ville de Lille. Cette colonne est encadrée de divers ornements.	Saint-Léger et fils.	R L
352	145	18 mars 1846	Etiquette encadrée représentant un oiseau de proie les ailes déployées tenant un cartouche formé d'arabesques sur lequel sont les initiales.	Van Remoortère-Sénelar.	V R
353	146	3 mai 1846	Etiquette encadrée représentant une Renommée.	Barthélemy Delespaul	D A^é
354	146	3 mai 1846	Etiquette encadrée.	Barthélemy Delespaul	D A^é
355	146	3 mai 1846	Etiquette encadrée représentant un lion et un cheval tenant un écusson surmonté d'une couronne. Au-dessous, sur un ruban, la devise: Dieu et mon droit.	Barthélemy Delespaul	D A^é
356	146	3 mai 1846	Etiquette encadrée représentant une fileuse assise près de son rouet.	Barthélemy Delespaul	D A^é
357	146	3 mai 1846	Etiquette encadrée.	Barthélemy Delespaul	D A^e
358	146	3 mai 1846	Vignette encadrée d'arabesques représentant, dans un ovale, une fileuse assise près de son rouet.	Barthélemy Delespaul	D A^é

Nº D'ORDRE	Nº D'INSCRIPTION	DATE DU DÉPOT	NATURE DE LA MARQUE	NOM DU DÉPOSANT	INITIALES
359	146	3 mai 1846	Vignette représentant dans un ovale entouré d'arabesques, un rivage avec des marchandises au premier plan; plus loin, un navire et des rochers escarpés	Barthélemy Delespaul	D Aé
360	146	3 mai 1846	Vignette représentant deux lions tenant un un écusson surmonté de deux drapeaux sur lesquels sont les initiales	Barthélemy Delespaul	D Aé
361	146	3 mai 1846	Vignette représentant un lion et un cheval de chaque côté d'un écusson surmonté d'une couronne. Au-dessous, se trouve un ruban avec la devise: Dieu et mon droit	Barthélemy Delespaul	D Aé
362	147	7 mai 1846	Etiquette encadrée contenant au centre, dans un ovale, un dessin représentant une fileuse assise ayant près d'elle plusieurs moutons	Emile Ghéquière	E G et R
363	147	7 mai 1846	Vignette représentant dans un ovale, entouré d'arabesques, une fileuse assise, ayant près d'elle plusieurs moutons	Emile Ghéquière	E G et R
364	153	17 octobre 1846	Etiquette de forme oblongue, encadrée d'arabesques et divisée en trois parties, contenant usines et inscriptions diverses	Vantroyen et Mallet	
365	157	17 décembre 1846	Etiquette encadrée contenant les inscriptions; dans un cartouche les initiales	Barthélemy Delespaul	D Aé
366	157	17 décembre 1846	Etiquette encadrée; au centre une vignette représentant une fileuse assise, au-dessous les initiales	Barthélemy Delespaul	D Aé
367	157	17 décembre 1846	Etiquette encadrée. Vignette représentant une religieuse en prière ; au bas, les initiales	Barthélemy Delespaul	D Aé
368	157	17 décembre 1846	Vignette encadrée représentant, dans sa partie supérieure, une déesse dans un cadre de forme ronde entouré d'arabesques	Barthélemy Delespaul	D Aé
369	157	17 décembre 1846	Vignette représentant une fileuse assise tenant une quenouille	Barthélemy Delespaul	D Aé
370	157	17 décembre 1846	Vignette représentant une religieuse en prière.	Barthélemy Delespaul	D Aé
371	161	6 mars 1847	Petite étiquette ronde	Gustave Toussin	
372	161	6 mars 1847	Idem	Gustave Toussin	G T
373	161	6 mars 1847	Vignette de forme oblongue représentant, au centre, une ellipse avec les initiales de laquelle des rayons partent dans tous les sens jusqu'au cadre	Gustave Toussin	G T
374	161	6 mars 1847	Vignette oblongue encadrée ; au centre, dans un médaillon, les initiales	Gustave Toussin	G T
375	162	22 mars 1847	Etiquette encadrée	Ignace-Alexandre Senélar	S R
376	162	22 mars 1847	Etiquette représentant un aigle tenant dans ses serres un ruban	Ignace-Alexandre Senélar	S R
377	170	9 juin 1847	Etiquette encadrée dont le dessin représente, comme motif principal, deux lions	Jean-Louis Lambry-Scrive	L S
378	170	9 juin 1847	Etiquette encadrée dont le dessin représente les armes de Paris	Jean-Louis Lambry-Scrive	L S
379	171	30 juin 1847	Vignette encadrée, de forme oblongue, laissant au milieu une partie ellipsoïdale au centre de laquelle se trouve un Mercure	Charles Courrière	
380	174	3 juillet 1847	Etiquette encadrée représentant au centre des mousquetaires sur une barque	Jean-Louis Lambry-Scrive	L S
381	177	3 août 1847	Etiquette encadrée représentant une fileuse	Philbert Vrau	H M Jne
382	181	1er septembre 1847	Etiquette encadrée	César et Désiré Hassebroucq	HF

6 P

N° D'ORDRE	N° D'INSCRIPTION	DATE DU DÉPÔT	NATURE DE LA MARQUE	NOM DU DÉPOSANT	INITIALES
383	181	1er septembre 1847.	Vignette encadrée représentant une fileuse assise à son rouet	César et Désiré Hassebroucq	H F
384	181	1er septembre 1847.	Vignette encadrée entourée d'arabesques . . .	César et Désiré Hassebroucq	H F
385	181	1er septembre 1847.	Vignette encadrée représentant comme motif principal une machine à vapeur à balancier.	César et Désiré Hassebroucq	H F
386	185	20 septembre 1847.	Vignette encadrée représentant comme sujet principal un oiseau sur une branche.	Henri Destailleurs	H D
387	186	25 novembre 1847.	Etiquette encadrée représentant un lion couché sur un piédestal	Barthélemy Delespaul . . .	C et A te C
388	186	25 novembre 1847.	Etiquette encadrée représentant un paysage où se trouve une villageoise	Barthélemy Delespaul . .	D Aé
389	190	5 février 1848 . . .	Vignette encadrée représentant une église. . .	A. Fauchille-Delanoy	B et G
390	193	9 février 1848 . . .	Etiquette encadrée	Ignace Senélar	S R
391	197	22 septembre 1848 .	Etiquette encadrée représentant l'archevêque de Paris, monté sur une barricade, avec l'inscription : Le bon pasteur donne sa vie pour ses brebis.	Barthélemy Delespaul . . .	D Aé
392	197	22 septembre 1848 .	Vignette encadrée représentant l'archevêque de Paris monté sur une barricade, avec l'inscription : Le bon pasteur donne sa vie pour ses brebis.	Barthélemy Delespaul . . .	D Aé
393	199	12 janvier 1849 . .	Etiquette encadrée représentant une fileuse. . .	Victor Roman	E G et R
394	199	12 janvier 1849 . .	Vignette encadrée représentant dans un paysage, une fileuse assise près de son rouet ; le tout entouré d'arabesques	Victor Roman	E G et R
395	201	24 janvier 1849 . .	Vignette encadrée d'arabesques, représentant une madone	Ignace Lambin	I L B
396	201	24 janvier 1849 . .	Vignette encadrée formée d'arabesques ; dans le bas un ange tenant une couronne. . . .	Ignace Lambin	I L B
397	201	24 janvier 1849 . .	Vignette encadrée formée d'arabesques et de guirlandes ; au centre un cartouche contenant les initiales.	Ignace Lambin	I L B
398	201	24 janvier 1849 . .	Vignette encadrée représentant au centre, dans un cercle, une fileuse assise en face de son rouet.	Ignace Lambin	I L B
399	201	24 janvier 1849 . .	Vignette encadrée représentant dans un ovale un lion.	Ignace Lambin	I L B
400	201	24 janvier 1849 . .	Vignette encadrée représentant un lion. . . .	Ignace Lambin	I L B
401	204	5 mars 1849	Vignette encadrée représentant un lion appuyé sur un médaillon en forme d'ellipse contenant les initiales	Antoine Picavet	P Aé
402	205	30 mars 1849	Etiquette encadrée représentant Jeanne d'Arc.	Barthélemy Delespaul . . .	D Aé
403	217	22 décembre 1849 .	Vignette encadrée représentant un sujet religieux.	Delespaul aîné	D Aé
404	217	22 décembre 1849 .	Etiquette encadrée	Delespaul aîné	D Aé
405	221	5 février 1850 . . .	Vignette encadrée représentant comme motif principal un coq gaulois	Picavet aîné	P Aé
406	221	5 février 1850 . . .	Vignette encadrée représentant la Vierge tenant l'Enfant Jésus.	Picavet aîné	P Aé
407	221	5 février 1850 . . .	Vignette encadrée représentant trois déesses .	Picavet aîné	P Jne
408	221	5 février 1850 . . .	Vignette encadrée représentant une déesse assise	Picavet aîné	P Aé
409	221	5 février 1850 . . .	Vignette encadrée représentant un lion au repos sur des ballots de marchandises. . . .	Picavet aîné	P Aé

N° D'ORDRE	N° D'INSCRIPTION	DATE DU DÉPOT	NATURE DE LA MARQUE	NOM DU DÉPOSANT	INITIALES
410	224	24 février 1850	Etiquette de forme ronde	Van Remoortère-Senélar	V R
411	224	24 février 1850	Idem	Van Remoortère-Senélar	V R
412	225	26 février 1850	Vignette encadrée représentant un colporteur en marche	Henri Collette	H C
413	229	14 septembre 1850	Vignette encadrée représentant comme motif principal, trois couturières dans des nuages	Philibert Vrau	P V
414	229	14 septembre 1850	Vignette encadrée, représentant dans la partie supérieure, un coq chantant, monté sur des colis. Au-dessous les armes de Lille	Philibert Vrau	P V
415	229	14 septembre 1850	Vignette encadrée représentant dans le haut, une fileuse à son rouet	Philibert Vrau	P V
416	229	14 septembre 1850	Vignette encadrée représentant un chevalier armé	Philibert Vrau	C C
417	229	14 septembre 1850	Vignette encadrée représentant un portail de cathédrale	Philibert Vrau	L A B F
418	229	14 septembre 1850	Vignette encadrée représentant un quai	Philibert Vrau	L F
419	229	14 septembre 1850	Vignette représentant un vaisseau en mer	Philibert Vrau	R R
420	230	23 octobre 1850	Vignette de forme oblongue représentant, au centre, une fabrique avec cheminée à vapeur	Bienaimé Pourrez	
421	233	31 décembre 1850	Vignette de forme oblongue partagée en trois parties ; au centre un sujet maritime d'où émerge un buste	Charles Courrière	
422	233	31 décembre 1850	Vignette de forme oblongue représentant un sujet maritime surmonté d'une Renommée	Charles Courrière	
423	233	31 décembre 1850	Vignette représentant, au centre, deux lettres enlacées	Charles Courrière	C C enlacés
424	236	9 avril 1851	Etiquette encadrée représentant un dessin fleuronné	Crespel et Descamps	D Aé
425	237	30 avril 1851	Etiquette encadrée représentant un chevalier	Hassebroucq frères	
426	237	30 avril 1851	Vignette encadrée représentant une reine ; dans le haut un écusson suspendu à un ruban avec cette inscription : Berthe file toujours	Hassebroucq frères	Hf
427	240	20 mai 1851	Vignette encadrée représentant, au centre, une fileuse debout tenant une quenouille	Antoine Picavet	P Aé
428	240	20 mai 1851	Vignette encadrée représentant l'Industrie linière	Antoine Picavet	P Aé
429	240	20 mai 1851	Vignette représentant un lion tenant un médaillon avec initiales, posé sur des ballots de marchandises	Antoine Picavet	P Aé
430	240	20 mai 1851	Vignette représentant une Renommée ; une oriflamme suspendue à la trompette porte les initiales	Antoine Picavet	P Aé
431	240	20 mai 1851	Vignette représentant un fileur au rouet. Au-dessous, une Renommée avec une oriflamme suspendue à la trompette, sur laquelle se trouvent les initiales	Antoine Picavet	P Aé
432	241	19 juin 1851	Vignette encadrée représentant deux branches courbées, se rapprochant vers leurs extrémités et fixées ensemble à la base par un ruban; entre les branches se trouvent les initiales	Alfred Descamps	A D
433	244	28 juillet 1851	Etiquette encadrée représentant les armes de la ville de Lyon	Antoine Picavet	B et G
434	244	28 juillet 1851	Etiquette encadrée représentant une fileuse debout tenant une quenouille	Antoine Picavet	B et G

— 44 —

N° D'ORDRE	N° D'INSCRIPTION	DATE DU DÉPOT	NATURE DE LA MARQUE	NOM DU DÉPOSANT	INITIALES
435	244	28 juillet 1851	Vignette encadrée représentant, au centre, les armes de la ville de Lyon ; de chaque côté, se trouve une colonne surmontée d'une urne.	Antoine Picavet	B et G
436	244	28 juillet 1851	Vignette encadrée représentant une fileuse debout tenant une quenouille	Antoine Picavet	B et G
437	245	30 août 1851	Etiquette encadrée représentant un laboureur.	Julien Saint-Léger	J C S L
438	246	3 septembre 1851	Cachet de forme ovale contenant au centre un Y.	Verstraete frères	Y
439	246	3 septembre 1851	Cachet de forme ronde genre médaillon	Verstraete frères	B D L F D
440	251	26 janvier 1852	Vignette encadrée représentant saint Georges terrassant le dragon	Philibert Vrau	O D
441	256	24 mars 1852	Etiquette encadrée représentant, au centre, une ancre	Lambry-Scrive	L S
442	256	24 mars 1852	Etiquette encadrée représentant un aigle au centre	Lambry-Scrive	L S
443	256	24 mars 1852	Vignette encadrée représentant, dans le haut, Neptune	Lambry-Scrive	L S
444	256	24 mars 1852	Vignette encadrée contenant, au centre, une ancre entre les initiales.	Lambry-Scrive	L S
445	268	9 octobre 1852	Vignette encadrée représentant un écusson sur lequel se trouve un agneau portant une croix ornée d'une bannière. L'écusson est surmonté d'une couronne.	Antoine Picavet	J G
446	268	9 octobre 1852	Vignette encadrée représentant un lion au milieu des récoltes. Sur le dos du lion se trouve un personnage allégorique portant les attributs du moissonneur.	Antoine Picavet	B R
447	269	3 janvier 1853	Vignette encadrée représentant, au centre, une sorte de médaillon en forme de losange	Philibert Vrau	M N
448	269	3 janvier 1853	Vignette encadrée représentant, dans le haut, une fileuse assise à son rouet	Philibert Vrau	B J
449	269	3 janvier 1853	Vignette encadrée représentant un lion couronné tenant un écusson aux initiales posé sur des ballots de marchandises	Philibert Vrau	A A
450	270	7 janvier 1853	Vignette encadrée représentant, au centre, dans une partie ovale, une fileuse avec son rouet.	Théry-Dumont	C R
451	275	29 mars 1853	Etiquette encadrée dont le dessin représente un tailleur au travail	Lefebvre-Busin	H L
452	275	29 mars 1853	Vignette encadrée représentant un tailleur au travail	Lefebvre-Busin	L L
453	275	29 mars 1853	Vignette encadrée représentant un tailleur au travail ; sur une table, près de lui, se trouvent ses outils	Lefebvre-Busin	H L
454	275	29 mars 1853	Idem	Lefebvre-Busin	L L
455	289	16 décembre 1853	Vignette représentant, au-dessus de divers ornements, arabesques et guirlandes, un oiseau ayant les ailes déployées	Picavet aîné	P A⁴
456	290	7 janvier 1854	Vignette encadrée représentant, dans le haut, un coq chantant posé sur une seule patte.	Ovigneur frères	O F
457	290	7 janvier 1854	Vignette encadrée représentant, entourée de guirlandes et d'arabesques, une fileuse au rouet	Ovigneur frères	O F
458	290	7 janvier 1854	Vignette représentant un coq posé sur une banderole	Ovigneur frères	O F
459	295	16 mars 1854	Vignette représentant un écusson ovale entouré d'ornements : une ancre, un poisson, etc. L'écusson est divisé en trois compartiments occupés par divers sujets	Ovigneur frères	T et M

N° D'ORDRE	N° D'INSCRIPTION	DATE DU DÉPÔT	NATURE DE LA MARQUE	NOM DU DÉPOSANT	INITIALES
460	296	29 mars 1854	Etiquette encadrée contenant un dessin représentant un lion tenant un écusson aux initiales	Picavet aîné	P A⁶
461	298	10 avril 1854	Etiquette encadrée	Picavet aîné	J L P
462	298	10 avril 1854	Marque de forme oblongue composée d'un cadre	Picavet aîné	J L P
463	303	30 mai 1854	Bande divisée en trois compartiments. dans le premier on distingue un tambour	Emile Humbert	A F
464	303	30 mai 1854	Vignette encadrée représentant un tambour	Emile Humbert	
465	307	30 juin 1854	Vignette encadrée représentant, au milieu d'un cercle, sur un faisceau et des foudres, un aigle aux ailes déployées. Au-dessus, une couronne féodale entourée de rayons	Saint-Léger-Hovyn	S H
466	307	30 juin 1854	Vignette encadrée représentant un personnage tenant en main un bâton	Saint-Léger-Hovyn	S H
467	318	3 novembre 1854	Etiquette encadrée au centre de laquelle se trouve une médaille et son revers. Sur la face, figure allégorique de l'industrie	Adolphe Yon	A D Y
468	318	3 novembre 1854	Etiquette encadrée dont le dessin, au centre, représente une médaille et le revers. Sur la face, une allégorie de l'industrie	Adolphe Yon	A Y
469	318	3 novembre 1854	Etiquette encadrée dont le dessin représente, au centre, un médaillon	Adolphe Yon	V et M
470	318	3 novembre 1854	Etiquette encadrée dont le dessin représente un écusson ovale supporté par un lion et un cheval	Adolphe Yon	A D Y
471	318	3 novembre 1854	Etiquette forme de médaille, contenant, au centre, un écusson	Adolphe Yon	
472	318	3 novembre 1854	Médaillon portant au centre, les mots: Gerards Persian Thread	Adolphe Yon	
473	318	3 novembre 1854	Etiquette avec cadre de forme elliptique	Adolphe Yon	
474	318	3 novembre 1854	Etiquette composée d'un cadre de forme elliptique	Adolphe Yon	
475	318	3 novembre 1854	Idem	Adolphe Yon	
476	318	3 novembre 1854	Etiquette oblongue formée d'un cadre	Adolphe Yon	
477	318	3 novembre 1854	Idem	Adolphe Yon	
478	318	3 novembre 1854	Etiquette oblongue formée d'un double cadre	Adolphe Yon	
479	318	3 novembre 1854	Idem	Adolphe Yon	
480	318	3 novembre 1854	Etiquette ronde contenant au centre les initiales	Adolphe Yon	A Y
481	318	3 novembre 1854	Idem	Adolphe Yon	A Y
482	318	3 novembre 1854	Vignette encadrée de forme rectangulaire, à pans coupés, représentant, au centre, une couronne féodale avec panaches	Adolphe Yon	A D Y
483	318	3 novembre 1854	Vignette encadrée représentant, au centre, une médaille et son revers. Sur la face on voit une figure allégorique de l'industrie	Adolphe Yon	A D Y
484	318	3 novembre 1854	Vignette encadrée, représentant, au milieu d'ornements, un écusson armorié rond, portant la devise: Honni soit qui mal y pense	Adolphe Yon	
485	318	3 novembre 1854	Vignette encadrée représentant au centre une sorte de revers de médaille	Adolphe Yon	V et M
486	318	3 novembre 1854	Vignette encadrée représentant un monument chinois, au milieu et au-dessus duquel est un chinois avec l'inscription: Fil de Chine	Adolphe Yon	A D Y

Nº D'ORDRE	Nº D'INSCRIPTION	DATE DU DÉPOT	NATURE DE LA MARQUE	NOM DU DÉPOSANT	INITIALES
487	322	21 décembre 1854	Bande encadrée d'un double filet, au centre de laquelle se trouvent la face et le revers d'une médaille à l'effigie de l'empereur Napoléon III. Sur le revers une figure allégorique de l'industrie	Pierre-Martin Mezar	M B
488	323	23 décembre 1854	Etiquette encadrée contenant la statue d'un évêque et l'inscription : Mgr de Belzunce	Aug. Descamps-Crespel	D A^e
489	323	23 décembre 1854	Etiquette encadrée dont le dessin représente un oiseau sur une branche	Crespel et Descamps	D A^d
490	323	23 décembre 1854	Vignette encadrée représentant la statue d'un évêque ; sur le piédestal on lit: Mgr de Belzunce, 1720	Aug. Descamps-Crespel	D A^e
491	323	23 décembre 1854	Vignette représentant un oiseau sur une branche	Crespel et Descamps	D A^e
492	325	13 janvier 1855	Etiquette encadrée dont le dessin représente une statue	Verstraete frères	C A
493	325	13 janvier 1855	Vignette encadrée représentant une fontaine surmontée d'une statue	Verstraete frères	C A
494	330	17 février 1855	Etiquette composée de deux cadres en filets	Degrimonpont-Vernier	D V J P
495	330	17 février 1855	Vignette composée d'un dessin d'ornements	Degrimonpont-Vernier	D V J P
496	330	17 février 1855	Vignette encadrée, de forme oblongue, à coins arrondis	Degrimonpont-Vernier	D V J P
497	330	17 février 1855	Vignette encadrée, de forme oblongue, à pans coupés	Degrimonpont-Vernier	F J
498	330	17 février 1855	Idem	Degrimonpont-Vernier	F J
499	330	17 février 1855	Vignette encadrée, de forme oblongue et à coins arrondis	Degrimonpont-Vernier	D J P
500	330	17 février 1855	Vignette encadrée d'un double filet formant ovale	Degrimonpont-Vernier	
501	330	17 février 1855	Vignette encadrée d'un filet formant un ovale	Degrimonpont-Vernier	D V J P
502	330	17 février 1855	Idem	Degrimonpont-Vernier	D V J P
503	330	17 février 1855	Vignette représentant, au milieu d'un dessin composé d'ornements, une sorte de médaillon où se trouvent les initiales	Degrimonpont-Vernier	D J P
504	334	2 avril 1855	Etiquette encadrée contenant les initiales au milieu de deux rameaux réunis à leurs extrémités	Auguste Descamps	Aug^{te} D
505	334	2 avril 1855	Etiquette encadrée	Auguste Descamps	
506	334	2 avril 1855	Etiquette encadrée contenant un dessin représentant une ruche	Auguste Descamps	A^{te} D
507	334	2 avril 1855	Etiquette encadrée dont le dessin représente un soldat à cheval	Auguste Descamps	A^{te} D
508	334	2 avril 1855	Etiquette encadrée dont le dessin représente un mouton	Auguste Descamps	A^{te} D
509	336	2 avril 1855	Etiquette encadrée	Auguste Descamps	Aug^{te} D
510	336	10 avril 1855	Etiquette encadrée contenant un écusson chargé d'un lion debout et surmonté d'une couronne royale	Auguste Descamps	Aug^{te} D
511	336	10 avril 1855	Etiquette encadrée dont le dessin représente un aigle tenant dans ses serres une banderole	Auguste Descamps	
512	336	10 avril 1855	Etiquette encadrée dont le dessin représente un Breton fumant la pipe	Auguste Descamps	Aug^{te} D
513	336	10 avril 1855	Etiquette encadrée représentant, comme dessin, une fileuse au rouet	Auguste Descamps	Aug^{te} D

N° d'ordre	N° d'inscription	DATE DU DÉPOT	NATURE DE LA MARQUE	NOM DU DÉPOSANT	INITIALES
514	336	10 avril 1855....	Vignette encadrée représentant, au milieu d'un collier de dignitaire, un écusson chargé d'un lion debout et surmonté d'une couronne royale. Dessous une banderole porte la devise: L'union fait la force............	Auguste Descamps.....	A^{te} D
515	339bis	21 mai 1855....	Etiquette encadrée dont le dessin représente deux lions debouts appuyés sur un écusson chargé d'une ancre...........	Antoine Devos........	A D
516	339bis	21 mai 1855....	Etiquette encadrée dont le dessin représente un aigle aux ailes déployées.........	Antoine Devos........	A D
517	339bis	21 mai 1855....	Etiquette encadrée dont le dessin représente une fileuse au rouet.............	Antoine Devos........	A D
518	339bis	21 mai 1855....	Etiquette encadrée............	Antoine Devos........	A D
519	339bis	21 mai 1855....	Vignette encadrée représentant un aigle aux ailes déployées entouré d'une auréole; au-dessous, deux lions debout appuyés sur un écusson ovale chargé d'une ancre. Plus bas, les initiales sur un écusson surmonté d'une couronne...........	Antoine Devos........	A D
520	339bis	21 mai 1855....	Vignette encadrée représentant une fileuse au rouet sous un arbre; le tout entouré d'ornements............	Antoine Devos........	A D
521	339bis	21 mai 1855....	Vignette représentant un aigle aux ailes déployées.............	Antoine Devos........	A D
522	349	31 août 1855....	Etiquette encadrée............	Louis Darras.........	L D
523	349	31 août 1855....	Etiquette encadrée dont le dessin représente un aigle aux ailes déployées tenant dans ses serres une banderole...........	Louis Darras.........	L D
524	349	31 août 1855....	Etiquette encadrée dont le dessin représente un homme en marche............	Louis Darras.........	L D
525	349	31 août 1855....	Vignette encadrée représentant un aigle aux ailes déployées la tête entourée d'une auréole, tenant dans ses serres une banderole......	Louis Darras.........	L D
526	349	31 août 1855....	Vignette encadrée représentant un vaisseau en mer...........	Louis Darras.........	L D
527	349	31 août 1855....	Vignette représentant, dans une espèce de médaillon ornementé de forme ovale, une fileuse au rouet. Au-dessus d'un médaillon un aigle aux ailes déployées........	Louis Darras.........	L D
528	349	31 août 1855....	Vignette encadrée représentant, dans un médaillon ornementé de forme ovale, une fileuse au rouet............	Louis Darras.........	L D
529	349	31 août 1855....	Vignette représentant, dans un ovale ornementé, une Renommée...........	Louis Darras	L D
530	350	5 septembre 1855.	Etiquette encadrée............	Hassebroucq frères.....	
531	353	12 octobre 1855..	Vignette encadrée............	Philibert Vrau........	H A^{é}
532	362	18 janvier 1856..	Etiquette encadrée dont le dessin représente une vierge avec inscription: Hilo à la milagrosa imagen de nuestra senora de Begona............	Charles-Auguste Senélar..	S R
533	362	18 janvier 1856..	Etiquette encadrée portant l'inscription: Au Diable amoureux...........	Charles-Auguste Senélar..	F A^{é}
534	362	18 janvier 1856..	Etiquette entourée d'un cadre formé d'un filet double et d'ornements........	Charles-Auguste Senélar..	C S
535	362	18 janvier 1856..	Etiquette entourée d'un cadre orné, de forme rectangulaire à pans coupés, portant l'inscription: A saint Guillaume.........	Charles-Auguste Senélar..	F A^{é}

N° D'ORDRE	N° D'INSCRIPTION	DATE DU DÉPOT	NATURE DE LA MARQUE	NOM DU DÉPOSANT	INITIALES
536	362	18 janvier 1856	Vignette encadrée, de forme oblongue, représentant au centre une couronne.	Charles-Auguste Senélar	
537	362	18 janvier 1856	Vignette encadrée représentant un autel sur lequel est placée une vierge. Au-dessus de cette vierge : Hilo à la milagrosa imagen de nuestra senora de Begona.	Charles-Auguste Senélar	S R
538	372	19 mai 1856	Etiquette encadrée de filets et d'ornements.	Roman-Ghéquière	R G
539	372	19 mai 1856	Idem.	Roman-Ghéquière	R G
540	372	19 mai 1856	Etiquette encadrée, dont le dessin représente une femme couronnée, debout, tenant une quenouille.	Roman-Ghéquière	R G
541	372	19 mai 1856	Vignette encadrée, représentant une femme couronnée, debout, tenant une quenouille.	Roman-Ghéquière	R G
542	377	5 juin 1856	Etiquette encadrée dont le dessin représente un écusson surmonté d'une couronne et chargé d'une croix à doubles bras. L'écusson a, pour supports, deux levrettes.	Crespel et Descamps	P B
543	377	5 juin 1856	Vignette encadrée, représentant un écusson surmonté d'une couronne murale et chargé d'une croix à doubles bras. La plus grande partie de l'écusson est entourée de rameaux. Au-dessous, sur une banderole : In hoc signo fiducia.	Crespel et Descamps	P B
544	381	4 juillet 1856	Etiquette encadrée dont le dessin représente un lion attaché à un arbre.	Louis Darras	L D
545	382	8 juillet 1856	Vignette encadrée, représentant un écusson fond rouge chargé d'une croix blanche et surmonté d'une couronne sous laquelle sont une épée et un sceptre croisés. Autour de cet écusson un manteau doublé d'hermine, un collier, etc.	Poullier-Longhaye	J J C
546	386	2 août 1856	Etiquette encadrée dont le dessin représente une Renommée.	Roman-Ghéquière	R G
547	387	30 août 1856	Etiquette encadrée dont le dessin représente une statue sur un piédestal.	Crespel et Descamps	M et C
548	391	24 novembre 1856	Un encadrement dans lequel se trouvent des inscriptions.	A. Fauchille-Delanoy	A F D
549	391	24 novembre 1856	Vignette encadrée représentant, au centre, un médaillon.	A. Fauchille-Delanoy	A F D
550	394	15 janvier 1857	Vignette encadrée, représentant un écusson armorié surmonté d'une couronne, sur lequel on voit des nuages, un soleil et trois abeilles; au-dessous, sur une banderole : Faveat atque fovet.	Auguste Descamps	P B
551	397	10 février 1857	Etiquette encadrée dont le dessin représente une statue.	Vᵉ C. Crespel et fils	M
552	397	10 février 1857	Vignette encadrée, représentant la statue du roi René à Angers.	Vᵉ C. Crespel et fils	M
553	399	14 février 1857	Etiquette encadrée de forme rectangulaire.	Gustave Toussin	G T
554	399	14 février 1857	Etiquette oblongue, forme rectangulaire à pans coupés.	Gustave Toussin	
555	399	14 février 1857	Etiquette ronde forme médaillon.	Gustave Toussin	G T
556	399	14 février 1857	Vignette composée d'un encadrement.	Gustave Toussin	L T
557	399	14 février 1857	Vignette encadrée, de forme oblongue ou rectangulaire, à coins arrondis, divisée longitudinalement en trois compartiments.	Gustave Toussin	G T

N° D'ORDRE	N° D'INSCRIPTION	DATE DU DÉPOT	NATURE DE LA MARQUE	NOM DU DÉPOSANT	INITIALES
558	399	14 février 1857	Vignette formée d'un rectangle ayant à ses extrémités un dessin figurant le haut d'une tour crénelée.	Gustave Toussin	G T
559	399	14 février 1857	Etiquette de forme carrée	Gustave Toussin	G T
560	399	14 février 1857	Idem	Gustave Toussin	L T
561	399	14 février 1857	Idem	Gustave Toussin	P S et C
562	399	14 février 1857	Etiquette ronde encadrée d'un double filet et portant les initiales.	Gustave Toussin	G T
563	399	14 février 1857	Etiquette de forme ronde, encadrée d'un double filet	Gustave Toussin	G T
564	399	14 février 1857	Etiquette de forme ronde, genre médaille	Gustave Toussin	G T
565	399	14 février 1857	Etiquette encadrée, de forme carrée.	Gustave Toussin	G T
566	399	14 février 1857	Etiquette encadrée, en forme d'ellipse.	Gustave Toussin	G T
567	399	14 février 1857	Etiquette ronde encadrée.	Gustave Toussin	G T
568	400	20 février 1857	Cachet composé de branches enlacées en forme de couronne avec initiales	Désiré et Victor Picavet aîné	P Aé
569	400	20 février 1857	Vignette représentant une Renommée, tenant une bannière avec initiales	Désiré et Victor Picavet aîné	C J
570	400	20 février 1857	Vignette composée d'un cadre ornementé, en forme d'ellipse, avec initiales.	Désiré et Victor Picavet aîné	P Aé
571	403	25 mai 1857	Vignette encadrée représentant un tambour.	Humbert frères	
572	404	15 juin 1857	Empreinte en cire portant les initiales	Pierre Bianco	B Aé
573	404	15 juin 1857	Etiquette encadrée, dont le dessin représente un colporteur.	Pierre Bianco	B Aé
574	404	15 juin 1857	Etiquette encadrée, dont le dessin représente une danseuse.	Pierre Bianco	B Aé
575	404	15 juin 1857	Etiquette encadrée, dont le dessin représente une fileuse au rouet.	Pierre Bianco	B Aé
576	404	15 juin 1857	Etiquette encadrée, dont le dessin représente une tige de tulipes	Pierre Bianco	B Aé
577	404	15 juin 1857	Vignette encadrée, dont le dessin représente deux anges tenant un colis.	Pierre Bianco	B Aé
578	404	15 juin 1857	Vignette encadrée, dont le dessin représente une fileuse au rouet.	Pierre Bianco	B Aé
579	404	15 juin 1857	Vignette encadrée, représentant un colporteur.	Pierre Bianco	B Aé
580	404	15 juin 1857	Vignette encadrée représentant une tige de tulipes	Pierre Bianco	B A
581	408 bis	22 août 1857	Vignette encadrée représentant un colporteur	Martin Blieck	A L
582	408 bis	22 août 1857	Vignette encadrée représentant un lion	Martin Blieck	M B
583	408 bis	22 août 1857	Vignette encadrée représentant un sapeur en grande tenue.	Martin Blieck	
584	410	21 septembre 1857	Etiquette encadrée dont le dessin représente, sur un nuage, la Vierge tenant l'Enfant Jésus.	Crespel et Descamps	D Aé
585	410	21 septembre 1857	Etiquette encadrée, forme oblongue.	Crespel et Descamps	D Aé
586	410	21 septembre 1857	Etiquette ronde encadrée	Crespel et Descamps	D Aé
587	410	21 septembre 1857	Idem.	Crespel et Descamps	
588	410	21 septembre 1857	Vignette encadrée, de forme oblongue.	Crespel et Descamps	
589	410	21 septembre 1857	Vignette encadrée, de forme oblongue, représentant au centre une pile de bobines de fil.	Crespel et Descamps	D Aé
590	410	21 septembre 1857	Vignette encadrée représentant, sur un nuage, la Vierge tenant l'Enfant Jésus	Crespel et Descamps	D Aé
591	414	30 septembre 1857	Vignette encadrée représentant une vieille et une jeune femme et, près d'elles, deux enfants.	Antoine Devos	A D

N° D'ORDRE	DATE DU DÉPOT	NATURE DE LA MARQUE	NOM DU DÉPOSANT	INITIALES
		## SUPPLÉMENT		
592	6 juin 1822	Représente une couronne, surmontée d'une cocarde. Au centre de la couronne se trouvent les initiales	Lucien Cuvelier	L C
593	10 juillet 1822	Représente une couronne surmontée d'une cocarde. Au centre de la couronne se trouvent les initiales	Dubois-Jacquart	L D
594	3 décembre 1822	Représente deux ovales et un rond portant les initiales	Auguste Descamps	Aug^{te} D
595	10 novembre 1824	Représente une couronne surmontée d'une cocarde. Au centre de la couronne se trouvent les initiales	Louis Carbon	L C
596	7 décembre 1824	Représente une Renommée sonnant de la trompette de la main droite et tenant un écusson de la main gauche	H. Dathis, Brame et Cie	
597	28 août 1826	Cachet avec initiales	Renmaine-Villers	R V
598	10 mai 1828	Représente : 1° une Renommée tenant de la main droite une trompette, de la main gauche un écusson avec les initiales ; 2° un ovale formé de deux branches avec les initiales aux extrémités ; un carré et un ovale formés d'un simple filet et portant les initiales	Carlos Janty	C J
599	11 juillet 1828	Représente une couronne avec une cocarde. Au centre de la couronne se trouvent les initiales	Dubois-Deplanque	D D
600	16 juillet 1828	Griffes et cachets avec les initiales J C, L F, D R	Edouard Cuvelier	
601	13 septembre 1828	Représente un ovale, au centre les initiales	L. Gailhabaud	L G, à Lille
602	22 octobre 1828	Représente deux ovales. Sur le premier on lit : Fils 36 tours, qualité supérieure ; au centre les initiales. Sur le second : Première qualité ; au centre les initiales	T. Petit-Leclercq	T P L
603	8 décembre 1828	Cinq marques avec les mots : 1° Aug^{te} D., J.-B. Smet, 2° les initiales S, AD enlacés	Auguste Descamps	
604	12 août 1829	Représente 1° une couronne, dans le centre se trouve une tête, au-dessous de laquelle on lit : Lin Teste du More ; 2° une empreinte avec les initiales	Crespel-Destombes et fils aîné	C D
605	8 mai 1830	Fil à la Religieuse de J. B. B. F. de Lille et sept empreintes avec les initiales J.B.-B F, et B.F. et B	J.-B. Bigo frères	
606	14 février 1831	Vignette intitulée : Qualité supérieure à la Médaille, avec les initiales, et une autre vignette représentant une fileuse, filant; dans le haut se trouvent les initiales	Delespaul aîné	D A^{é}
607	5 avril 1831	Onze empreintes avec les mots : Aug^{te} D., J.-B. Smet, et les initiales S, et A D enlacés	Auguste Descamps	
608	13 août 1831	Vignette intitulée : Fil fort, qualité supérieure, Emile et Jus Verstraete à Lille. Empreintes, étiquettes et initiales	Emile et Jus Verstraete	E J V
609	21 septembre 1855	Représente une fileuse	Julien Laden	J L
610	24 février 1857	Représente un coq	Picavet aîné	P A^{é}
611	24 février 1857	Représente une fileuse	A. Picavet aîné	P A^{é}
612	24 février 1857	Représente un lion	Picavet aîné	A M
613	24 février 1857	Représente un lion couronné, sous un palmier et tenant un écusson	Picavet aîné	P A^{é}
614	24 février 1858	Vignette représentant un lion tenant un écusson	Picavet aîné	P A^{é}
615	2 septembre 1857	Représente une fileuse	A. Humbert frères	M. Perevoux
616	2 septembre 1857	Représente une ruche	A. Humbert frères	A H F
617	2 septembre 1857	Représente un tailleur cousant	A. Humbert frères	A F
618	2 septembre 1857	Vignette représentant une clef	A. Humbert frères	A F
619	31 mars 1858	Représente un colporteur	H. Collette	H C
620	31 mars 1858	Représente une fileuse	H. Collette	H C
621	30 juin 1858	Représente deux fileuses	A. Fauchille-Delanoy	A F D
622	9 juillet 1858	Représente la Vierge avec l'Enfant Jésus	A. Fauchille-Delanoy	A F D
623	12 juillet 1858	Représente une fileuse assise	Victor Saint-Léger fils	V^{or} S L F
624	12 juillet 1858	Représente une sainte	Victor Saint-Léger fils	R L
625	4 août 1858	Marque manuscrite sans inscription	Bianco aîné	B A^{é}
626	31 août 1858	Représente deux lions tenant un écusson	Auguste Descamps	J B B F
627	2 août 1859	Quatre bandes	Hassebroucq frères	H F
628	10 janvier 1860	Vignette	Poullier-Longhaye	P L
629	27 août 1860	Vignette représentant une balançoire	G.-J. Descamps-Beaucourt	R et D

II
MARQUES
déposées au Greffe du Tribunal de Commerce de Lille

DE 1857 A 1895

TITRES DE MARQUES

PAR

ORDRE ALPHABÉTIQUE

PREMIÈRE PARTIE

DE 1857 A 1861

N° D'ORDRE	DATE DU DÉPOT	NOM DE LA MARQUE	NATURE DE LA MARQUE	NOM DU DÉPOSANT	INITIALES
		A			
1	22 novembre 1859	Abeille (fil à l')	Vignette	Catel-Béghin	C B
2	18 mars 1858	Abeilles (aux)	Vignette	A. Devos	A D
3	9 juillet 1858	Aigle (fil à l')	Vignette	A. Fauchille-Delanoy	
4	28 juillet 1858	Aigle (fil à l')	Vignette	Victor Saint-Léger fils	R L
5	29 septembre 1860	Aigle américain (fil à l')	Vignette	G.-J. Descamps-Beaucourt	J D T
6	11 janvier 1860	Aiguille (fil à l')	Vignette	Auguste Descamps	E S
7	9 juillet 1858	Amazone (fil)	Vignette	A. Fauchille-Delanoy	A F D
8	20 août 1860	Ancre (fil à l')	Vignette	G.-J. Descamps-Beaucourt	G J D B
9	9 juillet 1858	Ange gardien (fil à l')	Vignette	A. Fauchille-Delanoy	J G
10	10 janvier 1860	Anglais (fil)	Vignette	Poullier-Longhaye	P L
11	8 novembre 1860	Angleterre, fil de soie (fil d')	Vignette	Bianco aîné	B A
12	8 juillet 1858	Araignée (à l')	Vignette	A. Humbert frères	A H F
13	29 juin 1860	Arbalète au grand n° 14 (fil à l')	Vignette	Julien Laden	L L
14	4 août 1858	Archange (fil à l')	Vignette	Bianco aîné	B A^é
15	29 décembre 1859	Arlequin (fil à l')	Vignette	Crespel et Descamps	D A^é
16	24 février 1857	Armes (fil aux)	Vignette	Picavet aîné	B et T
17	22 octobre 1859	Armes de l'empire (aux)	Vignette	Roman-Ghéquière	A J
18	4 août 1858	Armes de Paris (fil aux)	Vignette	Bianco aîné	B A^d
19	4 mars 1858	Armes sardes (fil aux)	Vignette	Ph. Vrau	M F
20	29 février 1860	Artilleur (fil à l')	Vignette	Hassebroucq frères	M L
		B			
21	20 août 1860	Bacchus (fil à)	Vignette	G.-J. Descamps Beaucourt	G J D B
22	2 juillet 1859	Bascule (à la)	Vignette	Dezonsart	J H L

N° D'ORDRE	DATE DU DÉPOT	NOM DE LA MARQUE	NATURE DE LA MARQUE	NOM DU DÉPOSANT	INITIALES
23	2 décembre 1859	Belle écaillère (fil à la)	Vignette	Crespel et Descamps	D Aé
24	21 juin 1858	Bienfaiteur (fil au)	Vignette	Ph. Vrau	C T
25	4 août 1858	Blason (fil au)	Vignette	Bianco aîné	B Aé
26	27 août 1860	Bœufs (fil aux)	Vignette	G.-J. Descamps-Beaucourt	G J D B
27	9 mars 1858	Boléro (fil au)	Vignette	Hassebroucq frères	HF
28	30 juin 1858	Bonheur (fil au)	Vignette	A. Fauchille-Delanoy	A F D
29	22 novembre 1859	Bonne fileuse (fil fort à la)	Vignette	Catel-Béghin	C B
30	4 août 1858	Bonne religieuse (fil à la)	Vignette	Bianco aîné	B Aé
31	13 janvier 1860	Bon pasteur (au)	Vignette	Dormet	J D
32	13 octobre 1858	Bon père (fil au)	Vignette	Ph. Vrau	R F
33	9 juillet 1858	Bouquetière (fil à la)	Vignette	A. Fauchille-Delanoy	A F D
34	10 août 1857	Bourbonnaise (à la)	Vignette	Bianco aîné	C D
35	9 juillet 1858	Bourgogne (fil de fer de)	Vignette	A. Fauchille-Delanoy	A F D
36	22 juillet 1859	Brave Crillon (au)	Vignette	Ph. Vrau	M F
37	9 juillet 1858	Breton (fil au)	Vignette	A. Fauchille-Delanoy	A F D

C

N° D'ORDRE	DATE DU DÉPOT	NOM DE LA MARQUE	NATURE DE LA MARQUE	NOM DU DÉPOSANT	INITIALES
38	22 mars 1859	Cachet (au)	Vignette	D. et V. Picavet aîné	P Aé
39	12 juillet 1858	Camélia (fil au)	Vignette	Victor Saint-Léger fils	Vor S L F
40	9 mars 1858	Camélias (aux)	Vignette	Hassebroucq frères	HF
41	9 juillet 1858	Canard (fil au)	Vignette	A. Fauchille-Delanoy	A F D
42	20 août 1860	Canonnier lillois (fil au)	Vignette	G.-J. Descamps-Beaucourt	G J D B
43	14 avril 1860	Canotiers (fil aux)	Vignette	A. Fauchille aîné	A F D
44	21 mars 1857	Cantinières, fil sympathique (aux)	Vignette	Roman-Ghéquière	R G
45	2 août 1859	Carabinier (fil au)	Vignette	Hassebroucq frères	A D
46	23 février 1859	Cent-Garde (fil au)	Vignette	Yon et Remy	A D Y
47	20 août 1860	Chapelle (fil à la)	Vignette	G.-J. Descamps-Beaucourt	G J D B
48	8 juillet 1858	Chariot (fil au)	Vignette	A. Humbert frères	AHF
49	16 juin 1859	Chasseur de la Garde (au)	Vignette	Crespel et Descamps	
50	6 avril 1860	Chat botté (au)	Vignette	Verstraete frères	
51	8 juillet 1858	Cheval de bronze (au)	Vignette	A. Humbert frères	A H F
52	30 juin 1858	Chinois (fil au)	Vignette	A. Fauchille-Delanoy	M L
53	27 novembre 1858	Chinois (fil au)	Vignette	Ph. Vrau	P V
54	22 mars 1859	Chinois (fil au)	Vignette et bande	Ph. Vrau	P V
55	17 novembre 1860	Chinois (fil au)	Pelotes	Ph. Vrau	Ph. V
56	20 mars 1860	Chinoise (fil à la)	Vignette	Ph. Vrau	
57	10 août 1860	Ciseaux (fil aux)	Vignette	Vrambout-Lunel	V L
58	9 juillet 1858	Clairon (fil au)	Vignette	A. Fauchille-Delanoy	A F D
59	24 février 1857	Cloche d'argent (à la)	Vignette	Picavet aîné	M et N
60	27 août 1860	Cœurs joyeux (fil aux)	Vignette	Roman-Ghéquière	R G

N° D'ORDRE	DATE DU DÉPOT	NOM DE LA MARQUE	NATURE DE LA MARQUE	NOM DU DÉPOSANT	INITIALES
61	8 juillet 1858	Colibri (fil au)	Vignette	A. Humbert frères	A H F
62	28 juillet 1858	Colonne (fil à la)	Vignette	Victor Saint-Léger fils	A F
63	8 juillet 1858	Colporteur (bon fil au)	Vignette	A. Humbert frères	A F
64	16 juillet 1860	Corbeille (fil à la)	Vignette	Henri Collette	H C
65	28 juillet 1858	Cor de chasse (fil au)	Vignette	Victor Saint-Léger	R L
66	24 février 1857	Cordonnet (fil)	Vignette	Picavet aîné	P Aé
67	27 juin 1860	Coton à coudre extra	Vignette et bande	Gustave Toussin	G T
68	19 mai 1860	Coton illustre	Bandes	Gustave Toussin	G T
69	19 mai 1860	Couleurs nationales (fil aux)	Vignette	Gustave Toussin	G T
70	28 juillet 1858	Couronne (fil à la)	Vignette	Victor Saint-Léger fils	R L
71	11 février 1859	Couseuse (fil à la)	Vignette	Auguste Descamps	Augte D
72	22 juillet 1859	Croix (fil en pelotes à la)	Vignette	Ph. Vrau	M D
73	12 juillet 1858	Croix d'honneur (fil à la)	Vignette	Victor Saint-Léger fils	Vor S L F
74	9 mars 1858	Cuirassiers (fil aux)	Vignette	Hassebroucq frères	L T
75	2 septembre 1857	Cygne de la Croix (au)	Vignette	A. Humbert frères	A H F

D

76	8 juillet 1858	Deux aigles	Vignette	A. Humbert frères	H F
77	24 février 1857	Deux colporteurs (aux)	Vignette	Picavet aîné	P Aé
78	24 février 1857	Double cordonnet	Vignette	Picavet aîné	P Aé
79	20 août 1860	Dragon (fil au)	Vignette	G.-J. Descamps-Beaucourt	E L

E

80	28 juillet 1858	Écusson (fil à l')	Vignette	Victor Saint-Léger fils	R L
81	25 février 1860	Électrique (fil)	Vignette	Auguste Descamps	Augte D
82	2 septembre 1857	Enfant Jésus (fil à l')	Vignette	A Humbert frères	A H F
83	8 juillet 1858	Enfant Jésus (fil à l')	Vignette	A Humbert frères	A H F
84	23 avril 1859	Enfant de troupe (à l')	Vignette	Woussen frères	M L
85	12 novembre 1859	Enfants de troupe (fil aux)	Vignette	Verstraete frères	M D
86	2 août 1859	Étendard (fil à l')	Vignette	Hassebroucq frères	C D et C
87	9 juillet 1858	Étoiles (fil aux)	Vignette	A. Fauchille-Delanoy	A F D

F

88	24 février 1857	Fabriques de France (aux)	Vignette	Picavet aîné	B J
89	11 mai 1859	Faisan doré (fil au)	Vignette	Hassebroucq frères	H F
90	2 décembre 1859	Fameux lapin (au)	Vignette et bande	A. Humbert frères	
91	8 juin 1860	Figaro (fil au)	Vignette	A. Fauchille-Delanoy	A F D

Nº D'ORDRE	DATE DU DÉPOT	NOM DE LA MARQUE	NATURE DE LA MARQUE	NOM DU DÉPOSANT	INITIALES
92	12 juillet 1858	Fileur (au)	Vignette	Victor Saint-Léger fils	Vor S L F
93	8 juillet 1858	Fileuse (à la)	Vignette	A. Humbert frères	A H F
94	28 juillet 1858	Fileuse (fil à la)	Vignette	Victor Saint-Léger fils	R L
95	12 juillet 1858	Fileuse flamande (à la)	Vignette	Victor Saint-Léger fils	Vor S L F
96	24 mars 1859	Fille du régiment (à la)	Vignette	Woussen frères	W F
97	21 mars 1859	Firmament (au)	Vignette	Roman-Ghéquière	R G
98	30 décembre 1860	Flamand (fil au)	Vignette	G.-J. Descamps-Beaucourt	P S
99	27 juin 1860	Flandre (fil de)	Vignette et bande	Gustave Toussin	G T
100	21 mars 1859	Foi bretonne (à la)	Vignette	Roman-Ghéquière	R G
101	20 décembre 1860	Fumeurs (fil aux)	Vignette	G.-J. Descamps-Beaucourt	G J D B

G

102	2 septembre 1857	Gagne-petit (au)	Vignette	A. Humbert frères	AHF
103	8 juillet 1858	Gagne-petit (au)	Vignette	A. Humbert frères	AHF
104	23 juin 1859	Garde (fil au)	Vignette	Verstraete frères	V F
105	27 septembre 1859	Garibaldi (à)	Vignette	Devos frères	D V F
106	8 juillet 1858	Géant (fil au)	Vignette	A. Humbert frères	A H F
107	24 mars 1860	Gendarme (au)	Vignette	Devos frères	
108	15 mars 1858	Gerbe d'or (à la)	Vignette	Poullier-Longhaye	C R
109	14 août 1860	Grand général (fil au)	Vignette	Borroughs-Staignier	B S
110	24 juin 1858	Grand mandarin (fil au)	Vignette	Ch.-Aug. Senélar	S R
111	9 mars 1858	Grenadier (fil au)	Vignette	Hassebroucq frères	HF
112	29 août 1859	Grenadier (fil au)	Bande	Hassebroucq frères	HF
113	28 décembre 1860	Guerrier (fil au)	Vignette	Bianco aîné	B et G
114	22 mars 1859	Guillaume Tell (à)	Vignette	D. et V. Picavet aîné	P Aé

H

115	9 mai 1860	Highlander's finest Flax Thread	Vignette	Hassebroucq frères	HF
116	18 mars 1858	Humble pasteur (à)	Vignette	A. Devos	A D
117	18 mars 1858	Hussard français (au)	Vignette	A. Devos	A D

I

118	22 mars 1859	Immortalité (Béranger) (fil à l')	Vignette	D. et V. Picavet aîné	R F
119	25 novembre 1859	Indienne (fil à l')	Vignette	Poullier-Longhaye	P L
120	20 août 1860	Innocence (fil à l')	Vignette	G.-J. Descamps-Beaucourt	G J D B
121	13 août 1859	Invincible (à l')	Vignette et bande	D. et V. Picavet aîné	P Aé

N° D'ORDRE	DATE DU DÉPÔT	NOM DE LA MARQUE	NATURE DE LA MARQUE	NOM DU DÉPOSANT	INITIALES
		J			
122	9 juillet 1858	Juif-Errant (fil au)	Vignette	A. Fauchille-Delanoy	A F D
123	4 août 1858	Jupiter (fil à)	Vignette	Bianco aîné	B Aé
124	12 juillet 1858	Jupiter (fil à)	Vignette	Victor Saint-Léger fils	R L
125	27 août 1860	Justice (fil à la)	Vignette	G.-J. Descamps-Beaucourt	C F
		L			
126	13 septembre 1858	Lancier (fil au)	Vignette	Auguste Lesay	G
127	6 mai 1859	Lancier (fil au)	Vignette	Picavet aîné	P Aé
128	31 mai 1860	Libre-échange (au)	Vignette	D. et V. Picavet aîné	P Aé
129	9 juillet 1858	Lille (fil de)	Vignette	A. Fauchille-Delanoy	
130	8 juillet 1858	Lilloise (à la)	Vignette	A. Humbert frères	A H F
131	24 février 1857	Lion (fil au)	Vignette	Picavet aîné	B R
132	28 juillet 1858	Lion (fil au)	Vignette	Victor Saint-Léger fils	R L
133	4 août 1858	Lions (fil aux)	Vignette	Bianco aîné	B Aé
134	17 décembre 1858	Lune (fil à la)	Vignette	A. Humbert frères	L B
135	6 mai 1858	Lutteurs (fil aux)	Vignette	Auguste Lesay	A L
136	17 décembre 1858	Lutteurs (fil aux)	Vignette	Auguste Lesay	A L
137	18 mars 1858	Lyre (fil de lin lustré à la)	Carte	A. Devos	A D
138	18 mars 1858	Lyre (fil de lin supérieur à la)	Carte	A. Devos	A D
		M			
139	25 mars 1859	Machine à coudre (fil à la)	Vignette	Auguste Descamps	Augte D
140	19 juillet 1858	Magicien (fil au)	Vignette	A. Fauchille-Delanoy	A F D
141	14 avril 1860	Magicien (fil au)	Vignette	A. Fauchille-Delanoy	
142	12 juillet 1858	Magicienne (fil à la)	Vignette	Crespel et Descamps	R M et L
143	30 juin 1858	Mappe-Monde (fil à la)	Vignette	A. Fauchille-Delanoy	M L
144	24 avril 1860	Maréchal (fil au)	Vignette	Henri Collette	H C
145	20 juin 1860	Maréchal (fil au)	Vignette	Auguste Descamps	G K
146	14 avril 1860	Marocains (fil aux)	Vignette	A. Fauchille aîné	A F D
147	9 juillet 1858	Martyr (fil au)	Vignette	A. Fauchille-Delanoy	A F D
148	20 août 1860	Matelot (fil au)	Vignette	G.-J. Descamps-Beaucourt	A et C
149	28 juillet 1858	Mercure (fil au)	Vignette	Victor Saint-Léger fils	R L
150	10 août 1860	Mérinos (au)	Vignette	Vrambout-Lunel	V L

No D'ORDRE	DATE DU DÉPOT	NOM DE LA MARQUE	NATURE DE LA MARQUE	NOM DU DÉPOSANT	INITIALES
151	4 août 1858	Minerve (fil à)	Vignette	Bianco aîné	B Aé
152	4 août 1858	Mousquetaires (fil aux)	Vignette	Bianco aîné	B Aé
153	22 août 1860	Mousquetaires (fil aux)	Vignette	Hassebroucq frères	HF

N

154	4 août 1858	National (fil)	Vignette	Bianco aîné	B Aé
155	25 juin 1859	National (fil)	Vignette	Verstraete frères	V F
156	4 août 1858	National à la congrève (fil)	Vignette	Bianco aîné	B Aé
157	20 août 1860	Nègre (fil au)	Vignette	G.-J. Descamps-Beaucourt	G J D B
158	30 juin 1858	Noël	Vignette	A. Fauchille-Delanoy	A Fe D

O

| 159 | 24 août 1860 | Oriflamme (fil à l') | Vignette | Verstraete frères | V F |

P

160	3 avril 1856	Paix (fil à la)	Vignette et étiquette	Gustave Toussin	G T
161	9 juillet 1858	Pauvre diable (fil au)	Vignette	A. Fauchille-Delanoy	
162	20 août 1860	Pavillon (fil au)	Vignette	G.-J Descamps-Beaucourt	L C et L
163	12 juillet 1858	Pêcheurs (fil aux)	Vignette	Victor Saint-Léger fils	V S L F
164	29 juin 1860	Pêcheuse (fil à la)	Vignette	Julien Laden	J L
165	28 juillet 1858	Pensée (fil à la)	Vignette	Victor Saint-Léger fils	
166	9 décembre 1859	Petit bonheur (fil au)	Vignette	Dubois-Vasseur	D V
167	9 juillet 1858	Petit colporteur (fil au)	Vignette	A. Fauchille-Delanoy	
168	8 juillet 1858	Petite clef (à la)	Vignette et bande	A. Humbert frères	A H F
169	23 août 1859	Petite flûte (fil à la)	Vignette	Crespel et Descamps	D Aé
170	27 mars 1860	Petite Marie (fil à la)	Vignette et bande	Auguste Lesay	A L
171	13 août 1859	Petit caporal (au)	Vignette et bande	Bianco aîné	D J
172	15 février 1859	Petit métier (fil au)	Vignette	Duterte	D R
173	12 août 1859	Petit soldat (au)	Vignette et bande	D. et V. Picavet aîné	
174	31 mars 1858	Petit tailleur (fil au)	Vignette	Henri Collette	H C
175	19 mai 1860	Phénix (fil au)	Vignette	Gustave Toussin	G T
176	12 juillet 1858	Pompier (fil au)	Vignette	Victor Saint-Léger	Vor S L F
177	23 août 1859	Postillon	Vignette	Crespel et Descamps	D Aé
178	29 février 1860	Prince Eugène (au)	Vignette	Hassebroucq frères	
179	11 novembre 1859	Prince impérial (au)	Vignette	Hassebroucq frères	HF
180	20 août 1860	Provençale (à la)	Vignette	G.-J. Descamps-Beaucourt	G J D B

N° d'ordre	DATE DU DÉPOT	NOM DE LA MARQUE	NATURE DE LA MARQUE	NOM DU DÉPOSANT	INITIALES
		Q			
181	8 juillet 1858	Quatre temps (fil des)	Vignette et bande	A. Humbert frères	A H F
182	8 juillet 1858	Quatre vents (aux)	Vignette	A. Humbert frères	A H F
		R			
183	8 juillet 1858	Reine dorée (à la)	Vignette	A. Humbert frères	A H F
184	8 juillet 1858	Religieuse (fil à la)	Vignette	A. Humbert frères	A H F
185	12 juillet 1858	Renommée (fil à la)	Vignette	Victor Saint-Léger fils	V S L F
186	9 mars 1858	Renommée (fil cœur de lin à la)	Vignette	Hassebroucq frères	M L
187	24 février 1857	Renommée du bon fil (à la)	Vignette	Picavet aîné	R C
188	28 juillet 1858	Renommées (fil aux)	Vignette	Victor Saint-Léger fils	R L
189	9 juillet 1858	Rose (fil à la)	Vignette	A. Fauchille-Delanoy	
190	22 mars 1859	Rose (fil à la)	Vignette	D. et V. Picavet aîné	P A⁶
191	28 avril 1860	Rose en pelotes (fil à la)	Vignette	Jules Laden	M L
		S			
192	4 février 1859	Sainte Anne (fil à)	Vignette	Ph. Vrau	B F
193	24 août 1860	Saint Jacques (fil à)	Vignette	Verstraete frères	V F
194	4 août 1857	Sapeur (fil au)	Vignette et bande	Martin Blieck	M B
195	4 août 1858	Saturne (fil à)	Vignette	Bianco aîné	B A⁶
196	18 janvier 1860	Sergent (fil au)	Vignette	Hassebroucq frères	H F
197	8 juillet 1858	Singe qui pelote (fil au)	Vignette et bande	A. Humbert frères	A H F
198	28 juin 1859	Singe qui pelote (fil au)	Vignette	A. Humbert frères	
199	22 mars 1859	Sire de Franc-Boisy (au)	Vignette	D. et V. Picavet aîné	P A⁶
200	7 janvier 1859	Soie d'Orient	Vignette	Gustave Toussin	G T
201	21 septembre 1855	Soleil (fil au)	Vignette	Julien Laden pr A Jumelle	A J
202	28 juillet 1858	Soleil (fil au)	Vignette	Victor Saint-Léger fils	R L
203	17 décembre 1858	Soleil (fil au)	Vignette	A. Humbert frères	L B
204	23 juin 1859	Soleil (fil au)	Vignette et bande	Verstraete frères	V F
205	13 janvier 1860	Sou (fil au)	Vignette	Dormet	J D
206	15 février 1860	Spahis (au)	Vignette	Hassebroucq frères	H F
207	25 août 1860	Supérieur (fil)	Etiquette	Dautremer fils aîné	D F A
208	24 février 1857	Supérieur perfectionné (fil)	Vignette	Picavet aîné	P A⁶

No D'ORDRE	DATE DU DÉPOT	NOM DE LA MARQUE	NATURE DE LA MARQUE	NOM DU DÉPOSANT	INITIALES
		T			
209	20 décembre 1860.	Tabac (fil au).	Vignette.	G.-J. Descamps-Beaucourt.	G J D B
210	7 janvier 1859.	Tambour d'Algérie (fil au).	Vignette.	Gustave Toussin.	G T
211	27 septembre 1859.	Tambour de basque (au).	Vignette.	Devos frères.	D V F
212	22 février 1858.	Tambour-Maître (fil au).	Vignette.	Auguste Lesay.	A L
213	2 octobre 1858.	Tambour-Maître (fil au).	Vignette.	Auguste Lesay.	A L
214	28 juillet 1858.	Temps (fil au).	Vignette.	Victor Saint-Léger fils.	R L
215	4 août 1858.	Thémis (fil à).	Vignette.	Bianco aîné.	B Aé
216	4 août 1858.	Thémis à la congrève (fil à).	Vignette.	Bianco aîné.	B Aé
217	8 juillet 1858.	Trois moineaux (fil des).	Vignette.	A. Humbert frères.	A F
218	15 octobre 1859.	Trois sapeurs (aux).	Vignette et bande.	D. et V. Picavet aîné.	D Aé
219	3 août 1859.	Trompette (au).	Vignette et bande.	Hassebroucq frères.	
220	9 juillet 1858.	Turc (fil au).	Vignette.	A. Fauchille-Delanoy.	A F D
221	28 août 1859.	Turcos (aux).	Vignette.	Hassebroucq frères.	B et M
		U			
222	2 septembre 1857.	Union fait la force (l').	Vignette.	A. Humbert frères.	A F
		V			
223	26 juin 1860.	Vengeur (fil au).	Vignette.	A. Fauchille-Delanoy.	A F D
224	18 mars 1858.	Vérité (fil à la).	Vignette.	A. Devos.	A D
225	31 mars 1858.	Vierge (fil à la).	Vignette.	Henri Collette.	H C
226	27 mars 1860.	Vierge (fil à la).	Vignette.	Jules Laden.	J L
227	31 mars 1858.	Vivandière (fil à la).	Vignette.	Henri Collette.	H C
228	24 octobre 1860.	Voie sacrée (fil à la).	Vignette.	Senélar.	J C C
229	16 juin 1859.	Voltigeur de la Garde (fil au).	Vignette.	Crespel et Descamps.	D Aé
		Z			
230	11 juin 1859.	Zouave (fil au).	Vignette.	Hassebroucq frères.	H F

DEUXIÈME PARTIE

DE 1861 A 1895

A

N° D'ORDRE	N° D'INSCRIPTION	DATE DU DÉPOT	NOM DE LA MARQUE	NATURE DE LA MARQUE	NOM DU DÉPOSANT	INITIALES
1	3.539	27 mai 1885	Abat-jour (à l')	Vignette	Boutry-Droulers	
2	4.496	23 novembre 1887	Abbé Constantin (fil à l')	Titre	Anatole Descamps	
3	6.220	20 juin 1893	Abbesse (fil à l')	Titre	H. et L. Rogez	
4	819	14 juin 1872	Abeille (fil à l')	Vignette	Vᵉ C. Crespel et fils	
5	4.162	25 février 1887	Abeille (fil à l')	Vignette	Vᵉ C. Crespel et fils	C F
6	3.032	6 septembre 1884	Abeille d'or (fil à l')	Titre	Anatole Descamps	
7	1.226	6 février 1877	Abondance (fil à l')	Vignette	Vᵉ Gustave Toussin	G T
8	5.820	15 janvier 1892	Abondance (fil à l')	Vignette	Vᵉ Gustave Toussin	G T
9	5.072	24 mai 1889	Abordage (à l')	Vignette	H. et L. Rogez	R et C
10	6.224	20 juin 1893	Abreuvoir (fil à l')	Titre	H. et L. Rogez	
11	3.158	6 octobre 1884	Abricot (à l')	Vignette	Boutry-Droulers	B D
12	3.421	5 mai 1885	Abricot (à l')	Vignette	Boutry-Droulers	
13	4.535-4.536	20 décembre 1887	Abricot (à l')	Étiquette et vignette	Boutry-Droulers	B D
14	5.642	30 juin 1891	Absinthe (à l')	Titre	Crespel et Descamps	
15	4.512	14 décembre 1887	Accéléré (à l')	Titre	Jolivet	
16	3.870	28 mai 1886	Accord parfait (fil à l')	Titre	Poullier-Longhaye	
17	4.943	3 octobre 1888	Accord parfait (fil à l')	Bande	Poullier-Longhaye	
18	4.361	2 juillet 1887	Accord parfait (fil de l')	Vignette	Poullier-Longhaye	
19	4.615	20 décembre 1887	Acier (au fil d')	Bande	Boutry-Droulers	
20	2.508	16 mars 1883	Acier (fil d')	Vignette	Ed. Delecroix	
21	6.991	26 septembre 1895	Addition (fil à l')	Vignette	Gustave Toussin	G T
22	1.416	29 janvier 1879	A deux sous (fil)	Vignette	Hassebroucq frères	H F
23	5.507	11 octobre 1890	Adieux (aux)	Bande	Poullier-Longhaye	P L
24	5.462	19 août 1890	Adieux (fil aux)	Vignette	Poullier-Longhaye	P L
25	2.241	3 juillet 1882	A F Aⁿᵉ	Vignette	A. Fauchille aîné	
26	491	8 décembre 1865	Africain (fil)	Vignette	Vᵉ Crespel et fils	
27	2.268	28 juillet 1882	Africain (fil)	Vignette	Dayez fils aîné et Cⁱᵉ	D et C
28	2.165	8 mai 1882	Africain (fil à l')	Vignette	Anatole Descamps	A R F

N° D'ORDRE	N° D'INSCRIPTION	DATE DU DÉPOT	NOM DE LA MARQUE	NATURE DE LA MARQUE	NOM DU DÉPOSANT	INITIALES
29	4.674	3 février 1888	Africaine (à l')	Vignette	L. Picavet aîné	P A^e
30	519	23 juin 1866	Africaine (fil à l')	Vignette	D.-V. Picavet aîné	
31	871	3 décembre 1872	Afrique (fil d')	Vignette	J. Villain-Verstaen et Cie	V V et C
32	4.139	16 février 1887	Agneau mort (à l')	Titre	I. Lambin	
33	5.093	23 juin 1889	A H U 30	Etiquette	Boutry-Droulers	
34	6.166	6 juin 1893	Aide de camp (fil à l')	Titre	H. et L. Rogez	
35	2.386	25 octobre 1882	Aïeule (à l')	Titre	A. Fauchille aîné	
36	3.818	15 janvier 1892	Aigle (câblé à l')	Etiquette	Ve G. Toussin	G T
37	4.711	10 février 1888	Aigle (fil à l')	Vignette	L. Picavet aîné	P A^d
38	5.935	19 août 1892	Aigle américain (fil à l')	Vignette	G.-J. Descamps-Beaucourt	G J D B
39	5.008	21 décembre 1888	Aigle couronné (à l')	Vignette	L. Picavet aîné	S R
40	3.920	28 mai 1886	Aigle royal (fil à l')	Titre	Poullier-Longhaye	
41	5.240	20 novembre 1889	Aigrette (à l')	Titre	A. Fauchille aîné	
42	985	18 octobre 1873	Aiguille (fil à l')	Pelote	A. Derinck	
43	2.143	1er mai 1882	Aiguille (fil à l')	Vignette	Anatole Descamps	P P
44	535	17 novembre 1866	Aiguilleur (fil)	Rond	Bianco aîné	
45	6.309	19 septembre 1893	Aiguilleur (fil à l')	Titre	H. et L. Rogez	
46	1.996	22 août 1881	Ain (fil de l')	Vignette	Poullier-Longhaye	M J et Cie
47	5.069	24 mai 1889	Air (fil de l')	Vignette	H. et L. Rogez	R et C
48	362	12 septembre 1863	A la fraîche!! qui veut boire?	Vignette	Crespel et Descamps	
49	3.219	21 novembre 1884	A la fraîche!! qui veut boire?	Vignette	Crespel et Descamps	D A^e
50	5.498	11 octobre 1890	Alain Porée (à)	Titre	Poullier-Longhaye	
51	1.382	21 septembre 1878	Albinos (fil à l')	Vignette	Poullier-Longhaye	P L
52	6.234	4 juillet 1893	Alchimiste (fil à l')	Titre	Crespel et Descamps	
53	4.183	26 février 1887	Alerte (fil à l')	Vignette	Ve C. Crespel et fils	C J
54	2.491	7 février 1883	Algérie (fil à l')	Titre	A. Fauchille-Delanoy	
55	2.269	28 juillet 1882	Allemand (fil)	Vignette	Dayez fils aîné et Cie	D C
56	5.857	29 mars 1892	Alliance latine (à l')	Titre	Ve C. Crespel et fils	
57	5.710	4 septembre 1891	Alliance russe (fil à l')	Titre	Georges Saint-Léger	
58	5.856	29 mars 1892	Alliance slave (à l')	Titre	Ve C. Crespel et fils	
59	3.505	27 mai 1885	Allumettes (aux)	Vignette	Boutry-Droulers	
60	1.197	27 octobre 1876	Alsace-Lorraine (à l')	Vignette	Wallaert frères	
61	5.758	22 octobre 1891	Alsace-Lorraine (à l')	Etiquette	Wallaert frères	W F
62	5.448	21 juin 1890	Alsace-Lorraine (fil)	Bande	Ve G. Toussin	G T
63	863	9 novembre 1872	Alsace-Lorraine (fil d')	Bande	Gustave Toussin	G T
64	997	31 janvier 1874	Alsacienne (à l')	Vignette	Verstraete frères	
65	4.290	4 mai 1887	Amazone (à l')	Vignette	I. Lambin	I L
66	2.884	5 juin 1884	Amazone (fil à l')	Titre	I. Lambin	
67	3.835	27 mars 1886	Ambulancière (fil à l')	Vignette	Rogez	R et C
68	595	29 février 1868	Américain (fil)	Vignette	Scrive frères	
69	1.905	9 juin 1881	Américain (fil)	Bobine	Rémy Yon	
70	4.168	25 février 1887	Américain (fil)	Vignette	Ve C. Crespel et fils	

— 5 —

N° D'ORDRE	N° D'INSCRIPTION	DATE DU DEPOT	NOM DE LA MARQUE	NATURE DE LA MARQUE	NOM DU DÉPOSANT	INITIALES
71	2.312	28 août 1882	Américaine (fil à l')	Titre	A. Fauchille aîné	
72	1.487	28 juillet 1879	Amérique incassable (fil d')	Vignette	H. Desombre	H D
73	3.214	19 novembre 1884	Ami des enfants (à l')	Titre	I. Lambin	
74	1.355	2 août 1878	Ami du peuple (à l')	Vignette	Dayez fils aîné et Cie	D et C
75	1.720	29 décembre 1880	Ami du peuple (à l')	Enveloppe	Dayez fils aîné et Cie	D et C
76	1.733	11 janvier 1881	Ami du peuple (à l')	Enveloppe	Dayez fils aîné et Cie	S R
77	1.736	11 janvier 1881	Ami du peuple (à l')	Enveloppe	Dayez fils aîné et Cie	D et C
78	1.801	6 avril 1881	Ami du peuple (à l')	Bande	Dayez fils aîné et Cie	D et C
79	1.874	2 mai 1881	Ami du peuple (à l')	Enveloppe	Dayez fils aîné et Cie	D et C
80	1.893	18 mai 1881	Ami du peuple (à l')	Enveloppe	Dayez fils aîné et Cie	D et C
81	4.677	3 février 1888	Ami du peuple (à l')	Vignette	L. Picavet aîné	D et C
82	2.784	5 mars 1884	Ami du sergent (fil à l')	Titre	I. Lambin	
83	6.319	21 septembre 1893	Amiral Avelane (à l')	Titre	Hassebroucq frères	
84	3.623	13 août 1885	Amiral Courbet (à l')	Vignette	Anatole Descamps	
85	3.630	19 août 1885	Amiral Courbet (à l')	Bobine	Anatole Descamps	
86	3.631	19 août 1885	Amiral Courbet (à l')	Bobine	Anatole Descamps	
87	3.013	30 août 1884	Amiral Courbet (fil à l')	Titre	Anatole Descamps	
88	3.582	18 juin 1885	Amiral Courbet (fil à l')	Titre	L. Picavet aîné	
89	262	6 février 1862	Amiral Duguay-Trouin (fil à l')	Vignette	Hassebroucq frères	
90	2.874	24 mai 1884	Amiral Duguay-Trouin (fil à l')	Vignette	Hassebroucq frères	
91	1.315	26 février 1878	Amiral français (fil à l')	Vignette	Poullier-Longhaye	M D
92	881	14 décembre 1872	Amitié (fil à l')	Vignette	Scrive frères	
93	3.711	26 octobre 1885	Amorce (fil à l')	Titre	Poullier-Longhaye	
94	5.033	11 février 1889	Amours (aux)	Vignette	H. et L. Rogez	
95	676	22 mars 1869	Ananas (fil à l')	Vignette	D. et V. Picavet	P Aé
96	4.676	3 février 1888	Ananas (fil à l')	Vignette	L. Picavet aîné	P Aé
97	5.931	19 août 1892	Ancre (fil à l')	Vignette	G.-J. Descamps-Beaucourt	G J D B
98	5.963	19 août 1892	Ancre matelot (fil)	Titre	G.-J. Descamps-Beaucourt	
99	5.952	19 août 1892	Ancre noire (à l')	Vignette	G.-J. Descamps-Beaucourt	G J D B
100	354	13 juillet 1863	Andalouse (fil à l')	Vignette	Roman Ghesquière	R G
101	3.884	28 mai 1886	Ane (fil à l')	Titre	Poullier-Longhaye	
102	2.959	12 août 1884	Ange gardien (à l')	Vignette	Poullier-Longhaye	P L
103	5.163	4 octobre 1889	Angélus (fil à l')	Vignette	Poullier-Longhaye	P L
104	3.293	18 décembre 1889	Angélus (fil à l')	Titre	I. Lambin	
105	5.794	16 décembre 1891	Angélus (fil à l')	Vignette	Hassebroucq frères	BF
106	6.308	19 septembre 1893	Anges (fil aux)	Titre	H. et L. Rogez	
107	3.232	21 novembre 1884	Anglais (fil)	Vignette	Crespel et Descamps	D Aé
108	5.428	21 juin 1890	Anglais (fil)	Etiquette	Vᵉ Gustave Toussin	G T
109	716	12 février 1870	Anglais (fil à l')	Vignette	Hassebroucq frères	
110	4.279	12 avril 1887	Anneau (mouliné à l')	Devant de boîte	Wallaert frères	
111	1.222	17 janvier 1877	Anneau d'or (à l')	Bandes	P. Pon Blanco aîné, J.-Bte Taffin	
112	3.501	27 mai 1885	Anneau d'or (à l')	Vignette	Boutry-Droulers	

N° D'ORDRE	N° D'INSCRIPTION	DATE DU DÉPOT	NOM DE LA MARQUE	NATURE DE LA MARQUE	NOM DU DÉPOSANT	INITIALES
113	4.225	25 mars 1887	Anneau d'or (à l')	Devant de boîte	Vanoutryve frères	B Aé
114	4.245	25 mars 1887	Anneau d'or (à l')	Bande	Vanoutryve frères	J P V
115	4.247	25 mars 1887	Anneau d'or (à l')	Bande	Vanoutryve frères	J P V
116	1.170	10 mai 1876	Anneau d'or (câblé cordonnet à l')	Vignette	Vᵉ Gustave Toussin	G T
117	5.091	25 juin 1889	Anneau d'or (coton à l')	Bande	Boutry-Droulers	
118	5.099	25 juin 1889	Anneau d'or (coton à l')	Etiquette	Boutry-Droulers	B D
119	1.136	23 décembre 1875	Anneau d'or (fil à l')	Vignette	J.-Bᵗᵉ Taffin	B Aé
120	3.345	19 mars 1885	Anneau d'or (fil à l')	Vignette	Vanoutryve frères	B Aé
121	4.226	25 mars 1887	Anneau d'or (fil à l')	Devant de boîte	Vanoutryve frères	B Aé
122	4.428	12 août 1887	Anneau d'or (mouliné à l')	Vignette devant de boîte	Wallaert frères	
123	5.100	25 juin 1889	Anneau d'or (un)	Vignette	Boutry-Droulers	
124	3.355	19 mars 1885	Anneaux d'argent (aux)	Bande	Vanoutryve frères	J P V
125	3.302	14 février 1885	Anneaux d'argent (fil aux)	Titre	Vanoutryve frères	
126	4.009	8 octobre 1886	Anniversaire 1789-1889 (fil de l')	Titre	Crespel et Descamps	
127	3.883	28 mai 1886	Antilope (fil à l')	Titre	Poullier-Longhaye	
128	6.407	20 décembre 1893	Antilope (fil à l')	Titre	Georges Saint-Léger	
129	2.317	29 août 1882	Antipodes (fil aux)	Titre	A. Fauchille aîné	
130	312	8 octobre 1862	Apennins (fil des)	Vignette	Descamps-Beaucourt	
131	4.880	6 juillet 1888	Apothéose (fil à l')	Titre	H. et L. Rogez	
132	2.313	28 août 1882	Appaches (fil aux)	Titre	A. Fauchille aîné	
133	4.941	3 octobre 1888	Appel (fil à l')	Titre	Poullier-Longhaye	
134	5.110	9 juillet 1889	Appel (fil à l')	Vignette	Poullier-Longhaye	
135	5.303	10 janvier 1890	Appel (fil à l')	Bande	Poullier-Longhaye	
136	6.857	11 mai 1895	Apprivoisés (aux)	Titre	Vᵉ C. Crespel et fils	
137	5.037	11 février 1889	Aquarium (à l')	Vignette	H. et L. Rogez	
138	3.153	1ᵉʳ octobre 1884	Arabes (fil aux)	Titre	Aug. Lambin	
139	2.711	30 novembre 1880	Araignée (fil à l')	Vignette	Henri Rogez	R et C
140	1.817	8 avril 1881	Arbalète (fil à l')	Vignette	L. Darras et Cⁱᵉ	L D
141	2.175	8 mai 1882	Arc (fil supérieur à l')	Vignette	Anatole Descamps	Augte D
142	2.385	18 octobre 1882	Arc de triomphe (à l')	Titre	Hassebroucq frères	
143	2.072	25 février 1882	Arc-en-ciel (fil à l')	Titre	Scrive frères	
144	6.307	19 septembre 1893	Archange (fil à l')	Titre	H. et L. Rogez	
145	6.294	19 septembre 1893	Archer (fil à l')	Titre	Crespel et Descamps	
146	6.293	19 septembre 1893	Archet (fil à l')	Titre	Crespel et Descamps	
147	539	6 décembre 1866	Argent à la machine à coudre (fil d')	Vignette	Auguste Descamps	
148	4.157	25 février 1887	Argus (fil à l')	Vignette	Vᵉ C. Crespel et fils	C F
149	349	22 avril 1863	Ariane (fil d')	Vignette	Hassebroucq frères	D V et C
150	3.226	21 novembre 1884	Arlequin (fil à l')	Vignette	Crespel et Descamps	D Aé
151	2.853	7 mai 1884	Arlésienne (fil à l')	Titre	Hassebroucq frères	
152	811	31 mai 1872	Armaillis (fil aux)	Vignette	G. J. Descamps-Beaucourt	
153	1.854	26 avril 1881	Armée (fil de l')	Bande	Auguste Descamps	
154	1.876	3 mai 1881	Armée (fil de l')	Bande	Auguste Descamps	E G et H

N° D'ORDRE	N° D'INSCRIPTION	DATE DU DÉPOT	NOM DE LA MARQUE	NATURE DE LA MARQUE	NOM DU DÉPOSANT	INITIALES
155	3.065	10 septembre 1884	Armée (fil de l')	Titre	A. Fauchille aîné	
156	5.584	6 mars 1891	Armée coloniale (fil à l')	Titre	Scrive frères	
157	1.274	4 septembre 1877	Arménien (fil à l')	Vignette	Verstraete frères	
158	5.077	4 juin 1889	Armes (fil en capsule aux)	Vignette	Crespel et Descamps	D Aé
159	1.104	24 septembre 1875	Armes anglaises (aux)	Vignette	Poullier-Longhaye	P L
160	635	12 septembre 1868	Armes auscitaines (aux)	Vignette	Ph. Vrau	C Aé
161	1.111	27 septembre 1875	Armes d'Alsace et de Lorraine (aux)	Vignette	Wallaert frères	
162	5.510	16 octobre 1890	Armes d'Alsace-Lorraine (aux)	Vignette	Wallaert frères	
163	3.596	6 juillet 1885	Armes de Battant (aux)	Titre	A. Fauchille aîné	
164	2.765	8 février 1884	Armes de Beauvais (aux)	Titre	A. Fauchille aîné	
165	5.950	19 août 1892	Armes de Besançon (aux)	Vignette	G.-J. Descamps-Beaucourt	J F
166	815	31 mai 1872	Armes de Besançon (fil aux)	Vignette	G.-J. Descamps-Beaucourt	
167	896	3 septembre 1869	Armes de Béziers (aux)	Vignette	Crespel et Descamps	E V & Cie
168	1.572	18 mars 1880	Armes de Bourg (aux)	Vignette	Poullier-Longhaye	J V
169	2.133	28 avril 1882	Armes de Castres (aux)	Vignette	G.-J. Descamps-Beaucourt	C et D
170	697	13 septembre 1869	Armes de Cholet (aux)	Vignette	Vve L. Devos	
171	405	31 août 1864	Armes de Cognac (aux)	Vignette	Fauchille-Delanoy	
172	3.954	19 juillet 1886	Armes de Colmar (aux)	Titre	A. Fauchille aîné	
173	807	31 mai 1872	Armes de Dôle (fil aux)	Vignette	G.-J. Descamps-Beaucourt	
174	361	12 septembre 1863	Armes de France (aux)	Vignette	Crespel et Descamps	
175	631	14 août 1868	Armes de Guise (aux)	Vignette	M. Roman Ghesquière	
176	2.743	28 janvier 1884	Armes de Langres (aux)	Titre	A. Fauchille aîné	
177	2.029	21 novembre 1881	Armes de la République (les)	Vignette	Hassebroucq frères	
178	684	18 juin 1869	Armes de la Ville (aux)	Vignette	Crespel et Descamps	
179	2.742	28 janvier 1884	Armes de la Ville (aux) (Saverne)	Titre	A. Fauchille aîné	
180	514	30 avril 1866	Armes de Lille (aux)	Vignette	Vor Saint-Léger	
181	4.152	25 février 1887	Armes de Lille (aux)	Vignette	Vve C. Crespel et fils	C F
182	1.071	28 juin 1875	Armes de Luxeuil (aux)	Vignette	G.-J. Descamps-Beaucourt	C G
183	5.928	19 août 1892	Armes de Luxeuil (aux)	Vignette	G.-J. Descamps-Beaucourt	C G
184	1.369	21 août 1878	Armes de Lyon (câblé aux)	Vignette	Wallaert frères	C F & Cie
185	1.370	21 août 1878	Armes de Lyon (câblé aux)	Vignette	Wallaert frères	
186	1.371	21 août 1878	Armes de Lyon (coton aux)	Vignette	Wallaert frères	C F & Cie
187	1.372	21 août 1878	Armes de Lyon (coton aux)	Etiquette	Wallaert frères	C F & Cie
188	3.063	10 septembre 1884	Armes de Mantes (aux)	Titre	A. Fauchille aîné	
189	5.367	14 mars 1890	Armes de Metz (fil aux)	Vignette	H. et L. Rogez	S L
190	659	22 décembre 1868	Armes de Montauban (aux)	Vignette	Fauchille-Delanoy	
191	738	27 avril 1870	Armes de Paris (aux)	Vignette	Rogez et Cie	A G
192	174	5 avril 1861	Armes de Pau (fil aux)	Vignette	Ph. Vrau	Jh S Jne
193	3.203	10 novembre 1884	Armes de Picardie (aux)	Titre	A. Fauchille aîné	
194	2.919	18 juillet 1884	Armes de Remiremont (aux)	Titre	A. Fauchille aîné	
195	1.462	18 juin 1879	Armes de Saintes (aux)	Vignette	Vve C. Crespel et fils	G A
196	518	2 juin 1866	Armes de Thiers (aux)	Vignette	A. Fauchille-Delanoy	

N° D'ORDRE	N° D'INSCRIPTION	DATE DU DÉPOT	NOM DE LA MARQUE	NATURE DE LA MARQUE	NOM DU DÉPOSANT	INITIALES
197	1.318	11 mars 1878	Armes de Vire (aux)	Vignette	Poullier-Longhaye	A L V
198	4.246	25 mars 1887	Armes du Japon	Bande	Vanoutryve frères	J P V
199	4.029	25 juin 1886	Armes du Japon (fil aux)	Titre	Vanoutryve frères	
200	160	30 janvier 1861	Armes françaises (fil aux)	Vignette	Hassebroucq frères	B & R
201	5.753	15 octobre 1891	Armes maritimes (aux)	Titre	Crespel et Descamps	
202	2.212	9 juin 1882	Armes sardes (fil aux)	Vignette	Ph Vrau et Cie	M F
203	302	19 juillet 1862	Armes suisses (aux)	Vignette	Ph. Vrau	J.E. Baud & Cie
204	414	2 décembre 1864	Armure n° 60	Vignette	Humbert frères	
205	3.504	27 mai 1885	Artichaut (à l')	Vignette	Boutry-Droulers	
206	4.829	27 avril 1888	Artiste (fil à l')	Titre	Vᵉ C. Crespel et fils	
207	208	2 octobre 1861	Artistes (fil aux)	Vignette	M. Aug. Lesay	
208	1.082	10 août 1875	Artistes (fil aux)	Vignette	Courbon frères	
209	3.712	26 octobre 1885	Artistique (fil)	Titre	Poullier-Longhaye	
210	1.449	2 mai 1879	Arts (fil aux)	Vignette	Vᵉ C. Crespel et fils	C F
211	7.035	15 octobre 1895	Arts (fil aux)	Vignette	Vᵉ C. Crespel et fils	C F
212	960	26 août 1873	Arts industriels (fil aux)	Vignette	J. Thirlez père et fils	J T P & F
213	4.175	23 février 1887	Arts libéraux (aux)	Titre	Vᵉ C. Crespel et fils	C F
214	468	16 mars 1865	As carreau (l')	Vignette	Poullier-Longhaye	
215	6.023	28 janvier 1893	Ascenseur (à l')	Titre	Hassebroucq frères	
216	467	16 mars 1865	As de cœur (l')	Vignette	Poullier-Longhaye	
217	463	16 mars 1865	As de pique (l')	Vignette	Poullier-Longhaye	
218	466	16 mars 1865	As de trèfle (l')	Vignette	Poullier-Longhaye	
219	2.968	12 août 1884	As de trèfle (l')	Vignette	Poullier-Longhaye	P L
220	723	21 mars 1870	Asie (fil d')	Vignette	Vᵛᵉ Saint-Léger	
221	4.480	20 octobre 1887	Aspirants (fil aux)	Vignette	A. Fauchille-Delanoy	A F D
222	5.900	23 juin 1892	Assaut (fil à l')	Titre	Crespel et Descamps	
223	1.950	1ᵉʳ juillet 1881	Assignats (fil aux)	Titre	Scrive frères	
224	6.415	20 décembre 1893	Astracan (à l')	Titre	Georges Saint-Léger	
225	1.246	4 mai 1877	Astre (fil à l')	Vignette	Crespel et Descamps	D Aᵉ
226	6.658	11 septembre 1894	Astre (fil à l')	Vignette	Crespel et Descamps	D Aᵉ
227	2.107	26 avril 1882	Astronome (à l')	Titre	A. Fauchille aîné	
228	4.947	10 octobre 1888	Atlas (fil à l')	Titre	Scrive frères	
229	4.220	24 mars 1887	Attaque (fil à l')	Titre	Anatole Descamps	
230	3.853	20 avril 1886	Attelage (fil à l')	Titre	A. Fauchille aîné	
231	732	8 avril 1870	Audace (fil à l')	Vignette	Crespel et Descamps	
232	4.055	3 décembre 1886	Audace (fil à l')	Vignette	Crespel et Descamps	D Aᵉ
233	4.263	30 mars 1887	Audacieux (fil à l')	Titre	Aug. Lambin	
234	4.972	4 décembre 1888	Auguste Descamps 5 patent	Etiquette	Anatole Descamps	A D
235	4.975	4 décembre 1888	Auguste Descamps 5 patent	Etiquette	Anatole Descamps	A D
236	6.463	24 janvier 1894	Aumônière (fil à l')	Titre	Hassebroucq frères	
237	5.853	29 mars 1892	Aurore (à l')	Titre	Vᵉ C. Crespel et fils	
238	579	9 janvier 1868	Australien (fil)	Vignette	J. Thiriez père et fils	J T P F

N° D'ORDRE	N° D'INSCRIPTION	DATE DU DÉPOT	NOM DE LA MARQUE	NATURE DE LA MARQUE	NOM DU DÉPOSANT	INITIALES
239	2.406	27 octobre 1882	Australien (fil)	Titre	Wallaert frères	A G
240	2.409	27 octobre 1882	Australien (fil)	Vignette	Wallaert frères	A G
241	4.376	4 juillet 1887	Autorité (à l')	Bande	Poullier-Longhaye	
242	4.102	6 janvier 1887	Autorité (fil à l')	Vignette	Poullier-Longhaye	
243	962	26 août 1873	Autruche (à l')	Vignette	J. Thiriez père et fils	J T P F
244	2.942	9 août 1884	Autruche (à l')	Bande	Poullier-Longhaye	
245	2.003	15 septembre 1881	Autruche (fil à l')	Vignette	Poullier-Longhaye	P L
246	668	9 janvier 1869	Auvergnat (fil à l')	Vignette	Scrive frères	
247	1.557	27 janvier 1880	Avant-garde (à l')	Bande	Hassebroucq frères	H F
248	1.474	9 juillet 1879	Avant-garde (fil à l')	Titre	Hassebroucq frères	
249	5.989	16 novembre 1892	Avant-poste	Titre	I. Lambin	
250	3.821	27 mars 1886	Avare (à l')	Titre	Rogez	
251	2.976	20 août 1884	Ave Maria (fil à l')	Titre	Aug. Lambin	
252	1.234	16 mars 1877	Avenir (fil à l')	Vignette	Leleu et Delannoy	
253	1.796	6 avril 1881	Avenir (fil de l')	Bande	A. Leleu et E. Delannoy	
254	4.484	20 octobre 1887	Avenir (fil de l')	Vignette	A. Fauchille-Delanoy	A F D
255	2.741	28 janvier 1884	Avenir de la France	Titre	A. Fauchille aîné	
256	4.177	25 février 1887	Averse (fil à l')	Vignette	Vᵉ C. Crespel et fils	V L
257	2.105	26 avril 1882	Aveugle (à l')	Titre	A. Fauchille aîné	
258	2.146	1ᵉʳ mai 1882	Aveugle (fil à l')	Titre	Anatole Descamps	
259	2.381	17 octobre 1882	Aviso (à l')	Titre	A. Fauchille aîné	
260	5.475	19 août 1890	Avocat (à l')	Bande	Poullier-Longhaye	
261	5.302	10 janvier 1890	Avocat (fil à l')	Titre	Poullier-Longhaye	
262	5.466	19 août 1890	Avocat (fil à l')	Vignette	Poullier-Longhaye	
263	4.045	23 novembre 1886	A votre bonne santé	Titre	Anatole Descamps	

N° D'ORDRE	N° D'INSCRIPTION	DATE DU DÉPOT	NOM DE LA MARQUE	NATURE DE LA MARQUE	NOM DU DÉPOSANT	INITIALES

N° D'ORDRE	N° D'INSCRIPTION	DATE DU DÉPOT	NOM DE LA MARQUE	NATURE DE LA MARQUE	NOM DU DÉPOSANT	INITIALES

No d'ordre	No d'inscription	DATE DU DÉPOT	NOM DE LA MARQUE	NATURE DE LA MARQUE	NOM DU DÉPOSANT	INITIALES

No D'ORDRE	No D'INSCRIPTION	DATE DU DÉPOT	NOM DE LA MARQUE	NATURE DE LA MARQUE	NOM DU DÉPOSANT	INITIALES

N° D'ORDRE	N° D'INSCRIPTION	DATE DU DÉPOT	NOM DE LA MARQUE	NATURE DE LA MARQUE	NOM DU DÉPOSANT	INITIALES

N° D'ORDRE	N° D'INSCRIPTION	DATE DU DÉPOT	NOM DE LA MARQUE	NATURE DE LA MARQUE	NOM DU DÉPOSANT	INITIALES

N° D'ORDRE	N° D'INSCRIPTION	DATE DU DÉPOT	NOM DE LA MARQUE	NATURE DE LA MARQUE	NOM DU DÉPOSANT	INITIALES

B

N° D'ORDRE	N° D'INSCRIPTION	DATE DU DÉPOT	NOM DE LA MARQUE	NATURE DE LA MARQUE	NOM DU DÉPOSANT	INITIALES
1	5.957	19 août 1892	Bacchus (à)	Titre	G.-J. Descamps-Beaucourt	
2	341	31 mars 1863	Bague d'or (fil à la)	Vignette	Auguste Descamps	Aug^{te} D
3	342	31 mars 1863	Bague d'or (fil à la)	Capsule	Auguste Descamps	Aug^{te} D
4	1.715	4 décembre 1880	Baguette d'or	Bande	Hassebroucq frères	HF
5	2.027	16 novembre 1881	Baguette d'or	Bande	Hassebroucq frères	HF
6	2.004	14 septembre 1881	Baguette d'or (à la)	Boîte	Hassebroucq frères	HF
7	1.418	29 janvier 1879	Baguette d'or (fil à la)	Vignette	Hassebroucq frères	HF
8	3.037	6 septembre 1884	Baguette d'or (fil à la)	Titre	Anatole Descamps	
9	3.121	10 septembre 1884	Baigneur (fil au)	Titre	Aug. Lambin	
10	884	31 décembre 1872	Baigneuse (fil à la)	Vignette	Verstraete frères	
11	5.885	23 mai 1892	Baïonnette (fil à la)	Titre	I. Lambin	
12	5.150	7 septembre 1889	Balai (au)	Vignette	Wallaert frères	
13	325	12 décembre 1862	Balançoire (fil à la)	Vignette	Verstraete et Cie	
14	2.094	5 avril 1882	Balançoire (fil à la)	Vignette	Verstraete frères	V F
15	3.434	5 mai 1885	Baleine (à la)	Vignette	Boutry-Droulers	
16	4.509	14 décembre 1887	Baleine (à la)	Titre	Jolivet	
17	4.556-4.557	20 décembre 1887	Baleine (à la)	Etiquette et vignette	Boutry-Droulers	
18	3.363	21 mars 1885	Baleine (fil à la)	Titre	Aug. Lambin	
19	2.418	27 octobre 1882	Ballon (au)	Vignette, étiquettes	Wallaert frères	W F
20	2.415	27 octobre 1882	Ballon (cordonnet pour crochet au)	Vignette	Wallaert frères	W F
21	1.290	3 novembre 1877	Ballon (fil au)	Vignette	Wallaert frères	W F
22	1.291	3 novembre 1877	Ballon (fil au)	Petit carré	Wallaert frères	W F
23	1.292	3 novembre 1877	Ballon (fil au)	Bande	Wallaert frères	
24	1.294	3 novembre 1877	Ballon (fil au)	Vignette	Wallaert frères	
25	2.411	27 octobre 1882	Ballon (fil au)	Vignette	Wallaert frères	W F
26	2.414	27 octobre 1882	Ballon (fil au)	Vignette, bande, étiqu.	Wallaert frères	W F
27	1.109	27 septembre 1875	Ballon d'Alsace (au)	Vignette	Wallaert frères	
28	1.110	27 septembre 1875	Ballon d'Alsace (au)	Carré	Wallaert frères	W F

Nº D'ORDRE	Nº D'INSCRIPTION	DATE DU DÉPOT	NOM DE LA MARQUE	NATURE DE LA MARQUE	NOM DU DÉPOSANT	INITIALES
29	3.752	6 janvier 1886	Balzac (fil à)	Titre	I. Lambin	
30	2.674	29 octobre 1883	Bande de garantie, genre chèque	Bande	Henri Rogez	
31	2.675	29 octobre 1883	Bande fantaisie	Bande	Henri Rogez	
32	2.676	29 octobre 1883	Bande granulée	Bande	Henri Rogez	
33	2.673	29 octobre 1883	Bande guipure	Bande	Henri Rogez	
34	2.271	28 juillet 1882	Bandit (au)	Titre	A. Fauchille aîné	
35	3.107	10 septembre 1884	Bannière (fil à la)	Titre	Aug. Lambin	
36	890	29 janvier 1873	Baptême (fil au)	Vignette	Crespel et Descamps	D Aᵉ
37	4.057	3 décembre 1886	Baptême (fil au)	Vignette	Crespel et Descamps	D Aᵉ
38	2.887	5 juin 1884	Barbare (fil au)	Titre	I Lambin	
39	2.571	30 septembre 1882	Barbe Bleue (fil à)	Titre	Vᵒʳ Saint-Léger	
40	5.116	9 juillet 1889	Baromètre (au)	Titre	Anatole Descamps	
41	2.373	30 septembre 1882	Baromètre (fil au)	Titre	Vᵒʳ Saint-Léger	
42	4.482	20 octobre 1887	Baromètre (fil au)	Vignette	A. Fauchille-Delanoy	A F D
43	4.657	2 janvier 1888	Baromètre (fil au)	Titre	G. Saint-Léger	
44	4.398	27 juillet 1887	Baromètre (le)	Titre	Hassebroucq frères	
45	3.011	27 août 1884	Barque d'or (fil à la)	Titre	Aug. Lambin	
46	2.564	22 mai 1883	Basquaise (à la)	Vignette	G.-J. Descamps-Beaucourt	S et P
47	736	27 avril 1870	Basque (fil au)	Vignette	Rogez et Cⁱᵉ	
48	2.978	20 août 1884	Bastille (fil à la)	Titre	Aug. Lambin	
49	4.762	30 mars 1888	Bataille (fil à la)	Titre	Vᵉ C. Crespel et fils	
50	2.259	15 juillet 1882	Bataillon scolaire (fil au)	Titre	Hassebroucq frères	
51	4.441	1ᵉʳ septembre 1887	Bateau (au)	Etiquette	A. Pilate	
52	5.148	31 août 1889	Bateleurs (aux)	Titre	A. Fauchille aîné	
53	4.126	14 février 1887	Batelier (au)	Titre	Rogez	
54	5.505	11 octobre 1890	Batterie (à la)	Bandes	Poullier-Longhaye	
55	5.106	9 juillet 1889	Batterie (fil à la)	Titre	Poullier-Longhaye	
56	5.465	19 août 1890	Batterie (fil à la)	Vignette	Poullier-Longhaye	P L
57	6.168	6 juin 1893	Bâton (fil au)	Titre	H. et L. Rogez	
58	4.149	25 février 1887	Bayadère (fil à la)	Vignette	Vᵉ C. Crespel et fils	C F
59	2.215	9 juin 1882	Bayard sans peur et sans reproche (fil cœur de lin)	Vignette	Ph. Vrau et Cⁱᵉ	M et C
60	5.000	21 décembre 1888	Bazar parisien	Bande	L. Picavet aîné	
61	1.665	28 juillet 1880	Béarn (fil de lin du)	Vignette	A. Fauchille-Delanoy	
62	5.992	16 novembre 1892	Béarnais (fil au)	Titre	I. Lambin	
63	4.080	14 décembre 1886	Beau fixe (fil au)	Vignette	Scrive frères	
64	2.084	22 mars 1882	Beau Nicolas (au)	Vignette	Scrive frères	
65	5.502	11 octobre 1890	Beau noir (au)	Bandes	Poullier-Longhaye	
66	6.210	20 juin 1893	Beauté (fil à la)	Titre	H. et L. Rogez	
67	3.057	10 septembre 1884	Beaux-arts (aux)	Titre	A. Fauchille aîné	
68	570	22 novembre 1867	Beaux-arts (fil aux)	Vignette	Sénélar	
69	3.388	3 avril 1885	Bébé (au)	Vignette	Boutry-Droulers	B D
70	4.605	20 décembre 1887	Bébé (au)	Vignette	Boutry-Droulers	B D

N° D'ORDRE	N° D'INSCRIPTION	DATE DU DÉPOT	NOM DE LA MARQUE	NATURE DE LA MARQUE	NOM DU DÉPOSANT	INITIALES
71	4.576	20 décembre 1887	Bébé (câblé au)	Etiquette	Boutry-Droulers	B D
72	3.212	19 novembre 1884	Bébé (fil au)	Titre	I. Lambin	
73	4.293	6 mai 1887	Bébé (fil au)	Vignette	Crespel et Descamps	D Aé
74	3.899	28 mai 1886	Bécasse (fil à la)	Titre	Poullier-Longhaye	
75	3.895	28 mai 1886	Bécassine (fil à la)	Titre	Poullier-Longhaye	
76	3.706	14 octobre 1885	Bêche (coton à la)	Etiquette	Rémy Yon	R Y
77	6.467	24 janvier 1894	Bedeau (fil au)	Titre	Hassebroucq frères	
78	2.092	5 avril 1882	Bédouin (fil au)	Vignette	Verstraete frères	V F
79	5.253	28 novembre 1889	Belge (fil au) ou fil belge	Titre	Alfred Descamps	
80	4.968	4 décembre 1888	Belgique (fil de)	Vignette et bande	Anatole Descamps	A
81	1.025	20 juillet 1874	Belgique au D (fil de)	Vignette	Auguste Descamps	
82	4.978	4 décembre 1888	Belgique au D (fil de)	Pelotes et bandes	Anatole Descamps	
83	2.580	18 juin 1883	Bélier (fil au)	Titre	Anatole Descamps	
84	1.465	4 juillet 1879	Bélisaire (fil à)	Vignette	Henri Rogez	R et C
85	1.931	17 juin 1881	Belle blanchisseuse (fil à la)	Vignette	Dayez fils aîné et Cie	S E
86	3.218	21 novembre 1884	Belle écaillère (fil à la)	Vignette	Crespel et Descamps	D Aé
87	2.161	8 mai 1882	Belle fleuriste (à la)	Vignette	Anatole Descamps	A H F
88	2.969	12 août 1884	Belle jardinière (fil à la)	Vignette	Poullier-Longhaye	P L
89	5.436	21 juin 1890	Belle jardinière (fil à la)	Vignette	Vve Gustave Toussin	G T
90	392	21 avril 1864	Belle salonaise (fil à la)	Vignette	Ph. Vrau	A F et Cie
91	761	13 juillet 1871	Bengale (fil au)	Vignette	Victor Saint-Léger	V S L
92	3.911	28 mai 1886	Bengali (fil au)	Titre	Poullier-Longhaye	
93	3.518	27 mai 1885	Béquille (à la)	Vignette	Boutry-Droulers	
94	1.015	5 juin 1874	Béranger (fil à)	Vignette	D. et V. Picavet aîné	
95	4.688	3 février 1888	Béranger (fil à)	Vignette	L. Picavet aîné	P Aé
96	3.432	5 mai 1885	Berceau (au)	Vignette	Boutry-Droulers	
97	4.432	12 août 1887	Berceau (câblé au)	Vignette	Wallaert frères	W F
98	2.590	27 juin 1883	Berceau (fil au)	Titre	Anatole Descamps	
99	2.710	30 novembre 1883	Berceau (fil au)	Titre	Victor Saint-Léger	
100	5.524	21 novembre 1890	Berceau (fil au)	Vignette	Alfred Descamps	
101	3.161	6 octobre 1884	Béret (au)	Vignette	Boutry-Droulers	B D
102	4.585-4.586	20 décembre 1887	Béret (au)	Etiquette et vignette	Boutry-Droulers	B D
103	470	24 mars 1865	Berger (fil au)	Vignette	Fauchille-Delanoy	
104	2.858	12 mai 1884	Bergère bretonne (à la)	Vignette	Hassebroucq frères	H F
105	4.131	14 février 1887	Bergeronnette (à la)	Titre	Rogez	
106	3.925	28 mai 1886	Bergeronnette (fil à la)	Titre	Poullier-Longhaye	
107	2.148	1er mai 1882	Bersaglier (fil au)	Titre	Anatole Descamps	
108	653	21 novembre 1868	Berthe file toujours	Vignette	Hassebroucq frères	
109	1.421	7 février 1879	Berthollet (fil à)	Vignette	Poullier-Longhaye	F F
110	2.975	20 août 1884	Biche (fil à la)	Titre	Aug. Lambin	
111	5.748	29 septembre 1891	Bicycle (fil au)	Titre	H. et L. Rogez	
112	5.749	29 septembre 1891	Bicyclette (fil à la)	Titre	H. et L. Rogez	

N° d'ordre	N° d'inscription	DATE DU DÉPOT	NOM DE LA MARQUE	NATURE DE LA MARQUE	NOM DU DÉPOSANT	INITIALES
113	3.948	9 juillet 1886	Bidel (fil à)	Titre	I. Lambin	
114	4.424	3 août 1887	Bienfait (fil au)	Titre	I. Lambin	
115	4.727	22 février 1888	Bienfait (fil au)	Vignette	I. Lambin	I L
116	4.728	22 février 1888	Bien fait (fil au)	Vignette	I. Lambin	I L
117	4.518	14 décembre 1887	Bienfaitrice du Bon Marché (à la)	Titre	Jolivet	
118	2.561	22 mai 1883	Bijoux (fil aux)	Vignette	G. J. Descamps-Beaucourt	G J D B
119	1.054	11 novembre 1874	Billet de banque (au)	Bandes	Devos frères	D V F
120	1.004	22 avril 1874	Billet de banque (fil au)	Vignette	Devos frères	
121	1.005	22 avril 1874	Billet de banque (fil au)	Pelotes	Devos frères	D V F
122	5.880	14 mai 1892	Billet de logement (fil au)	Titre	Scrive frères	
123	1.042	21 septembre 1874	Birman (fil au)	Vignette	Collette	
124	5.419	30 mai 1890	Bis crème	Titre	G.-J. Descamps-Beaucourt	
125	2.826	2 avril 1884	Bison (au)	Titre	A. Fauchille aîné	
126	2.963	12 août 1884	Bison (fil au)	Vignette	Poullier-Longhaye	P L
127	3.984	3 septembre 1886	Bison (fil au)	Bandes	Poullier-Longhaye	
128	397	24 juin 1864	Bivouac (fil au)	Bandes	L. Devos	
129	399	8 juillet 1864	Bivouac (fil au)	Vignette	L. Devos	L D
130	5.884	25 mai 1892	Bivouac (fil au)	Titre	I. Lambin	
131	3.887	28 mai 1886	Blaireau (fil au)	Titre	Poullier-Longhaye	
132	5.420	30 mai 1890	Blanc de pré	Titre	G.-J. Descamps-Beaucourt	
133	4.752	27 mars 1888	Blanc qualité supérieure assortie. Noir qualité supérieure assortie.	Devantures	Scrive frères	
134	6.310	19 septembre 1893	Blason (fil au)	Titre	H. et L. Rogez	
135	3.104	10 septembre 1884	Blasons (fil aux)	Titre	Aug. Lambin	
136	4.127	14 février 1887	Blés d'or (aux)	Titre	Rogez	
137	1.765	30 mars 1881	Blésois (au)	Vignette	I. Lambin	I L
138	4.455	15 septembre 1887	Bleu (fil au)	Titre	Georges Saint-Léger	
139	1.455	3 juin 1879	Blindé	Bande	A. Fauchille-Delanoy	
140	2.772	18 février 1884	Blondin (fil à)	Titre	G.-J. Descamps-Beaucourt	
141	2.150	1er mai 1882	Boa (fil au)	Titre	Anatole Descamps	
142	2.890	5 juin 1884	Boa (fil au)	Titre	I. Lambin	
143	4.187	26 février 1887	Bobine (fil sur)	Vignette	Crespel et Descamps	D Aé
144	3.689	25 septembre 1885	Bobine à l'Y	Titre	Hassebroucq	
145	2.753	30 janvier 1884	Bobine argentée	Titre	I. Lambin	
146	2.336	1er septembre 1882	Bobine bijou	Titre	Anatole Descamps	
147	5.429	21 juin 1890	Bobine bijou	Etiquette	Vᵉ Gustave Toussin	G T
148	2.774	21 février 1884	Bobine blanche	Titre	Anatole Descamps	
149	3.634	19 août 1885	Bobine blanche	Bobine	Anatole Descamps	
150	3.635	19 août 1885	Bobine blanche	Bobine	Anatole Descamps	
151	2.335	1er septembre 1882	Bobine bleue	Titre	Anatole Descamps	
152	3.636	19 août 1885	Bobine bleue	Bobine	Anatole Descamps	
153	3.637	19 août 1885	Bobine bleue	Bobine	Anatole Descamps	

No D'ORDRE	No D'INSCRIPTION	DATE DU DÉPOT	NOM DE LA MARQUE	NATURE DE LA MARQUE	NOM DU DÉPOSANT	INITIALES
154	3.457	16 mai 1885	Bobine camée	Titre	Hassebroucq frères	
155	3.405	27 avril 1885	Bobine carrée	Vignette	Poullier-Longhaye	
156	3.410	30 avril 1885	Bobine carte ovale	Vignette	Henri Rogez	
157	3.690	25 septembre 1885	Bobine d'acier	Titre	Hassebroucq	
158	3.692	25 septembre 1885	Bobine d'airain	Titre	Hassebroucq	
159	2.383	18 octobre 1882	Bobine d'argent (à la)	Titre	Hassebroucq frères	
160	3.685	25 septembre 1885	Bobine de bronze	Titre	Hassebroucq	
161	3.691	25 septembre 1885	Bobine de fer	Titre	Hassebroucq	
162	3.455	16 mai 1885	Bobine diamant	Titre	Hassebroucq frères	
163	3.456	16 mai 1885	Bobine d'or	Titre	Hassebroucq frères	
164	2.384	18 octobre 1882	Bobine d'or (à la)	Titre	Hassebroucq frères	
165	4.460	21 septembre 1887	Bobine d'or (fil à la)	Devant de boîte	Hassebroucq frères	HF
166	1.429	17 mars 1879	Bobine d'or (la)	Vignette	Eug. Guillemaud et Cie	E G & Cie
167	3.263	7 janvier 1885	Bobine d'or (la)	Vignette	Hassebroucq frères	HF
168	3.680	25 septembre 1885	Bobine d'or (la)	Bobine	Hassebroucq frères	HF
169	4.458	21 septembre 1887	Bobine d'or (la)	Vignette	Hassebroucq frères	HF
170	4.462	21 septembre 1887	Bobine d'or (la)	Bobine	Hassebroucq frères	HF
171	2.747	30 janvier 1884	Bobine dorée	Titre	I. Lambia	
172	1.201	11 novembre 1876	Bobine économique	Vignette	Scrive frères	Sve Fres
173	3.693	25 septembre 1885	Bobine électrique	Titre	Hassebroucq	
174	3.681	25 septembre 1885	Bobine émeraude	Bobine	Hassebroucq frères	HF
175	3.404	27 avril 1885	Bobine étoile	Vignette	Poullier-Longhaye	
176	3.958	21 juillet 1886	Bobine française	Titre	Georges Saint-Léger	
177	3.402	27 avril 1885	Bobine hexagone	Vignette	Poullier-Longhaye	
178	3.682	25 septembre 1885	Bobine jaune	Bobine	Hassebroucq frères	HF
179	3.406	27 avril 1885	Bobine losange	Vignette	Poullier-Longhaye	
180	5.158	13 septembre 1889	Bobine nickel	Titre	Hassebroucq frères	
181	5.159	18 septembre 1889	Bobine nickelée	Titre	Hassebroucq frères	
182	3.400	27 avril 1885	Bobine octogone	Vignette	Poullier-Longhaye	
183	3.959	21 juillet 1886	Bobine parisienne	Titre	Georges Saint-Léger	
184	3.401	27 avril 1885	Bobine pentagone	Vignette	Poullier-Longhaye	
185	3.686	25 septembre 1885	Bobine perlée	Titre	Hassebroucq frères	
186	4.459	21 septembre 1887	Bobine perlée	Vignette	Hassebroucq frères	HF
187	4.461	21 septembre 1887	Bobine perlée	Devant de boîte	Hassebroucq frères	HF
188	4.463	21 septembre 1887	Bobine perlée	Bobine	Hassebroucq frères	HF
189	4.464	21 septembre 1887	Bobine perlée	Bobine	Hassebroucq frères	HF
190	3.687	25 septembre 1885	Bobine rubis	Titre	Hassebroucq	
191	3.734	7 décembre 1885	Bobines à colonnes	Bobine	H. Rogez	
192	2.337	1er septembre 1882	Bobine tambour	Titre	Anatole Descamps	
193	3.626	19 août 1885	Bobine tambour	Bobine	Anatole Descamps	
194	3.627	19 août 1885	Bobine tambour	Bobine	Anatole Descamps	
195	2.392	26 octobre 1882	Bobine tambour aux 2 lions	Vignette	Anatole Descamps	

N° D'ORDRE	N° D'INSCRIPTION	DATE DU DÉPOT	NOM DE LA MARQUE	NATURE DE LA MARQUE	NOM DU DÉPOSANT	INITIALES
196	3.688	25 septembre 1885	Bobine topaze	Titre	Hassebroucq	
197	3.403	27 avril 1885	Bobine triangle	Vignette	Poullier-Longhaye	
198	3.458	16 mai 1885	Bobinette (la)	Titre	Hassebroucq frères	
199	3.683	25 septembre 1885	Bobine universelle	Titre	Hassebroucq frères	
200	2.226	21 juin 1882	Bobine Z	Vignette	Anatole Descamps	
201	2.236	28 juin 1882	Bobine Z	Vignette	Anatole Descamps	
202	2.306	28 août 1882	Bobine Z	Bande-vignette	Anatole Descamps	
203	2.307	28 août 1882	Bobine Z	Bobine	Anatole Descamps	Aug. D
204	3.624	19 août 1885	Bobine Z	Bobine	Anatole Descamps	Aug. D
205	2.305	28 août 1882	Bobine Z au polichinelle	Vignette	Anatole Descamps	
206	4.672	31 janvier 1888	Bobine Zig-Zag	Titre	G. Saint-Léger	
207	4.988	12 décembre 1888	Bœuf charollais (fil au)	Titre	Hassebroucq frères	
208	4.989	12 décembre 1888	Bœuf gras (fil au)	Titre	Hassebroucq frères	
209	813	31 mai 1872	Bohémienne (fil à la)	Vignette	G.-J. Descamps-Beaucourt	
210	5.944	19 août 1892	Bohémienne (fil à la)	Vignette	G.-J. Descamps-Beaucourt	G J D B
211	3.169	8 octobre 1884	Boîte à plisser	Titre	Aug. Lambin	
212	4.203	2 mars 1887	Boîte à prime	Titre	Hassebroucq frères	
213	3.291	11 février 1885	Boîte à soufflets	Vignette	Hassebroucq frères	
214	3 393	11 avril 1885	Boîte portefeuille pour fil à la double carte	Dessin	A. Fauchille aîné	
215	3.946	6 juillet 1886	Boîtes articulées incassables	Titre	Poullier-Longhaye	
216	476	22 mai 1865	Boîtes (fil en)	Bande	Fauchille-Delanoy	A F D
217	4.119	29 janvier 1887	Boîte tissu	Titre	Rogez	
218	3.079	10 septembre 1884	Bombe (fil à la)	Rondelle tubée	Hassebroucq frères	FF
219	2.845	16 avril 1884	Bombe (la)	Titre	Hassebroucq frères	
220	6.778	8 mars 1895	Bonaparte (fil à)	Titre	Alfred Descamps	
221	666	9 janvier 1869	Bon apôtre (au)	Vignette	Scrive frères	
222	5 778	12 novembre 1891	Bon bourgeois (fil au)	Vignette	Poullier-Longhaye	T B
223	7.098	30 décembre 1895	Bon couseur (au)	Titre	Gustave Toussin	
224	2.797	10 mars 1884	Bonhomme normand (fil au)	Titre	Victor Saint-Léger	
225	2.941	9 août 1884	Bon jardinier (au)	Bande	Poullier-Longhaye	
226	2.958	12 août 1884	Bon jardinier (fil au)	Vignette	Poullier-Longhaye	P L
227	4.370	4 juillet 1887	Bonjour (au)	Bandes	Poullier-Longhaye	
228	4.101	6 janvier 1887	Bonjour (fil au)	Titre	Poullier-Longhaye	
229	4.360	2 juillet 1887	Bonjour (fil au)	Vignette	Poullier-Longhaye	
230	207	2 octobre 1861	Bonne brebis (fil à la)	Vignette	Aug. Lesay	
231	373	16 décembre 1863	Bonne couturière (à la)	Vignette	Henri Destailleurs	
232	374	16 décembre 1863	Bonne couturière (à la)	Bandes	Henri Destailleurs	H D
233	389	13 avril 1864	Bonne couturière (fil)	Bande	Henri Destailleurs	
234	5.126	6 août 1889	Bonne femme (à la)	Titre	Poullier-Longhaye	
235	5.995	18 novembre 1892	Bonne journée (fil à la)	Vignette	Gustave Toussin	G T
236	319	25 octobre 1862	Bonne ménagère (à la)	Vignette	Roman Ghesquière	
237	272	26 mars 1862	Bonne mère (à la)	Vignette	Hassebroucq frères	

N° D'ORDRE	N° D'INSCRIPTION	DATE DU DÉPOT	NOM DE LA MARQUE	NATURE DE LA MARQUE	NOM DU DÉPOSANT	INITIALES
238	1.440	19 avril 1879	Bonne mère (fil à la)	Vignette	Poullier-Longhaye	P L
239	2.873	24 mai 1884	Bonne mère (fil à la)	Vignette	Hassebroucq frères	H F
240	3.115	10 septembre 1884	Bonne nouvelle (fil à la)	Titre	Aug. Lambin	
241	5.470	19 août 1890	Bonnes femmes (aux)	Vignette	Poullier-Longhaye	
242	5.474	19 août 1890	Bonnes femmes (aux)	Bandes	Poullier-Longhaye	
243	5.127	6 août 1889	Bonnes femmes (fil aux)	Titre	Poullier-Longhaye	
244	4.515	14 décembre 1887	Bonnes pièces de monnaie (aux)	Titre	Jolivet	
245	3.435	5 mai 1885	Bonnet (au)	Vignette	Boutry-Droulers	
246	4.589-4.590	20 décembre 1887	Bonnet (au)	Etiquette et vignette	Boutry-Droulers	B D
247	2.509	16 mars 1883	Bonnet d'âne (au)	Vignette	O. Pauchet	O P
248	4.608-4.609	20 décembre 1887	Bonnet de coton	Etiquette et vignette	Boutry-Droulers	
249	3.503	27 mai 1885	Bonnet de coton (au)	Vignette	Boutry-Droulers	
250	5.300	10 janvier 1890	Bonne vieille (à la)	Vignette	Poullier-Longhaye	
251	5.320	21 janvier 1890	Bonne vieille (à la)	Bandes	Poullier-Longhaye	F H
252	860	24 avril 1872	Bon ouvrier (fil)	Vignette	G.-J. Descamps-Beaucourt	G J D B
253	801	24 avril 1872	Bon ouvrier (fil)	Vignette	G.-J. Descamps-Beaucourt	G J D B
254	5.962	19 août 1892	Bon ouvrier (fil)	Titre	G.-J. Descamps-Beaucourt	
255	1.150	28 février 1876	Bon pasteur (fil au)	Vignette	Verstraete frères	V F
256	2.883	5 juin 1884	Bon paysan (fil au)	Titre	I. Lambin	
257	3.135	20 septembre 1884	Bon Samaritain (fil au)	Titre	I. Lambin	
258	2.513	23 mars 1883	Bons parents (aux)	Titre	A. Fauchille aîné	
259	6.169	6 juin 1893	Bonté (fil à la)	Titre	H. et L. Rogez	
260	4.079	14 décembre 1886	Bon teint (fil au)	Vignette	Scrive frères	
261	5.854	29 mars 1892	Bordée (à la)	Titre	Vᵛᵉ C. Crespel et fils	
262	808	31 mai 1872	Bosquet (au)	Vignette	G.-J. Descamps-Beaucourt	
263	5.943	19 août 1892	Bosquet (fil au)	Vignette	G.-J. Descamps-Beaucourt	G J D B
264	1.353	13 juillet 1878	Bossu (fil au)	Vignette	A. Humbert frères	A H F
265	2.420	27 octobre 1882	Botte (à la)	Vignette	Wallaert frères	W F
266	2.446	27 octobre 1882	Botte (câblé à la)	Etiquette	Wallaert frères	W F
267	2.431	27 octobre 1882	Botte (câblé à la)	Vignette	Wallaert frères	W F
268	2.423	27 octobre 1882	Botte (coton à la)	Vignette, étiqu., bande	Wallaert frères	W F
269	781	22 février 1872	Botte (fil à la)	Vignette	Sixte Villain-Verstaen	
270	3.965	23 juillet 1886	Bou Amema (fil à)	Titre	Georges Saint-Léger	
271	2.272	28 juillet 1882	Boucanier (au)	Titre	A. Fauchille aîné	
272	2.404	27 octobre 1882	Bouches du Rhône (fil des)	Vignette	Wallaert frères	A B
273	2.407	27 octobre 1882	Bouches du Rhône (fil des)	Vignette, étiquette	Wallaert frères	A B
274	3.512	27 mai 1885	Bouchon (au)	Vignette	Boutry-Droulers	
275	4.601-4.602	20 décembre 1887	Bouchon (au)	Etiquette et vignette	Boutry-Droulers	B D
276	3.326	5 mars 1885	Boucle (à la)	Vignette, étiquette	Wallaert frères	W F
277	3.072	10 septembre 1884	Boucle (fil à la)	Titre	Hassebroucq frères	
278	4.959	23 octobre 1888	Bouée (fil à la)	Titre	Vᵛᵉ C. Crespel et fils	
279	829	16 juillet 1872	Bouffon (fil au)	Vignette	Aug. Descamps	

Nº D'ORDRE	Nº D'INSCRIPTION	DATE DU DÉPOT	NOM DE LA MARQUE	NATURE DE LA MARQUE	NOM DU DÉPOSANT	INITIALES
280	4.445	7 septembre 1887	Bouffon (fil au)	Vignette	Anatole Descamps	Aug D
281	3.101	10 septembre 1884	Boulangère (fil à la)	Titre	Aug. Lambin	
282	6.786	20 mars 1895	Bouleau	Titre	Georges Saint-Léger	
283	5.432	21 juin 1890	Boule d'argent (fil à la)	Etiquette	Vᵉ G. Toussin	G T
284	5.206	8 novembre 1889	Boule de neige (à la)	Titre	Crespel et Descamps	
285	1.518	27 septembre 1879	Boule d'or (à la)	Vignette	A. Fauchille-Delanoy	
286	276	28 mars 1862	Boule d'or (fil à la)	Vignette	Fauchille-Delanoy	
287	1.502	18 août 1879	Boule d'or (fil à la)	Vignette	A. Fauchille-Delanoy	A F D
288	3.390	3 avril 1885	Boulevard Sébastopol (fil du)	Titre	A. Fauchille aîné	
289	5.294	16 décembre 1889	Boulonnaise (fil à la)	Titre	I. Lambin	
290	1.093	15 septembre 1875	Bouquet (fil au)	Vignette	Poullier-Longhaye	
291	637	30 septembre 1868	Bouquetière (fil à la)	Vignette	Victor Saint-Léger	
292	2.972	20 août 1884	Bourdon (fil au)	Titre	Aug. Lambin	
293	3.534	27 mai 1885	Bourlet (au)	Vignette	Boutry-Droulers	
294	5.641	30 juin 1891	Bourrée (à la)	Titre	Crespel et Descamps	
295	6.170	6 juin 1893	Bousculade (fil à la)	Titre	H. et L. Rogez	
296	4.420	27 juillet 1887	Boussole	Devant de boîte	Hassebroucq frères	
297	4.394	27 juillet 1887	Boussole (à la)	Vignette	Hassebroucq frères	HF
298	4.318	28 mai 1887	Boussole (fil à la)	Titre	Hassebroucq frères	
299	4.400	27 juillet 1887	Boussole (la)	Bande	Hassebroucq frères	
300	4.402	27 juillet 1887	Boussole (la)	Bande	Hassebroucq frères	HF
301	4.406	27 juillet 1887	Boussole (la)	Bande	Hassebroucq frères	HF
302	4.407	27 juillet 1887	Boussole (la)	Bande	Hassebroucq frères	HF
303	4.408	27 juillet 1887	Boussole (la)	Bande	Hassebroucq frères	HF
304	4.414	27 juillet 1887	Boussole (la)	Bande	Hassebroucq frères	HF
305	4.415	27 juillet 1887	Boussole (la)	Bande	Hassebroucq frères	HF
306	4.416	27 juillet 1887	Boussole (la)	Bande	Hassebroucq frères	HF
307	4.417	27 juillet 1887	Boussole (la)	Bande	Hassebroucq frères	HF
308	4.418	27 juillet 1887	Boussole (la)	Bande	Hassebroucq frères	HF
309	1.035	14 août 1874	Bouteille (à la)	Vignette	Wallaert frères	W F
310	4.872	23 juin 1888	Bouteille (fil à la)	Titre	G. Jolivet	
311	5.566	3 février 1891	Bouteille (la)	Vignette	Wallaert frères	
312	3.517	27 mai 1885	Bouton (au)	Vignette	Boutry-Droulers	
313	990	14 novembre 1873	Bouton (fil au)	Vignette	Crespel et Descamps	C et Cⁱᵉ
314	3.919	28 mai 1886	Bouvreuil (fil au)	Titre	Poullier-Longhaye	
315	380	11 février 1864	Bracelet, bout trouvé	Bande	Roman Ghesquière	
316	2.677	29 octobre 1883	Braconnier (fil au)	Vignette	Henri Rogez	R et C
317	5.506	11 octobre 1890	Branle-bas (au)	Bandes	Poullier-Longhaye	
318	5.104	9 juillet 1889	Branle-bas (fil au)	Titre	Poullier-Longhaye	
319	5.463	19 août 1890	Branle-bas (fil au)	Vignette	Poullier-Longhaye	
320	6.616	3 août 1894	Bras (au)	Titre	Georges Saint-Léger	
321	6.615	3 août 1894	Bras d'argent (au)	Titre	Georges Saint-Léger	

N° D'ORDRE	N° D'INSCRIPTION	DATE DU DÉPOT	NOM DE LA MARQUE	NATURE DE LA MARQUE	NOM DU DÉPOSANT	INITIALES
322	2.973	20 août 1884....	Bras d'argent (fil au)......	Titre	Aug. Lambin........	
323	6.476	16 février 1894...	Bras de fer (fil au).......	Vignette....	Georges Saint-Léger....	V S L
324	2.974	20 août 1884 ...	Bras d'or (fil au)........	Titre	Aug. Lambin........	
325	6.477	16 février 1894...	Bras d'or (fil au)........	Vignette....	Georges Saint-Léger....	
326	178	18 mai 1861....	Braves (fil aux)........	Vignette..	M. Bianco aîné........	B Aé
327	2.274	28 juillet 1882...	Bravo (au)...........	Titre	A. Fauchille aîné......	
328	2.986	20 août 1884....	Brebis (fil à la)........	Titre	Aug. Lambin........	
329	3.275	21 janvier 1885 ..	Brebis (fil à la)........	Vignette....	G.-J. Descamps-Beaucourt.	G J D B
330	6.644	7 septembre 1894.	Breloque (fil à la).......	Titre	Hassebroucq frères......	
331	551	29 mai 1867	Brésilien (fil au)........	Vignette...	J. Thiriez père et fils....	
332	2.091	5 avril 1882....	Brésilienne (à la)........	Vignette...	Verstraete frères.......	V F
333	2.798	12 mars 1884 ...	Brestois (fil).........	Vignette...	Hassebroucq frères.....	
334	179	18 mai 1861....	Bretagne (fil à la).......	Vignette...	Bianco aîné.........	B Aé
335	2.983	20 août 1884....	Breton (fil au).........	Titre	Aug. Lambin........	
336	4.479	20 octobre 1887..	Breton (fil au).........	Vignette...	A. Fauchille-Delanoy....	A F D
337	5.479	4 septembre 1890.	Brouette (à la).........	Vignette...	Wallaert frères.......	
338	3.025	3 septembre 1884.	Brouette (fil à la)......	Titre	I. Lambin.........	
339	3.024	3 septembre 1884.	Broutteux (fil au).......	Titre	I. Lambin.........	
340	5.274	4 décembre 1889..	Buffalo (fil à).........	Titre	Vᵉ Gustave Toussin.....	
341	2.830	2 avril 1884....	Buffle (au)..........	Titre	A. Fauchille aîné......	
342	1.077	30 juin 1875....	Bulles de savon (aux).....	Vignette...	G.-J. Descamps-Beaucourt.	
343	3.960	19 août 1892....	Bulles de savon (aux).....	Titre	G.-J. Descamps-Beaucourt.	
344	1.198	27 octobre 1876 ..	Burette (à la).........	Vignette...	Wallaert frères.......	
345	2.396	27 octobre 1882 ..	Burette (à la).........	Vignette...	Wallaert frères.......	
346	2.430	27 octobre 1882 ..	Burette (à la).........	Vignette, étiqu., bande	Wallaert frères.......	W F
347	2.447	27 octobre 1882 ..	Burette (à la).........	Vignette...	Wallaert frères.......	W F
348	2.399	27 octobre 1882 ..	Burette (retors à la).....	Vignette, étiqu., bande	Wallaert frères......	
349	1.336	13 avril 1878....	Busette (fil à la).......	Vignette...	Ferdinand Deletrez.....	F D Z

N° D'ORDRE	N° D'INSCRIPTION	DATE DU DÉPOT	NOM DE LA MARQUE	NATURE DE LA MARQUE	NOM DU DÉPOSANT	INITIALES

N° d'ORDRE	N° D'INSCRIPTION	DATE DU DÉPOT	NOM DE LA MARQUE	NATURE DE LA MARQUE	NOM DU DÉPOSANT	INITIALES

No D'ORDRE	No D'INSCRIPTION	DATE DU DÉPOT	NOM DE LA MARQUE	NATURE DE LA MARQUE	NOM DU DÉPOSANT	INITIALES

N° D'ORDRE	N° D'INSCRIPTION	DATE DU DÉPOT	NOM DE LA MARQUE	NATURE DE LA MARQUE	NOM DU DÉPOSANT	INITIALES

N° D'ORDRE	N° D'INSCRIPTION	DATE DU DÉPOT	NOM DE LA MARQUE	NATURE DE LA MARQUE	NOM DU DÉPOSANT	INITIALES

N° D'ORDRE	N° D'INSCRIPTION	DATE DU DÉPOT	NOM DE LA MARQUE	NATURE DE LA MARQUE	NOM DU DÉPOSANT	INITIALES

N° D'ORDRE	N° D'INSCRIPTION	DATE DU DÉPOT	NOM DE LA MARQUE	NATURE DE LA MARQUE	NOM DU DÉPOSANT	INITIALES

N° D'ORDRE	N° D'INSCRIPTION	DATE DU DÉPOT	NOM DE LA MARQUE	NATURE DE LA MARQUE	NOM DU DÉPOSANT	INITIALES

N° d'ordre	N° d'inscription	DATE DU DÉPOT	NOM DE LA MARQUE	NATURE DE LA MARQUE	NOM DU DÉPOSANT	INITIALES

C

N° D'ORDRE	N° D'INSCRIPTION	DATE DU DÉPOT	NOM DE LA MARQUE	NATURE DE LA MARQUE	NOM DU DÉPOSANT	INITIALES
1	3.417	5 mai 1885	Cabane (à la)	Titre	Boutry-Droulers	
2	6.723	23 novembre 1894	Cabanière (fil à la)	Titre	Vᵉ C. Crespel et fils	
3	5.777	3 février 1886	Cabestan (fil au)	Titre	Hassebroucq	
4	725	24 mars 1870	Câblé brillanté (fil)	Vignette	Gustave Toussin	G T
5	1.184	7 septembre 1876	Câblé des Flandres	Vignette	Vᵉ Gustave Toussin	G T
6	5.665	22 juillet 1891	Câblé des Flandres	Etiquette	Vᵉ G. Toussin	G T
7	1.179	10 juillet 1876	Câblé double gamin	Vignette	Vᵉ Gustave Toussin	G T
8	5.666	22 juillet 1891	Câblé double grain	Etiquette	Vᵉ Gustave Toussin	G T
9	2.723	21 décembre 1883	Câblé du nord	Vignette	J. Thiriez père et fils	J T P F
10	965	26 août 1873	Câblé du sud	Etiquette	J. Thiriez père et fils	J T P F
11	727	30 mars 1870	Câblé étiré (fil)	Vignette	Gustave Toussin	G T
12	5.443	21 juin 1890	Câblé étiré (fil)	Etiquette	Vᵉ G. Toussin	G T
13	5.054	23 mai 1889	Câblé fleur de coton	Etiquette	Rémy Yon	G L
14	1.338	18 avril 1878	Câblé français	Vignette	Ed. Delecroix	D et P
15	1.339	18 avril 1878	Câblé gaulois	Vignette	Ed. Delecroix	D et P
16	603	24 mars 1868	Câblé lillois	Vignette	J. Thiriez père et fils	J T P F
17	1.334	11 avril 1878	Câblé mat	Vignette	Vᵉ Gustave Toussin	G T
18	1.327	30 mars 1878	Câblé mécanique (fil)	Vignette	Gustave Toussin	G T
19	4.873	25 juin 1888	Câblé six fils	Etiquette	Gustave et Henri Barrois	L R
20	2.669	18 octobre 1883	Câblé sublime	Vignette	P. Fouquier-Deschamps	P F D
21	3.239	24 novembre 1884	Câblé sublime	Bobine	Fouquier-Dubard	P F D
22	4.510	14 décembre 1888	Cachalot (au)	Titre	Jolivet	
23	3.833	27 mars 1886	Cache-cache (au)	Titre	Rogez	
24	3.472	20 mai 1885	Cache-fil (le)	Titre	Scrive frères	
25	1.263	25 juillet 1877	Cachet (au)	Vignette	A. Fauchille-Delanoy	A F D
26	6.475	16 février 1894	Cadenas (au)	Titre	Georges Saint-Léger	
27	4.439	1ᵉʳ septembre 1887	Cadenas (au)	Etiquette	A. Pilate	L W
28	2.398	27 octobre 1882	Cadran (au)	Vignette	Wallaert frères	W F

N° D'ORDRE	N° D'INSCRIPTION	DATE DU DÉPOT	NOM DE LA MARQUE	NATURE DE LA MARQUE	NOM DU DÉPOSANT	INITIALES
29	2.435	27 octobre 1882	Cadran (au)	Etiquette	Wallaert frères	W F
30	2.442	27 octobre 1882	Cadran (au)	Vignette	Wallaert frères	W F
31	2.401	27 octobre 1882	Cadran (coton au)	Vignette, étiq., bande	Wallaert frères	W F
32	2.423	27 octobre 1882	Cadran (coton au)	Vignette	Wallaert frères	W F
33	2.426	27 octobre 1882	Cadran (coton au)	Vignette, étiq., bande	Wallaert frères	W F
34	3.520	27 mai 1885	Cadre d'or (au)	Vignette	Boutry-Droulers	
35	2.039	14 décembre 1881	Cadurcien (fil au)	Vignette	Scrive frères	
36	6.490	3 avril 1894	Caennaise (fil à la)	Titre	Crespel et Descamps	
37	3.543	27 mai 1885	Cafetière (à la)	Vignette	Boutry-Droulers	
38	3.527	27 mai 1885	Cage (à la)	Vignette	Boutry-Droulers	
39	511	28 mars 1866	Cage (fil en)	Vignette	Hassebroucq frères	H F
40	3.467	20 mai 1885	Cahier (fil en)	Titre	Scrive frères	
41	864	14 novembre 1872	Caïd (fil au)	Vignette	Victor Saint-Léger	
42	3.083	10 septembre 1884	Caille (fil à la)	Titre	Auguste Lambin	
43	4.391	25 juillet 1887	Caïman (fil au)	Titre	Jolivet	
44	3.531	27 mai 1885	Caisse (à la)	Vignette	Boutry-Droulers	
45	3.094	10 septembre 1884	Caisse (fil à la)	Titre	Auguste Lambin	
46	5.390	19 mars 1890	Caisson (fil au)	Vignette	G.-J. Descamps-Beaucourt	G J D B
47	883	30 décembre 1872	Calendrier	Vignette	J. Villain-Verstaen et Cie	
48	779	22 février 1872	Calendrier (fil au)	Vignette	Sixte Villain-Verstaen	
49	3.475	20 mai 1885	Calepin (fil en)	Titre	Scrive frères	
50	2.954	12 août 1884	Calvaire breton	Vignette	Poullier-Longhaye	P L
51	2.634	9 octobre 1883	Camille Desmoulins (à)	Titre	A. Fauchille aîné	
52	4.933	3 octobre 1888	Campagnarde (à la)	Vignette	Poullier-Longhaye	
53	5.501	11 octobre 1890	Campagnarde (à la)	Bandes	Poullier-Longhaye	
54	2.936	9 août 1884	Campagnarde (fil à la)	Vignette	Poullier-Longhaye	P L
55	5.064	24 mai 1889	Canadiens (aux)	Vignette	H. et L. Rogez	R et C
56	1.555	27 janvier 1880	Canadiens (fil aux)	Vignette	Henri Rogez	R C
57	1.986	9 août 1881	Canard (au)	Vignette	Victor Saint-Léger	
58	1.758	12 mars 1881	Canard (câblé au)	Vignette	A. Pilate	A P
59	2.994	27 août 1884	Canari (fil au)	Titre	Aug. Lambin	
60	3.089	10 septembre 1884	Cane (fil à la)	Titre	Aug. Lambin	
61	3.090	10 septembre 1884	Canetons (fil aux)	Titre	Aug. Lambin	
62	1.350	13 juin 1878	Canette d'or (fil à la)	Vignette	G. Toussin	G T
63	3.419	5 mai 1885	Canne (à la)	Vignette	Boutry-Droulers	
64	4.606 4.607	20 décembre 1887	Canne (à la)	Etiquette et vignette	Boutry-Droulers	B D
65	1.301	15 novembre 1877	Canon (au)	Vignette	Gustave Toussin	G T
66	5.814	15 janvier 1895	Canon (câblé au)	Etiquette	Ve Gustave Toussin	G T
67	5.926	19 août 1892	Canonnier (fil au)	Vignette	G.-J. Descamps-Beaucourt	G J D B
68	3.062	10 septembre 1884	Canot (au)	Titre	A. Fauchille aîné	
69	5.017	3 janvier 1889	Canot (fil au)	Titre	Ve G. Toussin	
70	6.678	20 octobre 1894	Canrobert (fil à)	Titre	Poullier-Longhaye	

N° D'ORDRE	N° D'INSCRIPTION	DATE DU DÉPOT	NOM DE LA MARQUE	NATURE DE LA MARQUE	NOM DU DÉPOSANT	INITIALES
71	6.897	1ᵉʳ juillet 1895	Canrobert (fil à)	Vignette	Poullier-Longhaye	P L
72	7.095	24 décembre 1895	Cantine (à la)	Titre	Crespel et Descamps	
73	3.932	28 mai 1886	Cantonnement (au)	Bandes	Poullier-Longhaye	
74	3.262	26 décembre 1884	Cantonnement (fil du)	Titre	Poullier-Longhaye	
75	3.700	3 octobre 1885	Cantonnement (fil du)	Vignette	Poullier-Longhaye	
76	748	4 juin 1870	Caoutchouc (fil au)	Pelote	Vᵉ C. Crespel et fils	C F
77	1.468	4 juillet 1879	Cap (fil du)	Vignette	Hassebroucq frères	HF
78	5.929	19 août 1892	Capitaine (au)	Vignette	G.-J. Descamps-Beaucourt	
79	1.000	9 mars 1874	Capitaine (fil au) (Hussard espagnol)	Vignette	G.-J. Descamps-Beaucourt	
80	2.991	20 août 1884	Caporal (fil au)	Titre	Aug. Lambin	
81	3.588	27 juin 1885	Capricieuse (fil à la)	Titre	Aug. Lambin	
82	713	3 février 1870	Capricorne (fil au)	Vignette	Scrive frères	
83	212	26 novembre 1861	Capsule (fil en)	Vignette	Crespel et Descamps	D Aé
84	624	13 juin 1868	Capsule (fil en)	Pelote	Crespel et Descamps	D Aé
85	1.634	7 juin 1880	Capsule (fil en)	Vignette	Crespel et Descamps	D Aé
86	3.600	13 juillet 1885	Capsule (fil en)	Pelote	Crespel et Descamps	D Aé
87	4.112	20 janvier 1887	Capsule (fil en)	Vignette	Crespel et Descamps	D Aé
88	5.078	4 juin 1889	Capsule (fil en)	Pelote	Crespel et Descamps	D Aé
89	5.079	4 juin 1889	Capsule (fil en)	Pelote	Crespel et Descamps	D Aé
90	1.712	4 décembre 1880	Captif (fil)	Vignette	Hassebroucq frères	V P
91	1.714	4 décembre 1880	Captif (fil)	Bande	Hassebroucq frères	HF
92	3.112	10 septembre 1884	Capucin (fil au)	Titre	Aug. Lambin	
93	1.258	30 juin 1877	Cardinal (au)	Vignette	A. Fauchille-Delanoy	
94	1.882	4 mai 1881	Cardinal (au)	Bande	A. Fauchille-Delanoy	
95	1.885	4 mai 1881	Cardinal (au)	Pelote	A. Fauchille-Delanoy	
96	651	6 novembre 1868	Cardinal (fil au)	Vignette	Ringo-Franck	
97	2.332	1ᵉʳ septembre 1882	Carillon (fil au)	Titre	Anatole Descamps	
98	4.646	23 décembre 1887	Carlin (au)	Vignette	Théodore Barrois	T B
99	3.746	12 décembre 1885	Carnaval (au)	Vignette	Vᵉ C. Crespel et fils	C F
100	3.460	19 mai 1885	Carnet (fil en)	Titre	Scrive frères	
101	3.697	29 septembre 1885	Carnet (fil en)	Bande	Scrive frères	
102	3.696	29 septembre 1885	Carnet porte-fil (fil en)	Vignette	Scrive frères	S F
103	4.503	5 décembre 1887	Carnot (fil à)	Titre	Georges-Saint-Léger	
104	5.768	29 octobre 1891	Carosse (fil au)	Titre	I. Lambin	
105	3.516	27 mai 1885	Carotte (à la)	Vignette	Boutry-Droulers	
106	6.505	24 avril 1894	Carrousel (fil au)	Titre	Crespel et Descamps	
107	2.836	7 mai 1884	Carte (fil sur)	Vignette	Hassebroucq frères	HF
108	5.487	26 septembre 1890	Carte (fil sur) (Boîtes à crémaillères)	Etiquette	G.-J. Descamps-Beaucourt	
109	3.474	20 mai 1885	Carte calendrier (fil sur)	Titre	Scrive frères	
110	1.152	9 mars 1876	Carte de France (à la)	Vignette	Crespel et Descamps	D Aé
111	5.603	28 mars 1891	Carte de France (à la)	Vignette	Crespel et Descamps	D Aé
112	1.699	5 novembre 1880	Carte de France (fil à la)	Vignette	Auguste Descamps	

N° D'ORDRE	N° D'INSCRIPTION	DATE DU DÉPOT	NOM DE LA MARQUE	NATURE DE LA MARQUE	NOM DU DÉPOSANT	INITIALES
113	3.431	5 mai 1885	Carte de visite (à la)	Vignette	Boutry-Droulers	
114	3.473	20 mai 1885	Carte enfermée (fil sur)	Titre	Scrive frères	
115	2.287	31 juillet 1882	Carte postale	Bande	Scrive frères	
116	2.263	24 juillet 1882	Carte postale (fil à la)	Titre	Scrive frères	
117	2.264	24 juillet 1882	Carte postale (fil à la)	Titre	Scrive frères	
118	602	23 mars 1868	Cartes (fil aux)	Vignette	Crespel et Descamps	
119	3.222	21 novembre 1884	Cartes (fil aux)	Vignette	Crespel et Descamps	D A^e
120	3.334	16 mars 1885	Carton (fil sur)	Titre	A. Fauchille aîné	
121	3.386	1er avril 1885	Cartouche Chassepot	Etui	Poullier-Longhaye	
122	3.110	10 septembre 1884	Cascade (fil à la)	Titre	Aug. Lambin	
123	4.985	4 décembre 1888	Caserne (à la)	Titre	Anatole Descamps	
124	3.877	28 mai 1886	Casoar (fil au)	Titre	Poullier-Longhaye	
125	4.358	2 juillet 1887	Casoar (fil au)	Vignette	Poullier-Longhaye	
126	6.435	29 décembre 1893	Casque (au)	Titre	Wallaert frères	
127	6.436	29 décembre 1893	Casque (au)	Etiquette	Wallaert frères	W F
128	3.622	13 août 1885	Casque d'or (au)	Vignette	Anatole Descamps	Aug^{te} D
129	3.033	6 septembre 1884	Casque d'or (fil au)	Titre	Anatole Descamps	
130	1.273	24 août 1877	Casquette (fil à la)	Vignette	J. Thiriez père et fils	J T P et F
131	5.071	24 mai 1889	Castagnettes (aux)	Vignette	H. et L. Rogez	R et C
132	3.992	20 septembre 1886	Castel (fil au)	Vignette	H. Rogez	
133	963	26 août 1873	Castor (au)	Vignette	J. Thiriez père et fils	J T P F
134	2.463	6 décembre 1882	Cathédrale d'Alby (à la)	Vignette	Hassebroucq frères	
135	318	25 octobre 1862	Cathédrale de Strasbourg (à la)	Vignette	Roman Ghesquière	
136	4.963	27 octobre 1888	Cauchois (fil au)	Titre	Crespel et Descamps	
137	4.984	4 décembre 1888	Cavalerie française (à la)	Titre	Anatole Descamps	
138	1.395	4 novembre 1878	Cavalier (fil au)	Vignette	Poullier-Longhaye	P L
139	693	23 juillet 1869	Ceinture (fil de la)	Vignette-Boîte	Ve Crespel et fils	
140	4.161	25 février 1887	Ceinture (fil à la)	Vignette	Ve C. Crespel et fils	C F
141	5.286	13 décembre 1889	Célébrités (fil aux)	Devant de boîte	Scrive frères	S F
142	733	20 avril 1870	Céleste Empire (au)	Vignette	Devos frères	
143	1.143	19 janvier 1876	Céleste Empire (au)	Vignette	Devos frères	D V F
144	841	18 septembre 1872	Centaure (fil au)	Vignette	Hennion et Cie	
145	4.443	7 septembre 1887	Centaure (fil au)	Vignette	Anatole Descamps	
146	3.823	27 mars 1887	Centenaire (à la)	Titre	Rogez	
147	1.280	18 octobre 1877	Centenaire (fil du)	Vignette	J. Thiriez père et fils	
148	2.901	16 juin 1884	Centenaire de 1789 (au)	Titre	A. Fauchille aîné	
149	460	22 février 1865	Cent Garde (fil au)	Vignette	Hassebroucq frères	
150	2.458	8 novembre 1882	Centurion (au)	Titre	A. Fauchille aîné	
151	2.732	10 janvier 1884	Cerceau (fil au)	Vignette	Crespel et Descamps	D A^e
152	3.311	19 février 1885	Cerceau enchanté (fil au)	Titre	Vanoutryve frères	
153	3.073	10 septembre 1884	Cercle (fil au)	Titre	Hassebroucq frères	
154	5.335	8 février 1890	Cerf (câblé au)	Etiquette	Rémy Yon	

N° D'ORDRE	N° D'INSCRIPTION	DATE DU DÉPOT	NOM DE LA MARQUE	NATURE DE LA MARQUE	NOM DU DÉPOSANT	INITIALES
155	4.171	25 février 1887	Cerf (fil au)	Vignette	Vᵉ G. Crespel et fils	C F
156	3.438	5 mai 1885	Cerf volant (au)	Vignette	Boutry-Droulers	
157	1.373	5 septembre 1878	Cerises (fil aux)	Vignette	Vᵉ Gustave Toussin	G T
158	3.091	10 septembre 1884	Chaîne d'argent (fil à la)	Titre	Aug. Lambin	
159	3.004	27 août 1884	Chaîne de fer (fil à la)	Titre	Aug. Lambin	
160	3.116	10 septembre 1884	Chaîne d'or (fil à la)	Titre	Aug. Lambin	
161	1.028	29 juillet 1874	Chaise (à la)	Vignette	Wallaert frères	
162	2.430	27 octobre 1882	Chaise (à la)	Vignette	Wallaert frères	W F
163	2.432	27 octobre 1882	Chaise (mouliné doublé à la)	Vignette, étiqu., bande	Wallaert frères	W F
164	2.445	27 octobre 1882	Chaise (mouliné doublé à la)	Vignette	Wallaert frères	W F
165	4.514	14 décembre 1887	Chaise à porteurs (à la)	Titre	Jolivet	
166	4.554-4.555	20 décembre 1887	Châle (au)	Etiquette et vignette	Boutry-Droulers	B D
167	2.857	10 mai 1884	Chalet (fil au)	Vignette	Hassebroucq frères	A L
168	5.614	23 avril 1891	Chambrée (fil à la)	Titre	Crespel et Descamps	
169	5.105	9 juillet 1889	Chambrée (fil de la)	Titre	Poullier-Longhaye	
170	3.514	27 mai 1885	Chameau (au)	Vignette	Boutry-Droulers	
171	4.570-4.571	20 décembre 1887	Chameau (au)	Etiquette et vignette	Boutry-Droulers	B D
172	2.190	8 mai 1882	Chameau (fil au)	Vignette	Anatole Descamps	
173	3.056	10 septembre 1884	Chamois (au)	Titre	A. Fauchille aîné	
174	244	18 janvier 1862	Chamois (fil au)	Vignette	A. Mallet et L. Darras	M et D, Lille
175	1.929	16 juin 1881	Chamois (fil au)	Vignette	L. Darras et Cⁱᵉ	L D
176	705	19 novembre 1869	Champagne (fil au)	Vignette	Vᵉ Crespel et fils	
177	4.158	25 février 1887	Champagne (fil au)	Vignette	Vᵉ G. Crespel et fils	C F
178	6.116	9 mai 1893	Chançard (au)	Titre	H. et L. Rogez	
179	3.528	27 mai 1885	Chandelle (à la)	Vignette	Boutry-Droulers	
180	2.257	8 juillet 1882	Chanson (fil à la)	Vignette	L. Picavet aîné	
181	6.728	18 décembre 1894	Chansonnier lillois (au)	Titre	A. Fauchille-Delanoy	
182	2.116	26 avril 1882	Chant du départ (au)	Titre	A. Fauchille aîné	
183	875	6 décembre 1872	Chanteur (fil au)	Vignette	Ed. Delecroix	
184	1.512	17 septembre 1879	Chant national (le)	Titre	Hassebroucq frères	
185	2.354	16 septembre 1882	Chapeau chinois (au)	Titre	A. Fauchille aîné	
186	520	23 juin 1866	Chapeau rouge (fil au)	Vignette	Jules Vandenbeulche	
187	2.787	3 mars 1884	Chapeau rouge (fil au)	Titre	I. Lambin	
188	1.333	8 avril 1878	Chapelet (au)	Vignette	Victor Saint-Léger	
189	1.314	22 février 1878	Chapelet (fil au)	Vignette	Victor Saint-Léger	V S L
190	1.029	29 juillet 1874	Chapelier (câblé au)	Vignette	Wallaert frères	W F
191	2.413	27 octobre 1882	Chapelier (câblé au)	Vignette	Wallaert frères	W F
192	2.416	27 octobre 1882	Chapelier (câblé au)	Vignette, étiqu., bande	Wallaert frères	W F
193	2.410	27 octobre 1882	Chapelle (à la)	Vignette	Wallaert frères	W F
194	2.415	27 octobre 1882	Chapelle (à la)	Vignette, bande, étiqu.	Wallaert frères	W F
195	2.413	27 octobre 1882	Chapelle (coton à coudre à la)	Etiquette	Wallaert frères	W F
196	2.294	2 août 1882	Chapelle (coton à repriser à la)	Vignette	Wallaert frères	W F

No D'ORDRE	No D'INSCRIPTION	DATE DU DÉPOT	NOM DE LA MARQUE	NATURE DE LA MARQUE	NOM DU DÉPOSANT	INITIALES
197	2.412	27 octobre 1882	Chapelle (repriser à la)	Vignette	Wallaert frères	W F
198	327	12 décembre 1862	Chaperon rouge (fil au)	Vignette	Verstraete et Cie	
199	3.331	5 mars 1885	Char à banc (au)	Vignette, étiquette	Wallaert frères	
200	3.111	10 septembre 1884	Charbonnier (fil au)	Titre	Aug. Lambin	
201	3.055	10 septembre 1884	Chardonneret (au)	Titre	A. Fauchille aîné	
202	1.063	21 avril 1875	Chardonneret (fil au)	Vignette	L. Darras	
203	5.166	9 octobre 1889	Charentaises (fil aux)	Vignette	I. Lambin	
204	5.062	24 mai 1889	Charge (à la)	Titre	H. et L. Rogez	
205	5.376	14 mars 1890	Charge (fil à la)	Vignette	H. et L. Rogez	R et C
206	3.389	3 avril 1885	Chariot (fil au)	Titre	A. Fauchille aîné	
207	2.436	27 octobre 1882	Chariot (mouliné doublé au)	Vignette	Wallaert frères	W F
208	2.444	27 octobre 1882	Chariot (mouliné doublé au)	Vignette, étiqu., bande	Wallaert frères	W F
209	3.084	10 septembre 1884	Chariot d'or (fil au)	Titre	Aug. Lambin	
210	3.231	21 novembre 1884	Charité (fil à la)	Vignette	Crespel et Descamps	D Aé
211	5.309	10 janvier 1890	Charivari (au)	Bandes	Poullier-Longhaye	
212	4.263	2 avril 1887	Charivari (fil au)	Titre	Poullier-Longhaye	
213	4.380	9 juillet 1887	Charivari (fil au)	Vignette	Poullier-Longhaye	
214	540	8 décembre 1866	Charlatan (fil au)	Vignette	Crespel et Descamps	D Aé
215	3.220	21 novembre 1884	Charlatan (fil au)	Vignette	Crespel et Descamps	D Aé
216	802	21 mai 1872	Charlemagne (fil à)	Vignette	J. Thiriez père et fils	
217	2.487	2 février 1883	Charlotte Corday (à)	Titre	Vᵛᵉ Crespel et fils	
218	3.170	8 octobre 1884	Charmeresse (fil à la)	Titre	Aug. Lambin	
219	1.381	21 septembre 1878	Charmeur de serpents (au)	Vignette	Poullier-Longhaye	P L
220	3.042	10 septembre 1884	Charmeuse (fil à la)	Vignette	Poullier-Longhaye	P L
221	3.325	5 mars 1885	Charrette (mouliné à la)	Vignette, étiquette	Wallaert frères	
222	2.439	27 octobre 1882	Charrue (à la)	Vignette	Wallaert frères	W F
223	2.444	27 octobre 1882	Charrue (à la)	Vignette	Wallaert frères	W F
224	2.295	2 août 1882	Charrue (coton à la)	Vignette	Wallaert frères	W F
225	2.433	27 octobre 1882	Charrue (coton à la)	Vignette, étiqu., bande	Wallaert frères	W F
226	2.438	27 octobre 1882	Charrue (coton à la)	Vignette, étiqu., bande	Wallaert frères	W F
227	6.009	20 décembre 1892	Charrue (mouliné à la)	Etiquette	Wallaert frères	W F
228	5.990	16 novembre 1892	Chartreuse (fil à la)	Titre	I Lambin	
229	2.760	8 février 1884	Chasse (fil à la)	Titre	Crespel et Descamps	
230	3.927	28 mai 1886	Chassepot (au)	Bandes	Poullier-Longhaye	
231	3.387	1ᵉʳ avril 1885	Chassepot (fil au)	Titre	Poullier-Longhaye	
232	4.354	2 juillet 1887	Chassepot (fil au)	Vignette	Poullier-Longhaye	
233	3.234	21 novembre 1884	Chasseur (fil au)	Vignette	Crespel et Descamps	D Aé
234	2.769	14 février 1884	Chasseur à cheval (fil au)	Titre	Victor Saint-Léger	
235	3.597	6 juillet 1885	Chasseur d'Afrique (au)	Titre	A. Fauchille aîné	
236	5.827	2 février 1892	Chasseurs alpins (fil aux)	Titre	Poullier-Longhaye	
237	989	14 novembre 1873	Chat (fil au)	Vignette	Crespel et Descamps	C et Cᵒ
238	2.136	1ᵉʳ mai 1882	Chat (fil au)	Vignette	Anatole Descamps	

N° D'ORDRE	N° D'INSCRIPTION	DATE DU DÉPOT	NOM DE LA MARQUE	NATURE DE LA MARQUE	NOM DU DÉPOSANT	INITIALES
239	2.505	7 mars 1883	Chat (fil au)	Titre	Lambin	
240	2.095	5 avril 1882	Chat botté (au)	Vignette	Verstraete frères	
241	1.317	6 mars 1878	Château d'Alençon (au)	Vignette	Poullier-Longhaye	D M
242	3.113	10 septembre 1884	Château d'eau (fil au)	Titre	Aug. Lambin	
243	4.182	25 février 1887	Château de Bonnétable (au)	Titre	Vᵉ C. Crespel et fils	
244	4.142	17 février 1887	Château d'If (fil au)	Vignette	G.-J. Descamps-Beaucourt	G J D B
245	2.964	12 août 1884	Châtelaine (fil à la)	Vignette	Poullier-Longhaye	O D
246	3.878	28 mai 1886	Chat huant (fil au)	Titre	Poullier-Longhaye	
247	4.281	18 avril 1887	Chat noir (fil au)	Titre	Georges Saint-Léger	
248	1.516	27 septembre 1879	Chatte (fil à la)	Titre	A. Fauchille-Delanoy	
249	5.494	11 octobre 1890	Chef de gare (au)	Titre	Poullier-Longhaye	
250	5.780	12 novembre 1891	Chef de gare (au)	Bandes	Poullier-Longhaye	
251	5.561	30 décembre 1890	Chef de gare (fil au)	Vignette	Poullier-Longhaye	
252	2.537	20 avril 1883	Chef gaulois (au)	Vignette	Vᵉ C. Crespel et fils	M et C
253	958	23 août 1873	Cheick (fil au)	Vignette	A. Fauchille-Delanoy	
254	3.157	6 octobre 1884	Chemisière (à la)	Vignette	Boutry-Droulers	B D
255	4.595-4.596	20 décembre 1887	Chemisière (à la)	Etiquette et vignette	Boutry-Droulers	B D
256	1.397	13 novembre 1878	Chêne (fil au)	Vignette	Hassebroucq frères	HF
257	3.132	22 septembre 1884	Chérubin (fil au)	Titre	I. Lambin	
258	4.830	27 avril 1888	Chevalet (fil au)	Titre	Vᵉ C. Crespel et fils	
259	3.233	21 novembre 1884	Chevalier (fil au)	Vignette	Crespel et Descamps	D Aᵉ
260	4.450	7 septembre 1887	Chevalier (fil au)	Titre	Anatole Descamps	
261	418	28 décembre 1864	Chevalier Bayard, sans peur et sans reproche	Vignette	Crespel et Descamps	
262	421	3 février 1865	Chevalier Bayard, sans peur et sans reproche	Vignette	Ph. Vrau	M et C
263	261	24 janvier 1862	Chevalier de Malte (fil au)	Vignette	Poullier-Longhaye	
264	1.204	30 novembre 1876	Chevalier de Malte (fil au)	Vignette	Poullier-Longhaye	P L
265	3.061	10 septembre 1884	Chevalier rouge (au)	Titre	A. Fauchille aîné	
266	4.489	28 octobre 1887	Cheval percheron (au)	Titre	Crespel et Descamps	
267	3.014	30 août 1884	Cheval volant (fil au)	Titre	Anatole Descamps	
268	3.620	13 août 1885	Cheval volant (fil au)	Vignette	Anatole Descamps	
269	6.199	20 juin 1893	Chevreau (fil au)	Titre	H. et L. Rogez	
270	3.873	28 mai 1886	Chèvrefeuille (fil au)	Titre	Poullier-Longhaye	
271	3.824	27 mars 1886	Chevreuil (au)	Titre	Rogez	
272	6.408	20 décembre 1893	Chevreuil (au)	Titre	Georges Saint-Léger	
273	3.994	20 septembre 1886	Chevreul (à)	Titre	Rogez	
274	4.181	25 février 1887	Chevrons (fil aux)	Vignette	Vᵉ C. Crespel et fils	C D
275	1.139	12 janvier 1876	Chien (au)	Vignette	Devos frères	D V F
276	1.138	12 janvier 1876	Chien (fil au)	Vignette	Devos frères	D V F
277	3.888	28 mai 1886	Chien basset (fil au)	Titre	Poullier-Longhaye	
278	4.653	29 décembre 1887	Chien danois (fil au)	Titre	Vᵉ C. Crespel et fils	
279	5.371	14 mars 1890	Chien de chasse	Vignette	H. et L. Rogez	H. et L. Rogez
280	5.372	14 mars 1890	Chien de chasse	Etiquettes	H. et L. Rogez	H. et L. Rogez

N° D'ORDRE	N° D'INSCRIPTION	DATE DU DÉPOT	NOM DE LA MARQUE	NATURE DE LA MARQUE	NOM DU DÉPOSANT	INITIALES
281	4.931	3 octobre 1888	Chien éclaireur (au)	Vignette	Poullier-Longhaye	
282	4.943	3 octobre 1888	Chien éclaireur (au)	Bandes	Poullier-Longhaye	
283	3.087	10 septembre 1884	Chien griffon (fil au)	Titre	Aug. Lambin	
284	3.008	27 août 1884	Chien loup (fil au)	Titre	Aug. Lambin	
285	2.965	12 août 1884	Chien noir (fil au)	Vignette	Poullier-Longhaye	P L
286	1.123	29 octobre 1875	Chien savant (fil au)	Vignette	J. Thiriez père et fils	J T P et F
287	4.435	18 août 1887	Chien savant (fil au)	Titre	Georges Saint-Léger	
288	2.825	2 avril 1884	Chiffonnier (au)	Titre	A. Fauchille aîné	
289	667	9 janvier 1869	Chiffonnière (fil à la)	Vignette	Scrive frères	
290	2.339	1er septembre 1882	Chimère (fil à la)	Titre	Anatole Descamps	
291	4.228	25 mars 1887	Chine (fil de)	Vignette	Vanoutryve frères	J P V
292	184	24 juin 1861	Chinois (au)	Pelotes	Ph. Vrau	P V
293	1.096	17 septembre 1875	Chinois (au)	Vignette	Ph. Vrau et Cie	
294	1.097	17 septembre 1875	Chinois (au)	Bande	Ph. Vrau et Cie	
295	1.154	21 mars 1876	Chinois (au)	Pelotes	Ph. Vrau et Cie	
296	1.158	11 avril 1876	Chinois (au)	Devant de boîtes	Ph. Vrau et Cie	P V
297	1.172	29 mai 1876	Chinois (au)	Pelotes	Ph. Vrau et Cie	
298	1.173	29 mai 1876	Chinois (au)	Bandes	Ph. Vrau et Cie	
299	1.174	29 mai 1876	Chinois (au)	Devantures de boîtes	Ph. Vrau et Cie	
300	1.600	23 avril 1880	Chinois (au)	Etiquette	Ph. Vrau et Cie	P V
301	5.672	23 juillet 1891	Chinois (au)	Bande	Ph. Vrau et Cie	
302	6.847	9 mai 1895	Chinois (au)	Etiquettes	Ph. Vrau et Cie	P V
303	307	23 septembre 1862	Chinois (fil au)	Devanture de boîte	Ph. Vrau	P V
304	509	2 mars 1866	Chinois (fil au)	Vignette	Ph. Vrau	P V
305	1.117	8 octobre 1875	Chinois (fil au)	Vignette	Ph. Vrau et Cie	
306	1.589	23 avril 1880	Chinois (fil au)	Vignette	Ph. Vrau et Cie	
307	1.590	23 avril 1880	Chinois (fil au)	Façades de boîtes	Ph. Vrau et Cie	P V
308	1.591	23 avril 1880	Chinois (fil au)	Façade de boîte	Ph. Vrau et Cie	
309	1.592	23 avril 1880	Chinois (fil au)	Façade de boîte	Ph. Vrau et Cie	P V
310	1.593	23 avril 1880	Chinois (fil au)	Façade des boîtes	Ph. Vrau et Cie	P V
311	1.595	23 avril 1880	Chinois (fil au)	Bande	Ph. Vrau et Cie	
312	1.597	23 avril 1880	Chinois (fil au)	Vignette	Ph. Vrau et Cie	Ph. Vrau, Lille
313	1.598	23 avril 1880	Chinois (fil au)	Etiquette	Ph. Vrau et Cie	Ph. Vrau, Lille
314	1.599	23 avril 1880	Chinois (fil au)	Vignette	Ph. Vrau et Cie	
315	5.670	23 juillet 1891	Chinois (fil au)	Vignette	Ph. Vrau et Cie	
316	5.673	23 juillet 1891	Chinois (fil au)	Devantures de boîtes	Ph. Vrau et Cie	P V
317	5.674	23 juillet 1891	Chinois (fil au)	Façades de boîtes	Ph. Vrau et Cie	P V
318	5.675	23 juillet 1891	Chinois (fil au)	Façades de boîtes	Ph. Vrau et Cie	P V
319	5.676	23 juillet 1891	Chinois (fil au)	Bandes	Ph. Vrau et Cie	P V
320	6.845	9 mai 1895	Chinois (fil au)	Etiquette	Ph. Vrau et Cie	
321	6.851	9 mai 1895	Chinois (fil au)	Vignette et étiquette	Ph. Vrau et Cie	P V
322	6.853	9 mai 1895	Chinois (fil au)	Vignette et étiquette	Ph. Vrau et Cie	P V

N° D'ORDRE	N° D'INSCRIPTION	DATE DU DÉPÔT	NOM DE LA MARQUE	NATURE DE LA MARQUE	NOM DU DÉPOSANT	INITIALES
323	593	21 février 1868	Chinoise (à la)	Vignette	Henri Destailleurs	
324	1.156	11 avril 1876	Chinoise (fil à la)	Vignette	Ph. Vrau et Cie	
325	6.901	10 juillet 1895	Chinoise (fil à la)	Vignette	Ph. Vrau et Cie	
326	1.837	11 avril 1881	Choix supérieur (fil de)	Bande	A. Fauchille-Delanoy	
327	1.838	11 avril 1881	Choix supérieur (fil de)	Bande	A. Fauchille-Delanoy	
328	1.839	11 avril 1881	Choix supérieur (fil de)	Bande	A. Fauchille-Delanoy	
329	3.303	18 février 1885	Choral (fil au)	Titre	Hassebroucq frères	
330	2.933	9 août 1884	Chouan (fil au)	Titre	Poullier-Longhaye	
331	3.879	28 mai 1886	Chouette (fil à la)	Titre	Poullier-Longhaye	
332	5.685	31 juillet 1891	Christophe Colomb (à)	Vignette	A. Fauchille-Delanoy	A F D
333	1.215	5 janvier 1877	Cible (fil à la)	Bande	D. et V. Picavet aîné	P Aé
334	936	17 mai 1873	Ciel (fil au)	Vignette	J. Thiriez père et fils	
335	4.617	20 décembre 1887	Cigale (à la)	Bande	Boutry-Droulers	
336	3.096	10 septembre 1884	Cigale (fil à la)	Titre	Aug. Lambin	
337	5.112	9 juillet 1889	Cigare (fil en)	Titre	Anatole Descamps	
338	6.221	20 juin 1893	Cigarette (fil à la)	Titre	H. et L. Rogez	
339	5.113	9 juillet 1889	Cigarette (fil en)	Titre	Anatole Descamps	
340	4.920	29 août 1888	Cigogne (à la)	Titre	Hassebroucq frères	
341	6.410	20 décembre 1893	Cigogne (à la)	Titre	Georges Saint-Léger	
342	1.852	20 avril 1881	Cigogne (fil à la)	Vignette	Auguste Descamps	
343	1.323	19 mars 1878	Cinq parties du monde (aux)	Vignette	P. Pon Blanco aîné, J.-Bte Taffin	
344	6.313	19 septembre 1893	Cinq parties du monde (aux)	Titre	H. et L. Rogez	
345	724	21 mars 1870	Circassien (fil au)	Vignette	Victor Saint-Léger	
346	977	24 septembre 1873	Circassienne (fil à la)	Vignette	Verstraete frères	
347	5.547	26 décembre 1890	Ciré pour selliers et carrossiers (fil)	Bande	Droulers-Vernier	D V
348	1.755	5 février 1881	Cirnos (fil)	Vignette	Dayez fils aîné et Cie	D et C
349	5.007	21 décembre 1888	Cirnos (fil)	Vignette	L. Picavet aîné	D et C
350	3.098	10 septembre 1884	Cirque (fil au)	Titre	Aug. Lambin	
351	887	22 janvier 1873	Ciseaux (aux)	Vignette	Devos frères	D V F
352	2.342	12 septembre 1882	Ciseaux (aux)	Vignette	Wallaert frères	W F
353	2.422	27 octobre 1882	Ciseaux (aux)	Vignette	Wallaert frères	W F
354	2.423	27 octobre 1882	Ciseaux (coton aux)	Étiqu., vignette, bande	Wallaert frères	W F
355	2.437	27 octobre 1882	Ciseaux (fil aux)	Vignette, étiqu., bande	Wallaert frères	W F
356	2.440	27 octobre 1882	Ciseaux (fil aux)	Vignette	Wallaert frères	W F
357	5.887	25 mai 1892	Citadelle (fil à la)	Titre	I. Lambin	
358	4.537-4.538	20 décembre 1887	Citron (au)	Étiquette, et vignette	Boutry-Droulers	B D
359	2.151	1er mai 1882	Clair de lune (fil au)	Titre	Anatole Descamps	
360	5.446	21 juin 1890	Clairons (fil aux)	Vignette	Vve G. Toussin	G T
361	3.002	27 août 1884	Clarinette (fil à la)	Titre	Aug. Lambin	
362	1.435	2 avril 1879	Clef (fil à la)	Vignette	I. Lambin	I L
363	2.516	23 mars 1883	Clef d'or (à la)	Titre	A. Fauchille aîné	
364	3.192	25 octobre 1884	Clémence Isaure (à)	Vignette	Crespel et Descamps	

Nº D'ORDRE	Nº D'INSCRIPTION	DATE DU DÉPOT	NOM DE LA MARQUE	NATURE DE LA MARQUE	NOM DU DÉPOSANT	INITIALES
365	6.070	14 avril 1893	Clocher (au)	Vignette-étiquette	Gustave Toussin	G T
366	1.334	8 avril 1878	Clocher (fil au)	Vignette	Gustave Toussin	G T
367	3.099	10 septembre 1884	Clochette (fil à la)	Titre	Aug. Lambin	
368	4.130	14 février 1887	Clochettes (aux)	Titre	Rogez	
369	3.536	27 mai 1885	Clou (au)	Vignette	Boutry-Droulers	
370	3.109	10 septembre 1884	Clovis (fil à)	Titre	Aug. Lambin	
371	850	25 septembre 1872	Clowns, souplesse et force (fil aux)	Vignette	Aug. Sarazin	
372	3.982	3 septembre 1886	Cocher (fil au)	Titre	Poullier-Longhaye	
373	563	19 octobre 1867	Cochinchinois (fil au)	Vignette	Victor Saint-Léger	Vor S L F
374	1.617	5 mai 1880	Cocotte (fil à la)	Vignette	Hassebroucq frères	HF
375	5.961	19 août 1892	Cœur (au)	Titre	G. J. Descamps-Beaucourt	
376	805	31 mai 1872	Cœur (fil au)	Vignette	G.-J. Descamps-Beaucourt	
377	197	31 juillet 1861	Cœur de lin	Vignette	A. Mallet et L. Darras	M et D, Lille
378	927	29 avril 1873	Cœur de lin	Vignette	Rogez et Cie	R et C
379	1.336	14 août 1878	Cœur de lin	Vignette	Henri Rogez	R et C
380	1.619	5 mai 1880	Cœur de lin	Bande	L. Picavet aîné	
381	1.898	27 mai 1881	Cœur de lin	Enveloppe et bande	Ve Gustave Toussin	G T
382	1.900	28 mai 1881	Cœur de lin	Bandes	Gustave Toussin	G T
383	1.901	28 mai 1881	Cœur de lin	Bande	Ve Gustave Toussin	
384	2.253	7 juillet 1882	Cœur de lin	Façade de boîte	I. Lambin	
385	4.238	25 mars 1887	Cœur de lin	Devant de boîte	Vanoutryve frères	
386	4.744	27 mars 1888	Cœur de lin	Bandes	Scrive frères	
387	4.832	27 avril 1888	Cœur de lin	Bande et sous-bande	Ve C. Crespel et fils	C F
388	4.908	8 août 1888	Cœur de lin	Bandes	Ve Gustave Toussin	G T
389	4.909	8 août 1888	Cœur de lin	Bandes	Ve Gustave Toussin	G T
390	4.950	10 octobre 1888	Cœur de lin	Bande	Scrive frères	S F
391	5.860	5 avril 1892	Cœur de lin	Bande	H. et L. Rogez	R et C
392	1.363	14 août 1878	Cœur de lin extra	Vignette	Henri Rogez	
393	1.364	14 août 1878	Cœur de lin extra	Vignette	Henri Rogez	
394	289	10 mai 1862	Cœur de lin extra, cordonnet (fil)	Vignette	Ph. Vrau	D et M
395	193	31 juillet 1861	Cœur de lin (fil)	Vignette	A. Mallet et L. Darras	M et D
396	4.475	12 octobre 1887	Cœur de lin extra supérieur	Etiquette	Wallaert frères	
397	5.319	21 janvier 1890	Cœur de lin Qualité extra	Bandes	Poullier-Longhaye	
398	6.280	14 août 1893	Cœur de lin 100 Qualité extra 50 M	Bandes	H. et L. Rogez	
399	4.243	25 mars 1887	Cœur de lin Qualité supérieure	Bande	Vanoutryve frères	
400	6.276	14 août 1893	Cœur de lin R et C, Qualité extra supérieure	Etiquette	H. et L. Rogez	R et C
401	4.231	25 mars 1887	Cœur de lin supérieur	Devant de boîtes	Vanoutryve frères	
402	4.249	25 mars 1887	Cœur de lin supérieur	Bande	Vanoutryve frères	
403	2.718	19 décembre 1883	Cœur français (fil au)	Titre	I. Lambin	
404	3.137	22 septembre 1884	Cœur français (fil au)	Façade de boîte	I. Lambin	
405	3.138	22 septembre 1884	Cœur français (fil au)	Vignette	I. Lambin	
406	3.095	10 septembre 1884	Coffret (fil au)	Titre	Aug. Lambin	

N° D'ORDRE	N° D'INSCRIPTION	DATE DU DÉPOT	NOM DE LA MARQUE	NATURE DE LA MARQUE	NOM DU DÉPOSANT	INITIALES
407	3.384	31 mars 1885	Coffret (fil au)	Titre	Scrive frères	
408	3.385	31 mars 1885	Coffrets (fil en)	Titre	Scrive frères	
409	6.209	20 juin 1893	Cognée (fil à la)	Titre	H. et L. Rogez	
410	5.391	19 mars 1890	Coiffure (fil à la)	Titre	G. J. Descamps-Beaucourt	
411	3.616	13 août 1885	Colibri (fil au)	Titre	Anatole Descamps	
412	4.492	16 novembre 1887	Colin Maillard (fil à)	Titre	I. Lambin	
413	4.719	10 février 1888	Collégien (au)	Vignette	L. Picavet aîné	
414	5.545	26 décembre 1890	Collier (fil retors au)	Bande, vignette, étiqu.	Droulers-Vernier	D V
415	1.220	13 janvier 1877	Colombe (à la)	Vignette	Vᵉ Gustave Toussin	
416	3.817	15 janvier 1892	Colombe (à la)	Vignette	Vᵉ Gustave Toussin	G T
417	609	9 avril 1868	Colombe (fil à la)	Vignette	Scrive frères	S F, Lille
418	4.909	21 décembre 1888	Colombier (fil au)	Titre	L. Picavet aîné	
419	6.215	20 juin 1893	Colonel (fil au)	Titre	H. et L. Rogez	
420	305	26 février 1866	Colonel Combe (fil au)	Vignette	Ph. Vrau	P M
421	3.299	14 février 1885	Colonies françaises (fil aux)	Titre	Vanoutryve frères	
422	5.173	9 octobre 1889	Colonne des Victoires (à la)	Vignette	I. Lambin	I L
423	1.477	18 juillet 1879	Colporteur (au)	Vignette	A. Fauchille-Delanoy	
424	1.507	1ᵉʳ septembre 1879	Combat (fil au)	Vignette	Poullier-Longhaye	P L
425	2.186	8 mai 1882	Combattants (fil aux)	Vignette	Anatole Descamps	
426	4.058	3 décembre 1886	Comédie (à la)	Vignette	Crespel et Descamps	D Aᵉ
427	1.022	26 juin 1874	Comédie (Molière) (à la)	Vignette	Crespel et Descamps	
428	5.696	26 août 1891	Comines (fil de)	Titre	I. Lambin	
429	1.550	6 janvier 1880	Comique (fil au)	Vignette	Verstraete frères	
430	4.248	25 mars 1887	Commandant Dominé (au)	Bande	Vanoutryve frères	J P V
431	3.359	19 mars 1885	Commandant Dominé (fil au)	Titre	Vanoutryve frères	
432	3.082	10 septembre 1884	Commandeur (fil au)	Titre	Aug. Lambin	
433	4.296	6 mai 1887	Communications (fil des)	Titre	Crespel et Descamps	
434	4.924	19 septembre 1888	Compas (aux)	Vignette	Wallaert frères	W F
435	6.011	20 décembre 1892	Compas (mouliné aux)	Etiquette	Wallaert frères	W F
436	2.460	29 novembre 1882	Compatriotes (aux)	Titre	A. Fauchille aîné	
437	2.628	8 septembre 1883	Concitoyens (aux)	Titre	A. Fauchille aîné	
438	3.921	28 mai 1886	Condor (fil au)	Titre	Poullier-Longhaye	
439	2.507	16 mars 1883	Confectionneur (au)	Vignette	Ed. Delecroix	D et P
440	357	3 septembre 1863	Confiance (à la)	Vignette	A. Mallet et L. Darras	M et D. Lille
441	1.585	23 avril 1880	Confiance (fil à la)	Vignette	Ph. Vrau et Cⁱᵉ	P V
442	1.586	23 avril 1880	Confiance (fil à la)	Etiquette	Ph. Vrau et Cⁱᵉ	P V
443	6.844	9 mai 1895	Confiance (fil à la)	Etiquette	Ph. Vrau et Cⁱᵉ	P V
444	6.854	9 mai 1895	Confiance (fil à la)	Vignette et étiquette	Ph. Vrau et Cⁱᵉ	P V
445	1.653	25 juin 1880	Confidence (fil à la)	Vignette	A. Fauchille-Delanoy	
446	1.654	25 juin 1880	Confidence (fil à la)	Vignette	A. Fauchille-Delanoy	
447	6.207	20 juin 1893	Conflit (fil au)	Titre	H et L. Rogez	
448	4.333	16 juin 1887	Confraternité (fil à la)	Titre	Crespel et Descamps	

N° D'ORDRE	N° D'INSCRIPTION	DATE DU DÉPOT	NOM DE LA MARQUE	NATURE DE LA MARQUE	NOM DU DÉPOSANT	INITIALES
449	4.138	16 février 1887	Congo (fil du)	Titre	I. Lamblin	
450	2.141	1er mai 1882	Conquérant (fil au)	Vignette	Anatole Descamps	Aug. D, Lille
451	5.076	4 juin 1889	Conscrit (au)	Vignette	Crespel et Descamps	D Aé
452	203	28 août 1861	Conscrit (fil au)	Vignette	Crespel et Descamps	
453	3.601	13 juillet 1885	Conscrit (fil au)	Vignette	Crespel et Descamps	D Aé
454	5.694	20 août 1891	Conscrit (fil au)	Vignette	Crespel et Descamps	D Aé
455	2.356	16 septembre 1882	Consigne (à la)	Titre	A. Fauchille aîné	
456	5.953	19 août 1892	Consolidé	Pelote	G.-J. Descamps-Beaucourt	
457	6.287	19 septembre 1893	Contraste (fil au)	Titre	Crespel et Descamps	
458	2.137	1er mai 1882	Coq (fil au)	Vignette	Anatole Descamps	O F
459	482	19 septembre 1865	Coq hardi (au)	Vignette	Henri Destailleurs	
460	483	19 septembre 1865	Coq hardi (au)	Vignette	Henri Destailleurs	H D
461	4.373	4 juillet 1887	Coquelicot (au)	Bandes	Poullier-Longhaye	
462	3.041	10 septembre 1884	Coquelicot (fil au)	Vignette	Poullier-Longhaye	P L
463	1.216	13 janvier 1877	Coquelicots (aux)	Vignette	Vᵉ Gustave Toussin	
464	5.819	15 janvier 1892	Coquelicots (aux)	Vignette	Vᵉ G. Toussin	G T
465	1.012	29 mai 1874	Coquille d'or (à la)	Vignette	Verstraete frères	F et C
466	1.137	5 janvier 1876	Corail (fil au)	Vignette	Hassebroucq frères	
467	3.913	28 mai 1886	Corbeau (fil au)	Titre	Poullier-Longhaye	
468	4.611	20 décembre 1887	Corde (à la)	Bande	Boutry-Droulers	
469	4.612	20 décembre 1887	Corde (à la)	Vignette	Boutry-Droulers	
470	721	16 mars 1870	Cordier (fil au)	Vignette	Ed. Delecroix	
471	2.266	26 juillet 1882	Cordon bleu (fil au)	Titre	Vᵉ C. Crespel et fils	
472	3.356	19 mars 1885	Cordonnet cœur de lin	Bande	Vanoutryve frères	
473	4.240	25 mars 1887	Cordonnet cœur de lin	Bande	Vanoutryve frères	J P V
474	2.130	26 avril 1882	Cordonnet cœur de lin (fil)	Vignette	Ph. Vrau et Cⁱᵉ	P V
475	1.337	18 avril 1878	Cordonnet français	Vignette	Ed. Delecroix	D et P
476	4.141	17 février 1887	Cordonnet OB	Vignette	G.-J. Descamps-Beaucourt	
477	2.746	28 janvier 1884	Cordonnet 60 Trs 30	Bande	A. Fauchille aîné	
478	1.086	16 août 1875	Corentin (fil à)	Vignette	Sénélar	
479	3.985	3 septembre 1886	Cormoran (au)	Bandes	Poullier-Longhaye	
480	4.355	2 juillet 1887	Cormoran (au)	Vignette	Poullier-Longhaye	
481	3.891	28 mai 1886	Cormoran (fil au)	Titre	Poullier-Longhaye	
482	3.508	27 mai 1885	Corne (à la)	Vignette	Boutry-Droulers	
483	3.910	28 mai 1886	Corneille (fil à la)	Titre	Poullier-Longhaye	
484	2.166	8 mai 1882	Cornemuse (fil à la)	Vignette	Anatole Descamps	A H F
485	4.545 à 4.547	20 décembre 1887	Cornet (au)	Étiqu., vignette, bandes	Boutry-Droulers	B D
486	4.548-4.549	20 décembre 1887	Cornet (au)	Étiquette et vignette	Boutry-Droulers	B D
487	3.509	27 mai 1885	Cornet de bonbons (au)	Vignette	Boutry-Droulers	
488	2.318	29 août 1882	Cornette (fil au)	Titre	A. Fauchille aîné	
489	4.976	4 décembre 1888	Corps de garde	Vignette	Anatole Descamps	
490	4.186	4 décembre 1888	Corps de garde	Titre	Anatole Descamps	

N° d'ordre	N° d'inscription	DATE DU DÉPÔT	NOM DE LA MARQUE	NATURE DE LA MARQUE	NOM DU DÉPOSANT	INITIALES
491	1.855	27 avril 1881	Corsaire (au)	Bande	Poullier-Longhaye	P L
492	2.208	9 juin 1882	Corsaire (au)	Vignette	Poullier-Longhaye	P L
493	2.162	8 mai 1882	Corsaire (fil au)	Vignette	Anatole Descamps	A H F
494	5.557	30 décembre 1890	Corsaires malouins (aux)	Vignette	Poullier-Longhaye	C et D
495	5.461	19 août 1890	Corsaires malouins (fil aux)	Titre	Poullier-Longhaye	
496	3.480	20 mai 1885	Corset	Vignette	J. Thiriez père et fils	
497	4.587-4.588	20 décembre 1887	Corset (au)	Étiquette et vignette	Boutry-Droulers	B D
498	911	12 mars 1873	Corset français (au)	Vignette	Devos frères	
499	4.940	3 octobre 1888	Corvée (fil à la)	Titre	Poullier-Longhaye	
500	4.938	3 octobre 1888	Corvette (fil à la)	Titre	Poullier-Longhaye	
501	5.555	30 décembre 1890	Corvette (fil à la)	Vignette	Poullier-Longhaye	
502	669	9 janvier 1869	Cosaque (fil au)	Vignette	Scrive frères	
503	1.994	22 août 1881	Côte d'or (fil de la)	Vignette	Poullier-Longhaye	E B
504	5.139	10 août 1889	Coton à broder	Vignette et étiquettes	Wallaert frères	W F
505	2.411	27 octobre 1882	Coton à coudre	Etiquette	Wallaert frères	Wallaert frères
506	5.289	13 décembre 1889	Coton à coudre N° 2	Etiquette	Wallaert frères	
507	2.400	27 octobre 1882	Coton à coudre W F	Titre	Wallaert frères	W F
508	5.668	22 juillet 1891	Coton câblé pour machines à coudre G T	Etiquette	Vᵉ Gustave Toussin	G T
509	5.444	21 juin 1890	Coton du Nord	Bande-étiquette	Vᵉ G. Toussin	G T
510	1.331	30 mars 1878	Coton illustré	Bande	Gustave Toussin	G T
511	3.427	5 mai 1883	Coucou (au)	Vignette	Boutry-Droulers	
512	4.587-4.588	20 décembre 1887	Coucou (au)	Etiquette et vignette	Boutry-Droulers	B D
513	2.562	22 mai 1883	Coucous (fil aux)	Vignette	G.-J. Descamps-Beaucourt	G J D B
514	2.153	1ᵉʳ mai 1882	Coudre (fil à)	Vignette	Anatole Descamps	
515	5.009	21 décembre 1888	Couleurs françaises (aux)	Vignette	L. Picavet aîné	
516	5.442	21 juin 1890	Couleurs nationales (fil aux)	Etiquette	Vᵉ G. Toussin	G T
517	6.388	13 octobre 1893	Couleurs russes (fil aux)	Titre	Scrive frères	
518	5.568	3 février 1891	Couleuvre (la)	Vignette	Wallaert frères	W F
519	6.115	9 mai 1893	Coup de feu (au)	Titre	H. et L. Rogez	
520	4.650	29 décembre 1887	Coup de l'étrier (au)	Titre	Vᵉ C. Crespel et fils	
521	6.211	20 juin 1893	Coup de main (fil au)	Titre	H. et L. Rogez	
522	3.513	27 mai 1885	Coupe (à la)	Vignette	Boutry-Droulers	
523	3.156	1ᵉʳ octobre 1884	Courage (fil au)	Titre	Aug. Lambin	
524	4.964	9 novembre 1888	Courant (fil au)	Titre	Vᵉ C. Crespel et fils	
525	3.902	28 mai 1886	Courlis (fil au)	Titre	Poullier-Longhaye	
526	2.152	1ᵉʳ mai 1882	Couronne (fil à la)	Titre	Anatole Descamps	
527	2.778	5 mars 1884	Couronne (fil à la)	Vignette	Vᵉ Gustave Toussin	
528	1.203	29 novembre 1876	Couronne de fer (à la)	Vignette	Poullier-Longhaye	P L
529	388	31 mars 1864	Couronne de Savoie (fil à la)	Vignette	Ph. Vrau	F M
530	2.214	9 juin 1882	Couronne de Savoie (fil à la)	Vignette	Ph. Vrau et Cⁱᵉ	F M
531	5.698	26 août 1891	Couronne russe	Titre	I. Lambin	
532	5.021	2 février 1889	Courrier (câblé au)	Etiquette	Rémy Yon	

N° d'ordre	N° d'inscription	DATE DU DÉPOT	NOM DE LA MARQUE	NATURE DE LA MARQUE	NOM DU DÉPOSANT	INITIALES
533	1.053	4 novembre 1874	Courrier indien (au)	Vignette	Ch. Schodet	
534	2.254	7 juillet 1882	Courrier indien (au)	Façade de boîte	I. Lambin	
535	5.177	9 octobre 1889	Courrier indien (au)	Vignette	I. Lambin	I L
536	1.569	10 mars 1880	Courroie (la)	Bande	Hassebroucq frères	H F
537	3.587	27 juin 1885	Coursier indien (fil au)	Titre	Aug. Lambin	
538	720	16 mars 1870	Course (fil à la)	Vignette	Ed. Delecroix	
539	4.913	17 août 1888	Course (fil à la)	Vignette et étiquettes	Ed. Delecroix	D et P
540	3.038	6 septembre 1884	Couseuse (fil à la)	Titre	Anatole Descamps	
541	6.433	29 décembre 1893	Couturière (à la)	Titre	Wallaert frères	
542	6.434	29 décembre 1893	Couturière (à la)	Etiquette	Wallaert frères	
543	2.285	31 juillet 1882	Couvée (fil à la)	Titre	Scrive frères	
544	4.983	4 décembre 1888	Couvent (au)	Titre	Anatole Descamps	
545	4.453	15 septembre 1887	Couverte (fil à la)	Titre	Georges Saint-Léger	
546	2.852	7 mai 1884	Couveuse (fil à la)	Titre	Hassebroucq frères	
547	3.544	27 mai 1885	Crayon (au)	Vignette	Boutry-Droulers	
548	2.719	19 décembre 1883	Crèche (fil à la)	Titre	I. Lambin	
549	3.371	25 mars 1885	Crèche (fil à la)	Vignette	I. Lambin	I L
550	2.209	9 juin 1882	Créole (à la)	Vignette	Poullier-Longhaye	
551	2.498	21 février 1883	Cric (fil au)	Titre	I. Lambin	
552	2.497	21 février 1883	Cri-cri (fil au)	Titre	I. Lambin	
553	2.500	21 février 1883	Crieur (fil au)	Titre	Lambin	
554	3.281	4 février 1885	Crieur (fil au)	Vignette	I. Lambin	I L
555	5.996	18 novembre 1892	Crimée (fil de)	Vignette	Gustave Toussin	G T
556	2.397	27 octobre 1882	Crochet (au)	Vignette	Wallaert frères	W F
557	2.291	2 août 1882	Crochet (coton au)	Vignette	Wallaert frères	W F
558	2.400	27 octobre 1882	Crochet (coton au)	Vignette, étiqu., bande	Wallaert frères	W F
559	4.324	4 juin 1887	Crochet tunisien	Titre	V° Gustave Toussin	
560	3.362	21 mars 1885	Crocodile (fil au)	Titre	Aug. Lambin	
561	662	9 janvier 1869	Croisé (fil au)	Vignette	Scrive frères	
562	2.013	12 octobre 1881	Croisé (fil au)	Devant de boîte	Scrive frères	
563	2.018	26 octobre 1881	Croisé (fil au)	Pelote	Scrive frères	
564	4.301	7 mai 1887	Croissant (au)	Vignette	V° Gustave Toussin	
565	2.981	20 août 1884	Croissant (fil au)	Titre	Aug. Lambin	
566	4.135	15 février 1887	Croissant (fil au)	Dessin	Scrive frères	
567	4.179	25 février 1887	Croissant (fil au)	Vignette	V° C. Crespel et fils	A D
568	1.441	19 avril 1879	Croix (fil à la)	Vignette	Poullier-Longhaye	P L
569	2.960	12 août 1884	Croix (fil à la)	Vignette	Poullier-Longhaye	P L
570	3.245	2 décembre 1884	Croix (fil à la)	Pelote-Bobine	Picavet aîné	
571	3.604	5 août 1885	Croix (fil à la)	Vignette	Poullier-Longhaye	P L
572	4.723	10 février 1888	Croix (fil à la)	Vignette	L. Picavet aîné	P A°
573	1.359	14 août 1878	Croix blanche	Bandes	Henri Rogez	R C
574	1.360	14 août 1878	Croix blanche	Vignette	Henri Rogez	R C

N° D'ORDRE	N° D'INSCRIPTION	DATE DU DÉPOT	NOM DE LA MARQUE	NATURE DE LA MARQUE	NOM DU DÉPOSANT	INITIALES
575	5.774	7 novembre 1891	Croix de fer (fil à la)	Titre	Scrive frères	
576	4.871	23 juin 1888	Croix de Genève (fil à la)	Titre	G. Jolivet	
577	4.151	25 février 1887	Croix de Lorraine (à la)	Vignette	V° Crespel et fils	C F
578	785	29 février 1872	Croix de Malte (à la)	Vignette	Rogez et Cie	
579	2.012	12 octobre 1881	Croix d'honneur (fil à la)	Titre	I. Lambin	
580	1.361	14 août 1878	Croix d'or	Vignette	Henri Rogez	R C
581	574	29 novembre 1867	Croix d'or (à la)	Vignette	Rogez et Cie	J G
582	5.889	25 mai 1892	Croix d'Orient	Titre	I. Lambin	
583	5.879	11 mai 1892	Croix du mérite (à la)	Vignette	Hassebroucq frères	Hf
584	5.888	25 mai 1892	Croix du Nord	Titre	I. Lambin	
585	5.648	8 juillet 1891	Croix du Sud	Titre	I. Lambin	
586	5.891	25 mai 1892	Croix gauloise	Titre	I. Lambin	
587	5.890	25 mai 1892	Croix grecque	Titre	I. Lambin	
588	5.987	16 novembre 1892	Croix grecque	Titre	I. Lambin	
589	2.943	9 août 1884	Croix rouge (à la)	Bande	Poullier-Longhaye	P L
590	6.053	22 mars 1893	Croix rouge (à la)	Vignette	Poullier-Longhaye	P L
591	1.903	1er juin 1881	Croix rouge (fil à la)	Vignette	Poullier-Longhaye	P L
592	4.870	23 juin 1888	Croix rouge (fil à la)	Titre	G. Jolivet	
593	5.988	16 novembre 1892	Croix Saint-André	Titre	I. Lambin	
594	5.707	28 août 1891	Cronstadt (fil de)	Titre	Alfred Descamps	
595	5.751	12 octobre 1891	Cronstadt (fil de)	Vignette	Alfred Descamps	
596	5.760	23 octobre 1891	Cronstadt (fil de)	Bandes	Alfred Descamps	
597	494	22 janvier 1866	Croquemitaine (fil à)	Vignette	Verstraete frères	
598	704	28 octobre 1869	Croquemitaine (fil à)	Boîte	Verstraete frères	V F
599	621	8 juin 1868	Croyant (fil au)	Vignette	Roman Ghesquière	
600	3.537	27 mai 1885	Cruche (à la)	Vignette	Boutry-Droulers	
601	1.980	27 juillet 1881	Cuir (fil)	Vignette	I. Lambin	I L
602	3.437	5 mai 1885	Cuirasse (à la)	Vignette	Boutry-Droulers	
603	3.100	10 septembre 1884	Cuirasse (fil à la)	Titre	Aug. Lambin	
604	4.574-4.575	20 décembre 1887	Cuirasse (la)	Vignatte et étiquette	Boutry-Droulers	B D
605	321	4 novembre 1862	Cuirassier (fil au)	Vignette	Picavet aîné	
606	3.080	10 septembre 1884	Cuirassier (fil au)	Vignette	Hassebroucq frères	
607	4.701	10 février 1888	Cuirassier de la garde (fil au)	Vignette	L. Picavet aîné	P Aé
608	3.478	20 mai 1885	Custode (fil en)	Titre	Scrive frères	
609	2.559	22 mai 1883	Cybèle (à)	Vignette	G.-J. Descamps-Beaucourt	G J D B
610	964	26 août 1873	Cygne (au)	Vignette	J. Thiriez père et fils	J T P F
611	3.085	10 septembre 1884	Cygne (fil au)	Titre	Aug. Lambin	
612	1.523	17 octobre 1879	Cygnes (fils aux)	Vignette	Henri Rogez	R et C
613	5.205	7 novembre 1889	Czar (fil au)	Titre	Poullier-Longhaye	
614	5.469	19 août 1890	Czar (fil au)	Vignette	Poullier-Longhaye	
615	5.473	19 août 1890	Czar (fil au)	Bandes	Poullier-Longhaye	

No d'ORDRE	No D'INSCRIPTION	DATE DU DÉPOT	NOM DE LA MARQUE	NATURE DE LA MARQUE	NOM DU DÉPOSANT	INITIALES

N° d'ordre	N° d'inscription	DATE DU DÉPOT	NOM DE LA MARQUE	NATURE DE LA MARQUE	NOM DU DÉPOSANT	INITIALES

N° D'ORDRE	N° D'INSCRIPTION	DATE DU DÉPOT	NOM DE LA MARQUE	NATURE DE LA MARQUE	NOM DU DÉPOSANT	INITIALES

N° D'ORDRE	N° D'INSCRIPTION	DATE DU DÉPOT	NOM DE LA MARQUE	NATURE DE LA MARQUE	NOM DU DÉPOSANT	INITIALES

N° D'ORDRE	N° D'INSCRIPTION	DATE DU DÉPOT	NOM DE LA MARQUE	NATURE DE LA MARQUE	NOM DU DÉPOSANT	INITIALES

Nº D'ORDRE	Nº D'INSCRIPTION	DATE DU DÉPOT	NOM DE LA MARQUE	NATURE DE LA MARQUE	NOM DU DÉPOSANT	INITIALES

N° D'ORDRE	N° D'INSCRIPTION	DATE DU DÉPOT	NOM DE LA MARQUE	NATURE DE LA MARQUE	NOM DU DÉPOSANT	INITIALES

N° D'ORDRE	N° D'INSCRIPTION	DATE DU DÉPOT	NOM DE LA MARQUE	NATURE DE LA MARQUE	NOM DU DÉPOSANT	INITIALES

N° D'ORDRE	N° D'INSCRIPTION	DATE DU DÉPOT	NOM DE LA MARQUE	NATURE DE LA MARQUE	NOM DU DÉPOSANT	INITIALES

No D'ORDRE	No D'INSCRIPTION	DATE DU DÉPOT	NOM DE LA MARQUE	NATURE DE LA MARQUE	NOM DU DÉPOSANT	INITIALES

Nº D'ORDRE	Nº D'INSCRIPTION	DATE DU DÉPOT	NOM DE LA MARQUE	NATURE DE LA MARQUE	NOM DU DÉPOSANT	INITIALES

N° d'ordre	N° d'inscription	DATE DU DÉPOT	NOM DE LA MARQUE	NATURE DE LA MARQUE	NOM DU DÉPOSANT	INITIALES

No D'ORDRE	No D'INSCRIPTION	DATE DU DÉPOT	NOM DE LA MARQUE	NATURE DE LA MARQUE	NOM DU DÉPOSANT	INITIALES

N° d'ordre	N° d'inscription	DATE DU DÉPOT	NOM DE LA MARQUE	NATURE DE LA MARQUE	NOM DU DÉPOSANT	INITIALES

N° D'ORDRE	N° D'INSCRIPTION	DATE DU DÉPOT	NOM DE LA MARQUE	NATURE DE LA MARQUE	NOM DU DÉPOSANT	INITIALES

D

N° D'ORDRE	N° D'INSCRIPTION	DATE DU DÉPOT	NOM DE LA MARQUE	NATURE DE LA MARQUE	NOM DU DÉPOSANT	INITIALES
1	4.126	14 février 1887	Dame blanche (à la)	Titre	Rogez	
2	462	10 mars 1865	Dame de cœur (fil à la)	Vignette	Verstraete frères	
3	2.323	31 août 1882	Dame de pique (à la)	Vignette	Verstraete frères	V F
4	461	10 mars 1865	Dame de pique (fil à la)	Vignette	Verstraete frères	
5	2.714	30 novembre 1883	Dames (fil aux)	Vignette	Henri Rogez	R et C
6	5.669	22 juillet 1891	Dames françaises (câblé aux)	Etiquette	Vᵉ Gustave Toussin	
7	4.304	7 mai 1887	Dames françaises (fil aux)	Titre	Vᵉ Gustave Toussin	
8	1.124	29 octobre 1875	Damier	Vignette	J. Thiriez père et fils	J T P et F
9	6.178	20 juin 1893	Danger (fil au)	Titre	H. et L. Rogez	
10	2.633	4 octobre 1883	Danois (fil au)	Vignette	I. Lambin	L et D
11	1.626	18 mai 1880	Danoise (fil à la)	Vignette	L. Darras et Cⁱᵉ	
12	712	3 février 1870	Danseurs tyroliens (fil aux)	Vignette	Scrive frères	
13	1.163	15 avril 1876	Dans la montagne	Vignette	Hassebroucq frères	
14	2.946	9 août 1884	D'Artagnan (à)	Bande	Poullier-Longhaye	
15	2.849	28 avril 1884	D'Artagnan (fil à)	Vignette	Poullier-Longhaye	
16	605	28 mars 1868	Dauphin (au)	Vignette	Scrive frères	
17	4.485	27 octobre 1887	Dauphin (au)	Vignette	Théodore Barrois	T B
18	2.122	26 avril 1882	Dauphin (fil au)	Titre	Anatole Descamps	
19	1.724	5 janvier 1881	David d'Angers (à)	Vignette	Poullier-Longhaye	P L
20	1.697	29 octobre 1880	David d'Angers (fil à)	Titre	Poullier-Longhaye	
21	393	23 avril 1864	Dé (fil au)	Bande, vignette	Roman Ghesquière	
22	5.392	19 mars 1890	Décoré (fil au)	Titre	G.J. Descamps-Beaucourt	
23	5.416	30 mai 1890	Décoré (au)	Vignette	G.J. Descamps-Beaucourt	G J D B
24	5.287	13 décembre 1889	Découvertes (fil aux)	Devant de boîte	Scrive frères	
25	577	29 novembre 1867	Dé d'or (fil au)	Vignette	Rogez et Cⁱᵉ	J P
26	2.902	20 juin 1884	Déesse (fil à la)	Vignette	L. Picavet aîné	
27	4.176	25 février 1887	Déesse de l'industrie (à la)	Vignette	Vᵉ C. Crespel et fils	D Jᵉ
28	4.221	24 mars 1887	Défense (fil à la)	Titre	Anatole Descamps	

N° D'ORDRE	N° D'INSCRIPTION	DATE DU DÉPOT	NOM DE LA MARQUE	NATURE DE LA MARQUE	NOM DU DÉPOSANT	INITIALES
29	3.303	14 février 1883	Défense du Nord (fil à la)	Titre	Vanoutryve frères	
30	2.040	15 décembre 1881	Défense nationale	Bande	Victor Saint-Léger	
31	2.831	2 avril 1884	Défense nationale (à la)	Titre	A. Fauchille aîné	
32	4.467	26 septembre 1887	Défense nationale (fil à la)	Titre	Georges Saint-Léger	
33	2.030	21 novembre 1881	Défense nationale (fil à la)	Titre	Victor Saint-Léger	V S L
34	3.361	19 mars 1885	Défense nationale (fil à la)	Titre	Vanoutryve frères	
35	3.086	10 septembre 1884	Défenses (fil aux)	Titre	Aug. Lambin	
36	3.598	6 juillet 1885	Défenseur de Belfort (au)	Titre	A. Fauchille aîné	
37	2.702	17 novembre 1883	Défenseurs (aux)	Titre	A. Fauchille aîné	
38	3.855	20 avril 1886	Défenseurs de Belfort (aux)	Titre	A. Fauchille aîné	
39	3.445	5 mai 1885	Défi (fil au)	Titre	Aug. Lambin	
40	681	4 mai 1869	Demoiselle (à la)	Vignette	Scrive frères	Sve Frès
41	2.277	28 juillet 1882	Demoiselle (à la)	Titre	A. Fauchille aîné	
42	1.319	16 mars 1878	Démon (fil au)	Vignette	Crespel et Descamps	D Aé
43	6.661	11 septembre 1894	Démon (fil au)	Vignette	Crespel et Descamps	D Aé
44	3.808	9 mars 1886	Denfert-Rochereau (à)	Titre	A. Fauchille aîné	
45	1.666	6 août 1880	Denis Papin (fil à)	Titre	Poullier-Longhaye	L P
46	1.700	16 novembre 1880	Denis Papin (fil à)	Vignette	Poullier-Longhaye	
47	4.960	25 octobre 1888	Dentellière (à la)	Titre	A. Fauchille aîné	
48	6.868	31 mai 1895	Dentellière d'Auvergne (à la)	Titre	Georges Saint-Léger	
49	3.875	28 mai 1886	Dentiste (fil au)	Titre	Poullier-Longhaye	
50	4.362	2 juillet 1887	Dentiste (fil au)	Vignette	Poullier-Longhaye	
51	4.369	4 juillet 1887	Dentiste (fil au)	Bandes	Poullier-Longhaye	
52	879	14 décembre 1872	Départ (fil au)	Vignette	Scrive frères	
53	1.673	25 août 1880	Département (fil du)	Titre	Hassebroucq frères	
54	385	19 décembre 1864	Déposé bracelet	Bande	Roman-Ghesquière	
55	2.846	16 avril 1884	Dernière cartouche (la)	Titre	Hassebroucq frères	
56	3.208	12 novembre 1884	Dernières cartouches (les)	Vignette	Hassebroucq frères	HF
57	1.879	4 mai 1881	Destin (au)	Bande	A. Fauchille-Delanoy	A F D
58	1.505	23 août 1879	Destin (fil au)	Vignette	A. Fauchille-Delanoy	
59	416	28 décembre 1864	Détaillant (au)	Vignette	Crespel et Descamps	
60	3.224	21 novembre 1884	Détaillant (fil au)	Vignette	Crespel et Descamps	D Aé
61	6.031	7 février 1893	Deux âges (aux)	Titre	Crespel et Descamps	
62	3.297	14 février 1885	Deux Amériques (fil aux)	Titre	Vanoutryve frères	
63	4.390	25 juillet 1887	Deux amis (un enfant et un chien) (fil aux)	Titre	Jolivet	
64	4.451	7 septembre 1887	Deux amis (fil aux)	Vignette	J. Jolivet	A S
65	4.452	7 septembre 1887	Deux amis (fil aux)	Bande et dev. de boîtes	J. Jolivet	A S
66	6.776	26 février 1894	Deux amis (fil aux)	Vignette	Hassebroucq frères	HF
67	5.684	31 juillet 1891	Deux amies (aux)	Vignette	A. Fauchille-Delanoy	A F D
68	1.508	1er septembre 1879	Deux bavardes (fil aux)	Vignette	Poullier-Longhaye	P L
69	1.767	1er avril 1881	Deux bavards (aux)	Bande	Poullier-Longhaye	P L
70	1.102	23 septembre 1875	Deux bavards (aux)	Vignette	Poullier-Longhaye	

N° D'ORDRE	N° D'INSCRIPTION	DATE DU DEPOT	NOM DE LA MARQUE	NATURE DE LA MARQUE	NOM DU DÉPOSANT	INITIALES
71	6.029	31 janvier 1893	Deux bavards (aux)	Vignette	Poullier-Longhaye	P L
72	2.983	20 août 1884	Deux boules (fil aux)	Titre	Aug. Lambin	
73	699	13 octobre 1869	Deux canards (fil aux)	Vignette	Sénélar	
74	5.004	21 décembre 1888	Deux canards (fil aux)	Vignette	L. Picavet aîné	S R
75	703	27 octobre 1869	Deux canots vénitiens (fil aux)	Vignette	Scrive frères	
76	4.389	25 juillet 1887	Deux chiens (fil aux)	Titre	G. Jolivet	
77	7.097	30 décembre 1895	Deux citoyens (aux)	Titre	Gustave Toussin	
78	787	29 février 1872	Deux clefs d'or (aux)	Vignette	Rogez et Cie	
79	1.127	29 octobre 1875	Deux cocos (aux)	Vignette	J. Thiriez père et fils	
80	2.123	26 avril 1882	Deux coqs (fil aux)	Titre	Anatole Descamps	
81	4.722	10 février 1888	Deux gagne-petit (aux)	Vignette	L. Picavet aîné	P Aé
82	4 205	5 mars 1887	Deux gendarmes à cheval (aux)	Vignette	Mordacq-Plamont	
83	1.916	10 juin 1881	Deux marins (aux)	Bande	G.-J. Descamps-Beaucourt	G J D B
84	2.563	22 mai 1883	Deux marins (aux)	Vignette	G.-J. Descamps-Beaucourt	G J D B
85	5.986	16 novembre 1892	Deux mères (fil aux)	Titre	I. Lambin	
86	1.819	8 avril 1881	Deux mondes (aux)	Vignette	I. Lambin	C L et C
87	2.236	7 juillet 1882	Deux mondes (aux)	Façade extér. de boîte	I. Lambin	C L et C
88	1.566	25 février 1880	Deux mondes (fil aux)	Titre	I. Lambin	
89	3.092	10 septembre 1884	Deux nègres (fil aux)	Titre	Aug. Lambin	
90	599	11 mars 1868	Deux peloteurs (aux)	Vignette	Scrive frères	
91	2.792	5 mars 1884	Deux pierrots (fil aux)	Vignette	I. Lambin	W
92	3.117	10 septembre 1884	Deux ponts (fil aux)	Titre	Aug. Lambin	
93	7.100	30 décembre 1895	Deux républiques (aux)	Titre	Gustave Toussin	
94	588	17 février 1868	Deux rivières (fil aux)	Vignette	Victor Saint-Léger	
95	3.820	27 mars 1886	Deux serins (aux)	Titre	Rogez	
96	1.078	7 juillet 1875	Deux sœurs (aux)	Vignette	Lambin	
97	5.178	9 octobre 1889	Deux sœurs (aux)	Vignette	I. Lambin	I L
98	865	19 novembre 1872	Deux soldats (fil aux)	Vignette	Sénélar	
99	1.716	22 décembre 1880	Deux soldats (fil aux)	Vignette	Dayez fils aîné et Cie	
100	4.899	13 juillet 1888	Deux soldats (fil aux)	Vignette	L. Picavet aîné	P Aé
101	839	25 octobre 1872	Deux sources (fil aux)	Vignette	Bianco aîné	
102	2.502	28 février 1883	Dévidé (fil)	Vignette	A. Fauchille-Delanoy	
103	1.423	10 février 1879	Dévideuse	Bandes	Poullier-Longhaye	P L
104	1.103	23 septembre 1875	Dévideuse (à la)	Vignette	Poullier-Longhaye	P L
105	1.422	10 février 1879	Dévideuse (fil à la)	Vignette	Poullier-Longhaye	P L
106	837	25 octobre 1872	Dévidoir du Nord	Vignette	Bianco aîné	B Aé
107	1.147	31 janvier 1876	Devise : Dieu protège la France (fil à la)	Vignette	D. et V. Picavet aîné	
108	4.690	3 février 1888	Devise (fil à la)	Vignette	L. Picavet aîné	P Aé
109	2.452	8 novembre 1882	Dévouement (au)	Titre	A. Fauchille aîné	
110	484	3 octobre 1865	Diable (fil en boîtes au)	Vignette	Fauchille-Delanoy	A F D
111	837	27 août 1872	Diamant (fil)	Pelote	Sénélar	
112	846	19 septembre 1872	Diamanté, brillanté, perlé (fil)	Pelote	Sénélar	

N° D'ORDRE	N° D'INSCRIPTION	DATE DU DÉPOT	NOM DE LA MARQUE	NATURE DE LA MARQUE	NOM DU DÉPOSANT	INITIALES
113	5.068	24 mai 1889	Diane (à la)	Vignette	H. et L. Rogez	R et C
114	5.861	8 avril 1892	Diapason J. T. P. F	Vignette	J. Thiriez père et fils	J T P F
115	2.889	5 juin 1884	Dictateur (fil au)	Titre	I. Lambin	
116	3.929	28 mai 1886	Diligence (à la)	Bandes	Poullier-Longhaye	
117	3.869	28 mai 1886	Diligence (fil à la)	Vignette	Poullier-Longhaye	
118	1.728	8 janvier 1881	Dindon (fil au)	Vignette	Victor Saint-Léger	
119	4.749	27 mars 1888	Diogène (fil à)	Vignette	Scrive frères	
120	3.827	27 mai 1886	Diplomate (au)	Titre	Rogez	
121	5.388	14 mars 1890	Directoire (fil au)	Titre	H. et L. Rogez	
122	2.193	11 mai 1882	Dix-neuvième siècle	Vignette	Crespel et Descamps	
123	493	2 janvier 1866	D. M. (fil)	Vignette	Desombre-Marlierre	D M
124	1.245	4 mai 1877	Docteurs (aux)	Vignette	Crespel et Descamps	
125	6.659	11 septembre 1894	Docteurs (aux)	Vignette	Crespel et Descamps	D Aé
126	4.350	2 juillet 1887	Dogues (fil aux)	Titre	Poullier-Longhaye	
127	5.369	14 mars 1890	Dôme central (Exp. Univ. 1889) (au)	Vignette	H. et L. Rogez	S M
128	5.057	24 mai 1889	Dôme d'honneur (au)	Titre	H. et L. Rogez	
129	293	3 juin 1862	Domino (au)	Vignette	Descamps-Beaucourt	
130	2.686	7 novembre 1883	Domino (au)	Vignette	Victor Saint-Léger	V S L
131	5.954	19 août 1892	Domino (au)	Vignette	G.-J. Descamps-Beaucourt	G J D B
132	5.955	19 août 1892	Domino (au)	Vignette	G.-J. Descamps-Beaucourt	G J D B
133	4.433	12 août 1887	Domino (câblé au)	Vignette	Wallaert frères	W F
134	3.947	9 juillet 1886	Dompteur (fil au)	Titre	I. Lambin	
135	4.729	22 février 1888	Dompteur (fil au)	Vignette	I. Lambin	I L
136	5.755	22 octobre 1891	Donjon (le)	Vignette	Wallaert frères	
137	974	24 septembre 1873	Don Quichotte (à)	Vignette	Verstraete frères	
138	1.985	8 août 1881	Dorobantul (fil au)	Vignette	Crespel et Descamps	
139	4.103	7 janvier 1886	Double boîte (fil à la)	Titre	Hassebroucq frères	
140	5.147	31 août 1889	Double carte (à la)	Titre	A. Fauchille aîné	
141	3.366	21 mars 1885	Double carte (fil à la)	Titre	A. Fauchille aîné	
142	3.846	7 avril 1886	Double carte (fil à la)	Devant de boîte	A. Fauchille aîné	A F A
143	3.849	7 avril 1886	Double carte (fil à la)	Vignette	A. Fauchille aîné	A F A
144	3.850	7 avril 1886	Double carte (fil à la)	Vignette	A. Fauchille aîné	A F A
145	3.367	21 mars 1885	Double carte (fil sur)	Titre	A. Fauchille aîné	
146	3.392	3 avril 1885	Double carton (fil au)	Titre	A. Fauchille aîné	
147	3.391	3 avril 1885	Double carton (fil sur)	Titre	A. Fauchille aîné	
148	6.825	10 avril 1895	Double croix	Titre	Hassebroucq frères	
149	1.464	4 juillet 1879	Dragon (au)	Vignette	Henri Rogez	R et C
150	5.933	19 août 1892	Dragon (fil au)	Vignette	G.-J. Descamps-Beaucourt	E L
151	1.062	19 avril 1875	Drapeau national (au)	Vignette	Bianco aîné	B Aé
152	3.758	11 janvier 1886	Drapeau national (au)	Vignette	Rogez	B Aé
153	2.014	13 octobre 1881	Drapeaux honneur et patrie (fil aux)	Vignette	Victor Saint-Léger	
154	3.640	19 août 1885	Drapeaux honneur et patrie (fil aux)	Vignette	Georges Saint-Léger	E G

N° d'ordre	N° d'inscription	DATE DU DÉPOT	NOM DE LA MARQUE	NATURE DE LA MARQUE	NOM DU DÉPOSANT	INITIALES
155	1.660	5 juillet 1880	Drapeaux 14 juillet 1880 (fil aux)	Titre	Victor Saint-Léger	
156	1.667	6 août 1880	Drapeaux du 14 juillet 1880 (fil aux)	Vignette	Victor Saint-Léger	
157	1.669	14 août 1880	Drapeaux du 14 juillet 1880 (fil aux)	Bande	Victor Saint-Léger	V S L
158	6.328	27 septembre 1893	Drapeaux russes (aux)	Titre	Hassebroucq frères	
159	6.389	13 octobre 1893	Drapeaux russes (fil aux)	Titre	Sorive frères	
160	2.570	22 mai 1883	Dresseur (au)	Vignette	G. J. Descamps-Beaucourt	G J D B
161	3.882	28 mai 1886	Dromadaire (fil au)	Titre	Poullier-Longhaye	
162	2.273	28 juillet 1882	Druide (au)	Titre	A. Fauchille aîné	
163	4.846	31 mai 1888	Ducasse (à la)	Titre	A. Fauchille aîné	
164	2.832	2 avril 1884	Duc de Gonzague (au)	Titre	A. Fauchille aîné	
165	5.497	11 octobre 1890	Duguay-Trouin (à)	Titre	Poullier-Longhaye	
166	3.785	24 février 1886	Duguesclin (fil à)	Titre	Aug. Lambin	
167	3.810	18 mars 1886	Dumont d'Urville (fil à)	Titre	Crespel et Descamps	
168	2.803	15 mars 1884	Dupleix (fil à)	Titre	Poullier-Longhaye	
169	1.951	4 juillet 1881	Dupont de l'Eure (fil à)	Titre	Vᵉ C. Crespel et fils	
170	3.224	21 novembre 1884	Duquesne (fil à)	Vignette	Crespel et Descamps	D Aᵉ

N° D'ORDRE	N° D'INSCRIPTION	DATE DU DÉPOT	NOM DE LA MARQUE	NATURE DE LA MARQUE	NOM DU DÉPOSANT	INITIALES

N° d'ordre	N° d'inscription	DATE DU DÉPOT	NOM DE LA MARQUE	NATURE DE LA MARQUE	NOM DU DÉPOSANT	INITIALES

N° D'ORDRE	N° D'INSCRIPTION	DATE DU DÉPOT	NOM DE LA MARQUE	NATURE DE LA MARQUE	NOM DU DÉPOSANT	INITIALES

N° D'ORDRE	N° D'INSCRIPTION	DATE DU DÉPOT	NOM DE LA MARQUE	NATURE DE LA MARQUE	NOM DU DÉPOSANT	INITIALES

N° D'ORDRE	N° D'INSCRIPTION	DATE DU DÉPOT	NOM DE LA MARQUE	NATURE DE LA MARQUE	NOM DU DÉPOSANT	INITIALES

E

N° D'ORDRE	N° D'INSCRIPTION	DATE DU DÉPOT	NOM DE LA MARQUE	NATURE DE LA MARQUE	NOM DU DÉPOSANT	INITIALES
1	4.073	14 décembre 1886	Éblouissant (fil)	Titre	Scrive frères	
2	5.239	20 novembre 1889	Écaille (à l')	Titre	A. Fauchille aîné	
3	3.916	28 mai 1886	Échassier (fil à l')	Titre	Poullier-Longhaye	
4	4.434	12 août 1887	Échelle (câblé à l')	Vignette	Wallaert frères	W F
5	3.127	10 septembre 1884	Échelle (fil à l')	Titre	Aug. Lambin	
6	2.300	16 août 1882	Éclair (à l')	Titre	A. Fauchille aîné	
7	2.380	17 octobre 1882	Éclaireur (à l')	Titre	A. Fauchille aîné	
8	4.352	2 juillet 1887	Éclatant (fil)	Titre	Poullier-Longhaye	
9	4.804	21 avril 1888	Éclatant (fil)	Bande	Poullier-Longhaye	P L
10	4.805	21 avril 1888	Éclatant (fil)	Bande	Poullier-Longhaye	P L
11	4.806	21 avril 1888	Éclatant (fil)	Bande	Poullier-Longhaye	P L
12	4.807	21 avril 1888	Éclatant (fil)	Bande	Poullier-Longhaye	P L
13	4.808	21 avril 1888	Éclatant (fil)	Bande	Poullier-Longhaye	P L
14	4.809	21 avril 1888	Éclatant (fil)	Bande	Poullier-Longhaye	P L
15	4.810	21 avril 1888	Éclatant (fil)	Bande	Poullier-Longhaye	P L
16	4.811	21 avril 1888	Éclatant (fil)	Bande	Poullier-Longhaye	P L
17	4.812	21 avril 1888	Éclatant (fil)	Bande	Poullier-Longhaye	P L
18	4.813	21 avril 1888	Éclatant (fil)	Bande	Poullier-Longhaye	P L
19	4.814	21 avril 1888	Éclatant (fil)	Bande	Poullier-Longhaye	P L
20	4.815	21 avril 1888	Éclatant (fil)	Bande	Poullier-Longhaye	P L
21	4.816	21 avril 1888	Éclatant (fil)	Bande	Poullier-Longhaye	P L
22	4.817	21 avril 1888	Éclatant (fil)	Bande	Poullier-Longhaye	P L
23	4.818	21 avril 1888	Éclatant (fil)	Bande	Poullier-Longhaye	P L
24	4.819	21 avril 1888	Éclatant (fil)	Bande	Poullier-Longhaye	P L
25	4.820	21 avril 1888	Éclatant (fil)	Bande	Poullier-Longhaye	P L
26	4.821	21 avril 1888	Éclatant (fil)	Bande	Poullier-Longhaye	P L
27	4.822	21 avril 1888	Éclatant (fil)	Bande	Poullier-Longhaye	P L
28	4.823	21 avril 1888	Éclatant (fil)	Bande	Poullier-Longhaye	P L

N° D'ORDRE	N° D'INSCRIPTION	DATE DU DÉPOT	NOM DE LA MARQUE	NATURE DE LA MARQUE	NOM DU DÉPOSANT	INITIALES
29	4.934	3 octobre 1888...	Éclatant (fil)...........	Vignette...	Poullier-Longhaye.....	P L
30	2.207	7 juin 1882....	Éclipse (à l').......	Vignette...	I. Lambin..........	I L B
31	2.245	7 juillet 1882...	Éclipse (à l')....	Bande....	I. Lambin........	I L B
32	2.255	7 juillet 1882...	Éclipse (à l').....	Façade intér. de boîte	I. Lambin......	
33	1.970	21 juillet 1881.	Économique (fil).......	Bande....	Dayez fils aîné et Cie....	
34	1.971	21 juillet 1881...	Économique (fil)......	Bande....	Dayez fils aîné et Cie....	
35	1.972	21 juillet 1881...	Économique (fil).....	Bande....	Dayez fils aîné et Cie....	
36	1.973	21 juillet 1881...	Économique (fil).....	Bande....	Dayez fils aîné et Cie....	
37	2.006	17 septembre 1881.	Économique (fil).....	Bande....	Dayez fils aîné et Cie....	
38	2.007	17 septembre 1881...	Économique (fil).....	Bande....	Dayez fils aîné et Cie....	
39	2.008	17 septembre 1881...	Économique (fil).....	Bande....	Dayez fils aîné et Cie....	
40	2.009	17 septembre 1881.	Économique (fil).....	Bande....	Dayez fils aîné et Cie....	
41	2.015	17 octobre 1881...	Économique (fil)......	Vignette...	Dayez fils aîné et Cie....	D et C
42	878	13 décembre 1872..	Écossais (à l').....	Vignette...	Auguste Descamps.....	
43	845	18 septembre 1872.	Écossais (fil)......	Vignette...	Auguste Descamps.....	
44	853	7 octobre 1872...	Écossais (fil)....	Bandes....	Auguste Descamps.....	
45	4.447	7 septembre 1887.	Écossais (fil).....	Vignette...	Anatole Descamps.....	Augte D
46	1.568	5 mars 1880....	Écossais (fil).....	Bandes....	Auguste Descamps.....	
47	186	3 juillet 1861...	Écossais (fil à l')....	Vignette...	Henri Borroughs-Staignier	B S
48	1.341	23 avril 1878...	Écosse (fil d').....	Vignette...	Gustave Toussin.....	G T
49	1.342	23 avril 1878...	Écosse (fil d').....	Vignette...	Gustave Toussin......	G T
50	1.499	12 août 1879....	Écosse (fil d').....	Vignette...	Ed. Delecroix......	D et P
51	1.500	12 août 1879....	Écosse (fil d')....	Vignette...	Ed. Delecroix......	D et P
52	6.645	7 septembre 1894..	Écran (fil à l')....	Titre....	Hassebroucq frères....	
53	2.395	27 octobre 1882..	Écrevisse (à l')....	Vignette...	Wallaert frères.....	W F
54	2.398	27 octobre 1882.	Écrevisse (à l').....	Vignette, étiq., bande	Wallaert frères.....	W F
55	746	16 mai 1870....	Écrevisse (fil à l')..	Vignette...	Ve C. Crespel et fils....	C F
56	4.156	25 février 1887..	Écrevisse (fil à l').....	Vignette...	Ve C. Crespel et fils.....	C F
57	2.568	22 mai 1883....	Écrin (fil à l')....	Vignette...	G. J. Descamps-Beaucourt.	G J D B
58	504	24 février 1866...	Écu (fil à l').....	Vignette...	A. Fauchille-Delanoy....	A F D
59	2.659	12 octobre 1883...	Écureuil (à l')....	Titre....	Victor Saint-Léger.....	V S L
60	868	21 novembre 1872..	Écureuil (fil à)....	Vignette...	Ve C. Crespel et fils.....	
61	4.165	25 février 1887...	Écureuil (fil à l')...	Vignette...	Ve C. Crespel et fils.....	C F
62	3.114	10 septembre 1884.	Écus (fil aux)......	Titre....	Aug. Lambin.......	
63	2.531	1er septembre 1882.	Écus de France (fil aux)..	Etui....	Anatole Descamps.....	
64	4.521	20 décembre 1887.	Écusson (à l').....	Etiquette..	Boutry-Droulers.....	B D
65	4.522	20 décembre 1887.	Écusson (à l').....	Etiquette..	Boutry-Droulers.....	B D
66	2.956	12 août 1884....	Écusson (fil à l')..	Vignette...	Poullier-Longhaye.....	P L
67	4.147	25 février 1887...	Écusson (fil à l')..	Vignette...	Ve C. Crespel et fils....	C F
68	4.569	20 décembre 1887.	Écusson Helvétie (l').	Vignette...	Boutry-Droulers.....	
69	245	18 janvier 1862..	Écuyère (fil à l').....	Vignette...	A. Mallet et L. Darras...	M et D, Lille
70	1.928	16 juin 1881....	Écuyère (fil à l').....	Vignette...	L. Darras et Cie......	L D

N° D'ORDRE	N° D'INSCRIPTION	DATE DU DÉPOT	NOM DE LA MARQUE	NATURE DE LA MARQUE	NOM DU DÉPOSANT	INITIALES
71	4.288	4 mai 1887	Égarés (fil aux)	Titre	I. Lambin	
72	4.426	3 août 1887	Égarés (fil aux)	Vignette	I. Lambin	
73	4.372	4 juillet 1887	Églantine (à l')	Bandes	Poullier-Longhaye	
74	3.874	28 mai 1886	Églantine (fil à l')	Titre	Poullier-Longhaye	
75	4.363	2 juillet 1887	Églantine (fil à l')	Vignette	Poullier-Longhaye	A B
76	2.724	21 décembre 1883	Égypte (fil d')	Vignette	J. Thiriez père et fils	
77	2.771	18 février 1884	Égyptien (fil)	Titre	G.-J. Descamps-Beaucourt	
78	1.145	28 janvier 1876	Égyptien (fil à l')	Vignette	Ph. Vrau et Cie	
79	1.587	23 avril 1880	Égyptien (fil à l')	Vignette	Ph. Vrau et Cie	P V
80	1.588	23 avril 1880	Égyptien (fil à l')	Etiquette	Ph. Vrau et Cie	P V
81	6.848	9 mai 1895	Égyptien (fil à l')	Etiquette	Ph. Vrau et Cie	
82	6.853	9 mai 1895	Égyptien (fil à l')	Vignette et étiquette	Ph. Vrau et Cie	P V
83	457	18 février 1865	Égyptienne (fil à l')	Vignette	Verstraete frères	
84	2.325	31 août 1882	Égyptienne (fil à l')	Vignette	Verstraete frères	V F
85	6.409	20 décembre 1893	Élan (fil à l')	Titre	Georges Saint-Léger	
86	1.551	7 janvier 1880	Élastique (fil)	Vignette	I. Lambin	
87	753	17 juin 1870	Élastique (fil à l')	Pelote	Ve C. Crespel et fils	
88	2.025	16 novembre 1881	Électrique (fil)	Titre	I. Lambin	
89	2.142	1er mai 1882	Électrique (fil)	Vignette	Anatole Descamps	Auguste D
90	3.749	12 décembre 1885	Élégante (à l')	Titre	Ve C. Crespel et fils	
91	4.979	4 décembre 1888	Éléphant (à l')	Bandes	Anatole Descamps	
92	1.627	19 mai 1880	Éléphant (à l')	Bandes	Auguste Descamps	
93	1.352	17 juin 1878	Éléphant (article rouge à l')	Vignette et pelote	Auguste Descamps	
94	6.203	20 juin 1893	Embarquement (fil à l')	Titre	H. et L. Rogez	
95	5.771	29 octobre 1891	Embuscade (fil à l')	Titre	I. Lambin	
96	4.108	12 janvier 1887	Encarté (fil)	Bande	Hassebroucq frères	
97	3.324	4 mars 1885	Encens (fil à l')	Titre	Hassebroucq frères	
98	4.159	25 février 1887	Enfant de chœur (à l')	Vignette	Ve C. Crespel et fils	C F
99	719	12 mars 1870	Enfant de chœur (fil à l')	Vignette	Ve C. Crespel et fils	
100	354	3 août 1867	Enfant Jésus (fil à l')	Vignette	J. Thiriez père et fils	B H
101	6.729	18 décembre 1894	Enfants (aux)	Titre	A. Fauchille-Delanoy	
102	1.075	30 juin 1875	Enfants (fil aux)	Vignette	G.-J. Descamps-Beaucourt	
103	5.938	19 août 1892	Enfants (fil aux)	Vignette	G.-J. Descamps-Beaucourt	
104	5.449	2 juillet 1890	Enfants de l'Aube (fil aux)	Titre	Hassebroucq frères	
105	6.192	20 juin 1893	Enfants des Bouches-du-Rhône (fil aux)	Titre	H. et L. Rogez	
106	4.905	25 juillet 1888	Enfants du Rhône (fil aux)	Titre	Hassebroucq frères	
107	5.750	6 octobre 1891	Enseigne de vaisseau (fil à l')	Titre	Ve C. Crespel et fils	
108	4.923	19 septembre 1888	Entonnoir (à l')	Vignette	Wallaert frères	
109	1.967	20 juillet 1881	Enveloppé	Devant de boîte	Hassebroucq frères	
110	6.431	29 décembre 1893	Enveloppe (à l')	Titre	Wallaert frères	
111	6.432	29 décembre 1893	Enveloppe (à l')	Etiquette	Wallaert frères	W F
112	3.476	20 mai 1885	Enveloppe fil (l')	Titre	Scrive frères	

No D'ORDRE	No D'INSCRIPTION	DATE DU DEPOT	NOM DE LA MARQUE	NATURE DE LA MARQUE	NOM DU DÉPOSANT	INITIALES
113	3.710	26 octobre 1885	Enveloppes (fil aux)	Titre	Poullier-Longhaye	
114	5.027	11 février 1889	Epagneul (à l')	Vignette	H. et L. Rogez	R et C
115	6.025	31 janvier 1893	Épatant (l')	Titre	Poullier-Longhaye	
116	2.971	12 août 1884	Épaulette d'or (fil à l')	Vignette	Poullier-Longhaye	P L
117	3.943	6 juillet 1886	Épave (fil à l')	Titre	Poullier-Longhaye	
118	4.357	2 juillet 1887	Épave (fil à l')	Vignette	Poullier-Longhaye	
119	4.375	4 juillet 1887	Épave (fil à l')	Bandes	Poullier-Longhaye	
120	2.589	27 juin 1883	Épée (fil à l')	Titre	Anatole Descamps	
121	2.619	1er septembre 1883	Épée (fil à l')	Vignette	Anatole Descamps	
122	2.620	1er septembre 1883	Épée (fil à l')	Bobine	Anatole Descamps	
123	2.621	1er septembre 1883	Épée (fil à l')	Bande	Anatole Descamps	
124	3.625	19 août 1885	Épée (fil à l')	Bobine	Anatole Descamps	
125	2.989	20 août 1884	Éperon d'or (fil à l')	Titre	Aug. Lambin	
126	2.066	22 février 1882	Épervier (fil à l')	Vignette	Poullier-Longhaye	P L
127	660	5 janvier 1869	Épingle (fil à l')	Pelote	Scrive frères	
128	1.180	1er août 1876	Épis d'or (aux)	Vignette	Gustave Toussin	G T
129	5.661	22 juillet 1891	Épis d'or (aux)	Vignette	Ve Gustave Toussin	G T
130	1.181	1er août 1876	Epis d'or (fil aux)	Bande	Ve Gustave Toussin	
131	4.686	3 février 1888	Époques (fil aux)	Vignette	L. Picavet aîné	P Aé
132	2.315	29 août 1882	Équateur (à l')	Titre	A. Fauchille aîné	
133	1.466	4 juillet 1879	Équilibriste (fil à l')	Vignette	Henri Rogez	R et C
134	6.080	4 mai 1873	Équitation (à l')	Titre	Crespel et Descamps	
135	6.179	20 juin 1893	Escadre (fil à l')	Titre	H. et L. Rogez	
136	6.302	19 septembre 1893	Escadre russe (fil à l')	Titre	H. et L. Rogez	
137	6.183	20 juin 1893	Escalade (fil à l')	Titre	H. et L. Rogez	
138	6.202	20 juin 1893	Escale (fil à l')	Titre	H. et L. Rogez	
139	2.171	8 mai 1882	Escargot (fil à l')	Vignette	Anatole Descamps	A H F
140	6.164	6 juin 1893	Escrime (fil à l')	Titre	H. et L. Rogez	
141	5.026	11 février 1889	Espagnol (à l')	Vignette	H. et L. Rogez	R et C
142	2.233	23 juin 1882	Espagnol (fil)	Vignette	Dayez fils aîné et Cie	
143	573	29 novembre 1867	Espagnol (fil à l')	Vignette	Rogez et Cie	L F
144	1.195	21 octobre 1876	Espagnol (hilo)	Vignette	Ve Gustave Toussin	G T
145	918	2 avril 1873	Espagnole (à l')	Vignette	J. Thiriez père et fils	
146	2.616	22 août 1883	Espérance (à l')	Vignette	Hassebroucq frères	HF
147	3.148	24 septembre 1884	Espérance (à l')	Vignette	Hassebroucq et Cie	
148	820	27 juin 1872	Espérance (fil à l')	Vignette	Hennion et Cie	
149	4.442	7 septembre 1887	Espérance (fil à l')	Vignette	Anatole Descamps	nt/cié
150	3.213	19 novembre 1884	Espiègle (fil à l')	Titre	I. Lambin	
151	3.372	25 mars 1885	Espiègle (fil à l')	Vignette	I. Lambin	I L
152	6.217	20 juin 1893	Espion (fil à l')	Titre	H. et L. Rogez	
153	877	6 décembre 1872	Espoir (fil à l')	Vignette	Ed. Delecroix	D et P
154	2.576	8 juin 1883	Estafette (à l')	Titre	A. Fauchille aîné	

N° D'ORDRE	N° D'INSCRIPTION	DATE DU DÉPOT	NOM DE LA MARQUE	NATURE DE LA MARQUE	NOM DU DÉPOSANT	INITIALES
155	2.521	24 mars 1883	Étalage (l')	Titre	Hassebroucq frères	
156	6.177	20 juin 1893	Étape (fil à l')	Titre	H. et L. Rogez	
157	3.955	19 juillet 1886	État-Major (à l')	Titre	A. Fauchille aîné	
158	3.048	10 septembre 1884	Été (à l')	Titre	A. Fauchille aîné	
159	1.816	8 avril 1881	Été (fil à l')	Vignette	L. Darras et Cie	L D
160	2.599	26 juillet 1883	Étincelle (à l')	Titre	A. Fauchille aîné	
161	2.168	8 mai 1882	Étiquette blanche (fil à l')	Vignette	Anatole Descamps	
162	2.522	24 mars 1883	Étirage	Titre	Hassebroucq frères	
163	978	24 septembre 1873	Étoile (à l')	Vignette	Verstraete frères	
164	290	28 mai 1862	Étoile (fil à l')	Bande	Verstraete frères	V F
165	326	12 décembre 1862	Étoile (fil à l')	Vignette	Verstraete et Cie	
166	328	12 décembre 1862	Étoile (fil à l')	Bandes	Verstraete et Cie	V F
167	4.662	14 janvier 1888	Étoile (fil à l')	Vign., dess., et bandes	L. Picavet aîné	P Aé
168	4.683	3 février 1888	Étoile (fil à l')	Vignette	L. Picavet aîné	P Aé
169	5.013	2 janvier 1889	Étoile (fil à l')	Vignette	Hassebroucq frères	V F
170	4.718	10 février 1888	Étoile du Nord (fil à l')	Vignette	L. Picavet aîné	P Aé
171	1.332	3 avril 1878	Étoile du Nord (l')	Vignette	E. G. et Cie	
172	5.015	2 janvier 1889	Étoile solaire (à l')	Titre	Hassebroucq frères	
173	1.685	29 septembre 1880	Étoile tricolore	Etoile	Dayez fils aîné et Cie	
174	1.686	29 septembre 1880	Étoile tricolore	Etoile	Dayez fils aîné et Cie	
175	2.275	28 juillet 1882	Étourdi (à l')	Titre	A. Fauchille aîné	
176	939	27 mai 1873	Étrennes (fil aux)	Vignette	Ve C Crespel et fils	
177	1.894	21 mai 1881	Étui (à l')	Titre	L. Darras et Cie	
178	3.499	27 mai 1885	Étui (à l')	Vignette	Boutry-Droulers	
179	4.525-4.526	20 décembre 1887	Étui (à l')	Étiquette et vignette	Boutry-Droulers	B D
180	3.806	8 mars 1886	Étui (fil à l')	Étiquette et bande	Boutry-Droulers	B D
181	1.766	31 mars 1881	Étui (fil à l')	Étui	L. Darras et Cie	L D
182	1.960	8 juillet 1881	Étui (fil en)	Étui	Verstraete frères	
183	2.169	8 mai 1882	Étui (fil en)	Vignette	Anatole Descamps	
184	2.764	8 février 1884	Étui (fil en)	Titre	A. Fauchille aîné	
185	3.070	10 septembre 1884	Étui à fil tricolore	Étui	Scrive frères	
186	1.384	27 septembre 1878	Étui Bauduin	Bande	A. Humbert frères	
187	6.275	3 août 1893	Étui indispensable	Titre	Aug. Lambin	
188	6.273	3 août 1893	Étui nécessaire	Titre	Aug. Lambin	
189	2.132	28 avril 1882	Eure (fil de l')	Vignette	G.-J. Descamps-Beaucourt	
190	925	11 avril 1873	Europe (fil d')	Vignette	Victor Saint-Léger	
191	547	27 mars 1876	Européen (fil)	Vignette	Devos frères	D V F
192	1.412	21 janvier 1879	Européen (fil)	Vignette	Henri Rogez	
193	5.408	17 avril 1890	Évasion (fil à l')	Vignette	Ve C Crespel et fils	C F
194	4.591-4.592	20 décembre 1887	Évènement (à l')	Étiquette et vignette	Boutry-Droulers	B D
195	2.167	8 mai 1882	Éventail (fil à l')	Vignette	Anatole Descamps	A H F
196	2.607	8 août 1883	Excelsior (fil)	Titre	Hassebroucq frères	

N° D'ORDRE	N° D'INSCRIPTION	DATE DU DÉPOT	NOM DE LA MARQUE	NATURE DE LA MARQUE	NOM DU DÉPOSANT	INITIALES
197	5.153	13 septembre 1889	Exercice (fil à l')	Titre	Crespel et Descamps	
198	3.300	14 février 1885	Explorateur pour Savorgnan de Brazza (fil à l').	Titre	Vanoutryve frères	
199	4.023	25 octobre 1886	Explorateurs du monde (fil aux).	Titre	Vanoutryve frères	
200	4.025	25 octobre 1886	Explorateurs français Paul Soleillet et Savorgnan de Brazza (fil aux).	Titre	Vanoutryve frères	
201	597	7 mars 1868	Exposition (fil à l')	Vignette	Ed. Duchesne	E D
202	1.351	15 juin 1878	Exposition de Paris (fil à l').	Vignette	Verstraete frères	
203	880	14 décembre 1872	Exposition universelle de Lyon médaille d'or.	Bande	Scrive frères	
204	586	24 janvier 1868	Exposition universelle 1867	Vignette	Victor Saint-Léger	
205	3.012	27 août 1884	Express (fil à l')	Titre	Aug. Lamblin	
206	1.897	25 mai 1881	Extra cœur de lin	Enveloppe et bande	Scrive frères	
207	3.068	10 septembre 1884	Extra cœur de lin	Bande	Scrive frères	
208	4.232	25 mars 1887	Extra cordonnet	Devant de boîte	Vanoutryve frères	
209	4.236	25 mars 1887	Extra cordonnet	Devant de boîte	Vanoutryve frères	
210	4.237	25 mars 1887	Extra cordonnet	Devant de boîte	Vanoutryve frères	
211	4.239	25 mars 1887	Extra cordonnet	Bande	Vanoutryve frères	J P V
212	3.358	19 mars 1885	Extra cordonnet fil perfectionné fin extra sup*	Bande	Vanoutryve frères	
213	1.863	30 avril 1881	Extra en tablette (fil)	Enveloppe	V* C. Crespel et fils	C F
214	1.864	30 avril 1881	Extra en tablette (fil)	Enveloppe	V* C. Crespel et fils	C F
215	2.947	9 août 1884	Extra fort (fil)	Bande	Poullier-Longhaye	
216	3.981	3 septembre 1886	Extra fort inaltérable (fil)	Bandes	Poullier-Longhaye	
217	4.966	4 décembre 1888	Extra mouliné pour sellerie (fil)	Étiquette et bande	Anatole Descamps	Aug. Descamps
218	1.684	27 septembre 1880	Extra sans rival (fil)	Vignette	Dayez fils aîné et C**	D et C
219	4.693	3 février 1888	Extra sans rival (fil)	Vignette	L. Picavet aîné	P Aé
220	847	20 septembre 1872	Extra supérieur	Étiquette	Auguste Mille	DM
221	4.241	25 mars 1887	Extra supérieur cœur de lin	Bande	Vanoutryve frères	
222	4.233	25 mars 1887	Extra supérieur cordonnet	Devant de boîte	Vanoutryve frères	
223	4.242	25 mars 1887	Extra supérieur cordonnet	Bande	Vanoutryve frères	J P V
224	1.861	30 avril 1881	Extra supérieur fil de lin	Enveloppe	Dayez fils aîné et C**	S B
225	6.744	15 janvier 1893	Extrêmes (aux)	Titre	Crespel et Descamps	

N° D'ORDRE	N° D'INSCRIPTION	DATE DU DÉPOT	NOM DE LA MARQUE	NATURE DE LA MARQUE	NOM DU DÉPOSANT	INITIALES

No d'ordre	No d'inscription	DATE DU DÉPOT	NOM DE LA MARQUE	NATURE DE LA MARQUE	NOM DU DÉPOSANT	INITIALES

N° D'ORDRE	N° D'INSCRIPTION	DATE DU DÉPOT	NOM DE LA MARQUE	NATURE DE LA MARQUE	NOM DU DÉPOSANT	INITIALES

N° D'ORDRE	N° D'INSCRIPTION	DATE DU DÉPOT	NOM DE LA MARQUE	NATURE DE LA MARQUE	NOM DU DÉPOSANT	INITIALES

N° D'ORDRE	N° D'INSCRIPTION	DATE DU DÉPOT	NOM DE LA MARQUE	NATURE DE LA MARQUE	NOM DU DÉPOSANT	INITIALES

No D'ORDRE	No D'INSCRIPTION	DATE DU DÉPOT	NOM DE LA MARQUE	NATURE DE LA MARQUE	NOM DU DÉPOSANT	INITIALES

F

Nº D'ORDRE	Nº D'INSCRIPTION	DATE DU DÉPÔT	NOM DE LA MARQUE	NATURE DE LA MARQUE	NOM DU DÉPOSANT	INITIALES
1	5.553	26 décembre 1890	Fabricaçao special para Portugal	Vignette	Droulers-Vernier	
2	5.554	26 décembre 1890	Fabrication special para Espana	Etiquette	Droulers-Vernier	
3	4.745	27 mars 1888	Fabrication perfectionnée	Bandes	Scrive frères	S F
4	4.721	10 février 1888	Fabuliste Jean de la Fontaine (fil au)	Vignette	L. Picavet aîné	P Aé
5	921	2 avril 1873	Faces (fil aux)	Vignette	J. Thiriez père et fils	
6	4.533-4.534	20 décembre 1887	Facteur (au)	Etiquette et vignette	Boutry-Droulers	B D
7	2.824	2 avril 1884	Factionnaire (au)	Titre	A. Fauchille aîné	
8	3.422	5 mai 1885	Fagot (au)	Vignette	Boutry-Droulers	
9	4.539-4.540	20 décembre 1887	Fagot (au)	Étiquette et vignette	Boutry-Droulers	B D
10	2.817	24 mars 1884	Faïence (fil)	Titre	Rogez	
11	1.214	3 janvier 1877	Faisan (au)	Vignette	Hassebroucq frères	HF
12	1.443	23 avril 1879	Faisan (au)	Vignette	J. Thiriez père et fils	
13	1.213	27 décembre 1876	Faisan doré (fil au)	Vignette	Hassebroucq frères	HF
14	981	1er octobre 1873	Falstaff (fil à)	Vignette	Victor Saint-Léger	
15	2.138	1er mai 1882	Fameux lapin (au)	Vignette	Anatole Descamps	
16	991	12 décembre 1873	Famille (à la)	Vignette	Crespel et Descamps	
17	4.929	28 septembre 1888	Famille (à la)	Vignette	Crespel et Descamps	
18	3.347	19 mars 1885	Fanchonnette (à la)	Vignette	Vanoutryve frères	B Aé
19	2.515	23 mars 1883	Fanfare (à la)	Titre	A. Fauchille aîné	
20	6.185	20 juin 1893	Fanion (fil au)	Titre	H. et L. Rogez	
21	4.649	29 décembre 1887	Fantasia (à la)	Titre	Vᵉ C. Crespel et fils	
22	6.663	11 septembre 1894	Farandole (fil à la)	Titre	Vᵉ C. Crespel et fils	
23	4.154	25 février 1887	Faucon (fil au)	Vignette	Vᵉ C. Crespel et fils	C F
24	3.433	5 mai 1885	Faulx (à la)	Vignette	Boutry-Droulers	
25	4.541-4.542	20 décembre 1887	Faulx (à la)	Etiquette et vignette	Boutry-Droulers	B D
26	6.232	4 juillet 1893	Faunes (fil aux)	Titre	Crespel et Descamps	
27	2.240	3 juillet 1882	Fauves (aux)	Titre	A. Fauchille aîné	
28	2.594	27 juin 1883	Fauvette (fil à la)	Vignette	I. Lambin	I L B

N° D'ORDRE	N° D'INSCRIPTION	DATE DU DÉPOT	NOM DE LA MARQUE	NATURE DE LA MARQUE	NOM DU DÉPOSANT	INITIALES
29	1.162	15 avril 1876	Favori (le)	Vignette	Hassebroucq frères	BF
30	734	20 avril 1870	Favorite (fil à la)	Vignette	Devos frères	
31	2.535	18 avril 1883	F. D.	Vignette	Fouquier-Dubard	F D
32	810	31 mai 1872	Fée aux roses (fil à la)	Vignette	G.-J. Descamps-Beaucourt	
33	455	15 février 1865	Fer (fil de)	Vignette	Hassebroucq frères	
34	658	16 décembre 1868	Fer (fil de)	Vignette	Vᵉ L. Devos	G L F C
35	2.869	24 mai 1884	Fer (fil de)	Vignette	Hassebroucq frères	HF
36	1.444	23 avril 1879	Fer à cheval	Vignette	J. Thiriez père et fils	
37	3.016	30 août 1884	Fer de cheval (fil au)	Titre	Anatole Descamps	
38	5.339	25 février 1890	Ferme (fil à la)	Titre	Crespel et Descamps	
39	1.548	6 janvier 1880	Fermière (fil à la)	Vignette	Verstraete frères	
40	2.713	30 novembre 1883	Fermier modèle (fil au)	Vignette	Henri Rogez	R et C
41	1.983	2 août 1881	Fête nationale (à la)	Vignette	Crespel et Descamps	J C
42	6.385	9 octobre 1893	Fêtes Franco-Russes (aux)	Titre	Crespel et Descamps	
43	4.755	30 mars 1888	Fétiche (fil)	Titre	Crespel et Descamps	
44	2.501	21 février 1883	Feu (fil au)	Titre	Lambin	
45	5.097	25 juin 1889	F. K. C. 40 et 100	Etiquettes	Boutry-Droulers	
46	3.997	24 septembre 1886	Fiacre (au)	Titre	Fauchille aîné	
47	4.374	4 juillet 1887	Fiacre (au)	Bandes	Poullier-Longhaye	
48	3.876	28 mai 1886	Fiacre (fil au)	Titre	Poullier-Longhaye	
49	4.353	2 juillet 1887	Fiacre (fil au)	Vignette	Poullier-Longhaye	
50	1.493	1ᵉʳ août 1879	Fiancé (fil au)	Titre	Verstraete frères	
51	4.111	20 janvier 1887	Fiancée (fil à la)	Vignette	Crespel et Descamps	D Aᵉ
52	3.834	27 mars 1886	Fiancée alsacienne (à la)	Vignette	Rogez	R et C
53	1.380	20 septembre 1878	Fiancés villageois (aux)	Vignette	Poullier-Longhaye	L et B
54	2.823	1ᵉʳ avril 1884	Fichu (fil au)	Titre	Ed. Delecroix	
55	1.488	29 juillet 1879	Fidèle tourterelle (à la)	Vignette	Poullier-Longhaye	
56	1.535	18 novembre 1879	Fidélité (à la)	Titre	Hassebroucq frères	
57	2.523	24 mars 1883	Filage et retordage	Titre	Hassebroucq frères	
58	4.875	25 juin 1888	Filature de coton	Vignette	Gustave et Henri Barrois	
59	4.876	25 juin 1888	Filature de coton	Vignette	Gustave et Henri Barrois	
60	4.096	29 décembre 1886	Fil de l'eau (le)	Titre	Hassebroucq frères	
61	830	17 juillet 1872	Fil de lin	Vignette	G.-J Descamps-Beaucourt	D M
62	1.094	15 septembre 1875	Fil de lin	Bobine	Poullier-Longhaye	P L
63	1.095	15 septembre 1875	Fil de lin	Bobine	Poullier-Longhaye	P L
64	1.718	29 décembre 1880	Fil de lin	Enveloppe	Dayez fils aîné et Cⁱᵉ	S R
65	1.732	11 janvier 1881	Fil de lin	Enveloppe	Dayez fils aîné et Cⁱᵉ	S R
66	1.734	11 janvier 1881	Fil de lin	Enveloppe	Dayez fils aîné et Cⁱᵉ	S R
67	1.804	6 avril 1881	Fil de lin	Bande	Dayez fils aîné et Cⁱᵉ	S R
68	1.847	15 avril 1881	Fil de lin	Bande	Dayez fils aîné et Cⁱᵉ	S R
69	1.848	15 avril 1881	Fil de lin	Bande	Dayez fils aîné et Cⁱᵉ	S R
70	1.849	15 avril 1881	Fil de lin	Bande	Dayez fils aîné et Cⁱᵉ	S R

N° D'ORDRE	N° D'INSCRIPTION	DATE DU DÉPÔT	NOM DE LA MARQUE	NATURE DE LA MARQUE	NOM DU DÉPOSANT	INITIALES
71	1.850	15 avril 1881....	Fil de lin............	Bande....	Dayez fils aîné et Cie....	S R
72	1.902	31 mai 1881....	Fil de lin............	Bande....	Victor Saint-Léger.....	
73	2.033	2 décembre 1881..	Fil de lin............	Vignette...	Poullier-Longhaye.....	
74	2.672	26 octobre 1883..	Fil de lin............	Pelote, bande et étiq.	Scrive frères.........	S F
75	4.100	6 janvier 1886...	Fil de lin............	Bande....	Poullier-Longhaye.....	
76	4.295	6 mai 1887......	Fil de lin............	Vignette..	Crespel et Descamps....	D Aé
77	4.746	27 mars 1888....	Fil de lin............	Bande....	Scrive frères.........	
78	4.826	27 avril 1888....	Fil de lin............	Bande....	Crespel et Descamps....	D Aé
79	4.827	27 avril 1888....	Fil de lin............	Bande....	Crespel et Descamps....	D Aé
80	4.893	13 juillet 1888...	Fil de lin............	Vignette et étiquette.	L. Picavet aîné.......	P Aé
81	5.288	13 décembre 1889.	Fil de lin............	Bande....	Scrive frères.........	
82	3.020	30 août 1884....	Fil de lin câblé......	Vignette...	Anatole Descamps.....	
83	3.628	19 août 1885....	Fil de lin câblé......	Bobine....	Anatole Descamps.....	
84	3.629	19 août 1885....	Fil de lin câblé......	Bobine....	Anatole Descamps.....	
85	993	17 décembre 1873.	Fil de lin, 50 cordonnet....	Pelote....	J. Thiriez père et fils....	
86	3.044	10 septembre 1884.	Fil de lin extra.......	Vignette...	Poullier-Longhaye.....	
87	5.199	7 novembre 1889..	Fil de lin extra.......	Vignette...	Poullier-Longhaye.....	
88	5.046	3 avril 1889.....	Fil de lin extra-force..	Vignette...	H et L. Rogez........	
89	4.188	26 février 1887...	Fil de lin extra-fort...	Bobine....	Crespel et Descamps....	
90	3.045	10 septembre 1884.	Fil de lin extra 1885...	Vignette...	Poullier-Longhaye.....	
91	1.625	18 mai 1880.....	Fil de lin 1er choix.....	Enveloppe..	L. Darras et Cie.......	
92	1.833	9 avril 1891.....	Fil de lin 1er choix.....	Bande....	L. Darras et Cie.......	
93	6.770	19 février 1895...	Fil de lin Qté sublime...	Bande....	Poullier-Longhaye.....	P L
94	6.769	19 février 1895...	Fil de lin Qté sublime tuteur..	Bande....	Poullier-Longhaye.....	P L
95	6.771	19 février 1895...	Fil de lin Qté sublime tuteur..	Vignette...	Poullier-Longhaye.....	P L
96	3.348	19 mars 1885....	Fil de lin 60 tours.....	Bandes....	Vanoutryve frères......	
97	5.537	26 décembre 1890.	Fil de lin sec supérieur au chanvre.	Etiquettes..	Droulers-Vernier......	D V
98	625	1er juillet 1868...	Fil de soie (au)........	Pelote....	Devos frères.........	
99	2.201	1er juin 1882....	Fil du lin............	Titre.....	Hassebroucq frères.....	
100	2.737	19 janvier 1884...	Filets d'or (aux).......	Vignette...	Rogez...............	R et C
101	949	7 août 1873.....	Fileur (fil au).........	Vignette...	A. Fauchille-Delanoy...	
102	557	24 août 1867....	Fileuse (à la).........	Vignette...	Ve C. Crespel et fils....	E D
103	1.367	14 août 1878....	Fileuse (à la).........	Vignette...	Henri Rogez.........	R et C
104	376	31 décembre 1863.	Fileuse (fil à la).......	Vignette...	Picavet aîné..........	
105	739	27 avril 1870....	Fileuse (fil à la).......	Vignette...	Rogez et Cie..........	
106	4.145	25 février 1887...	Fileuse (fil à la).......	Vignette...	Ve C. Crespel et fils....	C F
107	4.706	10 février 1888...	Fileuse (fil à la).......	Vignette...	L. Picavet aîné.......	P Aé
108	4.900	13 juillet 1888...	Fileuse (fil cordonnet à la)..	Vignette...	L. Picavet aîné.......	P Aé
109	2.799	12 mars 1884....	Fileuse bretonne, ar Gwella Nellid (à la).	Vignette...	Hassebroucq frères.....	B V
110	913	13 mars 1873....	Fileuse chinoise (fil à la)..	Vignette...	Victor Saint-Léger.....	
111	285	10 mai 1862.....	Fileuse de Lille (à la)...	Vignette...	Ph. Vrau............	D et M
112	784	29 février 1872...	Fille des champs (à la)..	Vignette..	Rogez et Cie..........	

N° D'ORDRE	N° D'INSCRIPTION	DATE DU DÉPOT	NOM DE LA MARQUE	NATURE DE LA MARQUE	NOM DU DÉPOSANT	INITIALES
113	530	17 octobre 1866	Fille du soleil (la)	Vignette	Bianco aîné	
114	1.269	30 juillet 1877	Fil poissé (au)	Bande	A. Bauduin	
115	1.270	30 juillet 1895	Fil poissé (au)	Pelote	A. Bauduin	
116	608	2 avril 1868	Fils du ciel (aux)	Vignette	Bianco aîné	
117	3.755	11 janvier 1886	Fils du soleil (au)	Vignette	Rogez	B A⁶
118	529	17 octobre 1866	Fils du soleil (le)	Vignette	Bianco aîné	
119	2.363	21 septembre 1882	Filtière (à la)	Vignette	Hassebroucq frères	
120	5.782	12 novembre 1891	Fin de siècle	Bandes	Poullier-Longhaye	
121	5.492	11 octobre 1890	Fin de siècle (fil)	Titre	Poullier-Longhaye	
122	5.556	30 décembre 1890	Fin de siècle (fil)	Vignette	Poullier-Longhaye	
123	836	22 août 1872	Fin, n° (fils)	Etiquette	Charles Six	S M et Cⁱᵉ
124	1.046	8 octobre 1874	Flamand (fil)	Bande	Droulers-Vernier	
125	1.254	22 juin 1877	Flamand (fil)	Bande	Droulers-Vernier	
126	5.552	26 décembre 1890	Flamand (fil)	Étiquette et bande	Droulers-Vernier	
127	780	22 février 1872	Flamande (à la)	Vignette	Sixte Villain-Verstaen	
128	842	18 septembre 1872	Flamands (aux)	Vignette	Hennion et Cⁱᵉ	
129	4.448	7 septembre 1887	Flamands (aux)	Vignette	Anatole Descamps	
130	6.236	4 juillet 1893	Flambeaux (fil aux)	Titre	Crespel et Descamps	
131	4.356	2 juillet 1887	Flammant (au)	Vignette	Poullier-Longhaye	
132	3.983	3 septembre 1886	Flammant (fil au)	Bandes	Poullier-Longhaye	
133	263	6 février 1862	Flandre (fil de)	Vignette	Hassebroucq frères	H F
134	2.872	24 mai 1884	Flandre (fil de)	Vignette	Hassebroucq frères	H F
135	370	21 novembre 1863	Fleur de lin (à la)	Vignette	Gustave Toussin	
136	4.172	25 février 1887	Fleur de lin (à la)	Vignette	Vᵉ C. Crespel et fils	C F
137	4.300	7 mai 1887	Fleur de lin (à la)	Vignette	Vᵉ Gustave Toussin	G T
138	3.152	1ᵉʳ octobre 1884	Fleur de lis (fil à la)	Titre	Aug. Lambin	
139	671	22 janvier 1869	Fleur de thé (à la)	Vignette	Scrive frères	Sᵗᵉ Fʳᵉˢ Lille
140	2.086	5 avril 1882	Fleur du Nord (fil à la)	Vignette	Poullier-Longhaye	G V Y
141	2.355	16 septembre 1882	Fleurie (à la)	Titre	A. Fauchille aîné	
142	2.112	26 avril 1882	Fleuriste (à la)	Titre	A. Fauchille aîné	
143	2.320	29 août 1882	Fleurs (aux)	Titre	A. Fauchille aîné	
144	2.371	30 septembre 1882	Fleurs (fil aux)	Vignette	Victor Saint-Léger	
145	1.057	9 janvier 1875	Fleuves (fil aux)	Vignette	Victor Saint-Léger	
146	2.262	21 juillet 1882	Flibustier (au)	Titre	A. Fauchille aîné	
147	4.419	7 septembre 1887	Florentin (au)	Vignette	Anatole Descamps	A H F
148	843	18 septembre 1872	Florentin (fil au)	Vignette	A. Humbert frères	
149	670	14 janvier 1869	Floride (fil de la)	Vignette	Scrive frères	
150	6.320	21 septembre 1893	Flotille russe (à la)	Titre	Hassebroucq frères	
151	6.230	4 juillet 1893	Flots (fil aux)	Titre	Crespel et Descamps	
152	3.034	6 septembre 1884	Flotte (fil à la)	Titre	Anatole Descamps	
153	4.769	30 mars 1888	Foire (fil à la)	Titre	Vᵉ C. Crespel et fils	
154	205	31 août 1861	Folie (fil à la)	Vignette	Verstraete et Cⁱᵉ	V F

No D'ORDRE	No D'INSCRIPTION	DATE DU DÉPOT	NOM DE LA MARQUE	NATURE DE LA MARQUE	NOM DU DÉPOSANT	INITIALES
155	2.322	31 août 1882	Folie (fil à la)	Vignette	Verstraete frères	V F
156	1.233	14 mars 1877	Folle (fil à la)	Vignette	A. Fauchille-Delanoy	
157	4.519	14 décembre 1887	Fondateur du Bon marché (au)	Titre	Jolivet	
158	333	30 décembre 1862	Fontaine (fil à la)	Vignette	Fauchille-Delanoy	
159	478	26 juin 1865	Fontaine nantaise	Vignette	Poullier-Longhaye	
160	2.219	12 juin 1882	Forban (fil au)	Titre	Poullier-Longhaye	
161	4.949	10 octobre 1888	Force (fil à la)	Titre	Scrive frères	
162	6.311	19 septembre 1893	Force (fil à la)	Titre	H. et L. Rogez	
163	190	31 juillet 1861	Force (fil de)	Vignette	A. Mallet et L. Darras	M et D, Lille
164	2.726	21 décembre 1883	Force et bonté	Vignette	J. Thiriez père et fils	
165	1.322	19 mars 1878	Forgeron (au)	Vignette	P. Pon Bianco aîné, J.-Bte Taffin	C et R
166	6.304	19 septembre 1893	Forgeron (fil au)	Titre	H. et L. Rogez	
167	192	31 juillet 1861	Fort (fil)	Vignette	A. Mallet et L. Darras	M et D, Lille
168	4.303	7 mai 1887	Fort (fil au)	Vignette	Ve Gustave Toussin	G T
169	3.349	19 mars 1885	Forts de Paris (aux)	Bande	Vanoutryve frères	J P V
170	4.234	25 mars 1887	Forts de Paris (aux)	Devants de boîtes	Vanoutryve frères	
171	3.309	19 février 1885	Forts de Paris (fil aux)	Titre	Vanoutryve frères	
172	786	29 février 1872	Fortune (fil à la)	Vignette	Rogez et Cie	
173	1.061	19 avril 1875	Fortune (fil à la)	Vignette	Bianco aîné	B Aé
174	3.001	27 août 1884	Fortune (fil à la)	Titre	Aug. Lambin	
175	2.601	26 juillet 1883	Foudre (à la)	Titre	A. Fauchille aîné	
176	2.388	25 octobre 1882	Foudroyant (au)	Titre	A. Fauchille aîné	
177	3.872	28 mai 1886	Fougère (fil à la)	Titre	Poullier-Longhaye	
178	3.424	5 mai 1885	Fourche (à la)	Vignette	Boutry-Droulers	
179	4.558-4.559	20 décembre 1887	Fourche (à la)	Etiquette et vignette	Boutry-Droulers	B D
180	2.299	16 août 1882	Fourmi (à la)	Titre	A. Fauchille aîné	
181	3.479	20 mai 1885	Fourreau (fil en)	Titre	Scrive frères	
182	3.159	6 octobre 1884	Fraise (à la)	Vignette	Boutry-Droulers	B D
183	3.365	21 mars 1885	Fraise (fil à la)	Titre	Aug. Lambin	
184	5.194	6 novembre 1889	Framboise (coton à la)	Etiquette	Théodore Barrois	T B
185	271	26 mars 1862	Français (fil)	Bandes	Hassebroucq frères	HF
186	273	26 mars 1862	Français (fil)	Vignette	Hassebroucq frères	HF
187	454	15 février 1865	Français (fil)	Vignette	Hassebroucq frères	HF
188	1.045	8 octobre 1874	Français (fil)	Vignette	Droulers-Vernier	D V
189	1.047	8 octobre 1874	Français (fil)	Bande	Droulers-Vernier	D V
190	1.252	22 juin 1877	Français (fil)	Bande	Droulers-Vernier	D V
191	1.253	22 juin 1877	Français (fil)	Bande	Droulers-Vernier	D V
192	1.825	8 avril 1881	Français (fil)	Bande	Hassebroucq frères	HF
193	1.826	8 avril 1881	Français (fil)	Bande	Hassebroucq frères	HF
194	2.623	7 septembre 1883	Français (fil)	Etiquette	Droulers-Vernier	D V
195	2.871	24 mai 1884	Français (fil)	Vignette	Hassebroucq frères	HF
196	5.538	26 décembre 1890	Français (fil)	Etiquettes	Droulers-Vernier	D V

N° D'ORDRE	N° D'INSCRIPTION	DATE DU DÉPOT	NOM DE LA MARQUE	NATURE DE LA MARQUE	NOM DU DÉPOSANT	INITIALES
197	1.261	5 juillet 1877	Français (fil au)	Bande	N. Bauduin	N B
198	742	27 avril 1870	Française (fil à la)	Vignette	Rogez et Cie	E L
199	2.624	7 septembre 1883	Français extra-fort (fil)	Etiquette	Droulers-Vernier	D V
200	5.533	26 décembre 1890	Français lin extra-fort (fil)	Etiquette	Droulers-Vernier	D V
201	5.534	26 décembre 1890	Français lin extra-fort (fil)	Etiquette	Droulers-Vernier	D V
202	5.535	26 décembre 1890	Français lin extra-fort (fil)	Etiquette	Droulers-Vernier	D V
203	5.536	26 décembre 1890	Français lin extra-fort (fil)	Etiquettes	Droulers-Vernier	D V
204	5.551	26 décembre 1890	Française lin extra-fort (fil)	Bande et étiquette	Droulers-Vernier	D V
205	301	11 juillet 1862	Franc Bourguignon (le)	Vignette	Humbert frères	
206	1.072	28 juin 1875	Franc-Comtois (fil au)	Vignette	G.-J. Descamps-Beaucourt	L B
207	711	20 janvier 1870	France (fil à la)	Vignette	Verstraete frères	
208	1.084	16 août 1875	France (fil de)	Vignette	Sénélar	
209	1.283	3 novembre 1877	France (fil de)	Vignette	Wallaert frères	
210	1.285	3 novembre 1877	France (fil de)	Bande	Wallaert frères	
211	1.286	3 novembre 1877	France (fil de)	Carré	Wallaert frères	
212	1.287	3 novembre 1877	France (fil de)	Bande	Wallaert frères	
213	1.706	22 novembre 1880	France (fil de)	Vignette	Dayez fils aîné et Cie	S R
214	2.419	27 octobre 1882	France (fil de)	Vignette	Wallaert frères	W F
215	2.422	27 octobre 1882	France (fil de)	Vignette, étiqu., bande	Wallaert frères	W F
216	2.937	9 août 1884	France (fil de)	Vignette	Poullier-Longhaye	P L
217	2.945	9 août 1884	France (fil de)	Bande	Poullier-Longhaye	
218	5.140	10 août 1889	France (fil de)	Etiquette	Wallaert frères	W F
219	3.191	22 octobre 1884	France (Gloria Victis)	Vignette	Fouquier-Dubard	P F D
220	6.037	14 février 1893	France-Savoie	Vignette	Poullier-Longhaye	
221	5.427	21 juin 1890	Franco-Anglais (fil)	Etiquette	Ve G. Toussin	G T
222	5.690	14 août 1891	Franco-Russe (fil)	Titre	Crespel et Descamps	
223	5.855	29 mars 1892	Franco-Slave (fil)	Titre	Ve C. Crespel et fils	
224	320	25 octobre 1862	Franc Picard (au)	Vignette	Roman Ghesquière	
225	685	23 juin 1869	Franc-tireur (fil au)	Vignette	Scrive frères	N B
226	809	31 mai 1872	Franc-tireur Comtois (fil au)	Vignette	G.-J. Descamps-Beaucourt	
227	3.296	14 février 1885	Frappeur (fil au)	Titre	Vanoutryve frères	
228	872	3 décembre 1872	Fraternité (la)	Vignette	J. Villain-Verstaen et Cie	V V et C
229	2.002	3 septembre 1881	Frédéric Sauvage (à)	Vignette	Poullier-Longhaye	
230	1.481	23 juillet 1879	Frégate (à la)	Vignette	Poullier-Longhaye	E F P et F
231	4.031	27 octobre 1886	Frélons (aux)	Titre	Fauchille aîné	
232	6.214	20 juin 1893	Frères d'armes (fil aux)	Titre	H. et L. Rogez	
233	1.991	18 août 1881	Frileuse (fil à la)	Vignette	Dayez fils aîné et Cie	
234	2.932	9 août 1884	Frileuse (fil à la)	Vignette	Poullier-Longhaye	P L
235	3.831	27 mars 1886	Fronde (à la)	Titre	Rogez	
236	3.204	10 novembre 1884	Frontière (à la)	Titre	A. Fauchille aîné	
237	707	9 décembre 1869	Fumeur (fil au)	Vignette	Henri Collette	
238	5.925	19 août 1892	Fumeurs (fil aux)	Vignette	G.-J. Descamps-Beaucourt	G J D B

No D'ORDRE	No D'INSCRIPTION	DATE DU DÉPOT	NOM DE LA MARQUE	NATURE DE LA MARQUE	NOM DU DÉPOSANT	INITIALES
239	3.886	28 mai 1886	Furet (fil au)	Titre	Poullier-Longhaye	
240	4.431	12 août 1887	Fusil (câblé au)	Vignette	Wallaert, frères	W F
241	2.740	28 janvier 1884	Fusilier (au)	Titre	A. Fauchille aîné	

N° D'ORDRE	N° D'INSCRIPTION	DATE DU DÉPOT	NOM DE LA MARQUE	NATURE DE LA MARQUE	NOM DU DÉPOSANT	INITIALES

N° D'ORDRE	N° D'INSCRIPTION	DATE DU DÉPOT	NOM DE LA MARQUE	NATURE DE LA MARQUE	NOM DU DÉPOSANT	INITIALES

N° D'ORDRE	N° D'INSCRIPTION	DATE DU DÉPOT	NOM DE LA MARQUE	NATURE DE LA MARQUE	NOM DU DÉPOSANT	INITIALES

N° D'ORDRE	N° D'INSCRIPTION	DATE DU DÉPOT	NOM DE LA MARQUE	NATURE DE LA MARQUE	NOM DU DÉPOSANT	INITIALES

N° D'ORDRE	N° D'INSCRIPTION	DATE DU DÉPOT	NOM DE LA MARQUE	NATURE DE LA MARQUE	NOM DU DÉPOSANT	INITIALES

G

N° d'ordre	N° d'inscription	DATE DU DÉPOT	NOM DE LA MARQUE	NATURE DE LA MARQUE	NOM DU DÉPOSANT	INITIALES
1	2.745	28 janvier 1884	Gabier (au)	Titre	A. Fauchille aîné	
2	4.027	25 octobre 1886	Gabon (fil au)	Titre	Vanoutryve frères	
3	6.019	27 janvier 1893	Gaieté (à la)	Titre	I. Lambin	
4	2.390	25 octobre 1882	Gaieté (fil à la)	Titre	A. Fauchille-Delanoy	
5	2.957	12 août 1884	Gais compagnons (fil aux)	Vignette	Poullier-Longhaye	P L
6	1.552	7 janvier 1880	Gambetta (fil à)	Titre	Lambin	
7	1.532	11 novembre 1879	Gamin (au)	Vignette	Vᵉ Gustave Toussin	
8	2.185	8 mai 1882	Gamin de Paris (au)	Vignette	Anatole Descamps	Augᵗᵉ D
9	1.614	4 mai 1880	Gamin pelote couverte (lin au)	Devanture de boîte	Vᵉ Gustave Toussin	G T
10	1.122	29 octobre 1875	Gant (au)	Vignette	J. Thiriez père et fils	J T P et F
11	2.358	16 septembre 1882	Garde (à la)	Titre	A. Fauchille aîné	
12	656	3 décembre 1868	Garde champêtre	Vignette	Vᵉ G. Crespel et fils	
13	4.146	25 février 1887	Garde champêtre (au)	Vignette	Vᵉ G. Crespel et fils	C F
14	4.010	18 octobre 1886	Garde chasse (fil au)	Vignette	Georges Saint-Léger	C M
15	3.751	12 décembre 1885	Garde du drapeau (à la)	Titre	Vᵉ C. Crespel et fils	
16	582	18 janvier 1868	Garde national mobile (au)		Scrive frères	S F
17	2.493	14 février 1883	Gardien (fil au)	Titre	I. Lambin	
18	3.368	25 mars 1885	Gardien (fil au)	Vignette	I. Lambin	I L
19	3.151	1ᵉʳ octobre 1884	Gardienne (fil à la)	Titre	Aug. Lambin	
20	4.067	7 décembre 1886	Gargantua (fil à)	Titre	Anatole Descamps	
21	4.911	8 août 1888	Gargantua (fil au)	Titre	Vᵉ G. Toussin	
22	1.999	29 août 1881	Gars de Falaise (fil au)	Vignette	Scrive frères	S F
23	2.410	27 octobre 1882	Gascogne (fil de)	Etiquettes	Wallaert frères	
24	2.407	27 octobre 1882	Gascogne (fil de)	Titre	Wallaert frères	
25	2.627	8 septembre 1883	Gaule (à la)	Titre	A. Fauchille aîné	
26	2.891	5 juin 1884	Gayant (fil à)	Vignette	I. Lambin	H D
27	3.823	27 mars 1886	Gazelle (à la)	Titre	Rogez	
28	3.903	28 mai 1887	Geai (fil au)	Titre	Poullier-Longhaye	

N° D'ORDRE	N° D'INSCRIPTION	DATE DU DÉPOT	NOM DE LA MARQUE	NATURE DE LA MARQUE	NOM DU DÉPOSANT	INITIALES
29	2.592	27 juin 1883	Géant (fil au)	Titre	I. Lambin	
30	3.374	25 mars 1885	Géant (fil au)	Vignette	I. Lambin	V et C
31	4.094	24 décembre 1886	Gendarmes à cheval (fil aux)	Titre	Mordacq-Plamont	
32	4.685	3 février 1888	Général (au)	Vignette	L. Picavet aîné	P Aé
33	569	22 novembre 1867	Général (fil au)	Vignette	Sénélar	
34	4.319	28 mai 1887	Général Boulanger (au)	Titre	Georges Saint-Léger	
35	2.728	26 décembre 1883	Général Chanzy (fil au)	Titre	Hassebroucq frères	
36	3.258	17 décembre 1884	Général Chanzy et à l'armée de la Loire (fil au)	Vignette	Hassebroucq frères	C et L
37	2.622	4 septembre 1883	Général de Lafayette (au)	Titre	Hassebroucq frères	
38	6.752	29 janvier 1895	Général de Lariboisière (au)	Vignette	H. et L. Rogez	
39	6.681	20 octobre 1894	Général de Miribel (au)	Vignette	Poullier-Longhaye	
40	6.285	18 septembre 1893	Général de Miribel (fil au)	Titre	Poullier-Longhaye	
41	3.698	3 octobre 1885	Général de Négrier (fil au)	Vignette	Poullier-Longhaye	
42	7.024	12 octobre 1895	Général Dodds (au)	Titre	Alfred Descamps	
43	7.026	12 octobre 1895	Général Duchesne (au)	Titre	Alfred Descamps	
44	1.456	4 juin 1879	Général Faidherbe (au)	Vignette	Auguste Collette fils aîné	Ate C
45	5.179	12 octobre 1889	Général Février (fil au)	Titre	I. Lambin	
46	1.778	2 avril 1881	Général Foy (fil au)	Vignette	Henri Rogez	L B
47	1.675	2 septembre 1880	Général Hoche (au)	Titre	Crespel et Descamps	
48	6.841	7 mai 1895	Général Hoche (fil au)	Vignette	Crespel et Descamps	E A
49	6.747	29 janvier 1895	Général Kellermann (au)	Titre	Crespel et Descamps	
50	7.025	12 octobre 1895	Général Le Mouton de Boisdeffre (au)	Titre	Alfred Descamps	
51	279	17 avril 1862	Général Marceau (fil au)	Vignette	Bianco aîné	
52	2.802	15 mars 1884	Général Négrier (au)	Titre	Poullier-Longhaye	
53	3.933	28 mai 1886	Général Négrier (au)	Bandes	Poullier-Longhaye	
54	6.736	18 décembre 1894	Général Paoli (au)	Titre	A. Fauchille-Delanoy	
55	5.762	27 octobre 1891	Général Saussier (fil au)	Titre	H. et L. Rogez	
56	4.026	25 octobre 1886	Général Ulrich, défenseur de Strasbourg (fil au)	Titre	Vanoutryve frères	
57	5.041	22 mars 1889	Général Valhubert (fil au)	Titre	Crespel et Descamps	
58	2.334	1er septembre 1882	Genevois (fil au)	Titre	Anatole Descamps	
59	3.225	21 novembre 1884	Génie (fil au)	Vignette	Crespel et Descamps	D Aé
60	1.978	22 juillet 1881	Génie de la France (au)	Bande	Hassebroucq frères	HF
61	1.448	30 avril 1879	Génie de la France (le)	Titre	Hassebroucq frères	
62	1.501	13 août 1879	Génie de la France (le)	Bandes	Hassebroucq frères	
63	5.633	16 juin 1891	Génie du Progrès (fil au)	Titre	H. et L. Rogez	
64	4.076	14 décembre 1886	Génie humain (fil au)	Vignette	Scrive frères	
65	700	22 octobre 1869	Génois (fil au)	Vignette	Desombre et Cie	
66	2.311	28 août 1882	Geôlier (fil au)	Titre	A. Fauchille aîné	
67	2.531	18 avril 1883	Géorgie	Vignette	Fouquier-Dubard	F D
68	2.532	18 avril 1883	Géorgie sublime	Vignette	Fouquier-Dubard	F D
69	950	8 août 1873	Gerbe d'or (à la)	Vignette	D. et V. Picavet aîné	
70	4.712	10 février 1888	Gerbe d'or (fil à la)	Vignette	L. Picavet aîné	P Aé

N° D'ORDRE	N° D'INSCRIPTION	DATE DU DEPOT	NOM DE LA MARQUE	NATURE DE LA MARQUE	NOM DU DÉPOSANT	INITIALES
71	6.036	14 février 1893	Germain Pilon (à)	Titre	V° C. Crespel et fils	
72	3.515	27 mai 1885	Gilet de flanelle (au)	Vignette	Boutry-Droulers	
73	4.593-4.594	20 décembre 1887	Gilet de flanelle (au)	Étiquette et vignette	Boutry-Droulers	B D
74	2.434	27 octobre 1882	Girafe (à la)	Vignette	Wallaert frères	L T, Paris
75	2.443	27 octobre 1882	Girafe, lacet de coton (à la)	Vignette	Wallaert frères	L T
76	674	25 février 1869	Girafes (fil aux)	Vignette	Crespel et Descamps	
77	2.238	3 juillet 1882	Girondins (aux)	Titre	A. Fauchille aîné	
78	3.005	27 août 1884	Girouette (fil à la)	Titre	Aug. Lambin	
79	5.192	6 novembre 1889	Glacé extra supérieur	Etiquette	Théodore Barrois	
80	6.068	14 avril 1893	Glacé G. T. supér'	Etiquette	Gustave Toussin	G T
81	5.170	9 octobre 1889	Gladiateur (fil à)	Vignette	I. Lambin	I L
82	485	31 octobre 1865	Gladiateur (fil au)	Vignette	L. Devos	
83	4.730	22 février 1888	Gladiateur (fil au)	Vignette	I. Lambin	I L
84	419	7 janvier 1865	Glaneuse (à la)	Vignette	Fauchille-Delanoy	
85	391	16 avril 1864	Glaneuse (fil à la)	Vignette	Verstraete frères	
86	1.672	19 août 1880	Glaneuse (fil à la)	Vignette	A. Fauchille-Delanoy	
87	3.538	27 mai 1885	Globe (au)	Vignette	Boutry-Droulers	
88	5.914	2 août 1892	Gloria Victis (fil)	Titre	H. et L. Rogez	
89	6.167	6 juin 1893	Gourdin (fil au)	Titre	H. et L. Rogez	
90	4.696	8 février 1888	Gouvernail (fil au)	Titre	Aug. Lambin	
91	3.229	21 novembre 1884	Grâce de Dieu (à la)	Vignette	Crespel et Descamps	D A°
92	2.247	7 juillet 1882	Grain d'or (au)	Façade intér. de boîte	I. Lambin	
93	2.248	7 juillet 1882	Grain d'or (au)	Façade extér. de boîte	I. Lambin	
94	1.051	4 novembre 1874	Grain d'or (fil au)	Vignette	Lambin	
95	5.176	9 octobre 1889	Grain d'or (fil au)	Vignette	I. Lambin	I L
96	314	8 octobre 1862	Grand Amiral (fil au)	Vignette	Descamps-Beaucourt	
97	4.995	21 décembre 1888	Grand Apôtre Cardinal Lavigerie (fil au)	Titre	L. Picavet aîné	
98	832	17 juillet 1872	Grand balai (au)	Vignette	G. J. Descamps-Beaucourt	
99	5.001	21 décembre 1888	Grand bazar	Bande	L. Picavet aîné	
100	5.002	21 décembre 1888	Grand bazar de la ville de Paris	Bande	L. Picavet aîné	
101	158	19 janvier 1861	Grand Bossuet (au)	Vignette	Crespel et Descamps	H. Lebroc
102	3.896	28 mai 1886	Grand Butor (fil au)	Titre	Poullier-Longhaye	
103	3.298	14 février 1885	Grand canal américain, canal de Panama (fil au)	Titre	Vanoutryve frères	
104	3.128	10 septembre 1884	Grand cerf (fil au)	Titre	Aug. Lambin	
105	2.111	26 avril 1882	Grand chef (au)	Titre	A. Fauchille aîné	
106	4.879	6 juillet 1888	Grand citoyen (fil au)	Titre	H. et L. Rogez	
107	4.890	13 juillet 1888	Grand Condé (au)	Vignette	L. Picavet aîné	P A°
108	200	19 août 1861	Grand conquérant (fil au)	Vignette	Auguste Lesay	A L
109	1.251	6 juin 1877	Grand Corneille (fil au)	Vignette	Crespel et Descamps	
110	3.926	28 mai 1886	Grand-duc (fil au)	Titre	Poullier-Longhaye	
111	2.000	30 août 1881	Grande artiste Sarah Bernhardt (fil à la)	Titre	Poullier-Longhaye	P L
112	1.020	23 juin 1874	Grande dame (à la)	Vignette	Sénélar	

N° D'ORDRE	N° D'INSCRIPTION	DATE DU DÉPOT	NOM DE LA MARQUE	NATURE DE LA MARQUE	NOM DU DÉPOSANT	INITIALES
113	4.898	13 juillet 1888	Grande dame (fil à la)	Vignette	L. Picavet aîné	P A⁶
114	639	12 octobre 1868	Grande-duchesse de Gérolstein (fil à la)	Vignette	Victor Saint-Léger	V S L
115	5.058	24 mai 1889	Grande galerie (à la)	Titre	H et L. Rogez	
116	5.790	24 novembre 1891	Grandes puissances (fil aux)	Titre	G.-J. Descamps-Beaucourt	
117	5.833	15 février 1892	Grandes puissances (fil aux)	Vignette	G.-J. Descamps-Beaucourt	G J D B
118	594	22 février 1868	Grandes villes de France (fil aux)	Vignette	Scrive frères	
119	2.476	27 janvier 1883	Grand français (au)	Titre	A. Fauchille aîné	
120	2.705	17 novembre 1883	Grand français (au)	Titre	A. Fauchille aîné	
121	3.930	28 mai 1886	Grand poëte (au)	Bandes	Poullier-Longhaye	
122	3.462	19 mai 1885	Grand poëte (fil au)	Vignette	Poullier-Longhaye	P L
123	1.764	29 mars 1881	Grand poëte Victor Hugo (fil au)	Titre	Poullier-Longhaye	E P
124	4.824	27 avril 1888	Grand saint Fulcran (au)	Titre	Ph. Vrau et Cⁱᵉ	
125	926	29 avril 1873	Grand saint Fulcran (fil au)	Vignette	Ph. Vrau et Cⁱᵉ	J C
126	4.823	27 avril 1888	Grand saint Fulcran (fil au)	Vignette	Ph. Vrau et Cⁱᵉ	J C
127	3.819	27 mars 1886	Grand savant (au)	Titre	Rogez	
128	2.735	15 janvier 1884	Grands hommes bretons (fil aux)	Titre	Victor Saint-Léger	
129	2.734	15 janvier 1884	Grands hommes normands (fil aux)	Titre	Victor Saint-Léger	
130	3.106	10 septembre 1884	Grappe d'or (fil à la)	Titre	Aug. Lambin	
131	550	25 avril 1867	Great-Eastern	Vignette	J. Thiriez père et fils	J T P F, Lille
132	2.720	21 décembre 1883	Great-Eastern	Vignette	J. Thiriez père et fils	J T P F
133	559	26 septembre 1867	Grec (au)	Vignette	Auguste Descamps	
134	2.139	1ᵉʳ mai 1882	Grec (fil au)	Vignette	Anatole Descamps	Augᵗᵉ D
135	876	6 décembre 1872	Grelots (fil aux)	Vignette	Ed. Delecroix	
136	2.510	20 mars 1883	Grenade (fil à la)	Vignette	Vᵉ Gustave Toussin	
137	472	1ᵉʳ avril 1865	Grenadier (fil au)	Vignette	Hassebroucq frères	
138	2.288	2 août 1882	Grenadine	Vignette	Wallaert frères	W F
139	2.435	27 octobre 1882	Grenadine	Vignette	Wallaert frères	W F
140	2.442	27 octobre 1882	Grenadine	Vignette, étiqu. bande	Wallaert frères	W F
141	1.306	20 décembre 1877	Grenouille (câblé à la)	Etiquette	Vᵉ Croquez-Margée	V C M
142	838	11 septembre 1872	Grenouilles (fil aux)	Vignette	Hennion et Cⁱᵉ	
143	4.444	7 septembre 1887	Grenouilles (fil aux)	Vignette	Anatole Descamps	
144	1.425	17 février 1879	Grévy (fil à)	Vignette	Hassebroucq frères	
145	3.429	5 mai 1885	Griffe (à la)	Vignette	Boutry-Droulers	
146	264	6 février 1862	Grillagée	Bandes	Hassebroucq frères	
147	3.532	27 mai 1885	Grille (à la)	Vignette	Boutry-Droulers	
148	4.430	12 août 1887	Grille (câblé à la)	Vignette	Wallaert frères	W F
149	3.890	28 mai 1886	Grive (fil à la)	Titre	Poullier-Longhaye	
150	3.901	28 mai 1886	Gros bec (fil au)	Titre	Poullier-Longhaye	
151	2.043	16 décembre 1881	Gros chanvre vert de Saint-Amand (fil)	Vignette	Droulers-Vernier	D V
152	3.290	11 février 1885	Gros lot (le)	Titre	Hassebroucq frères	
153	4.163	25 février 1887	Grosse caisse (fil à la)	Vignette	Vᵉ C. Crespel et fils	C F
154	2.496	16 février 1883	Grosse pelote (à la)	Titre	A. Fauchille aîné	

No d'ordre	No d'inscription	DATE DU DÉPOT	NOM DE LA MARQUE	NATURE DE LA MARQUE	NOM DU DÉPOSANT	INITIALES
155	2.260	13 juillet 1882	Groupe de Falguière (le)	Titre	Hassebroucq frères	
156	3.130	17 septembre 1884	Groupe de Mercié inauguré à Belfort le 31 août 1884	Vignette	G. J. Descamps-Beaucourt	
157	3.923	28 mai 1886	Grue (fil à la)	Titre	Poullier-Longhaye	
158	2.176	8 mai 1882	Guêpe (fil à la)	Vignette	Anatole Descamps	A H F
159	4.456	15 septembre 1887	Guérite (fil à la)	Titre	Georges Saint-Léger	
160	3.288	11 février 1885	Guerre aux Chinois, Général Brière de l'Isle	Vignette	Hassebroucq frères	
161	3.287	11 février 1885	Guerre aux Chinois, Général de Négrier	Vignette	Hassebroucq frères	
162	3.286	11 février 1885	Guerre aux Chinois, l'Amiral Courbet	Vignette	Hassebroucq frères	
163	3.285	11 février 1885	Guerre aux Chinois, l'Amiral Lespès	Vignette	Hassebroucq frères	
164	3.284	11 février 1885	Guerre aux Chinois, le Commandant Fournier	Vignette	Hassebroucq frères	
165	3.283	11 février 1885	Guerre aux Chinois, le Commandant Rivière	Vignette	Hassebroucq frères	
166	304	26 juillet 1862	Guerrier du Temple (au)	Vignette	Ph Vrau	A R
167	3.757	11 janvier 1886	Guerrière (fil à la)	Vignette	Rogez	B Aé
168	536	23 novembre 1866	Guerriers (fil aux)	Vignette	A. Fauchille-Delanoy	
169	6.205	20 juin 1893	Guichet (fil au)	Titre	H. et L. Rogez	
170	3.105	10 septembre 1884	Guide (fil au)	Titre	Aug. Lambin	
171	1.461	13 juin 1879	Guide d'or (fil au)	Vignette	A Derinck	D R
172	2.319	29 août 1882	Guidon (fil au)	Titre	A. Fauchille aîné	
173	166	13 mars 1861	Guillaume le Conquérant (à)	Vignette	Hassebroucq frères	HF
174	1.019	20 juin 1874	Guillaume Tell (à)	Vignette	D. et V. Picavet aîné	
175	4.682	3 février 1888	Guillaume Tell (à)	Vignette	L. Picavet aîné	P Aé
176	5.291	13 décembre 1889	Guitare (coton à coudre à la)	Etiquette	Wallaert frères	
177	4.741	27 mars 1888	Gulliver (fil)	Titre	Scrive frères	
178	4.068	7 décembre 1886	Gulliver (fil à)	Titre	Anatole Descamps	
179	4.874	25 juin 1888	Gustave Barrois	Vignette	Gustave et Henri Barrois	

N° D'ORDRE	N° D'INSCRIPTION	DATE DU DÉPOT	NOM DE LA MARQUE	NATURE DE LA MARQUE	NOM DU DÉPOSANT	INITIALES

No d'ordre	No d'inscription	DATE DU DÉPOT	NOM DE LA MARQUE	NATURE DE LA MARQUE	NOM DU DÉPOSANT	INITIALES

N° d'ordre	N° d'inscription	DATE DU DÉPOT	NOM DE LA MARQUE	NATURE DE LA MARQUE	NOM DU DÉPOSANT	INITIALES

No d'ordre	No d'inscription	DATE DU DÉPOT	NOM DE LA MARQUE	NATURE DE LA MARQUE	NOM DU DÉPOSANT	INITIALES

N° d'ordre	N° d'inscription	DATE DU DÉPOT	NOM DE LA MARQUE	NATURE DE LA MARQUE	NOM DU DÉPOSANT	INITIALES

H

N° D'ORDRE	N° D'INSCRIPTION	DATE DU DÉPOT	NOM DE LA MARQUE	NATURE DE LA MARQUE	NOM DU DÉPOSANT	INITIALES
1	3.261	26 décembre 1884	Halte (fil à la)	Titre	Poullier-Longhaye	
2	2.298	16 août 1882	Hanneton (au)	Titre	A. Fauchille aîné	
3	5.569	3 février 1891	Hanneton (le)	Vignette	Wallaert frères	
4	5.029	11 février 1889	Harmonique (fil)	Vignette	H. et L. Rogez	R et C
5	4.757	30 mars 1888	Harpon (fil au)	Titre	Vᵉ C. Crespel et fils	
6	6.208	20 juin 1893	Hasard (fil au)	Titre	H. et L. Rogez	
7	7.099	30 décembre 1895	Haute école (à la)	Titre	Gustave Toussin	
8	1.995	22 août 1881	Haute-Marne	Vignette	Poullier-Longhaye	M B
9	3.160	6 octobre 1884	Helvétie (à l')	Vignette	Boutry-Droulers	B D
10	4.568	20 décembre 1887	Helvétie (à l')	Etiquette	Boutry-Droulers	B D
11	4.423	3 août 1887	Henri Martin (fil à)	Titre	I. Lambin	
12	3.050	10 septembre 1884	Hercule (à l')	Titre	A. Fauchille aîné	
13	3.704	14 octobre 1885	Hercule (câblé à l')	Etiquette	Rémy Yon	R Y
14	1.814	8 avril 1881	Hercule (fil à l')	Vignette	L. Darras et Cⁱᵉ	L D
15	3.885	28 mai 1886	Hérisson (fil au)	Titre	Poullier-Longhaye	
16	1.830	9 avril 1881	Hermine (à l')	Titre	L. Darras et Cⁱᵉ	
17	3.754	11 janvier 1886	Hermine (fil à l')	Vignette	Rogez	R et C
18	5.025	11 février 1889	Hermine (fil à l')	Vignette	H. et L. Rogez	R et C
19	3.136	22 septembre 1884	Héroïsme (fil à l')	Titre	I. Lambin	
20	2.121	26 avril 1882	Héron (fil au)	Titre	Anatole Descamps	
21	3.906	28 mai 1887	Héron (fil au)	Titre	Poullier-Longhaye	
22	4.186	26 février 1887	Héros (aux)	Vignette	Vᵉ C. Crespel et fils	Lˢ V
23	5.500	11 octobre 1890	Heure sainte (à l')	Bandes	Poullier-Longhaye	
24	5.464	19 août 1890	Heure sainte (fil à l')	Vignette	Poullier-Longhaye	
25	1.159	15 avril 1876	Heureuse famille (l')	Vignette	Hassebroucq frères	
26	2.478	27 janvier 1883	Heureux père (à l')	Titre	A. Fauchille aîné	
27	7.039	23 octobre 1895	Hexagone (fil à l')	Titre	Gustave Toussin	
28	3.918	28 mai 1886	Hibou (fil au)	Titre	Poullier-Longhaye	

N° D'ORDRE	N° D'INSCRIPTION	DATE DU DÉPOT	NOM DE LA MARQUE	NATURE DE LA MARQUE	NOM DU DÉPOSANT	INITIALES
29	4.106	12 janvier 1887	Hilo lo mas fuerte al Torero	Vignette	Hassebroucq frères	M F
30	4.796	12 avril 1888	Hilo superior	Bande et sous-bande	Scrive frères	
31	4.797	12 avril 1888	Hilo superior	Bande	Scrive frères	
32	1.632	29 mai 1880	Hindou	Bande	Victor Saint-Léger	V S L
33	1.965	13 juillet 1881	Hindou	Bande	Victor Saint-Léger	V S L
34	657	3 décembre 1868	Hindou (fil)	Vignette	Victor Saint-Léger	
35	5.830	2 février 1892	Hippique (fil)	Vignette	Poullier-Longhaye	
36	5.431	21 juin 1890	Hippocampe (fil à l')	Etiquette	Vᵉ G. Toussin	G T
37	2.827	2 avril 1884	Hippopotame (à l')	Titre	A. Fauchille aîné	
38	558	20 septembre 1867	Hirondelle (fil à l')	Vignette	Vᵉ C. Crespel et fils	
39	4.144	25 février 1887	Hirondelle (fil à l')	Vignette	Vᵉ C. Crespel et fils	C F
40	3.102	10 septembre 1884	Historien (fil à l')	Titre	Aug. Lambin	
41	2.050	18 janvier 1882	Historique (fil)	Titre	Hassebroucq frères	
42	2.099	12 avril 1881	Historique (fil)	Vignette	Hassebroucq frères	
43	4.895	13 juillet 1888	Historique (fil)	Vignette	L. Picavet aîné	
44	826	2 juillet 1872	Hiver (fil à l')	Vignette	Verstraete frères	
45	3.705	14 octobre 1885	Hollandais (coton)	Etiquette	Rémy Yon	R Y
46	5.290	13 décembre 1889	Homard (le)	Titre	Wallaert frères	
47	1.101	23 septembre 1875	Homme au singe (l')	Vignette	Poullier-Longhaye	
48	387	23 mars 1864	Homme-canon (fil à l')	Vignette	I. Lambin	
49	5.168	9 octobre 1889	Homme-canon (fil à l')	Vignette	I. Lambin	I L B
50	3.017	30 août 1884	Homme de fer (fil à l')	Titre	Anatole Descamps	
51	3.621	13 août 1885	Homme de fer (fil à l')	Vignette	Anatole Descamps	
52	1.218	13 janvier 1877	Homme de neige (à l')	Vignette	Vᵉ Gustave Toussin	
53	5.821	15 janvier 1892	Homme de neige (à l')	Vignette	Vᵉ Gustave Toussin	G T
54	663	9 janvier 1869	Hongrois (fil au)	Vignette	Scrive frères	
55	2.611	13 août 1883	Honneur (à l')	Titre	A. Fauchille aîné	
56	757	28 septembre 1870	Horloge (fil à l')	Vignette	Vᵉ C. Crespel et fils	C F
57	4.164	25 février 1887	Horloge (fil à l')	Vignette	Vᵉ C. Crespel et fils	C F
58	3.122	10 septembre 1884	Hôtel-de-ville (fil à l')	Titre	Aug. Lambin	
59	4.935	3 octobre 1888	Houilleur (fil du)	Vignette	Poullier-Longhaye	
60	5.396	10 janvier 1890	Houilleur (fil du)	Bandes	Poullier-Longhaye	
61	4.349	2 juillet 1887	Houilleurs (fil des)	Titre	Poullier-Longhaye	
62	2.782	5 mars 1884	Houlette (fil à la)	Titre	I. Lambin	
63	4.731	22 février 1888	Houlette (fil à la)	Vignette	I. Lambin	I L
64	970	24 septembre 1873	Hussard (fil au)	Vignette	Verstraete frères	V F

N° D'ORDRE	N° D'INSCRIPTION	DATE DU DÉPOT	NOM DE LA MARQUE	NATURE DE LA MARQUE	NOM DU DÉPOSANT	INITIALES

N° D'ORDRE	N° D'INSCRIPTION	DATE DU DÉPOT	NOM DE LA MARQUE	NATURE DE LA MARQUE	NOM DU DÉPOSANT	INITIALES

I

No d'ordre	No d'inscription	DATE DU DÉPOT	NOM DE LA MARQUE	NATURE DE LA MARQUE	NOM DU DÉPOSANT	INITIALES
1	3.900	28 mai 1886	Ibis (fil à l')	Titre	Poullier-Longhaye	
2	5.368	14 mars 1890	Idéal (fil)	Vignette	H. et L. Rogez	R et C
3	1.375	12 septembre 1878	Idole (fil à l')	Vignette	Vᵉ C. Crespel et fils	
4	7.032	15 octobre 1895	Idole (fil à l')	Vignette	Vᵉ C. Crespel et fils	C F
5	2.880	3 juin 1884	Images (fil aux)	Titre	G.-J. Descamps-Beaucourt	
6	3.274	21 janvier 1885	Images (fil aux)	Vignette	G.-J. Descamps-Beaucourt	G J D B
7	3.202	10 novembre 1884	Immortel (à l')	Titre	A. Fauchille aîné	
8	6.563	28 juin 1894	Immortel Carnot (fil à l')	Titre	L. Picavet aîné	
9	4.148	25 février 1887	Immortelle (fil à l')	Vignette	Vᵉ C. Crespel et fils	C F
10	1.144	22 janvier 1876	Immortels (fil aux)	Vignette	D. et V. Picavet aîné	P Aé
11	4.684	3 février 1888	Immortels (fil aux)	Vignette	L. Picavet aîné	P Aé
12	3.979	3 septembre 1886	Inaltérable (fil)	Titre	Poullier-Longhaye	
13	3.980	3 septembre 1886	Inaltérable (fil)	Devant de boîte	Poullier-Longhaye	D F C
14	4.268	2 avril 1887	Inaltérable (fil)	Bande	Poullier-Longhaye	
15	814	31 mai 1872	Incas (fil aux)	Vignette	G.-J. Descamps-Beaucourt	
16	5.946	19 août 1892	Incas (fil aux)	Vignette	G.-J. Descamps-Beaucourt	G J D B
17	1.484	28 juillet 1879	Incassable (l')	Bande	Henri Desombre	H D
18	1.485	28 juillet 1879	Incassable (l')	Vignette	Henri Desombre	H D
19	2.923	29 juillet 1884	Incroyable (fil)	Vignette	Henri Rogez	B et P
20	771	7 novembre 1871	Incroyable (fil à l')	Vignette	A. De Haes et sœurs	
21	904	14 février 1873	Incroyable (fil à l')	Vignette	A. De Haes et sœurs	
22	2.938	9 août 1884	Incroyable (fil à l')	Vignette	Poullier-Longhaye	A D et S
23	5.467	19 août 1890	Incroyable (l')	Vignette	Poullier-Longhaye	
24	533	30 octobre 1866	Indes (fil des)	Vignette	A. Fauchille-Delanoy	
25	2.401	27 octobre 1882	Indes (fil des)	Titre	Wallaert frères	L A C
26	2.404	27 octobre 1882	Indes (fil des)	Vignette et étiquettes	Wallaert frères	A C
27	1.635	11 juin 1880	Indien (à l')	Devant de boîte extér.	A. Fauchille-Delanoy	
28	1.636	11 juin 1880	Indien (à l')	Devant de boîte intér.	A. Fauchille-Delanoy	

N° D'ORDRE	N° D'INSCRIPTION	DATE DU DÉPOT	NOM DE LA MARQUE	NATURE DE LA MARQUE	NOM DU DÉPOSANT	INITIALES
29	1.637	11 juin 1880	Indien (à l')	Bande	A. Fauchille-Delanoy	A F D
30	1.638	11 juin 1880	Indien (à l')	Devant de boîte	A. Fauchille-Delanoy	
31	1.639	11 juin 1880	Indien (à l')	Devant de boîte	A. Fauchille-Delanoy	
32	1.878	4 mai 1881	Indien (à l')	Vignette	A. Fauchille-Delanoy	A F D
33	501	17 février 1866	Indien (fil à l')	Vignette	A. Fauchille-Delanoy	
34	1.769	1er avril 1881	Indienne (à l')	Bande	Poullier-Longhaye	P L
35	1.770	1er avril 1881	Indienne (à l')	Bande	Poullier-Longhaye	P L
36	1.771	1er avril 1881	Indienne (à l')	Bande	Poullier-Longhaye	P L
37	1.856	27 avril 1881	Indienne (à l')	Bande	Poullier-Longhaye	P L
38	6.028	31 janvier 1893	Indienne (à l')	Vignette	Poullier-Longhaye	P L
39	4.091	15 septembre 1875	Indienne (fil à l')	Vignette	I. Lambin	
40	4.491	16 novembre 1887	Indiscret (fil à l')	Titre	I. Lambin	
41	4.732	22 février 1888	Indiscret (fil à l')	Vignette	I. Lambin	I L
42	2.181	8 mai 1882	Industrie (fil à l')	Vignette	Anatole Descamps	Augte D
43	3.216	21 novembre 1884	Industrie (fil à l')	Vignette	Crespel et Descamps	D Aé
44	2.364	21 septembre 1882	Industrie linière (l')	Vignette	Hassebroucq frères	
45	4.883	7 juillet 1888	Industrie nationale	Bandes	L. Picavet aîné	P Aé
46	5.059	24 mai 1889	Ingénieur français (à l')	Titre	H. et L. Rogez	
47	708	11 décembre 1869	Inimitable (fil)	Vignette	Senélar	
48	2.934	9 août 1884	Inimitable (fil)	Vignette	Poullier-Longhaye	P L
49	2.835	2 avril 1884	Initiales (fil aux)	Vignette	Hassebroucq frères	J M L
50	2.606	8 août 1883	Initiales (les)	Bande	Hassebroucq frères	HF
51	5.958	19 août 1892	Innocence (à l')	Titre	G.-J. Descamps-Beaucourt	
52	3.289	11 février 1885	Inondés (fil aux)	Titre	Hassebroucq frères	
53	306	15 septembre 1862	Inséparables (fil aux)	Vignette	Senélar	S R
54	337	28 janvier 1863	Inséparables (fil aux)	Vignette	Senélar	
55	1.754	23 février 1881	Inséparables (fil aux)	Vignette	Dayez fils aîné et Cie	Wolff
56	2.951	9 août 1884	Inséparables (fil aux)	Vignette	Poullier-Longhaye	P L
57	3.776	3 février 1886	Instructif (fil)	Titre	Hassebroucq frères	
58	6.165	6 juin 1893	Intendant (à l')	Titre	H. et L. Rogez	
59	1.679	13 septembre 1880	International (fil)	Titre	Auguste Descamps	
60	7.030	12 octobre 1895	International (fil)	Vignette	Auguste Descamps	Augte D
61	1.997	23 août 1881	Intransigeant (fil)	Titre	Poullier-Longhaye	
62	2.067	22 février 1882	Intransigeants (fil aux)	Bandes	Poullier-Longhaye	P L
63	2.801	15 mars 1884	Intransigeants (fil aux)	Vignette	Poullier-Longhaye	P L
64	3.129	17 septembre 1884	Intrépides (fil aux)	Vignette	G.-J. Descamps-Beaucourt	
65	4.884	7 juillet 1888	Invincible (à l')	Bandes	L. Picavet aîné	
66	4.888	13 juillet 1888	Invincible (à l')	Vignette	L. Picavet aîné	
67	4.692	3 février 1888	Invincible (fil à l')	Vignette	L. Picavet aîné	
68	4.882	7 juillet 1888	Invincible (fil à l')	Vignette	L. Picavet aîné	
69	6.984	26 septembre 1895	Irlandais (à l')	Titre	A. Fauchille-Delanoy	
70	1.067	5 juin 1875	Iroquois (fil à l')	Vignette	Verstraete frères	V F

N° d'ordre	N° d'inscription	DATE DU DÉPOT	NOM DE LA MARQUE	NATURE DE LA MARQUE	NOM DU DÉPOSANT	INITIALES
71	4.654	29 décembre 1887	Isard (fil à l')	Titre	Vᵉ C. Crespel et fils	
72	6.986	26 septembre 1895	Islandais (à l')	Titre	A. Fauchille-Delanoy	
73	2.080	3 mars 1882	Isthme de Panama (à l')	Bande	G.-J. Descamps-Beaucourt	G J D B
74	2.057	8 février 1882	Isthme de Panama (fil à l')	Vignette	G.-J. Descamps-Beaucourt	
75	2.135	1ᵉʳ mai 1882	Isthme de Suez (fil supérieur à l')	Vignette	Anatole Descamps	Augᵗᵉ D
76	2.267	28 juillet 1882	Italiano (filo)	Vignette	Dayez fils aîné et Cⁱᵉ	D et C
77	2.149	1ᵉʳ mai 1882	Italien (fil)	Titre	Anatole Descamps	
78	943	25 juillet 1873	Italienne (à l')	Vignette	Victor Saint-Léger	
79	772	25 novembre 1871	Italienne (fil à l')	Vignette	Victor Saint-Léger	
80	885	31 décembre 1872	Italiens (fil aux)	Vignette	Verstraete frères	

No D'ORDRE	No D'INSCRIPTION	DATE DU DÉPOT	NOM DE LA MARQUE	NATURE DE LA MARQUE	NOM DU DÉPOSANT	INITIALES

No d'ordre	No d'inscription	DATE DU DÉPOT	NOM DE LA MARQUE	NATURE DE LA MARQUE	NOM DU DÉPOSANT	INITIALES

N° D'ORDRE	N° D'INSCRIPTION	DATE DU DÉPOT	NOM DE LA MARQUE	NATURE DE LA MARQUE	NOM DU DÉPOSANT	INITIALES

J

No D'ORDRE	No D'INSCRIPTION	DATE DU DÉPOT	NOM DE LA MARQUE	NATURE DE LA MARQUE	NOM DU DÉPOSANT	INITIALES
1	3.894	28 mai 1886	Jaco (fil au)	Titre	Poullier-Longhaye	
2	324	22 novembre 1862	Jacquard de Lyon (fil à)	Vignette	Devos frères	
3	770	4 octobre 1871	Jacquemard (fil à)	Vignette	Devos frères	
4	2.506	7 mars 1883	Jacques Cœur (fil au)	Vignette	Lambin	M R
5	3.507	27 mai 1885	Jambon (au)	Vignette	Boutry-Droulers	
6	2.265	26 juillet 1882	Janissaire (fil au)	Titre	Vᵉ C. Crespel et fils	
7	3.308	19 février 1885	Japon (fil du)	Titre	Vanoutryve frères	
8	5.435	21 juin 1890	Japon (fil du)	Vignette	Vᵉ G. Toussin	G T
9	543	2 mars 1867	Japonais (au)	Vignette	Hassebroucq frères	
10	544	2 mars 1867	Japonais (au)	Bande	Hassebroucq frères	
11	2.615	22 août 1883	Japonais (au)	Vignette	Hassebroucq frères	HF
12	308	4 octobre 1862	Japonais (fil au)	Vignette	Hassebroucq frères	
13	2.552	2 mai 1883	Japonais (fil au)	Bande	Hassebroucq frères	HF
14	2.553	2 mai 1883	Japonais (fil au)	Bande	Hassebroucq frères	HF
15	2.554	2 mai 1883	Japonais (fil au)	Bande	Hassebroucq frères	HF
16	2.555	2 mai 1883	Japonais (fil au)	Bande	Hassebroucq frères	HF
17	2.763	8 février 1884	Japonaise (à la)	Titre	A. Fauchille aîné	
18	6.733	18 décembre 1894	Japonaise (à la)	Titre	A. Fauchille-Delanoy	
19	1.570	10 mars 1880	Jarretière (la)	Bande	Hassebroucq frères	HF
20	1.259	30 juin 1877	Jean Bart (à)	Vignette	A. Fauchille-Delanoy	A F D
21	1.881	4 mai 1881	Jean Bart (à)	Bande	A. Fauchille-Delanoy	
22	1.884	4 mai 1881	Jean Bart (à)	Pelote	A. Fauchille-Delanoy	
23	265	8 février 1862	Jean Bart (fil à)	Vignette	A. Fauchille-Delanoy	
24	1.534	18 novembre 1879	Jean Bertin (fil à)	Titre	Hassebroucq frères	
25	2.575	8 juin 1883	Jean Duquesne (à)	Titre	A. Fauchille aîné	
26	5.453	12 juillet 1890	Jeanne d'Arc	Bande	Alfred Descamps	
27	5.452	12 juillet 1890	Jeanne d'Arc (à)	Vignette	Alfred Descamps	
28	6.756	9 février 1895	Jeanne d'Arc (à)	Bande	A. Fauchille aîné	R et Cⁱᵉ

N° D'ORDRE	N° D'INSCRIPTION	DATE DU DÉPOT	NOM DE LA MARQUE	NATURE DE LA MARQUE	NOM DU DÉPOSANT	INITIALES
29	3.015	30 août 1884	Jeanne d'Arc (fil à)	Titre	Anatole Descamps	
30	3.235	21 novembre 1884	Jeanne d'Arc (fil à)	Vignette	Crespel et Descamps	D Aé
31	5 396	5 avril 1890	Jeanne d'Arc (fil à)	Vignette	Alfred Descamps	B R
32	477	16 juin 1865	Jeanne de Comines (fil à)	Vignette	Cousin frères	C F
33	2.308	28 août 1882	Jeanne Hachette (à)	Titre	A. Fauchille aîné	
34	743	6 mai 1870	Jean Nicot (fil à)	Vignette	Ph. Vrau	V et B
35	1.011	28 mai 1874	Jean-sans-Peur (fil à)	Vignette	Senélar	
36	1 021	23 juin 1874	Jean-sans-Terre (fil à)	Vignette	Senélar	
37	6.184	20 juin 1893	Jetée (fil à la)	Titre	H. et L. Rogez	
38	6.219	20 juin 1893	Jeu (fil au)	Titre	H et L. Rogez	
39	6.426	23 décembre 1893	Jeu de boules (fil au)	Titre	Crespel et Descamps	
40	4.223	24 mars 1887	Jeune France (fil à la)	Titre	Anatole Descamps	
41	5.440	21 juin 1890	Jeune mère (à la)	Vignette	Vᵉ G. Toussin	G T
42	2.378	16 octobre 1882	Jeunesse (à la)	Titre	A. Fauchille aîné	
43	6.069	14 avril 1893	Jockey (au)	Vignette	Gustave Toussin	G T
44	1.330	30 mars 1878	Jockey (fil au)	Vignette	Gustave Toussin	G T
45	4.971	4 décembre 1888	Joindre, 1 grosse, Aurore, n° 17 (fil à)	Etiquettes	Anatole Descamps	
46	589	18 février 1868	Jolie meunière (à la)	Vignette	J. Thiriez père et fils	
47	2.721	21 décembre 1883	Jolie meunière (fil à la)	Vignette	J. Thiriez père et fils	
48	3.126	10 septembre 1884	Jonas (fil à)	Titre	Aug. Lambin	
49	193	31 juillet 1861	Jongleur (au)	Vignette	A. Mallet et L. Darras	M et D, Lille
50	3.052	10 septembre 1884	Jongleur (au)	Titre	A. Fauchille aîné	
51	590	18 février 1868	Jongleur chinois (au)	Vignette	A. Mallet et L. Darras	
52	591	18 février 1868	Jongleur chinois (au)	Bande	A. Mallet et L. Darras	
53	835	6 août 1872	Jongleur chinois (au)	Vignette	A. Mallet et L. Darras	
54	3 333	16 mars 1885	Jongleur chinois (au)	Titre	A. Fauchille aîné	
55	3.046	10 septembre 1884	Jongleur lillois (au)	Titre	A. Fauchille aîné	
56	5.038	11 février 1889	Jour 1870-1871 (fil du)	Vignette	H. et L. Rogez	
57	5.788	18 novembre 1891	Jour Pro-Patria (fil du)	Vignette	H. et L. Rogez	
58	6.117	9 mai 1893	Jouteurs (aux)	Titre	H. et L. Rogez	
59	1.272	24 août 1877	J. T. P. F.		J. Thiriez père et fils	
60	4.887	13 juillet 1888	Jubilé (fil au)	Vignette	L. Picavet aîné	P Aé
61	3.124	10 septembre 1884	Juge (fil au)	Titre	Aug. Lambin	
62	217	18 janvier 1862	Juive (fil à la)	Vignette	A. Mallet et L. Darras	M et D, Lille
63	1.925	16 juin 1881	Juive (fil à la)	Vignette	L. Darras et Cⁱᵉ	L D
64	164	13 mars 1861	Jules César (à)	Vignette	Hassebroucq frères	
65	3.140	24 septembre 1884	Jumeaux (fil aux)	Titre	Aug. Lambin	
66	2.533	18 avril 1883	Jumel Géorgie	Vignette	Fouquier-Dubard	F D
67	2.704	17 novembre 1883	Jurassiens (aux)	Titre	A. Fauchille aîné	
68	386	23 mars 1864	Justice (fil à la)	Vignette	I. Lambin	
69	1.561	18 février 1880	Justice (fil à la)	Titre	Scrive frères	

N° D'ORDRE	N° D'INSCRIPTION	DATE DU DÉPOT	NOM DE LA MARQUE	NATURE DE LA MARQUE	NOM DU DÉPOSANT	INITIALES

No d'ordre	No d'inscription	DATE DU DÉPOT	NOM DE LA MARQUE	NATURE DE LA MARQUE	NOM DU DÉPOSANT	INITIALES

K

N° D'ORDRE	N° D'INSCRIPTION	DATE DU DÉPOT	NOM DE LA MARQUE	NATURE DE LA MARQUE	NOM DU DÉPOSANT	INITIALES
1	2.183	8 mai 1882	Kabile (fil au)	Vignette	Anatole Descamps	Aug^{te} D
2	947	7 août 1873	Kalmouck (fil au)	Vignette	A. Fauchille-Delanoy	
3	3.880	28 mai 1886	Kanguroo (fil au)	Titre	Poullier-Longhaye	
4	5.972	27 septembre 1892	Kellermann (fil à)	Titre	H. et L. Rogez	
5	6.429	29 décembre 1893	Képi (au)	Titre	Wallaert frères	
6	6.430	29 décembre 1893	Képi (au)	Etiquette	Wallaert frères	W F
7	6.992	30 septembre 1895	Képi (au)	Vign., étiq., bandes	Wallaert frères	W F
8	2.465	6 décembre 1882	Kermesse (fil à la)	Titre	Hassebroucq frères	
9	5.090	25 juin 1889	Khroumir (fil)	Bande	Boutry-Droulers	
10	5.098	25 juin 1889	Khroumir Aïa Braham (fil)	Vignette	Boutry-Droulers	
11	1.605	28 avril 1880	Kilog (fil au)	Titre	I. Lambin	
12	695	11 août 1869	Kiosque (fil au)	Vignette	Gustave Toussin	
13	5.445	21 juin 1890	Kiosque (fil au)	Vignette	Ve G. Toussin	G T
14	1.930	16 juin 1881	Kroumir (fil au)	Titre	Ve G. Toussin	
15	948	7 août 1873	Kurde (fil au)	Vignette	A. Fauchille-Delanoy	

N° D'ORDRE	N° D'INSCRIPTION	DATE DU DÉPOT	NOM DE LA MARQUE	NATURE DE LA MARQUE	NOM DU DÉPOSANT	INITIALES

L

No D'ORDRE	No D'INSCRIPTION	DATE DU DÉPOT	NOM DE LA MARQUE	NATURE DE LA MARQUE	NOM DU DÉPOSANT	INITIALES
1	737	27 avril 1870	Labyrinthe (fil au)	Vignette	Rogez et Cie	R F
2	5.756	22 octobre 1891	Lac (mouliné au)	Vign., bande, étiqu.	Wallaert frères	W F
3	2.429	27 octobre 1882	Lacet superfin	Vignette	Wallaert frères	L T
4	2.448	27 octobre 1882	Lacet supérieur	Vignette	Wallaert frères	L T
5	2.729	26 décembre 1883	Lafayette (fil à)	Vignette	Hassebroucq frères	
6	3.147	24 septembre 1884	Laine à tricoter	Etiquette	Hassebroucq et Cie	
7	3.149	24 septembre 1884	Laine mérinos	Etiquette	Hassebroucq et Cie	H et Cie
8	1.432	28 mai 1879	Laitière (à la)	Vignette	Henri Rogez	R et C
9	6.413	20 décembre 1893	Lama (au)	Titre	Georges Saint-Léger	
10	3.843	3 avril 1886	Lama (le)	Vignette	Hassebroucq frères	
11	932	2 mai 1873	Lamartine (fil à)	Vignette	Bianco aîné	H J
12	6.306	19 septembre 1895	Lamartine (fil à)	Titre	H. et L. Rogez	
13	3.540	27 mai 1885	Lampe (à la)	Vignette	Boutry-Droulers	
14	1.620	5 mai 1880	Lancier (au)	Bande	L. Picavet aîné	P Aé
15	267	19 mars 1862	Lancier (fil au)	Pelote	D. et V. Picavet aîné	
16	4.691	3 février 1888	Lancier (fil au)	Vignette	L. Picavet aîné	P Aé
17	2.031	2 décembre 1881	Lansquenet (fil au)	Vignette	Poullier-Longhaye	
18	2.492	12 février 1883	Lanterne (à la)	Vignette	Victor Saint-Léger	V S L
19	636	26 septembre 1868	Lanterne (fil à la)	Vignette	Henri Collette	
20	2.560	22 mai 1883	Lanterne magique (fil à la)	Vignette	G.-J. Descamps-Beaucourt	G J D B
21	2.443	27 octobre 1882	Lapin (au)	Vignette	Wallaert frères	W F
22	2.292	2 août 1882	Lapin (coton à coudre au)	Vignette	Wallaert frères	W F
23	2.434	27 octobre 1882	Lapin (coton à coudre au)	Vignette, étiqu., bande	Wallaert frères	W F
24	2.414	26 avril 1882	Lapins (aux)	Titre	A. Fauchille aîné	
25	4.028	25 octobre 1886	Lapon (fil au)	Titre	Vanoutryve frères	
26	1.952	5 juillet 1881	Larochejacquelein (fil à)	Titre	Scrive frères	
27	598	7 mars 1868	Laurier (fil au)	Vignette	Ed. Duchesne	
28	6.204	20 juin 1893	Lavoir (fil au)	Titre	H. et L. Rogez	

N° D'ORDRE	N° D'INSCRIPTION	DATE DU DÉPÔT	NOM DE LA MARQUE	NATURE DE LA MARQUE	NOM DU DÉPOSANT	INITIALES
29	2.377	16 octobre 1882	Légende (à la)	Titre	A. Fauchille aîné	
30	2.369	27 septembre 1882	Le moins cher (fil)	Titre	Hassebroucq frères	
31	1.431	2 avril 1879	Léon XIII (fil à)	Vignette	I. Lambin	
32	6.635	1er septembre 1894	Léon XIII (fil à)	Titre	I. Lambin	
33	1.509	1er septembre 1879	Léopard (fil au)	Vignette	Poullier-Longhaye	P L
34	2.967	12 août 1884	Léopard (fil au)	Vignette	Poullier-Longhaye	P L
35	6.218	20 juin 1893	Leperdit (fil à)	Titre	H. et L. Rogez	
36	2.368	27 septembre 1882	Le plus cher (fil)	Vignette	Hassebroucq frères	
37	2.524	24 mars 1883	Lessivage et teinture	Titre	Hassebroucq frères	
38	959	26 août 1873	Lettre T (la)	Etiquette	J. Thiriez père et fils	J T P F
39	2.791	5 mars 1884	Levrette d'or (à la)	Vignette	I. Lambin	W
40	4.997	21 décembre 1888	Lévrier (fil au)	Titre	L. Picavet aîné	
41	4.543-4.544	20 décembre 1887	Lézard (au)	Etiquette et vignette	Boutry-Droulers	B D
42	2.796	8 mars 1884	Lézard (fil au)	Titre	Anatole Descamps	
43	3.019	30 août 1884	Lézard (fil au)	Vignette	Anatole Descamps	
44	3.632	19 août 1885	Lézard (fil au)	Bobine	Anatole Descamps	
45	3.633	19 août 1885	Lézard (fil au)	Bobine	Anatole Descamps	
46	2.276	28 juillet 1882	Libellules (aux)	Titre	A. Fauchille aîné	
47	5.781	12 novembre 1891	Libérateur (au)	Bandes	Poullier-Longhaye	A S
48	856	25 octobre 1872	Liberté (à la)	Vignette	Bianco aîné	
49	3.756	11 janvier 1886	Liberté (à la)	Vignette	Rogez	B Aé
50	1.023	26 juin 1874	Libre-échange (au)	Vignette	D. et V. Picavet aîné	
51	4.714	10 février 1888	Libre-échange (au)	Vignette	L. Picavet aîné	P Aé
52	4.486	27 octobre 1887	Licorne (à la)	Vignette	Théodore Barrois	T B
53	3.871	28 mai 1886	Lierre (fil au)	Titre	Poullier-Longhaye	
54	5.567	3 février 1891	Lièvre (le)	Vignette	Wallaert frères	
55	2.387	25 octobre 1882	Lignard (au)	Titre	A. Fauchille aîné	
56	3.199	10 novembre 1884	Ligne (fil de la)	Titre	A. Fauchille aîné	
57	2.924	29 juillet 1884	Ligue des patriotes (à la)	Titre	Henri Rogez	
58	356	3 septembre 1863	Lilas (fil aux)	Vignette	A. Mallet et A. Darras	M et D. Lille
59	1.924	16 juin 1881	Lilas (fil aux)	Vignette	L. Darras et Cie	L D
60	1.802	6 avril 1881	Lille (fil de)	Bande	Dayez fils aîné et Cie	S R
61	4.969	4 décembre 1888	Lille-France	Vignette	Anatole Descamps	A D
62	4.970	4 décembre 1888	Lille-France	Vignette	Anatole Descamps	Aug. Descamps
63	4.973	4 décembre 1888	Lille-France	Vignette	Anatole Descamps	Aug. Descamps
64	4.974	4 décembre 1888	Lille-France	Vignette	Anatole Descamps	Aug. Descamps
65	6.967	4 décembre 1888	Lille-France	Bandes	Anatole Descamps	Aug. Descamps
66	5.549	26 décembre 1890	Lille lissé (fil de)	Etiquette et bande	Droulers-Vernier	D V
67	5.546	26 décembre 1890	Lille mouliné (fil de)	Etiquette et bande	Droulers-Vernier	D V
68	5.141	10 août 1889	Lille-Paris	Etiquettes	Wallaert frères	W F
69	5.142	10 août 1889	Lille-Paris	Etiquettes	Wallaert frères	W F
70	5.570	3 février 1891	Limaçon (le)	Vignette	Wallaert frères	

Nº D'ORDRE	Nº D'INSCRIPTION	DATE DU DÉPOT	NOM DE LA MARQUE	NATURE DE LA MARQUE	NOM DU DÉPOSANT	INITIALES
71	5.984	16 novembre 1892	Limier (fil au)	Titre	I. Lambin	
72	2.360	21 septembre 1882	Lin (fil du)	Vignette	Hassebroucq frères	
73	2.202	1er juin 1882	Lin (le)	Titre	Hassebroucq frères	
74	4.766	31 mars 1888	Lin à coudre	Bande	Scrive frères	
75	4.771	31 mars 1888	Lin à coudre	Bande	Scrive frères	
76	3.021	30 août 1884	Lin câblé	Vignette	Anatole Descamps	
77	3.617	13 août 1885	Lin câblé	Etiquette	Anatole Descamps	
78	3.618	13 août 1885	Lin câblé	Etiquette	Anatole Descamps	
79	3.619	13 août 1885	Lin câblé	Etiquette	Anatole Descamps	
80	5.539	26 décembre 1890	Lin câblé 6 fils pour machine	Etiquettes	Droulers-Vernier	D V
81	5.424	21 juin 1890	Lin des Flandres	Bande	Ve Gustave Toussin	G T
82	3.273 bis	21 janvier 1885	Lin des Flandres (fil)	Titre	E. Guillemaud et Cie	
83	3.972	11 août 1886	Lin dévidé	Bobine	Anatole Descamps	
84	1.357	14 août 1878	Lin extra	Bandes et Pelote	Henri Rogez	R C
85	3.462	19 mai 1885	Lin extra	Bobine	Poullier-Longhaye	P L
86	4.235	25 mars 1887	Lin extra	Devants de boîte	Vanoutryve frères	
87	5.560	30 décembre 1890	Lin extra fort, noir immuable	Vignette	Poullier-Longhaye	P L
88	5.197	7 novembre 1889	Lin extra fort, noir immuable	Vignette	Poullier-Longhaye	
89	5.541	26 décembre 1890	Lin extra, retors pour machine	Etiquettes	Droulers-Vernier	D V
90	3.066	10 septembre 1884	Lin 130 extra	Bande	Scrive frères	
91	3.067	10 septembre 1884	Lin 80 extra	Bande	Scrive frères	
92	3.428	5 mai 1885	Lingot d'or (au)	Vignette	Boutry-Droulers	
93	4.577	20 décembre 1887	Lingot d'or (au)	Etiquette	Boutry-Droulers	B D
94	4.578	20 décembre 1887	Lingot d'or (au)	Vignette	Boutry-Droulers	B D
95	2.365	21 septembre 1882	Linifice (fil au)	Vignette	Hassebroucq frères	
96	4.942	3 octobre 1888	Lin soie	Bandes	Poullier-Longhaye	
97	4.713	10 février 1888	Lion (fil au)	Vignette	L. Picavet aîné	P Aé
98	909	11 mars 1873	Lion amoureux (fil au)	Vignette	D. et V. Picavet aîné	
99	4.716	10 février 1888	Lion amoureux (fil au)	Vignette	L. Picavet aîné	P Aé
100	1.840	11 avril 1881	Lionceaux (aux)	Bande	A. Fauchille-Delanoy	A F D
101	1.841	11 avril 1881	Lionceaux (aux)	Bande	A. Fauchille-Delanoy	A F D
102	1.842	11 avril 1881	Lionceaux (aux)	Bande	A. Fauchille-Delanoy	A F D
103	1.517	27 septembre 1879	Lionceaux (fil aux)	Titre	A. Fauchille-Delanoy	
104	1.529	31 octobre 1879	Lionceaux (fil aux)	Vignette	A. Fauchille-Delanoy	
105	1.026	28 juillet 1874	Lion de Belfort (au)	Vignette	G.-J. Descamps-Beaucourt	
106	5.927	19 août 1892	Lion de Belfort (au)	Vignette	G.-J. Descamps-Beaucourt	G J D B
107	2.999	27 août 1884	Lion de Flandre (fil au)	Titre	Aug. Lambin	
108	2.420	27 octobre 1882	Lion d'or (câblé au)	Vign., étiqu., bande	Wallaert frères	W F
109	283	10 mai 1862	Lion d'or, triple force 1862 (fil au)	Vignette	Ph. Vrau	
110	954	11 août 1873	Lion et le rat (le)	Vignette	J. Villain-Verstaen et Cie	V V et C
111	4.720	10 février 1888	Lionne (à la)	Vignette	L. Picavet aîné	P Aé
112	1.513	19 septembre 1879	Lionne (fil à la)	Titre	A. Fauchille-Delanoy	

N° D'ORDRE	N° D'INSCRIPTION	DATE DU DÉPOT	NOM DE LA MARQUE	NATURE DE LA MARQUE	NOM DU DÉPOSANT	INITIALES
113	1.582	21 avril 1880	Lionne (fil à la)	Titre	I. Lambin	
114	6.641	1er septembre 1894	Lionne (fil à la)	Titre	I. Lambin	
115	955	12 août 1873	Lion pris au piège	Vignette	A Fauchille-Delanoy	
116	1.169	9 mai 1876	Lions d'or (aux)	Vignette	A. Fauchille-Delanoy	B
117	5.430	21 juin 1893	Lissé (fil)	Etiquette	Vᵉ G. Toussin	G T
118	3.420	5 mai 1885	Livre (au)	Vignette	Boutry-Droulers	
119	2.174	8 mai 1882	Livre d'or (fil au)	Vignette	Anatole Descamps	A H F
120	6.990	26 septembre 1893	Locomobile (à la)	Titre	Gustave Toussin	
121	1.305	20 décembre 1877	Locomotive (câblé à la)	Etiquette	Vᵉ Croquez-Margée	V C M
122	6.071	14 avril 1893	Locomotive (câblé à la)	Etiquette	Gustave Toussin	G T
123	2.953	12 août 1884	Loi (fil à la)	Vignette	Poullier-Longhaye	P L
124	4.371	4 juillet 1887	Loi (fil à la)	Bandes	Poullier-Longhaye	P L
125	6.480	15 mars 1894	Loïe Fuller (à)	Titre	Crespel et Descamps	
126	4.143	25 février 1887	Long cours (fil au)	Titre	Crespel et Descamps	
127	3.542	27 mai 1885	Lorgnon (au)	Vignette	Boutry-Droulers	
128	5.089	25 juin 1889	Lorgnon (coton au)	Bande	Boutry-Droulers	
129	5.095	25 juin 1889	Lorgnon (coton au)	Etiquette	Boutry-Droulers	B D
130	5.096	25 juin 1889	Lorgnon (un)	Vignette	Boutry-Droulers	
131	3.892	28 mai 1886	Loriot (fil au)	Titre	Poullier-Longhaye	
132	1.100	23 septembre 1875	Lorraine (à la)	Vignette	Poullier-Longhaye	
133	2.779	5 mars 1884	Loterie (fil à la)	Titre	I. Lambin	
134	1.056	15 décembre 1874	Loto (fil à)	Vignette	J. Thiriez père et fils	
135	4.332	16 juin 1887	Louis Brune, sauveteur rouennais (fil à)	Titre	Crespel et Descamps	
136	1.114	28 septembre 1875	Louis d'or (câblé au)	Vignette	Wallaert frères	W F
137	2.417	27 octobre 1882	Louis d'or (câblé au)	Vignette	Wallaert frères	W F
138	2.436	27 octobre 1882	Louis d'or (câblé au)	Etiqu, vignette, bande	Wallaert frères	W F
139	2.441	27 octobre 1882	Louis d'or (câblé au)	Vignette	Wallaert frères	W F
140	6.008	20 décembre 1892	Louis d'or 20 francs (mouliné au)	Etiquette	Wallaert frères	W F
141	165	13 mars 1861	Louis le Grand (à)	Vignette	Hassebroucq frères	
142	2.106	26 avril 1882	Louis XIV (à)	Titre	A. Fauchille aîné	
143	2.283	28 juillet 1882	Louis XIV (fil à)	Vignette	A. Fauchille aîné	A F Aⁿᵉ
144	5.812	15 janvier 1892	Loup (câblé au)	Etiquette	Vᵉ Gustave Toussin	G T
145	1.128	9 novembre 1875	Loup (fil au)	Vignette	I. Lambin	
146	5.488	1er octobre 1890	Loup (fil au)	Vignette	I. Lambin	I. Lambin
147	1.225	6 février 1877	Loup (fil câblé)	Vignette	Vᵉ Gustave Toussin	G T
148	2.243	5 juillet 1882	Loup de mer (fil au)	Titre	Anatole Descamps	
149	4.483	20 octobre 1887	Loup de mer (fil au)	Vignette	A Fauchille-Delanoy	A F D
150	2.085	29 mars 1882	Loupe (fil à la)	Titre	I. Lambin	
151	4.132	14 février 1887	Loup-garou (au)	Titre	Rogez	
152	1.118	18 octobre 1875	Loups moutons deviendront, quand nos amours finiront (les)	Vignette	D. et V. Picavet aîné	P Aᵉ
153	1.857	27 avril 1881	Loutre (fil à la)	Titre	I. Lambin	

N° D'ORDRE	N° D'INSCRIPTION	DATE DU DÉPOT	NOM DE LA MARQUE	NATURE DE LA MARQUE	NOM DU DÉPOSANT	INITIALES
154	1.209	20 décembre 1876	Louve (à la)	Bande	I. Lambin	
155	1.506	28 août 1879	Louve (à la)	Bande	I. Lambin	
156	1.643	16 juin 1880	Louve (à la)	Bande	I. Lambin	
157	1.644	16 juin 1880	Louve (à la)	Bande	I. Lambin	
158	1.645	16 juin 1880	Louve (à la)	Bande	I Lambin	
159	1.646	16 juin 1880	Louve (à la)	Bande	I. Lambin	
160	2.246	7 juillet 1882	Louve (à la)	Bande	I. Lambin	
161	6.631	1er septembre 1894	Louve (à la)	Bande	I. Lambin	
162	6.632	1er septembre 1894	Louve (à la)	Bande	I. Lambin	
163	6.633	1er septembre 1894	Louve (à la)	Façades Int. et extér.	I. Lambin	
164	6.634	1er septembre 1894	Louve (à la)	Façades Int. et extér.	I. Lambin	
165	1.129	9 novembre 1875	Louve (fil à la)	Vignette	I. Lambin	
166	1.851	20 avril 1881	Louve (fil à la)	Vignette	I. Lambin	I. Lambin
167	2.019	2 novembre 1881	Louve (fil à la)	Bande	I. Lambin	
168	2.020	2 novembre 1881	Louve (fil à la)	Façade extér. de boîte	I. Lambin	I L
169	2.021	2 novembre 1881	Louve (fil à la)	Façade intér.	I. Lambin	I L
170	2.022	2 novembre 1881	Louve (fil à la)	Façade extér.	I. Lambin	I L
171	2.023	2 novembre 1881	Louve (fil à la)	Vignette	I. Lambin	I. Lambin
172	5.489	1er octobre 1890	Louve (fil à la)	Vignette	I. Lambin	I. Lambin
173	1.388	10 octobre 1878	Louve (la)	Bobine	I. Lambin	
174	4.185	26 février 1887	Loyauté, c'est ma devise (fil à la)	Vignette	Vᵉ C. Crespel et fils	P F T
175	664	9 janvier 1869	Lucifer (fil à)	Vignette	Scrive frères	
176	3.511	27 mai 1885	Lunette (à la)	Vignette	Boutry-Droulers	
177	2.211	9 juin 1882	Lutrin (au)	Titre	Poullier-Longhaye	
178	2.102	19 avril 1882	Lynx (fil au)	Titre	Anatole Descamps	
179	5.982	10 novembre 1892	Lyonnais (fil)	Etiquettes	Ad. et E. Rigaut	B D
180	1.121	29 octobre 1875	Lyre	Vignette	J. Thiriez père et fils	J T P et F

N° D'ORDRE	N° D'INSCRIPTION	DATE DU DÉPOT	NOM DE LA MARQUE	NATURE DE LA MARQUE	NOM DU DÉPOSANT	INITIALES

N° D'ORDRE	N° D'INSCRIPTION	DATE DU DÉPOT	NOM DE LA MARQUE	NATURE DE LA MARQUE	NOM DU DÉPOSANT	INITIALES

N° D'ORDRE	N° D'INSCRIPTION	DATE DU DÉPOT	NOM DE LA MARQUE	NATURE DE LA MARQUE	NOM DU DÉPOSANT	INITIALES

No D'ORDRE	No D'INSCRIPTION	DATE DU DÉPOT	NOM DE LA MARQUE	NATURE DE LA MARQUE	NOM DU DÉPOSANT	INITIALES

N° D'ORDRE	N° D'INSCRIPTION	DATE DU DÉPOT	NOM DE LA MARQUE	NATURE DE LA MARQUE	NOM DU DÉPOSANT	INITIALES

M

N° D'ORDRE	N° D'INSCRIPTION	DATE DU DÉPOT	NOM DE LA MARQUE	NATURE DE LA MARQUE	NOM DU DÉPOSANT	INITIALES
1	2.421	27 octobre 1882	Machine (fil pour)	Vignette	Wallaert frères	W F
2	2.424	27 octobre 1882	Machine (fil pour)	Vignette, étiqu., bande	Wallaert frères	W F
3	2.144	1er mai 1882	Machine à coudre (fil à la)	Vignette	Anatole Descamps	Aug^{te} D
4	3.614	13 août 1885	Machine à vapeur (fil à la)	Titre	Anatole Descamps	
5	3.976	19 août 1886	Machines françaises (fil aux)	Titre	Crespel et Descamps	
6	6.392	23 octobre 1893	Mac-Mahon (fil à)	Titre	Poullier-Longhaye	
7	6.682	20 octobre 1894	Mac-Mahon (fil à)	Vignette	Poullier-Longhaye	
8	937	20 mai 1873	Madone (fil à la)	Vignette	J. Thiriez père et fils	
9	930	30 avril 1873	Magicien (fil au)	Vignette	A. Fauchille-Delanoy	
10	6.222	20 juin 1893	Magnifique (le)	Titre	H. et L. Rogez	
11	486	4 décembre 1865	Magnolias (fil aux)	Vignette	Humbert frères	
12	487	4 décembre 1865	Magot (au)	Bandes	Humbert frères	A H F
13	1.947	30 juin 1881	Magot (au)	Bandes	Anatole Descamps	A H F
14	1.079	12 juillet 1875	Magot (fil au)	Pelote	A. Humbert frères	
15	2.140	1er mai 1882	Magot (fil au)	Vignette	Anatole Descamps	
16	5.450	12 juillet 1890	Magot (fil au)	Vignette	Alfred Descamps	
17	3.360	19 mars 1885	Mahdi (fil au)	Titre	Vanoutryve frères	
18	822	2 juillet 1872	Mahomet (fil à)	Vignette	Verstraete frères	
19	1.336	24 novembre 1879	Maillon (fil au)	Vignette	L. Darras et Cie	L D
20	2.182	8 mai 1882	Main (fil à la)	Vignette	Anatole Descamps	A H F
21	2.204	5 juin 1882	Main (fil à la)	Vignette	Anatole Descamps	A H F
22	4.736	7 mars 1888	Maine (fil du)	Titre	I. Lambin	
23	5.003	21 décembre 1888	Maison universelle	Bande	L. Picavet aîné	
24	3.118	10 septembre 1884	Maître d'armes (fil au)	Titre	Aug. Lambin	
25	1.430	17 mars 1879	Maître de chant (fil au)	Vignette	Poullier-Longhaye	
26	6.051	11 mars 1893	Maître d'école (au)	Vignette	Poullier-Longhaye	
27	3.829	27 mars 1886	Major (au)	Titre	Rogez	
28	4.774	31 mars 1888	Malbrough (à)	Bande	Georges Saint-Léger	V S L

N° D'ORDRE	N° D'INSCRIPTION	DATE DU DÉPOT	NOM DE LA MARQUE	NATURE DE LA MARQUE	NOM DU DÉPOSANT	INITIALES
29	1.727	7 janvier 1881	Malbrough (fil à)	Titre	Victor Saint-Léger	
30	3.529	27 mai 1885	Malle (à la)	Vignette	Boutry-Droulers	
31	5.154	13 septembre 1889	Malle (fil en)	Titre	Crespel et Descamps	
32	6.251	19 juillet 1893	Malle des Indes (fil à la)	Caisse	Aug. Lambin	
33	3.709	26 octobre 1885	Malle-poste (fil à la)	Titre	Poullier-Longhaye	
34	6.416	20 décembre 1893	Manchon (au)	Titre	Georges Saint-Léger	
35	489	7 décembre 1865	Mandarin (fil au)	Vignette	A. Fauchille-Delanoy	
36	632	25 août 1868	Mandarine (fil à la)	Vignette	Verstraete frères	
37	975	24 septembre 1873	Mandchou (fil au)	Vignette	Verstraete frères	
38	2.761	8 février 1884	Mandoline (fil à la)	Titre	Crespel et Descamps	
39	6.171	6 juin 1893	Manœuvre (fil à la)	Titre	H. et L. Rogez	
40	4.399	27 juillet 1887	Manomètre (le)	Titre	Hassebroucq frères	
41	744	6 mai 1870	Marabout (au)	Vignette	D. et V. Picavet aîné	P Aé
42	4.894	13 juillet 1888	Marabout (au)	Vignette	L. Picavet aîné	P Aé
43	5.503	11 octobre 1895	Maraîcher (au)	Bandes	Poullier-Longhaye	
44	5.301	10 janvier 1890	Maraîcher (fil au)	Titre	Poullier-Longhaye	
45	5.468	19 août 1890	Maraîcher (fil au)	Vignette	Poullier-Longhaye	
46	5.893	31 mai 1892	Marandaise (fil à la)	Titre	Alfred Descamps	
47	2.473	23 décembre 1882	Marchand chinois (au)	Titre	A. Fauchille aîné	
48	3.131	17 septembre 1884	Marchand d'images (fil au)	Titre	G.-J. Descamps-Beaucourt	
49	788	29 février 1872	Marchand villageois (au)	Vignette	Rogez et Cie	
50	4.763	30 mars 1888	Marché (fil au)	Titre	Vve C. Crespel et fils	
51	5.779	12 novembre 1891	Marc Séguin (fil à)	Vignette	Poullier-Longhaye	G et P
52	3.036	6 septembre 1884	Maréchal Ney (fil au)	Titre	Anatole Descamps	
53	1.413	21 janvier 1879	Marguerite (à)	Vignette	Henri Rogez	R et C
54	3.171	8 octobre 1884	Marguerites (fil aux)	Titre	Aug. Lambin	
55	1.300	15 novembre 1877	Marié (fil au)	Vignette	Verstraete frères	
56	1.495	1er août 1879	Mariée (fil à la)	Titre	Verstraete frères	
57	5.439	21 juin 1890	Mariée (fil à la)	Vignette	Vve G. Toussin	G T
58	2.569	22 mai 1883	Marin (au)	Vignette	G.-J. Descamps-Beaucourt	G J D B
59	2.610	13 août 1883	Marine (à la)	Titre	A. Fauchille aîné	
60	971	24 septembre 1873	Marinière (fil à la)	Vignette	Verstraete frères	F J
61	4.697	8 février 1888	Marius (fil des)	Titre	Aug. Lambin	
62	774	25 novembre 1871	Marionnettes (fil aux)	Vignette	Victor Saint-Léger	
63	2.843	16 avril 1884	Maritime (fil)	Vignette	Hassebroucq frères	
64	4.155	25 février 1887	Marmiton (fil au)	Vignette	Vve C. Crespel et fils	C F
65	3.506	27 mai 1885	Marmite (à la)	Vignette	Boutry-Droulers	
66	286	10 mai 1862	Maronite (fil à la)	Vignette	Ph. Vrau	J P
67	2.131	26 avril 1882	Maronite (fil à la)	Vignette	Ph. Vrau et Cie	P V
68	2.979	20 août 1884	Marque d'argent (fil à la)	Titre	Aug. Lambin	
69	4.673	3 février 1888	Marque de fabrique P Aé au cachet	Vignette	L. Picavet aîné	P Aé
70	4.680	3 février 1888	Marque d'or (fil)	Vignette	L. Picavet aîné	P Aé

N° D'ORDRE	N° D'INSCRIPTION	DATE DU DÉPOT	NOM DE LA MARQUE	NATURE DE LA MARQUE	NOM DU DÉPOSANT	INITIALES
71	2.980	20 août 1884	Marque d'or (fil à la)	Titre	Aug. Lambin	
72	5.936	19 août 1892	Marque paraphe		G.-J. Descamps-Beaucourt	
73	288	10 mai 1862	Marquis (fil au)	Vignette	Ph. Vrau	D et M
74	1.478	18 juillet 1879	Marseillaise (à la)	Vignette	A. Fauchille-Delanoy	
75	1.880	4 mai 1880	Marseillaise (à la)	Bande	A. Fauchille-Delanoy	
76	1.883	4 mai 1881	Marseillaise (à la)	Pelote	A. Fauchille-Delanoy	
77	1.428	11 mars 1879	Marseillaise (fil à la)	Titre	A. Fauchille-Delanoy	
78	317	11 octobre 1862	Marteaux (aux)	Bandes	Devos frères	D V F
79	565	23 octobre 1867	Marteaux (aux)	Marteaux	Devos frères	D F
80	282	10 mai 1862	Marteaux (fil aux)	Vignette	Devos frères	
81	3.172	8 octobre 1884	Martin-pêcheur (fil au)	Titre	Aug. Lambin	
82	2.717	19 décembre 1883	Martyr (fil au)	Titre	I. Lambin	
83	331	29 décembre 1862	Masaniello (fil à)	Vignette	Senélar	
84	4.901	13 juillet 1888	Masaniello (fil à)	Vignette	L. Picavet aîné	S R
85	6.235	4 juillet 1893	Mascarade (fil à la)	Titre	Crespel et Descamps	
86	2.925	30 juillet 1884	Mascotte (à la)	Bande	Victor Saint-Léger	V S L
87	2.992	25 août 1884	Mascotte (à la)	Bande	Victor Saint-Léger	V S L
88	2.895	7 juin 1884	Mascotte (fil à la)	Titre	Victor Saint-Léger	
89	2.788	5 mars 1884	Masque de fer (fil au)	Titre	I. Lambin	
90	3.370	25 mars 1885	Masque de fer (fil au)	Vignette	I. Lambin	I L
91	1.442	21 avril 1879	Masséna	Vignette	Henri Rogez	
92	4.760	30 mars 1888	Mât de cocagne (fil au)	Titre	Vᵉ C. Crespel et fils	
93	3.995	24 septembre 1886	Matin (au)	Titre	A. Fauchille aîné	
94	886	31 décembre 1872	Maure (fil au)	Vignette	Verstraete frères	
95	4.516	14 décembre 1887	Mauvaises pièces de monnaie (aux)	Titre	Jolivet	
96	5.706	28 août 1891	M. D. G. extra supérieur sole de lin (fil à)	Vignette	Alfred Descamps	P R
97	2.663	17 octobre 1883	Médaille d'or	Pelote et bande	Anatole Descamps	
98	1.396	11 novembre 1878	Médaille d'or (à la)	Vignette	Hassebroucq frères	HF
99	1.398	20 novembre 1878	Médaille d'or (fil à la) fil du renard, fil universel	Bandes	Hassebroucq frères	HF
100	572	22 novembre 1867	Médaille, Exposition universelle (fil à la)	Vignette	Senélar	
101	474	6 mai 1865	Médaillon	Rond	Hassebroucq frères	HF
102	2.399	27 octobre 1882	Médaillon (au)	Vignette	Wallaert frères	W F
103	2.402	27 octobre 1882	Médaillon (au)	Vignette, étiqu. bande	Wallaert frères	W
104	2.882	4 juin 1884	Médaillon (au)	Vignette	Hassebroucq frères	J D F
105	2.489	7 février 1883	Méditerranée (fil à la)	Titre	A. Fauchille-Delanoy	
106	6.877	11 juin 1895	Meilleure (la)	Titre	H. et L. Rogez	
107	2.367	27 septembre 1882	Meilleur fil (le)	Vignette	Hassebroucq frères	
108	4.298	6 mai 1887	Mélinite (fil à)	Titre	Crespel et Descamps	
109	3.523	27 mai 1885	Melon (au)	Vignette	Boutry-Droulers	
110	584	18 janvier 1868	Ménagère (à la)	Vignette	Auguste Descamps	
111	585	18 janvier 1868	Ménagère (fil à la)	Vignette	Auguste Descamps	
112	2.063	16 février 1882	Ménagère (fil à la)	Titre	Crespel et Descamps	

N° D'ORDRE	N° D'INSCRIPTION	DATE DU DÉPOT	NOM DE LA MARQUE	NATURE DE LA MARQUE	NOM DU DÉPOSANT	INITIALES
113	3.035	6 septembre 1884	Ménagère (fil à la)	Titre	Anatole Descamps	
114	2.635	9 octobre 1883	Ménagère du Périgord (à la)	Titre	A. Fauchille aîné	
115	972	24 septembre 1873	Ménestrel (fil au)	Vignette	Verstraete frères	
116	1.410	21 janvier 1879	Méphisto (à)	Vignette	Henri Rogez	R et C
117	5.065	24 mai 1889	Méphisto (à)	Vignette	H. et L. Rogez	R et C
118	1.168	26 avril 1876	Mer (fil de la)	Vignette	Hassebroucq frères	
119	3.123	10 septembre 1884	Mercier (fil au)	Titre	Aug. Lambin	
120	844	18 septembre 1872	Mercure (fil au)	Vignette	Auguste Descamps	
121	629	29 juillet 1868	Mère Michel (la)	Vignette	A. Duhem et A. Derinck	L C
122	3.787	24 février 1886	Mérinos (fil au)	Titre	Aug. Lambin	
123	3.146	24 septembre 1884	Mérinos extra (Poule)	Etiquette	Hassebroucq et Cie	
124	3.064	10 septembre 1884	Mérite agricole (au)	Titre	A. Fauchille aîné	
125	3.789	24 février 1886	Merle (fil au)	Titre	Aug. Lambin	
126	3.898	28 mai 1886	Merle (fil au)	Titre	Poullier-Longhaye	
127	4.047	23 novembre 1886	Merveilles de la Science (fil aux)	Titre	Anatole Descamps	
128	1.411	21 janvier 1879	Merveilleuse (à la)	Vignette	Henri Rogez	R et C
129	5.036	11 février 1889	Merveilleuse (à la)	Vignette	H. et L. Rogez	R et C
130	1.133	2 décembre 1875	Merveilleux (fil)	Vignette	Villain, Verstaen, Hamart et Cie	
131	2.530	18 avril 1883	Merveilleux (fil)	Vignette	Fouquier-Dubard	F D
132	2.534	18 avril 1883	Merveilleux (fil)	Vignette	Fouquier-Dubard	F D
133	4.308	4 juillet 1887	Mésange (à la)	Bandes	Poullier-Longhaye	
134	3.893	28 mai 1886	Mésange (fil à la)	Titre	Poullier-Longhaye	
135	4.359	2 juillet 1887	Mésange (fil à la)	Vignette	Poullier-Longhaye	P L
136	933	2 mai 1873	Message (au)	Vignette	Bianco aîné	B Aé
137	3.344	19 mars 1885	Message (au)	Vignette	Vanoutryve frères	B Aé
138	777	14 février 1872	Messager (fil au)	Vignette	Victor Saint-Léger	
139	2.120	26 avril 1882	Messie (au)	Titre	A. Fauchille aîné	
140	2.280	28 juillet 1882	Messie (fil au)	Vignette	A. Fauchille aîné	A F Ané
141	4.957	23 octobre 1888	Météore (fil au)	Titre	Vve C. Crespel et fils	
142	3.436	5 mai 1885	Mètre (au)	Vignette	Boutry-Droulers	
143	4.523-4.524	20 décembre 1887	Mètre (au)	Etiquette et vignette	Boutry-Droulers	B D
144	2.302	16 août 1882	Métropole (à la)	Titre	A. Fauchille aîné	
145	4.041	23 novembre 1886	Métropolitain (fil au)	Titre	Anatole Descamps	
146	1.753	23 février 1881	Meunier de Sans-Souci (fil au)	Vignette	Hassebroucq frères	HF
147	1.977	22 juillet 1881	Meunier Sans-Souci (le)	Bande	Hassebroucq frères	HF
148	5.031	11 février 1889	Meute (à la)	Vignette	H. et L. Rogez	R et C
149	369	26 octobre 1863	Mexicain (fil au)	Vignette	Gustave Toussin	
150	365	15 septembre 1863	Mexicaine (fil à la)	Vignette	Poullier-Longhaye	
151	1.141	12 janvier 1876	Michelangiolo (fil au)	Vignette	Devos frères	D V F
152	1.348	6 juin 1878	Mi-Kado (fil au)	Vignette	P. Pon Bianco aîné, J.-Bte Taffin	B Aé
153	6.303	19 septembre 1893	Mikado (fil au)	Titre	H. et L. Rogez	
154	2.990	20 août 1884	Militaire (fil au)	Titre	Aug. Lambin	

No d'ordre	No d'inscription	DATE DU DÉPOT	NOM DE LA MARQUE	NATURE DE LA MARQUE	NOM DU DÉPOSANT	INITIALES
155	2.987	20 août 1884	Mille colonnes (fil aux)	Titre	Aug. Lambin	
156	806	31 mai 1872	Mille fleurs (aux)	Vignette	G.-J. Descamps-Beaucourt	
157	2.752	30 janvier 1884	Mine de Courtrai fil Saint-Paul	Titre	I. Lambin	
158	986	4 novembre 1873	Minerve (fil à)	Vignette	Collette	
159	6.316	19 septembre 1893	Minerve (fil à)	Titre	H. et L. Rogez	
160	1.058	6 février 1875	Mineur de la Loire (fil au)	Vignette	Bianco aîné	L F B et L
161	1.161	15 avril 1876	Miniatures (fil aux)	Vignette	Hassebroucq frères	H F
162	6.172	6 juin 1893	Mioche (fil au)	Titre	H. et L. Rogez	
163	5.911	29 juillet 1892	Mireille (fil à)	Titre	Vᵉ C. Crespel et fils	
164	2.370	28 septembre 1882	Mirliton (fil au)	Titre	Victor Saint-Léger	V S L
165	1.768	1ᵉʳ avril 1881	Miroir (au)	Bande	Poullier-Longhaye	P L
166	1.090	15 septembre 1875	Miroir (fil au)	Vignette	Poullier-Longhaye	
167	2.526	24 mars 1883	Mise en boîte	Titre	Hassebroucq frères	
168	3.053	10 septembre 1884	Missionnaire (au)	Titre	A. Fauchille aîné	
169	248	18 janvier 1862	Missionnaire (fil au)	Vignette	A. Mallet et L. Darras	M et D, Lille
170	5.959	19 août 1892	Mode (à la)	Titre	G.-J. Descamps-Beaucourt	
171	1.027	28 juillet 1874	Mode (fil à la)	Vignette	G.-J. Descamps-Beaucourt	
172	3.108	10 septembre 1884	Modèle (fil au)	Titre	Aug. Lambin	
173	750	7 juin 1870	Modes (fil aux)	Vignette	Rogez et Cⁱᵉ	
174	5.028	11 février 1889	Modiste (à la)	Vignette	H. et L. Rogez	R et C
175	2.712	30 novembre 1883	Modiste (fil à la)	Vignette	Henri Rogez	R et C
176	4.084	16 décembre 1886	Mogol (fil au)	Titre	A. Lambin	
177	3.200	10 novembre 1884	Moineaux (aux)	Titre	A. Fauchille aîné	
178	4.982	4 décembre 1888	Moines (aux)	Titre	Anatole Descamps	
179	2.284	28 juillet 1882	Moïse (à)	Titre	A. Fauchille aîné	
180	284	10 mai 1862	Moissonneuse (à la)	Vignette	Ph. Vrau	P V
181	1.384	23 avril 1880	Moissonneuse (à la)	Etiquette	Ph. Vrau et Cⁱᵉ	P V
182	6.852	9 mai 1895	Moissonneuse (à la)	Vignette et étiquette	Ph. Vrau et Cⁱᵉ	P V
183	1.583	23 avril 1880	Moissonneuse (fil à la)	Vignette	Ph. Vrau et Cⁱᵉ	P V
184	6.849	9 mai 1895	Moissonneuse (fil à la)	Etiquette	Ph. Vrau et Cⁱᵉ	P V
185	1.017	13 juin 1874	Moissonneurs (aux)	Vignette	Verstraete frères	
186	1.018	13 juin 1874	Moissonneurs (fil aux)	Bande	Verstraete frères	V F
187	4.284	30 avril 1887	Molosse (au)	Titre	Vᵉ C. Crespel et fils	
188	275	28 mars 1862	Monde (fil au)	Vignette	Fauchille-Delanoy	A F D
189	1.399	26 novembre 1878	Monde (fil au)	Vignette	A. Fauchille-Delanoy	
190	2.249	7 juillet 1882	Mongol (au)	Façade extér. de boîte	I. Lambin	
191	1.433	2 avril 1879	Mongol (fil au)	Vignette	I. Lambin	I L
192	6.636	1ᵉʳ septembre 1894	Mongol (fil au)	Titre	I. Lambin	
193	553	12 août 1867	Mongole (fil au)	Vignette	L. Devos	
194	2.239	3 juillet 1882	Monnaies (aux)	Titre	A. Fauchille aîné	
195	523	5 septembre 1866	Mon oncle (fil à)	Vignette	Ed. Duchesne	
196	2.626	8 septembre 1883	Monseigneur Affre (à)	Titre	A. Fauchille aîné	

No D'ORDRE	No D'INSCRIPTION	DATE DU DÉPOT	NOM DE LA MARQUE	NATURE DE LA MARQUE	NOM DU DÉPOSANT	INITIALES
197	5,434	21 juin 1890	Montagnard (fil au)	Vignette	Vᵉ G. Toussin	G T
198	2,309	28 août 1882	Montagnards (fil aux)	Titre	A. Fauchille aîné	
199	173	5 avril 1861	Mont-Blanc (fil au)	Vignette	Ph. Vrau	J J C
200	2,213	9 juin 1882	Mont-Blanc (fil au)	Vignette	Ph. Vrau et Cⁱᵉ	J J C
201	5,006	21 décembre 1888	Monténégrin (fil au)	Vignette	L. Picavet aîné	S R
202	330	29 décembre 1862	Monténégrin (fil au)	Vignette	Senélar	
203	2,301	16 août 1882	Monteuse (à la)	Titre	A. Fauchille aîné	
204	2,736	19 janvier 1884	Montgolfière (fil à la)	Vignette	Rogez	Pⁱᵉ C, Annonay
205	3,003	27 août 1884	Montre (fil à la)	Titre	Aug. Lambin	
206	5,362	6 mars 1890	Monument de Domrémy (au)	Titre	L. Picavet aîné	
207	6,836	2 mai 1895	Monument des Girondins	Titre	L. Picavet aîné	
208	5,363	6 mars 1890	Monument de Vaucouleurs (au)	Titre	L. Picavet aîné	
209	1,482	23 juillet 1879	Moricaud (fil au)	Vignette	Poullier-Longhaye	P L
210	6,329	27 septembre 1893	Moscou (fil de)	Titre	Hassebroucq frères	
211	6,735	18 décembre 1894	Moscovite	Titre	A. Fauchille-Delanoy	
212	6,330	27 septembre 1893	Moscovite (fil au)	Titre	Hassebroucq frères	
213	5,063	24 mai 1889	Mot d'ordre (au)	Vignette	H. et L. Rogez	R et C
214	2,170	8 mai 1882	Mouche (à la)	Vignette	Anatole Descamps	
215	4,493	16 novembre 1887	Moucheron (fil au)	Titre	I. Lambin	
216	2,348	15 septembre 1882	Mouches d'or (fil aux)	Titre	A. Fauchille-Delanoy	
217	2,821	28 mars 1884	Mouchoir (fil au)	Titre	Ed. Delecroix	
218	3,081	10 septembre 1884	Mouette (fil à la)	Titre	Aug. Lambin	
219	311	8 octobre 1862	Moulin bleu (au)	Vignette	Descamps-Beaucourt	
220	3,996	24 septembre 1886	Moulin d'or (au)	Titre	A. Fauchille aîné	
221	4,075	14 décembre 1886	Mouliné (fil)	Vignette	Scrive frères	
222	4,081	14 décembre 1886	Mouliné extra	Etiquette	Scrive frères	
223	4,613	20 décembre 1887	Mouliné zéphir	Etiquette	Boutry-Droulers	
224	2,321	31 août 1882	Mousquetaire (fil au)	Vignette	Verstraete frères	
225	1,212	27 décembre 1876	Mousquetaires (fil aux)	Vignette	Hassebroucq frères	H F
226	6,312	19 septembre 1893	Mousquetaires (fil aux)	Titre	H. et L. Rogez	
227	3,010	27 août 1884	Mousqueton (fil au)	Titre	Aug. Lambin	
228	2,703	17 novembre 1883	Mousse (au)	Titre	A. Fauchille aîné	
229	1,153	13 mars 1876	Mouton (au)	Vignette	Victor Saint-Léger	
230	3,264	26 décembre 1884	Mouton (au)	Vignette	Victor Saint-Léger	
231	6,451	9 janvier 1894	Mouton (au)	Etiquette	Georges Saint-Léger	
232	4,046	23 novembre 1886	Mouton à cinq pattes (au)	Titre	Anatole Descamps	
233	4,007	5 octobre 1886	Mouton bleu (au)	Titre	Georges Saint-Léger	
234	4,008	5 octobre 1886	Mouton d'or (au)	Titre	Georges Saint-Léger	
235	3,292	12 février 1885	Moyen-âge (fil au)	Titre	Vᵉ C. Crespel et fils	
236	6,732	18 décembre 1894	Mozabites (aux)	Titre	A. Fauchille-Delanoy	
237	3,301	14 février 1885	Muguet (fil au)	Titre	Vanoutryve frères	
238	3,786	24 février 1886	Mulet (fil au)	Titre	Aug. Lambin	

N° D'ORDRE	N° D'INSCRIPTION	DATE DU DÉPOT	NOM DE LA MARQUE	NATURE DE LA MARQUE	NOM DU DÉPOSANT	INITIALES
239	1.366	14 août 1878	Murier (au)	Vignette	Henri Rogez	R et C
240	6.082	4 mai 1893	Muscade (à la)	Titre	Crespel et Descamps	
241	5.639	30 juin 1891	Muscadin (fil au)	Titre	Crespel et Descamps	
242	2.793	3 mars 1884	Musettes (fil aux)	Vignette	I. Lambin	L J
243	2.062	14 février 1882	Musical (fil)	Vignette	L. Picavet aîné	
244	3.141	24 septembre 1884	Musicienne (fil à la)	Titre	Aug. Lambin	
245	1.076	30 juin 1875	Musiciens (fil aux)	Vignette	G.-J. Descamps-Beaucourt	
246	5.937	19 août 1892	Musiciens (fil aux)	Vignette	G.-J. Descamps-Beaucourt	G J D B
247	4.889	13 juillet 1888	Musique (fil à la)	Vignette	L. Picavet aîné	
248	638	2 octobre 1868	Myosotis (au)	Vignette	Victor Saint-Léger	
249	2.418	27 octobre 1882	Myosotis (au)	Vignette	Wallaert frères	W F
250	2.421	27 octobre 1882	Myosotis (coton au)	Vignette, étiqu., bande	Wallaert frères	W F
251	1.824	8 avril 1881	My Superior American Tread	Etiquette	Rémy Yon	

— 142 —

No D'ORDRE	No D'INSCRIPTION	DATE DU DÉPOT	NOM DE LA MARQUE	NATURE DE LA MARQUE	NOM DU DÉPOSANT	INITIALES

N° d'ordre	N° d'inscription	DATE DU DÉPOT	NOM DE LA MARQUE	NATURE DE LA MARQUE	NOM DU DÉPOSANT	INITIALES

N° D'ORDRE	N° D'INSCRIPTION	DATE DU DÉPOT	NOM DE LA MARQUE	NATURE DE LA MARQUE	NOM DU DÉPOSANT	INITIALES

N° D'ORDRE	N° D'INSCRIPTION	DATE DU DÉPOT	NOM DE LA MARQUE	NATURE DE LA MARQUE	NOM DU DÉPOSANT	INITIALES

N° D'ORDRE	N° D'INSCRIPTION	DATE DU DÉPOT	NOM DE LA MARQUE	NATURE DE LA MARQUE	NOM DU DÉPOSANT	INITIALES

N° D'ORDRE	N° D'INSCRIPTION	DATE DU DÉPOT	NOM DE LA MARQUE	NATURE DE LA MARQUE	NOM DU DÉPOSANT	INITIALES

N° D'ORDRE	N° D'INSCRIPTION	DATE DU DÉPOT	NOM DE LA MARQUE	NATURE DE LA MARQUE	NOM DU DÉPOSANT	INITIALES

N

N° D'ORDRE	N° D'INSCRIPTION	DATE DU DÉPOT	NOM DE LA MARQUE	NATURE DE LA MARQUE	NOM DU DÉPOSANT	INITIALES
1	5.032	11 février 1889	Nabab (fil au)	Vignette	H. et L. Rogez	
2	3.120	10 septembre 1884	Nageur (fil au)	Titre	Aug. Lambin	
3	678	8 avril 1869	Nain jaune (au)	Vignette	Victor Saint-Léger	V S L
4	3.051	10 septembre 1884	Nankinois (au)	Titre	A. Fauchille aîné	
5	834	5 août 1872	Nankinois (fil au)	Vignette	A. Mallet et L. Darras	
6	6.779	8 mars 1895	Napoléon (fil à)	Titre	Alfred Descamps	
7	177	17 avril 1861	Napoléon III (à)	Vignette	D. et V. Picavet aîné	P Aé
8	2.090	5 avril 1882	Napolitaine (la)	Vignette	Verstraete frères	V F
9	922	2 avril 1873	Nation (fil à la)	Vignette	J. Thiriez père et fils	
10	553	8 juin 1867	National (fil)	Bande	Verstraete frères	V F
11	1.688	4 octobre 1880	National (fil)	Bande	E. Guillemaud et Cie	
12	1.689	4 octobre 1880	National (fil)	Cocarde	E. Guillemaud et Cie	A
13	1.692	23 octobre 1880	National (fil)	Rond	E. Guillemaud et Cie	
14	2.097	5 avril 1882	National (fil)	Vignette	Verstraete frères	V F
15	6.318	19 septembre 1893	National (fil)	Titre	H. et L. Rogez	
16	2.681	5 novembre 1883	National Allemand (fil)	Titre	E. Guillemaud et Cie	
17	2.680	5 novembre 1883	National Belge (fil)	Titre	E. Guillemaud et Cie	
18	2.679	5 novembre 1883	National Français (fil)	Titre	E. Guillemaud et Cie	
19	3.272	21 janvier 1885	National Français (fil)	Etiquette-bande	E. Guillemaud et Cie	
20	1.207	7 décembre 1876	Nations (fil des)	Vignette	Crespel et Descamps	A M D
21	4.107	12 janvier 1887	Naufragé (fil au)	Vignette	Hassebroucq frères	Hf
22	1.165	15 avril 1876	Naufragé (le)	Vignette	Hassebroucq frères	
23	2.217	12 juin 1882	Navigateur (fil au)	Titre	Poullier-Longhaye	
24	2.715	30 novembre 1883	Navigation (à la)	Vignette	Henri Rogez	R et C
25	296	11 juin 1862	Navire cuirassé (au)	Vignette	Lambin	I L B
26	1.434	2 avril 1879	Navire cuirassé (au)	Vignette	I. Lambin	I L B
27	6.638	1er septembre 1894	Navire cuirassé (au)	Titre	I. Lambin	
28	1.052	4 novembre 1874	Navire (fil au)	Vignette	Lambin	
29	4.178	25 février 1887	Navire Fluctuat nec mergitur (au)	Vignette	Ve C. Crespel et fils	P R et C

N° D'ORDRE	N° D'INSCRIPTION	DATE DU DÉPOT	NOM DE LA MARQUE	NATURE DE LA MARQUE	NOM DU DÉPOSANT	INITIALES
30	1.562	18 février 1880	Nectar (le)	Bandes	Hassebroucq frères	HF
31	1.709	30 novembre 1880	Négociant (fil au)	Vignette	Vᵉ Gustave Toussin	
32	5.438	21 juin 1890	Négociant (fil au)	Vignette	Vᵉ Gustave Toussin	G T
33	5.949	19 août 1892	Nègre (fil au)	Vignette	G.-J. Descamps-Beaucourt	G J D B
34	758	29 octobre 1870	Négresse (à la)	Vignette	Hassebroucq frères	
35	804	24 mai 1872	Neige (fil à la)	Vignette	Crespel et Descamps	
36	4.056	3 décembre 1886	Neige (fil à la)	Vignette	Crespel et Descamps	D Aᵉ
37	4.748	27 mars 1888	Nervien (fil au)	Vignette	Scrive frères	
38	3.585	24 juin 1885	Niepce (fil à)	Titre	Hassebroucq frères	
39	607	28 mars 1868	Nil (fil du)	Vignette	Scrive frères	S F, Lille
40	615	6 mai 1868	Nil (fil du)	Pelote	Scrive frères	S F
41	5.375	14 mars 1890	Ninon (fil à)	Vignette	H. et L. Rogez	R et C
42	5.061	24 mai 1889	Ninon de Lenclos (à)	Titre	H. et L. Rogez	
43	1.486	28 juillet 1879	Noces d'argent (aux)	Vignette	H. Desombre	H D
44	1.219	13 janvier 1877	Noël (fil de)	Vignette	Vᵉ Gustave Toussin	
45	5.813	15 janvier 1892	Noël (fil de)	Vignette	Vᵉ Gustave Toussin	G T
46	3.502	27 mai 1885	Nœud rouge (au)	Vignette	Boutry-Droulers	
47	6.335	27 septembre 1893	Noir bon teint	Titre	Hassebroucq frères	
48	6.278	14 août 1893	Noir 100 à 300 R. et C.	Bande	H. et L. Rogez	R et C
49	5.414	30 mai 1890	Noir ébène	Titre	G.-J. Descamps-Beaucourt	
50	5.413	30 mai 1890	Noir éternel	Titre	G.-J. Descamps-Beaucourt	
51	4.751	27 mars 1888	Noir extra	Devanture de boîte	Scrive frères	
52	5.211	12 novembre 1889	Noir fixe	Titre	Vᵉ C. Crespel et fils	
53	5.386	14 mars 1890	Noir grand teint exigé par les ministères	Titre	H. et L. Rogez	
54	5.383	14 mars 1890	Noir idéal	Titre	H. et L. Rogez	
55	5.204	7 novembre 1889	Noir immuable	Titre	Poullier-Longhaye	
56	5.209	12 novembre 1889	Noir inaltérable	Titre	Crespel et Descamps	
57	5.203	7 novembre 1889	Noir inamovible	Titre	Poullier-Longhaye	
58	5.385	14 mars 1890	Noir inattaquable	Titre	H. et L. Rogez	
59	5.384	14 mars 1890	Noir incomparable	Titre	H. et L. Rogez	
60	5.208	12 novembre 1889	Noir indestructible	Titre	Crespel et Descamps	
61	5.202	7 novembre 1889	Noir indiscutable	Titre	Poullier-Longhaye	
62	5.387	14 mars 1890	Noir inoxydable	Titre	H. et L. Rogez	
63	5.210	12 novembre 1889	Noir invariable	Titre	Vᵉ C. Crespel et fils	
64	6.332	27 septembre 1893	Noir pénétrant	Titre	Hassebroucq frères	
65	6.331	27 septembre 1893	Noir pénétré	Titre	Hassebroucq frères	
66	6.334	27 septembre 1893	Noir résistant	Titre	Hassebroucq frères	
67	5.361	6 mars 1890	Noir sanitaire garanti bon teint	Titre	L. Picavet aîné	
68	5.460	19 août 1890	Noir sécurité	Titre	Poullier-Longhaye	
69	6.333	27 septembre 1893	Noir solide	Titre	Hassebroucq frères	
70	5.382	14 mars 1890	Noir spécial nouveau, exigé p' le ministre de la guerre	Titre	H. et L. Rogez	
71	4.981	4 décembre 1888	Nonnes (aux)	Titre	Anatole Descamps	

N° D'ORDRE	N° D'INSCRIPTION	DATE DU DEPOT	NOM DE LA MARQUE	NATURE DE LA MARQUE	NOM DU DÉPOSANT	INITIALES
72	1.302	20 novembre 1877	Nord (fil du)	Vignette	P. P^{on} Bianco aîné. J.-B^{te} Taffin	
73	3.759	11 janvier 1887	Nord (fil du)	Vignette	Rogez	B A é
74	1.125	29 octobre 1875	Nord (le)	Vignette	J. Thiriez père et fils	
75	1.155	24 mars 1876	Nord (le)	Vignette	J. Thiriez père et fils	
76	299	11 juillet 1862	Nord breveté (fil du)	Vignette	Bianco aîné	B A é
77	5.012	21 décembre 1888	Norma (fil à)	Vignette	L. Picavet aîné	P A é
78	6.387	13 octobre 1893	Nos amis les Russes (à)	Titre	Scrive frères	
79	4.174	25 février 1887	Notre ami (fil à)	Vignette	Ve C. Crespel et fils	C F
80	2.567	22 mai 1883	Notre-Dame de Boulogne (fil à)	Vignette	G.-J. Descamps-Beaucourt	G J D B
81	278	15 avril 1862	Notre-Dame de Bretagne (à)	Vignette	D. et V. Picavet aîné	
82	287	10 mai 1862	Notre-Dame de Font-Romen	Vignette	Ph. Vrau	P V
83	238	28 décembre 1861	Notre-Dame de France (fil à)	Vignette	Gustave Toussin	G T
84	5.667	22 juillet 1891	Notre-Dame de France (fil à)	Vignette	Ve Gustave Toussin	G T
85	6.518	1er mai 1894	Notre-Dame de Grâce (fil à)	Titre	H. et L. Rogez	
86	7.096	30 décembre 1895	Notre-Dame de Larmor (à)	Titre	Gustave Toussin	
87	4.679	3 février 1888	Notre-Dame de Lille (fil à)	Vignette	L. Picavet aîné	P A é
88	3.000	27 août 1884	Notre-Dame de Lorette (fil à)	Titre	Aug. Lambin	
89	5.175	9 octobre 1889	Notre-Dame de Lourdes	Vignette	I. Lambin	I L B
90	967	3 septembre 1873	Notre-Dame de Lourdes (à)	Vignette	Lambin	
91	5.585	17 mars 1891	Notre-Dame de l'Usine et de l'Atelier (fil à)	Titre	H. et L. Rogez	
92	424	9 février 1865	Notre-Dame de Poitiers (à)	Vignette	A. Fauchille-Delanoy	
93	6.519	1er mai 1894	Notre-Dame des Dunes (fil à)	Titre	H. et L. Rogez	
94	168	13 mars 1861	Notre-Dame des Victoires (à)	Vignette	Hassebroucq frères	
95	5.167	9 octobre 1889	Notre-Dame des Victoires (à)	Vignette	I. Lambin	I L
96	274	26 mars 1862	Notre-Dame du Chêne (à)	Vignette	Hassebroucq frères	
97	395	27 avril 1864	Notre-Dame du Rosaire (à)	Vignette	Hassebroucq frères	
98	759	12 avril 1871	Notre-Dame du Sacré-Cœur d'Issoudun (à)	Vignette	L Bastenaire	
99	3.207	12 novembre 1884	Notre frontière	Vignette	Hassebroucq frères	H F
100	3.206	12 novembre 1884	Notre frontière (à)	Bande	Hassebroucq frères	H F
101	2.875	24 mai 1884	Notre frontière (fil à)	Titre	Hassebroucq frères	
102	180	18 mai 1861	Notre Père (fil à)	Vignette	Bianco aîné	B A é
103	1.453	28 mai 1879	Nouveau drapeau (fil au)	Titre	Henri Rogez	
104	1.678	13 septembre 1880	Nouveau-né (fil au)	Titre	Auguste Descamps	
105	7.029	12 octobre 1895	Nouveau-né (fil au)	Vignette	Auguste Descamps	Aug^{te} D
106	5.602	28 mars 1891	Nouveau-siècle (fil au)	Titre	Crespel et Descamps	
107	2.180	8 mai 1882	Nouveau tambour (fil au)	Vignette	Anatole Descamps	A H F
108	866	20 novembre 1872	Nouvelle-France (à la)	Vignette	Roman Ghesquière	
109	2.739	28 janvier 1884	Novice (au)	Titre	A. Fauchille aîné	
110	6.881	18 juin 1895	Nubienne (à la)	Vignette	Gustave Toussin	G T
111	1.663	17 juillet 1880	Nubienne (fil à la)	Vignette	Ve Gustave Toussin	
112	2.330	31 août 1882	Nuit (fil à la)	Titre	Verstraete frères	
113	5.060	24 mai 1889	Numéro un (fil)	Titre	H. et L. Rogez	

N° D'ORDRE	N° D'INSCRIPTION	DATE DU DÉPOT	NOM DE LA MARQUE	NATURE DE LA MARQUE	NOM DU DÉPOSANT	INITIALES

N° d'ordre	N° d'inscription	DATE DU DÉPOT	NOM DE LA MARQUE	NATURE DE LA MARQUE	NOM DU DÉPOSANT	INITIALES

N° D'ORDRE	N° D'INSCRIPTION	DATE DU DÉPOT	NOM DE LA MARQUE	NATURE DE LA MARQUE	NOM DU DÉPOSANT	INITIALES

O

Nº D'ORDRE	Nº D'INSCRIPTION	DATE DU DÉPOT	NOM DE LA MARQUE	NATURE DE LA MARQUE	NOM DU DÉPOSANT	INITIALES
1	4.266	2 avril 1887	Obus (fil à l')	Titre	Poullier-Longhaye	
2	4.381	9 juillet 1887	Obus (fil à l')	Vignette	Poullier-Longhaye	
3	5.307	10 janvier 1890	Obus (fil à l')	Bandes	Poullier-Longhaye	
4	2.844	16 avril 1884	Obus (l')	Titre	Hassebroucq frères	
5	2.115	26 avril 1882	Odalisque (à l')	Titre	A. Fauchille aîné	
6	2.220	12 juin 1882	Odalisque (fil à l')	Vignette	Scrive frères	
7	611	22 avril 1868	Œil (à l')	Vignette	Scrive frères	
8	4.835	30 avril 1888	Œillet rouge (fil à l')	Titre	Georges Saint-Léger	
9	3.330	5 mars 1885	Œuf (à l')	Vignette et étiquette	Wallaert frères	
10	2.414	27 octobre 1882	Œuf (fil à l')	Vignette	Wallaert frères	W F
11	2.417	27 octobre 1882	Œuf (fil à l')	Vignette, étiq., bande	Wallaert frères	W F
12	1.403	11 décembre 1878	Œufs d'or (aux)	Vignette	Hassebroucq frères	H F
13	1.438	2 avril 1879	Œufs d'or (aux)	Boîte	Hassebroucq frères	H F
14	6.187	20 juin 1893	Officier (fil à l')	Titre	H. et L. Rogez	
15	867	21 novembre 1872	Oiseau de paradis (à l')	Vignette	Vᵉ C. Crespel et fils	
16	2.069	24 février 1882	Oiseau de paradis (à l')	Bande	Vᵉ C. Crespel et fils	C F
17	2.070	24 février 1882	Oiseau de paradis (à l')	Bande	Vᵉ C. Crespel et fils	C F
18	2.071	24 février 1882	Oiseau de paradis (à l')	Bande	Vᵉ C. Crespel et fils	C F
19	4.150	25 février 1887	Oiseau de paradis (à l')	Vignette	Vᵉ C. Crespel et fils	C F
20	4.078	14 décembre 1886	Oiseau d'or (fil à l')	Vignette	Scrive frères	S F
21	2.303	16 août 1882	Oiseau-mouche (à l')	Titre	A. Fauchille aîné	
22	1.347	6 juin 1878	Oiseaux (fil aux)	Vignette	P. Pon Blanco aîné, J.-Bte Taffin	B Aé
23	6.305	19 septembre 1893	Oiseaux (fil aux)	Titre	H. et L. Rogez	
24	4.903	13 juillet 1888	Oiseleur (fil à l')	Titre	L. Picavet aîné	
25	5.011	21 décembre 1888	Oiseleur (fil à l')	Vignette	L. Picavet aîné	P Aé
26	5.638	30 juin 1891	Olympe (fil à l')	Titre	Crespel et Descamps	
27	3.726	11 novembre 1885	Omnibus (à l')	Bande	I. Lambin	I L
28	3.727	11 novembre 1885	Omnibus (à l')	Bande	I. Lambin	I L

N° D'ORDRE	N° D'INSCRIPTION	DATE DU DÉPOT	NOM DE LA MARQUE	NATURE DE LA MARQUE	NOM DU DÉPOSANT	INITIALES
29	4.610	20 décembre 1887	Omnibus (câblé)	Etiquette	Boutry-Droulers	
30	4.563	20 décembre 1887	Omnibus (coton à coudre)	Etiquette	Boutry-Droulers	
31	1.674	1er septembre 1880	Omnibus (fil à l')	Titre	I. Lambin	
32	5.042	27 mars 1889	Omnibus (fil à l')	Vignette	I. Lambin	I L
33	3.145	24 septembre 1884	Omnibus (laine à tricoter)	Etiquette	Hassebroucq et Cie	
34	3.791	8 mars 1886	Omnibus (mouliné)	Etiquette	Boutry-Droulers	
35	4.562	20 décembre 1887	Omnibus (mouliné)	Etiquette	Boutry-Droulers	
36	2.117	26 avril 1882	Opéra (à l')	Titre	A. Fauchille aîné	
37	1.031	3 août 1874	Or (fil d')	Vignette	D. et V. Picavet aîné	P Aé
38	2.314	28 août 1882	Orage (à l')	Titre	A. Fauchille aîné	
39	4.529-4.530	20 décembre 1887	Orange (à l')	Étiquette et vignette	Boutry-Droulers	
40	839	18 septembre 1872	Orange (fil à l')	Vignette	Hennion et Cie	
41	2.671	25 octobre 1883	Orange (fil à l')	Titre	Victor Saint-Léger	
42	3.018	30 août 1884	Orange (fil à l')	Vignette	Anatole Descamps	Aer Cie
43	5.615	23 avril 1891	Ordonnance (fil à l')	Titre	Crespel et Descamps	
44	6.197	20 juin 1893	Ordre (fil à l')	Titre	H. et L. Rogez	
45	5.067	24 mai 1889	Orient (fil à l')	Vignette	H. et L. Rogez	R et C
46	2.966	12 août 1884	Orient (fil de l')	Vignette	Poullier-Longhaye	P L
47	2.188	8 mai 1882	Oriental (fil)	Vignette	Anatole Descamps	Augte D
48	2.155	2 mai 1882	Orientale (à l')	Titre	A. Fauchille aîné	
49	246	18 janvier 1862	Orphelines (aux)	Vignette	A. Mallet et L. Darras	M et D, Lille
50	3.054	10 septembre 1884	Orphelines (aux)	Titre	A. Fauchille aîné	
51	1.926	16 juin 1881	Orphelins (aux)	Vignette	L. Darras et Cie	L D
52	951	8 août 1873	Orphelins (fil aux)	Vignette	D. et V. Picavet aîné	
53	4.715	10 février 1888	Orphelins (fil aux)	Vignette	L. Picavet aîné	P Aé
54	4.490	16 novembre 1887	Oubli (fil à l')	Titre	I. Lambin	
55	4.726	22 février 1888	Oubli (fil à l')	Vignette	I. Lambin	I L
56	3.945	28 mai 1886	Outarde (fil à l')	Titre	Poullier-Longhaye	
57	3.748	12 décembre 1885	Ouragan (à l')	Titre	Ve C. Crespel et fils	
58	5.433	21 juin 1890	Ours (fil à l')	Vignette	Ve G. Toussin	
59	5.035	11 février 1888	Outils de tailleur (aux)	Vignette	H. et L. Rogez	
60	3.826	27 mars 1886	Ouvrier (à l')	Titre	Rogez	
61	2.362	21 septembre 1882	Ouvriers liniers (aux)	Vignette	Hassebroucq frères	

N° D'ORDRE	N° D'INSCRIPTION	DATE DU DÉPOT	NOM DE LA MARQUE	NATURE DE LA MARQUE	NOM DU DÉPOSANT	INITIALES

N° d'ordre	N° d'inscription	DATE DU DÉPOT	NOM DE LA MARQUE	NATURE DE LA MARQUE	NOM DU DÉPOSANT	INITIALES

P

Nº D'ORDRE	Nº D'INSCRIPTION	DATE DU DÉPOT	NOM DE LA MARQUE	NATURE DE LA MARQUE	NOM DU DÉPOSANT	INITIALES
1	3.522	27 mai 1885	Pain (au)	Vignette	Boutry-Droulers	
2	935	17 mai 1873	Paix (fil à la)	Vignette	J. Thiriez père et fils	
3	3.294	14 février 1885	Palais chinois (fil au)	Titre	Vanoutryve frères	
4	322	12 novembre 1862	Palais de l'Exposition industrielle permanente (au)	Vignette	Picavet aîné	V P D
5	3.304	14 février 1885	Palais des Beaux-Arts de Lille (fil au)	Titre	Vanoutryve frères	
6	4.309	13 mai 1887	Palmes (aux)	Pelote	Scrive frères	S F
7	4.211	11 mars 1887	Palmes (fil aux)	Vignette	Scrive frères	
8	4.310	13 mai 1887	Palmes (fil aux)	Vignette	Scrive frères	S F
9	1.365	14 août 1878	Palmier (au)	Vignette	Henri Rogez	R et C
10	1.556	27 janvier 1882	Panthère (fil à la)	Vignette	Henri Rogez	B et D
11	2.970	12 août 1884	Pantins (fil aux)	Vignette	Poullier-Longhaye	P L
12	4.166	25 février 1887	Paon (au)	Vignette	Vᵉ C. Crespel et fils	C F
13	169	13 mars 1861	Papillon (fil au)	Vignette	Hassebroucq frères	H F
14	355	19 août 1863	Papillon (fil au)	Vignette	Henri Destailleurs	
15	2.670	25 octobre 1883	Papillon (fil au)	Titre	Victor Saint-Léger	
16	3.077	10 septembre 1884	Papillon (fil au)	Vignette	Hassebroucq frères	H F
17	3.991	16 septembre 1886	Paquebot (fil au)	Titre	Crespel et Descamps	
18	4.925	19 septembre 1888	Parachute (au)	Vignette	Wallaert frères	W F
19	4.845	31 mai 1888	Parade (à la)	Titre	A. Fauchille aîné	
20	4.961	23 octobre 1888	Parade (à la)	Titre	A. Fauchille aîné	
21	952	8 août 1873	Parasol (au)	Vignette	D. et V. Picavet aîné	
22	167	13 mars 1861	Pardon de Ploërmel (au)	Vignette	Hassebroucq frères	H F
23	1.099	23 septembre 1875	Parfait (fil)	Etiquette	A. Derinck et Godefrin	
24	1.140	12 janvier 1876	Parfait (fil)	Etiquette	Devos frères	
25	855	16 octobre 1872	Parfait pour machine à coudre (fil)	Vignette	Devos frères	D V F
26	4.082	14 décembre 1886	Parfumé (fil)	Vignette	Scrive frères	
27	4.425	3 août 1887	Parfumeurs (fil aux)	Titre	I. Lambin	
28	175	5 avril 1861	Paris (fil de)	Vignette	Ph. Vrau	M K

N° d'ordre	N° d'inscription	DATE DU DÉPOT	NOM DE LA MARQUE	NATURE DE LA MARQUE	NOM DU DÉPOSANT	INITIALES
29	848	20 septembre 1872	Paris (fil de)	Vignette	Victor Saint-Léger	
30	1.281	18 octobre 1877	Paris (fil de)	Vignette	Vᵉ Gustave Toussin	G T
31	5.815	15 janvier 1892	Paris (fil de)	Etiquette	Vᵉ Gustave Toussin	G T
32	3.865	26 mai 1886	Paris Fluctuat nec mergitur (fil de)	Vignette	Anatole Descamps	
33	1.407	26 décembre 1878	Paris-1878	Vignette	Hassebroucq frères	H F
34	4.043	23 novembre 1886	Paris peloton	Titre	Anatole Descamps	
35	4.087	24 décembre 1886	Paris peloton	Vignette	Anatole Descamps	A D
36	5.395	28 mars 1890	Parlementaire (fil au)	Titre	L. Picavet aîné	
37	6.731	18 décembre 1894	Parmentier (à)	Titre	A. Fauchille-Delanoy	
38	6.858	14 mai 1895	Partage (fil au)	Titre	Vᵉ C. Crespel et fils	
39	6.182	20 juin 1893	Passereau (fil au)	Titre	H. et L. Rogez	
40	4.513	14 décembre 1887	Passeur (au)	Titre	Jolivet	
41	5.825	2 février 1892	Passeur (fil au)	Titre	Poullier-Longhaye	
42	3.818	27 mars 1886	Pasteur (à)	Titre	Rogez	
43	3.832	27 mars 1886	Patineuse (à la)	Titre	Rogez	
44	745	13 mai 1870	Patriarche (fil au)	Vignette	Crespel et Descamps	
45	2.304	25 août 1882	Patriarche (fil au)	Vignette	Crespel et Descamps	D Aᵉ
46	976	24 septembre 1873	Patrie (fil à la)	Vignette	Verstraete frères	
47	5.983	16 novembre 1892	Patrouille (fil à la)	Titre	I. Lambin	
48	3.500	27 mai 1885	Patte (à la)	Vignette	Boutry-Droulers	
49	4.572-4.573	20 décembre 1887	Patte (à la)	Etiquette et vignette	Boutry-Droulers	B D
50	4.283	30 avril 1887	Pâturage (au)	Titre	Vᵉ C. Crespel et fils	
51	1.797	6 avril 1881	Paul et Virginie	Bande	Dayez fils aîné et Cⁱᵉ	D et C
52	1.803	6 avril 1881	Paul et Virginie	Bande	Dayez fils aîné et Cⁱᵉ	S R
53	1.875	2 mai 1881	Paul et Virginie	Enveloppe	Dayez fils aîné et Cⁱᵉ	S R
54	5.304	10 janvier 1890	Paul et Virginie	Bandes	Poullier-Longhaye	
55	764	13 septembre 1871	Paul et Virginie (fil à)	Vignette	Senélar	
56	2.931	9 août 1884	Paul et Virginie (fil à)	Vignette	Poullier-Longhaye	P L
57	377	31 décembre 1863	Pauvre diable (fil au)	Vignette	Picavet aîné	
58	4.116	20 janvier 1887	Pauvre diable (fil au)	Vignette	Crespel et Descamps	D Aᵉ
59	6.734	18 décembre 1894	Pavillons (aux)	Titre	A Fauchille-Delanoy	
60	2.453	8 novembre 1882	Pavois (au)	Titre	A. Fauchille aîné	
61	5.024	11 février 1889	Payse (fil à la)	Vignette	H. et L. Rogez	R et C
62	6.299	19 septembre 1893	Peau rouge (fil au)	Titre	Vᵉ C. Crespel et fils	
63	2.614	22 août 1883	Pêche (la)	Vignette	Hassebroucq frères	I F
64	840	18 septembre 1872	Pêches (fil aux)	Vignette	Hennion et Cⁱᵉ	
65	4.446	7 septembre 1887	Pêches (fil aux)	Vignette	Anatole Descamps	
66	3.327	5 mars 1885	Pêcheur (au)	Etiquette et bande	Wallaert frères	W F
67	3.328	5 mars 1885	Pêcheur (cordonnet pour crochet au)	Vignette, bande	Wallaert frères	W F
68	4.902	13 juillet 1888	Pêcheur (fil au)	Vignette	L. Picavet aîné	P Aᵉ
69	2.178	8 mai 1882	Pêcheur, nouvel apprêt (fil au)	Vignette	Anatole Descamps	E L
70	6.190	20 juin 1893	Pêcheurs (fil aux)	Titre	H et L. Rogez	

N° D'ORDRE	N° D'INSCRIPTION	DATE DU DÉPOT	NOM DE LA MARQUE	NATURE DE LA MARQUE	NOM DU DÉPOSANT	INITIALES
71	5.657	17 juillet 1891	Pégase (fil à)	Titre	Vᵉ C. Crespel et fils	
72	2.520	21 mars 1883	Peignage (le)	Titre	Hassebroucq frères	
73	492	27 décembre 1865	Pékin (fil de)	Vignette	Verstraete frères	
74	2.327	31 août 1882	Pékin (fil de)	Vignette	Verstraete frères	V F
75	343	31 mars 1863	Pèlerins (fil aux)	Vignette	Fauchille-Delanoy	
76	2.977	20 août 1884	Pélican (fil au)	Titre	Aug. Lambin	
77	3.612	13 août 1885	Pélican (fil au)	Titre	Anatole Descamps	
78	3.521	27 mai 1885	Pelle (à la)	Vignette	Boutry-Droulers	
79	2.751	30 janvier 1884	Pelote argentée	Titre	I. Lambin	
80	406	8 octobre 1864	Pelote bardée	Pelotes et bande	Auguste Descamps	
81	1.520	1ᵉʳ octobre 1879	Pelote captive	Bandes	Hassebroucq frères	
82	1.711	3 décembre 1880	Pelote captive	Bande	Hassebroucq frères	
83	368	23 octobre 1863	Pelote couronnée (fil à la)	Pelote	Bianco aîné	
84	1.229	20 février 1877	Pelote couverte	Bandes	Vᵉ Gustave Toussin	
85	1.612	4 mai 1880	Pelote couverte	Bande	Vᵉ Gustave Toussin	
86	1.813	7 avril 1881	Pelote cuir	Pelote	I. Lambin	
87	1.822	8 avril 1881	Pelote cuir	Bande	I. Lambin	I L
88	297	21 juin 1862	Pelote cuirassée	Bande	Picavet aîné	P Aᵉ
89	1.024	2 juillet 1874	Pelote cuirassée	Pelote	D. et V. Picavet aîné	P Aᵉ
90	4.681	3 février 1888	Pelote cuirassée	Vignette	L. Picavet aîné	P Aᵉ
91	1.860	30 avril 1881	Pelote diamant culottée	Enveloppe de pelote	Dayez fils aîné et Cⁱᵉ	S R
92	1.719	29 décembre 1880	Pelote diamantée culottée	Enveloppe	Dayez fils aîné et Cⁱᵉ	S R
93	1.196	24 octobre 1876	Pelote dite consolidée	Vignette	G.-J. Descamps-Beaucourt	G J D B
94	2.750	30 janvier 1884	Pelote dorée	Titre	I. Lambin	
95	2.770	18 février 1884	Pelote en l'air (fil à la)	Titre	G.-J. Descamps-Beaucourt	
96	1.578	9 avril 1880	Pelote fortifiée	Titre	Scrive frères	
97	4.017	23 octobre 1886	Pelote fortifiée	Bande	Scrive frères	
98	4.212	11 mars 1887	Pelote fortifiée	Bandes	Scrive frères	
99	996	30 décembre 1873	Pelote médaillée	Pelote	Verstraete frères	V F
100	473	3 mai 1865	Pelote médaillon	Rond	Hassebroucq frères	
101	1.526	21 octobre 1879	Pelote murée	Bande	Poullier-Longhaye	
102	1.621	7 mai 1880	Pelote murée	Enveloppe-boîte	Poullier-Longhaye	
103	4.136	15 février 1887	Pelote nickel	Titre	Scrive frères	
104	4.311	13 mai 1887	Pelote nickel aux palmes	Devants de boîtes	Scrive frères	S F
105	269	20 mars 1862	Pelote nouveau système (fil en)	Boîte	D. et V. Picavet aîné	
106	5.184	25 octobre 1889	Pelote populaire aux couleurs françaises	Pelote	L. Picavet aîné	
107	1.618	5 mai 1880	Pelote protégée	Bande	L. Picavet aîné	P Aᵉ
108	4.671	27 janvier 1888	Pelote protégée	Vignette	L. Picavet aîné	P Aᵉ
109	655	21 novembre 1868	Pelotes à la prière		Hassebroucq frères	
110	1.157	11 avril 1876	Pelotes au fil d'or	Vignette	Ph. Vrau et Cⁱᵉ	
111	1.594	23 avril 1880	Pelotes au fil d'or	Vignette	Ph. Vrau et Cⁱᵉ	
112	5.677	23 juillet 1891	Pelotes au fil d'or	Vignette	Ph. Vrau et Cⁱᵉ	

N° D'ORDRE	N° D'INSCRIPTION	DATE DU DÉPOT	NOM DE LA MARQUE	NATURE DE LA MARQUE	NOM DU DÉPOSANT	INITIALES
113	2.044	24 décembre 1881	Pelotes ballon	Pelote	A Fauchille-Delanoy	
114	1.284	3 novembre 1877	Pelotes 120 mètres	Vignette	Wallaert frères	W F
115	516	23 mai 1866	Pelotes culottées	Bande	Senélar	
116	517	23 mai 1866	Pelotes culottées	Bande	Senélar	
117	2.250	7 juillet 1882	Pelotes d'argent	Façade extér. de boîte	I. Lambin	
118	2.794	5 mars 1884	Pelotes d'argent	Vignette	I. Lambin	I L
119	3.205	12 novembre 1884	Pelotes de bronze (aux)	Titre	Hassebroucq frères	
120	944	23 juillet 1873	Pelotes d'or	Pelote	Hassebroucq frères	
121	943	16 juillet 1873	Pelotes d'or (aux)	Vignette	Hassebroucq frères	
122	2.836	2 avril 1884	Pelotes d'or (aux)	Bande	Hassebroucq frères	H F
123	1.567	25 février 1880	Pelotes enveloppées	Titre	A. Fauchille-Delanoy	
124	5.181	16 octobre 1889	Pelote tour Eiffel	Titre	Scrive frères	
125	309	4 octobre 1862	Pelote treillagée	Bande	Hassebroucq frères	
126	456	15 février 1865	Pelote treillagée	Bandes	Hassebroucq frères	H F
127	4.091	24 décembre 1886	Peloton de lin dévidé	Devant de boîte	Anatole Descamps	
128	4.090	24 décembre 1886	Peloton dévidé (fil au)	Vignette	Anatole Descamps	Aug^{te} D
129	4.065	7 décembre 1886	Peloton français	Titre	Anatole Descamps	
130	4.089	24 décembre 1886	Peloton lin dévidé	Bande et carte	Anatole Descamps	
131	2.525	24 mars 1883	Pelotonnage (le)	Titre	Hassebroucq frères	
132	4.066	7 décembre 1886	Peloton national	Titre	Anatole Descamps	
133	2.361	21 septembre 1882	Pelotonneuse (fil à la)	Vignette	Hassebroucq frères	
134	4.064	7 décembre 1886	Peloton universel	Titre	Anatole Descamps	
135	915	17 mars 1873	Pendu (fil au)	Vignette	Auguste Descamps	
136	5.164	4 octobre 1889	Pendule (fil au)	Titre	Crespel et Descamps	
137	4.725	22 février 1888	Pénitence (fil à la)	Titre	I. Lambin	
138	372	9 décembre 1863	Pensée (à la)	Vignette	Gustave Toussin	
139	4.093	24 décembre 1886	Percherons (aux)	Titre	Mordacq-Plamont	
140	4.204	5 mars 1887	Percherons (aux)	Vignette	Mordacq-Plamont	
141	4.922	13 septembre 1888	Père bonheur (au)	Vignette	E. Remy Yon	
142	3.228	21 novembre 1884	Père de famille (au)	Vignette	Crespel et Descamps	D A^d
143	2.053	2 février 1882	Père du peuple (au)	Vignette	Dayez fils aîné et Cie	D et C
144	2.935	9 août 1884	Père du peuple (au)	Vignette	Poullier-Longhaye	P L
145	1.387	4 octobre 1878	Père du peuple (fil au)	Vignette	Dayez fils aîné et Cie	D et C
146	873	3 décembre 1872	Père Fouettard (au)	Vignette	J. Villain-Verstaen et Cie	
147	2.357	16 septembre 1882	Père Gaspard (au)	Titre	A. Fauchille aîné	
148	1.735	11 janvier 1881	Perfectionné (fil)	Enveloppe	Dayez fils aîné et Cie	S R
149	1.799	6 avril 1881	Perfectionné (fil)	Bande	Dayez fils aîné et Cie	S R
150	6.200	20 juin 1893	Péril (fil au)	Titre	H. et L. Rogez	
151	2.456	8 novembre 1882	Périodes (aux)	Titre	A Fauchille aîné	
152	2.593	27 juin 1883	Périssoires (fil aux)	Vignette	I. Lambin	I L
153	749	7 juin 1870	Perle d'or (à la)	Pelote	Rogez et Cie	R et Cie
154	923	2 avril 1873	Perles (fil aux)	Vignette	J. Thirlez père et fils	

N° d'ordre	N° d'inscription	DATE DU DÉPOT	NOM DE LA MARQUE	NATURE DE LA MARQUE	NOM DU DÉPOSANT	INITIALES
155	5.985	16 novembre 1892	Permissionnaire (fil au)	Titre	I. Lambin	
156	778	14 février 1872	Pérou (fil du)	Vignette	Victor Saint-Léger	
157	6.282	23 août 1893	Perrinaïe (fil à)	Titre	Hassebroucq frères	
158	1.729	8 janvier 1881	Perroquet (au)	Vignette	Victor Saint-Léger	
159	3.510	27 mai 1885	Perroquet (au)	Vignette	Boutry-Droulers	
160	6.450	9 janvier 1894	Perroquet (au)	Etiquette	Georges Saint-Léger	
161	3.897	28 mai 1886	Perruche (fil à la)	Titre	Poullier-Longhaye	
162	2.134	1er mai 1882	Persan (fil)	Vignette	Anatole Descamps	A H F
163	548	1er avril 1867	Persan (fil au)	Vignette	L. Devos	
164	2.785	5 mars 1884	Persan (fil au)	Titre	I. Lambin	
165	2.591	27 juin 1883	Pesage (fil au)	Titre	I. Lambin	
166	6.198	20 juin 1893	Pétard (fil au)	Titre	H. et L. Rogez	
167	2.263	21 juillet 1882	Petit agneau (au)	Titre	A. Fauchille aîné	
168	2.047	9 janvier 1882	Petit Auvergnat (fil au)	Titre	Scrive frères	
169	1.289	3 novembre 1877	Petit ballon	Vignette	Wallaert frères	
170	1.295	3 novembre 1877	Petit ballon	Bande	Wallaert frères	
171	1.296	3 novembre 1877	Petit ballon	Carré	Wallaert frères	
172	2.445	27 octobre 1882	Petit ballon (au)	Vignette et étiquette	Wallaert frères	
173	1.288	3 novembre 1877	Petit ballon (fil au)	Vignette	Wallaert frères	
174	2.432	27 octobre 1882	Petit ballon (fil au)	Vignette	Wallaert frères	
175	2.888	5 juin 1884	Petit bateau (fil au)	Titre	I. Lambin	
176	1.217	13 janvier 1877	Petit berger (au)	Vignette	Ve Gustave Toussin	
177	5.816	15 janvier 1892	Petit berger (au)	Vignette	Ve Gustave Toussin	G T
178	984	10 octobre 1873	Petit cachet (au)	Bande	Crespel et Descamps	D Aé
179	1.944	28 juin 1881	Petit cachet (au)	Bande	Crespel et Descamps	D Aé
180	983	3 octobre 1873	Petit cachet (fil au)	Vignette	Crespel et Descamps	D Aé
181	4.117	20 janvier 1887	Petit cachet (fil au)	Vignette	Crespel et Descamps	D Aé
182	3.097	10 septembre 1884	Petit cadeau (fil au)	Titre	Aug. Lambin	
183	4.910	8 août 1888	Petit camelot (fil au)	Titre	Ve G. Toussin	
184	3.093	10 septembre 1884	Petit carillonneur (fil au)	Titre	Aug. Lambin	
185	3.830	27 mars 1886	Petit coupable (au)	Titre	Rogez	
186	870	3 décembre 1872	Petit courrier (au)	Vignette	J. Villain-Verstaen et Cie	
187	2.780	5 mars 1884	Petit crieur parisien (fil au)	Titre	I. Lambin	
188	1.414	21 janvier 1879	Petit duc (au)	Vignette	Henri Rogez	R et C
189	396	14 juin 1864	Petit écuyer (fil au)	Bandes	L. Devos	
190	398	2 juillet 1864	Petit écuyer (fil au)		Devos	
191	5.169	9 octobre 1889	Petit écuyer (fil au)	Vignette	I. Lambin	I L
192	469	17 mars 1865	Petite duchesse (fil à la)	Vignette	Descamps-Beaucourt	
193	5.942	19 août 1892	Petite duchesse (fil à la)	Vignette	G.-J. Descamps-Beaucourt	G J D B
194	3.237	21 novembre 1884	Petite flûte (fil à la)	Vignette	Crespel et Descamps	D Aé
195	1.707	29 novembre 1880	Petite Gironde (fil à la)	Titre	Scrive frères	
196	4.758	30 mars 1888	Petite guerre (fil à la)	Titre	Ve C. Crespel et fils	

N° D'ORDRE	N° D'INSCRIPTION	DATE DU DEPOT	NOM DE LA MARQUE	NATURE DE LA MARQUE	NOM DU DÉPOSANT	INITIALES
197	3.745	12 décembre 1885	Petite maman (fil à la)	Vignette	V° C. Crespel et fils	
198	2.349	15 septembre 1882	Petite marchande (à la)	Vignette	A. Fauchille-Delanoy	
199	1.496	1er août 1879	Petite mariée (fil à la)	Titre	Verstraete frères	
200	1.581	16 avril 1880	Petite mère (fil à la)	Titre	Victor Saint-Léger	
201	352	27 juin 1863	Petite souricière (fil à la)	Vignette	Martin Blieck	
202	353	4 juillet 1863	Petite souricière (fil à la)	Boîte	Martin Blieck	
203	3.590	27 juin 1885	Petites sœurs des pauvres (fil aux)	Titre	Aug. Lambin	
204	5.023	11 février 1889	Petite vendeuse (à la)	Vignette	H. et L. Rogez	
205	5.030	11 février 1889	Petite villageoise (à la)	Vignette	H. et L. Rogez	
206	5.437	21 juin 1890	Petit facteur (fil au)	Vignette	V° Gustave Toussin	
207	5.145	23 août 1889	Petit Japonais (câblé au)	Etiquette	Rémy Yon	
208	1.540	12 décembre 1879	Petit Lyonnais (fil au)	Titre	Scrive frères	
209	1.541	12 décembre 1879	Petit Marseillais (fil au)	Titre	Scrive frères	
210	3.699	3 octobre 1885	Petit messager (au)	Vignette	Poullier-Longhaye	
211	3.928	28 mai 1886	Petit messager (au)	Bandes	Poullier-Longhaye	
212	3.260	26 décembre 1884	Petit messager (fil au)	Titre	Poullier-Longhaye	
213	4.705	10 février 1888	Petit mousse (au)	Vignette	L Picavet aîné	P Aé
214	3.213	19 novembre 1884	Petit Noël (fil au)	Titre	I. Lambin	
215	1.539	12 décembre 1879	Petit Nord (fil au)	Titre	Scrive frères	
216	366	17 septembre 1863	Petit panier fleuri (fil au)	Vignette	Bianco aîné	
217	5.201	7 novembre 1889	Petit parrain (fil au)	Titre	Poullier-Longhaye	
218	701	23 octobre 1869	Petit Pierre	Vignette	A. Fauchille-Delanoy	
219	874	3 décembre 1872	Petit Poucet (au)	Vignette	J. Villain Verstaen et Cie	
220	946	31 juillet 1873	Petit Poucet (fil au)	Vignette	Poullier-Longhaye	
221	4.698	8 février 1888	Petit profit (au)	Vignette	Aug. Lambin	A L
222	1.629	24 mai 1880	Petit progrès (fil au)	Vignette	Dayez fils aîné et Cie	D et C
223	2.216	12 juin 1882	Petit ramoneur (au)	Vignette	Poullier-Longhaye	
224	2.939	9 août 1884	Petit ramoneur (au)	Bande	Poullier-Longhaye	P L
225	816	31 mai 1872	Petit Saint-Jean (fil au)	Vignette	G.-J. Descamps-Beaucourt	
226	4.704	10 février 1888	Petit Saint-Jean (fil au)	Vignette	L. Picavet aîné	P Aé
227	2.790	5 mars 1884	Petit Savoyard (fil au)	Vignette	I. Lambin	B C
228	2.993	27 août 1884	Petits bateaux (fil aux)	Titre	Aug. Lambin	
229	3.433	20 septembre 1884	Petits maraudeurs (fil aux)	Titre	I Lambin	
230	1.401	11 décembre 1878	Petits oiseaux (aux)	Vignette	Hassebroucq frères	
231	1.981	27 juillet 1881	Petits oiseaux (aux)	Bande	Hassebroucq frères	
232	2.867	23 mai 1884	Petits poulets (aux)	Titre	Hassebroucq frères	
233	422	3 février 1865	Petit tambour (fil au)	Bande	A Humbert frères	A H F
234	610	21 avril 1868	Petit tambour (fil au)	Vignette et bande	A. Humbert frères	A H F
235	4.700	10 février 1888	Petit troupier (au)	Vignette	L. Picavet aîné	P Aé
236	2.995	27 août 1884	Petit valet de carreau (fil au)	Titre	Aug. Lambin	
237	5.654	17 juillet 1891	Petit verre (au)	Titre	V° C. Crespel et fils	
238	661	9 janvier 1869	Petit voyageur (au)	Vignette	Scrive frères	

N° D'ORDRE	N° D'INSCRIPTION	DATE DU DÉPOT	NOM DE LA MARQUE	NATURE DE LA MARQUE	NOM DU DÉPOSANT	INITIALES
239	1.534	27 janvier 1880	Peuples (fil des)	Vignette	Henri Rogez	R et C
240	6.390	23 octobre 1893	Peuples amis (aux)	Titre	Crespel et Descamps	
241	969	12 septembre 1873	Phares du Havre (aux)	Vignette	J. Thiriez père et fils	
242	1.224	6 février 1877	Phénix (fil au)	Vignette	Vᵉ Gustave Toussin	G T
243	2.163	8 mai 1882	Phénix (fil au)	Vignette	Anatole Descamps	A H F
244	3.150	24 septembre 1884	Phénix (le)	Vignette et bande	Hassebroucq et Cⁱᵉ	
245	4.292	6 mai 1887	Ph. de Girard (à)	Vignette	Crespel et Descamps	D Aᵉ
246	4.351	2 juillet 1887	Philippe Lebon (fil à)	Titre	Poullier-Longhaye	
247	1.904	1ᵉʳ juin 1881	Philosophe (au)	Vignette	Poullier-Longhaye	E P
248	571	22 novembre 1867	Phocéen (fil)	Vignette	Senélar	
249	3.060	10 septembre 1884	Phocéen (fil)	Titre	A. Fauchille aîné	
250	3.009	27 août 1884	Photographe (fil au)	Titre	Aug. Lambin	
251	237	26 décembre 1861	Photographique (fil)	Vignette	Victor Saint-Léger	S L
252	4.754	30 mars 1888	Piano (fil au)	Titre	Crespel et Descamps	
253	5.275	4 décembre 1889	Picador (fil au)	Titre	Vᵉ Gustave Toussin	
254	3.912	28 mai 1886	Pic-vert (fil au)	Titre	Poullier-Longhaye	
255	1.445	23 avril 1879	Pie (à la)	Vignette	J. Thiriez père et fils	
256	2.338	1ᵉʳ septembre 1882	Pièces d'argent (fil aux)	Titre	Anatole Descamps	
257	5.252	28 novembre 1889	Pièces d'or (aux)	Titre	Alfred Descamps	
258	5.321	21 janvier 1890	Pièces d'or (fil aux)	Vignette	Alfred Descamps	
259	5.770	29 octobre 1891	Piège (fil au)	Titre	I. Lambin	
260	1.142	17 janvier 1876	Pie IX	Vignette	Hassebroucq frères	
261	4.842	25 mai 1888	Pierre Belon (à)	Titre	Vᵉ C. Crespel et fils	G B
262	4.024	25 octobre 1886	Pierre Delbroux (fil à)	Titre	Vanoutryve frères	
263	5.509	11 octobre 1890	Pierre Legoux (fil à)	Titre	Poullier-Longhaye	
264	4.170	25 février 1887	Pierrot (fil au)	Vignette	Vᵉ C. Crespel et fils	
265	6.191	20 juin 1893	Pigeonnier (fil au)	Titre	H. et L. Rogez	
266	6.314	19 septembre 1893	Pigeon voyageur (au)	Titre	H. et L. Rogez	
267	4.694ᵇⁱˢ	8 février 1888	Pilote (fil au)	Titre	Aug. Lambin	
268	4.750	27 mars 1888	Pilotis (fil au)	Vignette	Scrive frères	
269	3.525	27 mai 1885	Pinceau (au)	Vignette	Boutry-Droulers	
270	3.907	28 mai 1887	Pintade (fil à la)	Titre	Poullier-Longhaye	
271	3.416	5 mai 1885	Pioche (à la)	Vignette	Boutry-Droulers	
272	4.531-4.532	20 décembre 1887	Pioche (à la)	Etiquette et vignette	Boutry-Droulers	B D
273	1.405	17 décembre 1878	Piou-piou (au)	Pelote et bande	Henri Rogez	
274	5.066	24 mai 1889	Piou-piou (au)	Vignette	H. et L. Rogez	R et C
275	1.404	17 décembre 1878	Piou-piou (fil au)	Vignette	Henri Rogez	R et C
276	1.034	14 août 1874	Pipe (à la)	Vignette	Wallaert frères	W F
277	2.446	27 octobre 1882	Pipe (à la)	Vignette	Wallaert frères	W F
278	4.476	12 octobre 1887	Pipe (à la)	Bande	Wallaert frères	W F
279	2.431	27 octobre 1882	Pipe (coton à la)	Vignette, étiq., bande	Wallaert frères	W F
280	2.218	12 juin 1882	Pirate (fil au)	Titre	Poullier-Longhaye	

N° D'ORDRE	N° D'INSCRIPTION	DATE DU DÉPOT	NOM DE LA MARQUE	NATURE DE LA MARQUE	NOM DU DÉPOSANT	INITIALES
281	2.379	17 octobre 1882	Pirogue (à la)	Titre	A. Fauchille aîné	
282	6.212	20 juin 1893	Pirouette (fil à la)	Titre	H. et L. Rogez	
283	6.233	4 juillet 1893	Plage (fil à la)	Titre	Crespel et Descamps	
284	499	30 janvier 1866	Plaisir (fil au)	Vignette	Victor Saint-Léger	
285	503	24 février 1866	Plaisir (fil au)	Devant de boîte	Victor Saint-Léger	V S L F
286	2.687	7 novembre 1883	Plan (fil au)	Titre	I. Lambin	
287	3.336	16 mars 1885	Planchette (fil sur)	Titre	A. Fauchille aîné	
288	2.688	7 novembre 1883	Plan de Paris (fil au)	Titre	I. Lambin	
289	966	26 août 1873	Planteur (au)	Vignette	J. Thiriez père et fils	
290	3.339	18 mars 1885	Plaques (fil sur)	Titre	A. Fauchille-Delanoy	
291	3.340	18 mars 1885	Plaques (fil sur)	Vignette	A. Fauchille-Delanoy	A F D
292	3.341	18 mars 1885	Plaques (fil sur)	Vignette	A. Fauchille-Delanoy	A F D
293	5.682	31 juillet 1891	Plaques casse-fil	Vignette	A. Fauchille-Delanoy	A F D
294	2.511	23 mars 1883	Pléiades (fil aux)	Vignette	Crespel et Descamps	D A^e
295	3.155	1er octobre 1884	Pleureurs (fil aux)	Titre	Aug. Lambin	
296	4.153	25 février 1887	Plieuse (fil à la)	Vignette	Ve C. Crespel et fils	C F
297	4.077	14 décembre 1886	Plume (fil à la)	Vignette	Scrive frères	
298	4.603	20 décembre 1887	Plumeau (au)	Vignette	Boutry-Droulers	B D
299	4.566-4.567	20 décembre 1887	Plumeau (le)	Etiquette et vignette	Boutry-Droulers	
300	6.875	11 juin 1893	Plus belle (la)	Titre	H. et L. Rogez	
301	3.477	20 mai 1885	Pochette (fil en)	Titre	Scrive frères	
302	3.497	27 mai 1885	Poinçon	Vignette	Boutry-Droulers	
303	4.599-4.600	20 décembre 1887	Poinçon	Etiquette et vignette	Boutry-Droulers	B D
304	4.831	27 avril 1888	Pointeur (fil au)	Titre	Ve C. Crespel et fils	
305	2.786	5 mars 1884	Points cardinaux (fil aux)	Titre	I. Lambin	
306	6.441	29 décembre 1893	Poire (à la)	Titre	Wallaert frères	
307	6.442	29 décembre 1893	Poire (à la)	Etiquette	Wallaert frères	W F
308	2.252	7 juillet 1882	Poire d'argent (à la)	Façade extér. de boîte	I. Lambin	
309	5.310	10 janvier 1890	Poire d'or (à la)	Bandes	Poullier-Longhaye	
310	5.548	26 décembre 1890	Poissé breveté (fil)	Etiquettes	Droulers-Vernier	D V
311	1.166	19 avril 1876	Poisser pour machine (fil à)	Etiquettes	Devos frères	
312	2.290	2 août 1882	Poisson (mouliné au)	Vignette	Wallaert frères	W F
313	2.428	27 octobre 1882	Poisson (mouliné au)	Vignette, étiqu., band	Wallaert frères	W F
314	6.010	20 décembre 1892	Poisson (mouliné au)	Etiquette	Wallaert frères	W F
315	2.425	27 octobre 1882	Poisson (mouliné doublé au)	Vignette	Wallaert frères	W F
316	2.706	19 novembre 1883	Poissonnière (fil à la)	Vignette	Hassebroucq frères	B B
317	2.147	1er mai 1882	Poissons (fil aux)	Titre	Anatole Descamps	
318	2.316	29 août 1882	Pôle (fil au)	Titre	A. Fauchille aîné	
319	2.098	12 avril 1882	Polichinelle (fil au)	Vignette	Anatole Descamps	A H F
320	2.203	5 juin 1882	Polichinelle (fil au)	Vignette	Anatole Descamps	A H F
321	4.709	10 février 1888	Polka (fil à la)	Vignette	L. Picavet aîné	P A^e
322	348	18 avril 1863	Polonais (aux)	Vignette	Devos frères	

N° D'ORDRE	N° D'INSCRIPTION	DATE DU DÉPOT	NOM DE LA MARQUE	NATURE DE LA MARQUE	NOM DU DÉPOSANT	INITIALES
323	5.193	6 novembre 1889	Pomme de pin (coton à la)	Etiquette	Théodore Barrois	T B
324	2.477	27 janvier 1883	Pomme d'or (à la)	Titre	A. Fauchille aîné	
325	912	15 mars 1873	Pompier (fil au)	Vignette	Victor Saint-Léger	
326	3.541	27 mai 1885	Pompon (au)	Vignette	Boutry-Droulers	
327	906	19 février 1873	Pompon (fil au)	Vignette	G. Toussin	G T
328	5.441	21 juin 1890	Pompon (fil au)	Etiquette	Vᵉ G. Toussin	G T
329	2.347	14 septembre 1882	Poneys (fil aux)	Vignette	Victor Saint-Léger	
330	2.237	3 juillet 1882	Pont d'Arcole (au)	Titre	A. Fauchille aîné	
331	344	31 mars 1863	Pont de Brest (fil au)	Vignette	Fauchille-Delanoy	
332	2.119	26 avril 1882	Pont de Lodi (au)	Titre	A. Fauchille aîné	
333	2.159	2 mai 1882	Pont des Arts (au)	Titre	A. Fauchille aîné	
334	2.279	28 juillet 1882	Pont des Arts (fil au)	Vignette	A. Fauchille aîné	A F Aᵑᵉ
335	2.461	29 novembre 1882	Pontife (au)	Titre	A. Fauchille aîné	
336	5.165	4 octobre 1889	Pont suspendu (fil au)	Titre	Crespel et Descamps	
337	2.405	27 octobre 1882	Populaire (fil)	Titre	Wallaert frères	Vᵉ F et Jᵇ M
338	2.408	27 octobre 1882	Populaire (fil)	Vignette et étiquette	Wallaert frères	Vᵉ F et Jᵇ M
339	4.440	1ᵉʳ septembre 1887	Populaire (fil)	Etiquette	A. Pilate	
340	4.675	3 février 1888	Populaire (fil)	Vignette	L. Picavet aîné	P Aᵉ
341	4.892	13 juillet 1888	Populaire extra soyeux (fil)	Vignette	L. Picavet aîné	
342	1.628	22 mai 1880	Populaire (fil), fil à l'immortalité, fil au grand monument national, fil à la gloire nationale.	Vignette	L. Picavet aîné	
343	5.681	27 juillet 1891	Port (au)	Titre	Crespel et Descamps	
344	4.996	21 décembre 1888	Port d'armes (fil au)	Titre	L. Picavet aîné	
345	4.334	16 juin 1887	Porte-amarres (fil au)	Titre	Crespel et Descamps	
346	4.921	29 août 1888	Porte-bonheur (au)	Titre	Hassebroucq frères	
347	3.466	20 mai 1885	Porte-carte (fil en)	Titre	Scrive frères	
348	1.074	28 juin 1875	Porte des Salinières (à la)	Vignette	G.-J. Descamps-Beaucourt	
349	5.947	19 août 1892	Porte des Salinières (à la)	Vignette	G.-J. Descamps-Beaucourt	Alfred Molina
350	2.372	30 septembre 1882	Porte-drapeau (fil au)	Titre	Victor Saint-Léger	
351	3.459	19 mai 1885	Porte-fil	Titre	Scrive frères	
352	3.461	19 mai 1885	Porte-fil	Vignette	Scrive frères	
353	3.535	27 mai 1885	Porte-plume (au)	Vignette	Boutry-Droulers	
354	5.308	10 janvier 1890	Porteuse de pain (à la)	Bandes	Poullier-Longhaye	
355	5.108	9 juillet 1889	Porteuse de pain (fil à la)	Titre	Poullier-Longhaye	
356	5.200	7 novembre 1889	Porteuse de pain (fil à la)	Vignette	Poullier-Longhaye	
357	934	2 mai 1873	Portrait (au)	Vignette	Bianco aîné	B Aᵉ
358	5.826	2 février 1892	Ports de France (fil aux)	Vignette	Poullier-Longhaye	
359	575	29 novembre 1867	Portugais (fil au)	Vignette	Rogez et Cⁱᵉ	R et Cⁱᵉ
360	769	18 septembre 1871	Positif (au)	Vignette	Roman Ghesquière	
361	1.576	2 avril 1880	Positif (au)	Pelote	Roman Ghesquière	R G
362	1.177	20 juin 1876	Possédé de Loudun (fil au)	Vignette	D. et V. Picavet aîné	C P
363	6.195	20 juin 1893	Poste (fil au)	Titre	H. et L. Rogez	

N° D'ORDRE	N° D'INSCRIPTION	DATE DU DÉPOT	NOM DE LA MARQUE	NATURE DE LA MARQUE	NOM DU DÉPOSANT	INITIALES
364	3.236	21 novembre 1884	Postillon (fil au)	Vignette	Crespel et Descamps	D Aé
365	2.479	27 janvier 1883	Postillon gris et aurore	Titre	A. Fauchille aîné	
366	3.519	27 mai 1885	Pot de fleur (au)	Vignette	Boutry-Droulers	
367	3.415	5 mai 1885	Poteau (au)	Vignette	Boutry-Droulers	
368	3.904	28 mai 1886	Poule d'eau (fil à la)	Titre	Poullier-Longhaye	
369	1.406	18 décembre 1878	Poule d'or (à la)	Vignette	Hassebroucq frères	HF
370	394	27 avril 1864	Poupée (fil à la)	Vignette	Hassebroucq frères	
371	3.441	5 mai 1885	Poupon (au)	Vignette	Boutry-Droulers	
372	4.032	27 septembre 1886	Pourboire (au)	Titre	Fauchille aîné	
373	5.187	26 octobre 1889	Pousse-pousse (fil au)	Titre	Georges Saint-Léger	
374	6.236	19 septembre 1893	Poussins (fil aux)	Titre	Crespel et Descamps	
375	6.050	11 mars 1893	Précieuse (la)	Titre	Poullier-Longhaye	
376	2.118	26 avril 1882	Prélat (au)	Titre	A. Fauchille aîné	
377	4.289	4 mai 1887	Premier ami (au)	Titre	I. Lambin	
378	6.777	8 mars 1895	Premier Consul (au)	Titre	Alfred Descamps	
379	3.822	27 mars 1886	Première dent (à la)	Titre	Rogez	
380	3.760	11 janvier 1886	Premières armes (aux)	Titre	H. Rogez	
381	3.750	12 décembre 1885	Premier pas (au)	Titre	Vᵉ C. Crespel et fils	
382	3.470	20 mai 1885	Préserve-fil (le)	Titre	Scrive frères	
383	4.505	5 décembre 1887	Président Carnot (fil au)	Titre	Georges Saint-Léger	
384	1.419	1ᵉʳ février 1879	Président de la République (au)	Titre	Hassebroucq frères	
385	1.680	13 septembre 1880	Presse (fil de la)	Titre	Auguste Descamps	
386	7.040	23 octobre 1895	Presse (fil de la)	Vignette	Alfred Descamps	A H F
387	6.083	4 mai 1893	Prestidigitateur (au)	Titre	Crespel et Descamps	
388	4.468	1ᵉʳ octobre 1887	Prétendants (fil aux)	Titre	Georges Saint-Léger	
389	1.164	15 avril 1876	Prévoyance (à la)	Vignette	Hassebroucq frères	HF
390	4.936	3 octobre 1888	Prévoyant (le)	Vignette	Poullier-Longhaye	M Aé
391	616	8 mai 1868	Prière (fil à la)	Vignette	Hassebroucq frères	HF
392	634	2 septembre 1868	Prière (fil à la)	Vignette	Hassebroucq frères	HF
393	654	21 novembre 1868	Prière (fil à la)	Vignette	Hassebroucq frères	HF
394	674	10 février 1869	Prière (fil à la)	Pelote	Hassebroucq frères	HF
395	4.202	2 mars 1887	Prime (fil à)	Titre	Hassebroucq frères	
396	534	3 novembre 1866	Prince céleste (au)	Vignette	Bianco aîné	
397	524	24 septembre 1866	Prince de Chine	Vignette	Bianco aîné	
398	2.996	27 août 1884	Princesse (fil à la)	Titre	Aug. Lambin	
399	525	24 septembre 1866	Princesse de Chine	Vignette	Bianco aîné	
400	339	3 septembre 1863	Printemps (fil au)	Vignette	A. Mallet et L. Darras	M et D, Lille
401	2.324	31 août 1882	Printemps (fil au)	Titre	Verstraete frères	
402	3.312	19 février 1885	Prise de Sébastopol (fil à la)	Titre	Vanoutryve frères	
403	717	18 février 1870	Prisonnier (fil au)	Vignette	Auguste Descamps	Augᵗᵉ D, Lille
404	3.040	6 septembre 1884	Prisonnier (fil au)	Vignette	Anatole Descamps	Augᵗᵉ D
405	4.184	26 février 1887	Prix d'honneur (fil au)	Vignette	Vᵉ C. Crespel et fils	J P

N° D'ORDRE	N° D'INSCRIPTION	DATE DU DÉPOT	NOM DE LA MARQUE	NATURE DE LA MARQUE	NOM DU DÉPOSANT	INITIALES
406	3.134	20 septembre 1884	Procession (fil à la)	Titre	I. Lambin	
407	3.369	25 mars 1885	Procession (fil à la)	Vignette	I. Lambin	
408	1.616	4 mai 1880	Prodige (au)	Vignette	Vᵉ C. Crespel et fils	C F
409	7.072	19 novembre 1895	Prodige (au)	Vignette	Vᵉ C. Crespel et fils	C F
410	1.249	14 mai 1877	Produit exotique	Vignette	Roman Ghesquière	R G
411	6.880	18 juin 1895	Progrès (au)	Vignette	Gustave Toussin	G T
412	5.664	22 juillet 1891	Progrès (câblé du)	Etiquette	Vᵉ Gustave Toussin	G T
413	1.211	27 décembre 1876	Progrès (fil au)	Vignette	Vᵉ Gustave Toussin	G T
414	1.613	4 mai 1880	Progrès (fil au)	Bande	Vᵉ Gustave Toussin	
415	1.210	27 décembre 1876	Progrès (fil câblé du)	Vignette	Vᵉ Gustave Toussin	G T
416	1.135	14 décembre 1875	Progrès américain (au)	Vignette	J.-Bᵗᵉ Taffin	B A⁴
417	497	25 janvier 1866	Progrès français, avec bracelet, bout trouvé (au)	Vignette	Roman Ghesquière	
418	6.030	31 janvier 1893	Prophète (au)	Vignette	Poullier-Longhaye	P L
419	1.106	24 septembre 1875	Prophète (fil au)	Vignette	Poullier-Longhaye	
420	2.848	28 avril 1884	Proscrit (fil au)	Vignette	Poullier-Longhaye	
421	2.950	9 août 1884	Proscrit (fil au)	Bande	Poullier-Longhaye	
422	4.125	14 février 1887	Protecteur (au)	Titre	Rogez	
423	5.924	19 août 1892	Provençale (à la)	Vignette	G.-J. Descamps-Beaucourt	G J D B
424	4.930	3 octobre 1888	Proverbes (fil aux)	Vignette	Poullier-Longhaye	B L
425	4.946	3 octobre 1888	Proverbes (fil aux)	Bandes	Poullier-Longhaye	
426	1.525	20 octobre 1879	Providence de la France (à la)	Vignette	Poullier-Longhaye	P L
427	549	1ᵉʳ avril 1867	Prussien (fil au)	Vignette	L. Devos	
428	3.613	13 août 1885	Pyramide (fil à la)	Titre	Anatole Descamps	
429	2.194	12 mai 1882	Pyrénées (fil aux)	Vignette	G.-J. Descamps-Beaucourt	

N° D'ORDRE	N° D'INSCRIPTION	DATE DU DÉPOT	NOM DE LA MARQUE	NATURE DE LA MARQUE	NOM DU DÉPOSANT	INITIALES

N° D'ORDRE	N° D'INSCRIPTION	DATE DU DEPOT	NOM DE LA MARQUE	NATURE DE LA MARQUE	NOM DU DÉPOSANT	INITIALES

N° D'ORDRE	N° D'INSCRIPTION	DATE DU DÉPOT	NOM DE LA MARQUE	NATURE DE LA MARQUE	NOM DU DÉPOSANT	INITIALES

N° D'ORDRE	N° D'INSCRIPTION	DATE DU DÉPOT	NOM DE LA MARQUE	NATURE DE LA MARQUE	NOM DU DÉPOSANT	INITIALES

N° D'ORDRE	N° D'INSCRIPTION	DATE DU DÉPOT	NOM DE LA MARQUE	NATURE DE LA MARQUE	NOM DU DÉPOSANT	INITIALES

— 175 —

N° D'ORDRE	N° D'INSCRIPTION	DATE DU DÉPOT	NOM DE LA MARQUE	NATURE DE LA MARQUE	NOM DU DÉPOSANT	INITIALES

N° D'ORDRE	N° D'INSCRIPTION	DATE DU DÉPOT	NOM DE LA MARQUE	NATURE DE LA MARQUE	NOM DU DÉPOSANT	INITIALES

No d'ORDRE	No D'INSCRIPTION	DATE DU DÉPOT	NOM DE LA MARQUE	NATURE DE LA MARQUE	NOM DU DÉPOSANT	INITIALES

N° D'ORDRE	N° D'INSCRIPTION	DATE DU DÉPOT	NOM DE LA MARQUE	NATURE DE LA MARQUE	NOM DU DÉPOSANT	INITIALES

N° d'ordre	N° d'inscription	DATE DU DÉPOT	NOM DE LA MARQUE	NATURE DE LA MARQUE	NOM DU DÉPOSANT	INITIALES

N° D'ORDRE	N° D'INSCRIPTION	DATE DU DÉPOT	NOM DE LA MARQUE	NATURE DE LA MARQUE	NOM DU DÉPOSANT	INITIALES

Q

N° D'ORDRE	N° D'INSCRIPTION	DATE DU DÉPOT	NOM DE LA MARQUE	NATURE DE LA MARQUE	NOM DU DÉPOSANT	INITIALES
1	6.798	30 mars 1895	Qualité au-dessus de tout	Titre	Georges Saint-Léger	
2	5.658	17 juillet 1891	Qualité favorite	Titre	Vᵉ C. Crespel et fils	
3	5.412	30 mai 1890	Qualité invincible	Titre	G.-J. Descamps-Beaucourt	
4	3.357	19 mars 1885	Qualité supérieure, cœur de lin, 60 tours	Bande	Vanoutryve frères	
5	5.640	30 juin 1891	Qualité suprême	Titre	Crespel et Descamps	
6	4.285	30 avril 1887	Quand même	Titre	Vᵉ C. Crespel et fils	
7	5.496	11 octobre 1890	Quartier (au)	Titre	Poullier-Longhaye	
8	329	19 décembre 1862	Quatre âges (fil aux)	Vignette	A. Fauchille-Delanoy	
9	4.044	23 novembre 1886	Quatre as (fil aux)	Titre	Anatole Descamps	
10	347	11 avril 1863	Quatre écussons (aux)	Vignette	Hassebroucq frères	
11	4.708	10 février 1888	Quatre étoiles (fil aux)	Dessin	L. Picavet aîné	P Aé
12	556	12 août 1867	Quatre évangélistes (fil aux)	Vignette	L. Devos	
13	3.615	13 août 1885	Quatre fils Aymon (fil aux)	Titre	Anatole Descamps	
14	858	25 octobre 1872	Quatre frères (fil aux)	Vignette	Bianco aîné	B Aé
15	630	11 août 1868	Quatre grandes villes (aux)	Vignette	Scrive frères	S Frᵉˢ
16	1.524	17 octobre 1879	Quatre pâtissiers (fil aux)	Vignette	Henri Rogez	J A
17	2.157	2 mai 1882	Quatre saisons (aux)	Titre	A. Fauchille aîné	
18	2.617	22 août 1883	Quatre saisons (aux)	Vignette	Hassebroucq frères	H F
19	2.282	28 juillet 1882	Quatre saisons (fil aux)	Vignette	A. Fauchille aîné	A F Ané
20	6.639	1ᵉʳ septembre 1894	Quatre valets (aux)	Titre	I. Lambin	
21	1.436	2 avril 1879	Quatre valets (fil aux)	Vignette	I. Lambin	I L
22	400	8 juillet 1881	Quatre valets (fil aux)		L. Devos	L D
23	2.988	20 août 1884	Quatre vents (fil aux)	Titre	Aug. Lambin	
24	4.121	2 février 1887	Quatre-vingt-neuf (fil de)	Titre	Hassebroucq frères	
25	4.122	2 février 1887	Quatre-vingt-neuf (fil de)	Titre	Hassebroucq frères	
26	980	25 septembre 1873	Quêteuse (fil à la)	Vignette	D. et V. Picavet aîné	
27	4.694	3 février 1888	Quêteuse (fil à la)	Vignette	L. Picavet aîné	P Aé

N° D'ORDRE	N° D'INSCRIPTION	DATE DU DÉPOT	NOM DE LA MARQUE	NATURE DE LA MARQUE	NOM DU DÉPOSANT	INITIALES

R

No D'ORDRE	No D'INSCRIPTION	DATE DU DÉPOT	NOM DE LA MARQUE	NATURE DE LA MARQUE	NOM DU DÉPOSANT	INITIALES
1	1.409	17 janvier 1879	Rabelais (fil à)	Vignette	Crespel et Descamps	
2	4.392	25 juillet 1887	Radeau (fil au)	Titre	Jolivet	
3	3.498	27 mai 1885	Radis	Vignette	Boutry-Droulers	
4	4.552-4.553	20 décembre 1887	Radis (au)	Étiquette et vignette	Boutry-Droulers	
5	1.250	2 juin 1877	Rajah (fil au)	Vignette	Vᵉ C. Crespel et fils	
6	7.034	15 octobre 1895	Rajah (fil au)	Vignette	Vᵉ C. Crespel et fils	C F
7	6.020	27 janvier 1892	Ralliement (au)	Titre	I. Lambin	
8	2.997	27 août 1884	Rameau d'or (fil au)	Titre	Aug. Lambin	
9	6.189	20 juin 1893	Rameaux (fil aux)	Titre	H. et L. Rogez	
10	4.364	2 juillet 1887	Rameurs (fil aux)	Vignette	Poullier-Longhaye	S J
11	4.367	4 juillet 1887	Rameurs (fil aux)	Bandes	Poullier-Longhaye	S J
12	3.914	28 mai 1886	Ramier (fil au)	Titre	Poullier-Longhaye	
13	5.010	21 décembre 1888	Rapide (fil)	Vignette	L. Picavet aîné	P Aé
14	2.206	7 juin 1882	Rapide (fil au)	Titre	I. Lambin	
15	323	20 novembre 1862	Rappel (fil au)	Vignette	Picavet aîné	
16	4.897	13 juillet 1888	Rappel (fil au)	Vignette	L. Picavet aîné	P Aé
17	5.366	14 mars 1895	Rapport (fil au)	Vignette	H. et L. Rogez	R et C
18	6.448	5 janvier 1894	Raquette (à la)	Titre	Wallaert frères	
19	6.449	5 janvier 1894	Raquette (à la)	Vignette	Wallaert frères	
20	2.499	21 février 1883	Rat (fil au)	Titre	I. Lambin	
21	412	19 novembre 1864	Rayons (fil aux)	Bandes	Humbert frères	
22	1.271	30 juillet 1877	Rayons (fil aux)	Vignette	Scrive frères	S F
23	1.573	24 mars 1880	Rayons (fil aux)	Devanture de boîte	Scrive frères	
24	1.574	24 mars 1880	Rayons (fil aux)	Vignette	Scrive frères	
25	1.726	7 janvier 1881	Rayons (fil aux)	Vignette	Scrive frères	S F
26	6.730	18 décembre 1894	Rébecca (à)	Titre	A. Fauchille-Delanoy	
27	6.504	24 avril 1894	Récalcitrant (fil au)	Titre	Crespel et Descamps	
28	4.761	30 mars 1888	Recette (fil à la)	Titre	Vᵉ C. Crespel et fils	

N° D'ORDRE	N° D'INSCRIPTION	DATE DU DÉPOT	NOM DE LA MARQUE	NATURE DE LA MARQUE	NOM DU DÉPOSANT	INITIALES
29	4.998	21 décembre 1888	Réclame (fil à la)	Titre	L. Picavet aîné	
30	2.517	24 mars 1883	Récolte du lin	Titre	Hassebroucq frères	
31	1.560	12 février 1880	Récompense (à la)	Vignette	Crespel et Descamps	
32	6.662	11 septembre 1894	Récompenses (aux)	Vignette	Crespel et Descamps	D Aé
33	5.828	2 février 1892	Recrues (fil aux)	Vignette	Poullier-Longhaye	
34	6.180	20 juin 1893	Recrutement (fil au)	Titre	H. et L. Rogez	
35	773	25 novembre 1871	Rédempteur (au)	Vignette	Victor Saint-Léger	
36	2.749	30 janvier 1884	Redoutable (le)	Titre	I. Lambin	
37	7.094	24 décembre 1895	Réfectoire (au)	Titre	Crespel et Descamps	
38	4.651	29 décembre 1887	Réfractaire (au)	Titre	Vᵉ C. Crespel et fils	
39	2.389	25 octobre 1882	Régal (fil au)	Titre	A. Fauchille-Delanoy	
40	5.114	9 juillet 1889	Régie française (fil à la)	Titre	Anatole Descamps	
41	2.833	2 avril 1884	Regrets (aux)	Titre	A. Fauchille aîné	
42	185	24 juin 1861	Reine Berthe (à la)	Pelotes	Ph. Vrau	P V
43	506	26 février 1866	Reine Berthe (à la)	Devantures de boîtes	Ph. Vrau	P V
44	510	2 mars 1866	Reine Berthe (à la)	Vignette	Ph. Vrau	P V
45	1.173	29 mai 1876	Reine Berthe (à la)	Pelotes	Ph. Vrau et Cⁱᵉ	
46	2.127	26 avril 1882	Reine Berthe (à la)	Façade de boîte	Ph. Vrau et Cⁱᵉ	P V
47	2.128	26 avril 1882	Reine Berthe (à la)	Bande	Ph. Vrau et Cⁱᵉ	P V
48	2.129	26 avril 1882	Reine Berthe (à la)	Bande	Ph. Vrau et Cⁱᵉ	P V
49	6.846	9 mai 1895	Reine Berthe (à la)	Etiquettes	Ph. Vrau et Cⁱᵉ	P V
50	507	26 février 1866	Reine Berthe (fil à la)	Vignette	Ph. Vrau	P V
51	1.146	28 janvier 1876	Reine Berthe (fil à la)	Vignette	Ph. Vrau et Cⁱᵉ	
52	1.601	23 avril 1880	Reine Berthe (fil à la)	Vignette	Ph. Vrau et Cⁱᵉ	P V
53	1.602	23 avril 1880	Reine Berthe (fil à la)	Etiquette	Ph. Vrau et Cⁱᵉ	P V
54	2.126	26 avril 1882	Reine Berthe (fil à la)	Vignette	Ph. Vrau et Cⁱᵉ	P V
55	6.850	9 mai 1895	Reine Berthe (fil à la)	Vignette et étiquettes	Ph. Vrau et Cⁱᵉ	P V
56	159	19 janvier 1861	Reine des anges (à la)	Vignette	Crespel et Descamps	D Aé
57	4.113	20 janvier 1887	Reine des anges (fil à la)	Vignette	Crespel et Descamps	D Aé
58	7.087	5 décembre 1895	Reine des cartes (la)	Titre	G.-J. Descamps-Beaucourt	
59	202	21 août 1861	Reine des fleurs (à la)	Vignette	Musin et Cⁱᵉ	M C
60	1.969	20 juillet 1881	Reine des ondes	Bande	Hassebroucq frères	HF
61	1.682	15 septembre 1880	Reine des ondes (à la)	Vignette	Hassebroucq frères	HF
62	1.968	20 juillet 1881	Reine des ondes (la)	Bande	Hassebroucq frères	HF
63	755	16 juillet 1870	Reine Marguerite (fil à la)	Vignette	Victor Saint-Léger	
64	920	2 avril 1873	Réjoui (fil au)	Vignette	J. Thiriez père et fils	
65	5.311	10 janvier 1890	Remorqueur (au)	Bandes	Poullier-Longhaye	
66	4.267	2 avril 1887	Remorqueur (fil au)	Titre	Poullier-Longhaye	
67	4.379	9 juillet 1887	Remorqueur (fil au)	Vignette	Poullier-Longhaye	
68	3.125	10 septembre 1884	Rempart (fil au)	Titre	Aug. Lambin	
69	2.514	23 mars 1883	Renaissance (à la)	Titre	A. Fauchille aîné	
70	3.956	19 juillet 1886	Renaissance (à la)	Titre	A. Fauchille aîné	

N° D'ORDRE	N° D'INSCRIPTION	DATE DU DÉPOT	NOM DE LA MARQUE	NATURE DE LA MARQUE	NOM DU DÉPOSANT	INITIALES
71	5.410	17 avril 1890	Renaissance (fil)	Titre	G.-J. Descamps-Beaucourt	
72	5.951	19 août 1892	Renard (au)	Vignette	G.-J. Descamps-Beaucourt	G J D B
73	310	8 octobre 1862	Renard (fil au)	Vignette	Descamps-Beaucourt	
74	1.402	11 décembre 1878	Renard (fil du)	Vignette	Hassebroucq frères	HF
75	3.828	27 mars 1886	Renne (au)	Titre	Rogez	
76	6.414	20 décembre 1893	Renne (au)	Titre	Georges Saint-Léger	
77	2.382	17 octobre 1882	Renom (au)	Titre	A. Fauchille aîné	
78	161	26 février 1861	Renommée (à la)	Vignette	A. Fauchille-Delanoy	A F D
79	3.059	10 septembre 1884	Renommée (à la)	Titre	A. Fauchille aîné	
80	4.114	20 janvier 1887	Renommée (fil à la)	Vignette	Crespel et Descamps	D Aé
81	1.656	25 juin 1880	Renommées (aux)	Vignette	A. Fauchille-Delanoy	A F D
82	3.586	24 juin 1885	Représentant (fil au)	Titre	Hassebroucq frères	
83	3.006	27 août 1884	Républicain (fil)	Titre	Aug. Lambin	
84	2.701	17 novembre 1883	Républicaine (à la)	Titre	A. Fauchille aîné	
85	1.277	10 octobre 1877	République (fil de la)	Vignette	Hassebroucq frères	
86	1.307	19 janvier 1878	République (fil de la)	Vignette	Hassebroucq frères	HF
87	1.316	27 février 1878	République (fil de la)	Bande et dev. de boîtes	Hassebroucq frères	HF
88	4.508	14 décembre 1887	Requin (au)	Titre	Jolivet	
89	5.480	4 septembre 1890	Requin (le)	Vignette	Wallaert frères	
90	303	7 août 1862	Réseau (au)	Bande	Fauchille-Delanoy	A F D
91	1.167	22 avril 1876	Réserviste (fil au)	Vignette	Rogez et Cie	R C
92	2.612	18 août 1883	Résistance (la)	Vignette	Hassebroucq frères	HF
93	2.834	2 avril 1884	Résistance (la)	Devants de boîte	Hassebroucq frères	
94	2.837	2 avril 1884	Résistance (la)	Bande	Hassebroucq frères	HF
95	6.181	20 juin 1893	Respect (fil au)	Titre	H. et L. Rogez	
96	6.186	20 juin 1893	Retardataire (fil au)	Titre	H. et L. Rogez	
97	6.279	14 août 1893	R. et C. 100, lin extra 50 M	Bandes	H. et L. Rogez	R et C
98	5.542	26 décembre 1890	Retors à poisser (fil)	Bande	Droulers-Vernier	D V
99	4.965	4 décembre 1888	Retors apprêté spécial pour la sellerie (fil)	Bande	Anatole Descamps	Aug. Descamps
100	5.543	26 décembre 1890	Retors à semelles (fil)	Bande	Droulers-Vernier	D V
101	600	14 mars 1868	Retors lillois	Vignette	J. Thiriez père et fils	
102	2.727	21 décembre 1883	Retors lillois	Vignette	J. Thiriez père et fils	
103	5.550	26 décembre 1890	Retors pour filets de pêche (fil)	Bande	Droulers-Vernier	
104	2.402	27 octobre 1882	Retors supérieur	Vignette	Wallaert frères	W F
105	2.405	27 octobre 1882	Retors supérieur	Etiquettes	Wallaert frères	W F
106	2.353	16 septembre 1882	Retour (au)	Titre	A. Fauchille aîné	
107	2.900	13 juin 1884	Retraite (fil à la)	Titre	Victor Saint-Léger	
108	2.391	25 octobre 1882	Réussite (fil à la)	Titre	A. Fauchille-Delanoy	
109	763	29 août 1871	Revanche (fil à la)	Vignette	A. Fauchille-Delanoy	
110	6.201	20 juin 1893	Rêve (fil au)	Titre	H. et L. Rogez	
111	908	5 mars 1873	Réveil (au)	Vignette	Ch. Schodet	
112	1.437	2 avril 1879	Réveil (au)	Vignette	I. Lambin	I L B

N° D'ORDRE	N° D'INSCRIPTION	DATE DU DÉPÔT	NOM DE LA MARQUE	NATURE DE LA MARQUE	NOM DU DÉPOSANT	INITIALES
113	1.604	28 avril 1880	Réveil (au)	Bande	I. Lambin	
114	2.231	7 juillet 1882	Réveil (fil au)	Façade extér. de boîte	I. Lambin	
115	6.640	1er septembre 1894	Réveil (fil au)	Titre	I. Lambin	
116	1.377	12 septembre 1878	Réveille-matin (au)	Vignette	Vᵉ C. Crespel et fils	
117	7.031	15 octobre 1895	Réveille-matin (au)	Vignette	Vᵉ C. Crespel et fils	C F
118	1.989	16 août 1881	Rêveuse (fil à la)	Vignette	Dayez fils aîné et Cⁱᵉ	
119	2.929	9 août 1884	Rêveuse (fil à la)	Vignette	Poullier-Longhaye	L L et C
120	2.828	2 avril 1884	Rhinocéros (au)	Titre	A. Fauchille aîné	
121	2.403	27 octobre 1882	Rhône (fil du)	Vignette	Wallaert frères	F S F J
122	2.406	27 octobre 1882	Rhône (fil du)	Vignette-étiquettes	Wallaert frères	₣ ₣
123	2.200	1er juin 1882	Richard sans Peur (fil à)	Vignette	Hassebroucq frères	C Q
124	4.958	23 octobre 1888	Richelieu (fil à)	Titre	Vᵉ C. Crespel et fils	
125	3.154	1er octobre 1884	Rieurs (fil aux)	Titre	Aug. Lambin	
126	633	2 septembre 1868	Rigolo (fil au)	Vignette	Vᵉ L. Devos	
127	5.171	9 octobre 1889	Rigolo (fil au)	Vignette	I. Lambin	I L
128	5.149	7 septembre 1889	Rivière (à la)	Vignette	Wallaert frères	
129	313	8 octobre 1862	Robert le Diable (fil de)	Vignette	Descamps-Beaucourt	
130	6.439	29 décembre 1893	Robinet (au)	Titre	Wallaert frères	
131	6.440	29 décembre 1893	Robinet (coton au)	Vignette, bandes	Wallaert frères	W F
132	2.179	8 mai 1882	Robinson (fil à)	Vignette	Anatole Descamps	Augᵗᵉ D
133	3.022	30 août 1884	Robinson (fil à)	Vignette	Anatole Descamps	Augᵗᵉ D
134	3.638	19 août 1885	Robinson (fil à)	Bobine	Anatole Descamps	
135	3.639	19 août 1885	Robinson (fil à)	Bobine	Anatole Descamps	
136	938	27 mai 1873	Roi Dagobert (fil au)	Vignette	Vᵉ C. Crespel et fils	
137	973	24 septembre 1873	Roi David (au)	Vignette	Verstraete frères	
138	458	21 février 1865	Roi de carreau (fil au)	Vignette	Bianco aîné	
139	4.173	25 février 1887	Roi de cœur (au)	Vignette	Vᵉ Crespel et fils	C F
140	4.294	6 mai 1887	Roi de la montagne (fil au)	Vignette	Crespel et Descamps	D Aᵈ
141	490	8 décembre 1865	Roi de Perse (fil au)	Vignette	Vᵉ C. Crespel et fils	
142	464	11 mars 1865	Roi de Siam (fil au)	Vignette	Gustave Toussin	
143	1.108	25 septembre 1875	Roi des mers (fil au)	Vignette	Poullier-Longhaye	
144	626	1er juillet 1868	Roi de trèfle (au)	Vignette	Devos frères	
145	783	28 février 1872	Roi du désert (fil au)	Vignette	I. Lambin	
146	5.174	9 octobre 1889	Roi du désert (fil au)	Vignette	I. Lambin	I L
147	471	1er avril 1865	Roi d'Yvetot (au)	Vignette	Hassebroucq frères	
148	1.308	24 janvier 1878	Roi patriote (au)	Titre	A. Humbert frères	A H F
149	3.924	28 mai 1886	Roitelet (fil au)	Titre	Poullier-Longhaye	
150	596	5 mars 1868	Roland (au cor)	Vignette	Victor Saint-Léger	
151	601	14 mars 1868	Romain (au)	Vignette	J. Thiriez père et fils	
152	2.722	21 décembre 1883	Romain (fil au)	Titre	J. Thiriez père et fils	
153	2.637	9 octobre 1883	Ronde (fil à la)	Titre	A. Fauchille aîné	
154	2.897	11 juin 1884	Rondelle tubée (fil à)	Vignette	Hassebroucq frères	HF

No d'ordre	No d'inscription	DATE DU DÉPOT	NOM DE LA MARQUE	NATURE DE LA MARQUE	NOM DU DÉPOSANT	INITIALES
155	4.932	3 octobre 1888	Roquet (fil au)	Vignette	Poullier-Longhaye	
156	4.944	3 octobre 1888	Roquet (fil au)	Bandes	Poullier-Longhaye	
157	6.018	27 janvier 1893	Rosace (à la)	Titre	I. Lambin	
158	4.702	10 février 1888	Rose (fil à la)	Vignette	L. Picavet aîné	P. Aé
159	5.851	22 mars 1892	Roseau (fil au)	Titre	Georges Saint-Léger	
160	6.754	2 février 1895	Roseau (mouliné au)	Etiquette	Wallaert frères	
161	741	27 avril 1870	Rose de Chine (à la)	Vignette	Rogez et Cie	R et C
162	189	30 juillet 1881	Roses (fil aux)	Vignette	Fauchille-Delanoy	A S
163	2.998	27 août 1884	Rosier (fil au)	Titre	Aug. Lambin	
164	3.923	28 mai 1886	Rossignol (fil au)	Titre	Poullier-Longhaye	
165	5.769	29 octobre 1891	Rouble (fil au)	Titre	I. Lambin	
166	5.902	7 juillet 1892	Roue (à la)	Vignette	A. Fauchille aîné	A F A
167	2.886	5 juin 1884	Roue (fil à la)	Titre	I. Lambin	
168	196	31 juillet 1861	Rouet (fil au)	Vignette	A. Mallet et L. Darras	M et D. Lille
169	3.909	28 mai 1886	Rouge-gorge (fil au)	Titre	Poullier-Longhaye	
170	1.982	2 août 1881	Rouget de l'Isle	Vignette	Crespel et Descamps	P T
171	2.518	24 mars 1883	Rouissage (le)	Titre	Hassebroucq frères	
172	3.530	27 mai 1885	Roulette (à la)	Vignette	Boutry-Droulers	
173	2.748	30 janvier 1884	Roulette (fil à la)	Titre	I. Lambin	
174	2.310	28 août 1882	Royal (fil)	Titre	A. Fauchille aîné	
175	4.655	30 décembre 1887	Ruban rouge	Rosette	Georges Saint-Léger	
176	4.583-4.584	20 décembre 1887	Ruban rouge (au)	Étiquette et vignette	Boutry-Droulers	B D
177	2.160	8 mai 1882	Ruche d'or (fil à la)	Vignette	Anatole Descamps	A H F
178	4.030	27 octobre 1886	Rude (à)	Titre	Fauchille aîné	
179	1.514	20 septembre 1879	Russe (fil)	Titre	Ve Gustave Toussin	G T
180	2.088	5 avril 1882	Russe (fil au)	Vignette	Verstraete frères	V F

N° d'ordre	N° d'inscription	DATE DU DÉPOT	NOM DE LA MARQUE	NATURE DE LA MARQUE	NOM DU DÉPOSANT	INITIALES

— 189 —

Nº D'ORDRE	Nº D'INSCRIPTION	DATE DU DÉPOT	NOM DE LA MARQUE	NATURE DE LA MARQUE	NOM DU DÉPOSANT	INITIALES

N° d'ordre	N° d'inscription	DATE DU DÉPOT	NOM DE LA MARQUE	NATURE DE LA MARQUE	NOM DU DÉPOSANT	INITIALES

N° D'ORDRE	N° D'INSCRIPTION	DATE DU DÉPOT	NOM DE LA MARQUE	NATURE DE LA MARQUE	NOM DU DÉPOSANT	INITIALES

No D'ORDRE	No D'INSCRIPTION	DATE DU DÉPOT	NOM DE LA MARQUE	NATURE DE LA MARQUE	NOM DU DÉPOSANT	INITIALES

S

Nº D'ORDRE	Nº D'INSCRIPTION	DATE DU DÉPOT	NOM DE LA MARQUE	NATURE DE LA MARQUE	NOM DU DÉPOSANT	INITIALES
1	2.678	29 octobre 1883	Sablaise (fil à la)	Titre	Henri Rogez	
2	2.343	12 septembre 1882	Sabot (au)	Vignette	Wallaert frères	W F
3	2.424	27 octobre 1882	Sabot (au)	Vignette	Wallaert frères	W F
4	3.327	5 mars 1885	Sabot (au)	Vignette, étiqu. bande	Wallaert frères	W F
5	3.328	5 mars 1885	Sabot (au)	Vign., étiqu., bandes.	Wallaert frères	W F
6	2.438	27 octobre 1882	Sabot (câblé au)	Vignette	Wallaert frères	W F
7	2 439	27 octobre 1882	Sabot (câblé au)	Vignette et étiquette	Wallaert frères	W F
8	4.429	12 août 1887	Sabot (câblé au)	Vignette	Wallaert frères	W F
9	2.427	27 octobre 1882	Sabot (coton au)	Vignette, étiqu., bande	Wallaert frères	W F
10	2.375	30 septembre 1882	Sac (au)	Vignette	Wallaert frères	A C S
11	2.393	27 octobre 1882	Sac (au)	Vignette	Wallaert frères	A C S
12	2.396	27 octobre 1882	Sac (au)	Vign., étiqu., bande	Wallaert frères	A C S
13	2.376	30 septembre 1882	Sacoche (à la)	Vignette	Wallaert frères	A C S
14	821	28 juin 1872	Sacré-Cœur (au)	Vignette	Auguste Descamps	
15	2 454	8 novembre 1882	Sacrifice (au)	Titre	A. Fauchille aîné	
16	1.313	22 février 1878	Sagesse (fil à la)	Vignette	A. Fauchille-Delanoy	A F D
17	4.335	16 juin 1887	Sahara (fil du)	Titre	Crespel et Descamps	
18	1.276	1er octobre 1877	Saint Amand (fil)	Bande	N. Bauduin	N B
19	6.826	10 avril 1895	Saint Antoine-de-Padoue (fil à)	Titre	H. et L. Rogez	
20	917	19 mars 1873	Saint Antoine-de-Picola (fil à)	Vignette	Hassebroucq frères	
21	1.321	19 mars 1878	Saint Crépin (lin)	Vignette	Gustave Toussin	G T
22	6.114	9 mai 1893	Saint-Cyrien (au)	Titre	H. et L. Rogez	
23	346	7 avril 1863	Sainte Anne (fil à)	Vignette	Picavet aîné	
24	2.474	23 décembre 1882	Sainte Famille (à la)	Titre	A. Fauchille aîné	
25	1.002	4 avril 1874	Saint Efisio	Vignette	Devos frères	
26	861	25 octobre 1872	Sainte Marie (à)	Vignette	Bianco aîné	
27	2.173	8 mai 1882	Sainte Marie (à)	Vignette	Anatole Descamps	
28	818	31 mai 1872	Saint-Esprit (fil au)	Vignette	G.-J. Descamps-Beaucourt	

N° D'ORDRE	N° D'INSCRIPTION	DATE DU DÉPOT	NOM DE LA MARQUE	NATURE DE LA MARQUE	NOM DU DÉPOSANT	INITIALES
29	5.941	19 août 1892	Saint-Esprit (fil au)	Vignette	G.-J. Descamps-Beaucourt	A C
30	5.022	11 février 1889	Saint Etienne (fil à)	Titre	H. et L. Rogez	
31	1.655	25 juin 1880	Sainte-Vierge (fil à la)	Vignette	A. Fauchille-Delanoy	A F D
32	803	23 mai 1872	Saint Fulcran	Vignette	A. Mallet et Darras	
33	1.610	3 mai 1880	Saint Georges (fil à)	Vignette	A. Fauchille-Delanoy	
34	2.464	6 décembre 1882	Saint Guignot (à la)	Titre	Hassebroucq frères	
35	5.034	11 février 1889	Saint Hubert (à)	Vignette	H. et L. Rogez	
36	2.038	14 décembre 1881	Saint Joseph (fil à)	Vignette	I. Lambin	I L
37	2.603	3 août 1883	Saint Joseph (fil à)	Vignette	Crespel et Descamps	J S
38	2.850	28 avril 1884	Saint Laurent di Cornolo (fil à)	Vignette	Poullier-Longhaye	S et C
39	292	3 juin 1862	Saint Louis (à)	Vignette	Descamps-Beaucourt	L C
40	4.579-4.580	26 décembre 1887	Saint Louis (à)	Etiquette et vignette	Boutry-Droulers	B D
41	162	13 mars 1861	Saint Martin (fil à)	Vignette	Hassebroucq frères	J D M
42	4.919	29 août 1888	Saint Médard (à)	Titre	Hassebroucq frères	
43	740	27 avril 1870	Saint Michel (fil à)	Vignette	Rogez et Cie	R et C
44	907	28 février 1873	Saint Nicolas (à)	Vignette	Crespel et Descamps	
45	4.059	3 décembre 1886	Saint Nicolas (à)	Vignette	Crespel et Descamps	D Aé
46	5.499	11 octobre 1890	Saint Rémy (à)	Vignette	Poullier-Longhaye	P L L
47	5.508	11 octobre 1890	Saint Rémy (à)	Bandes	Poullier-Longhaye	
48	2.984	20 août 1884	Saints Pères (fil aux)	Titre	Aug. Lambin	
49	5.490	8 octobre 1890	Saint Yves patron de la Bretagne (à)	Titre	Ve C. Crespel et fils	
50	6.173	6 juin 1893	Salut (fil au)	Titre	H. et L. Rogez	
51	5.644	30 juin 1891	Salut militaire (au)	Titre	Crespel et Descamps	
52	606	28 mars 1868	Samaritaine (à la)	Vignette	Scrive frères	S F, Lille
53	2.636	9 octobre 1883	Sampiero Corso (à)	Titre	A. Fauchille aîné	
54	2.881	4 juin 1884	Samson (fil à)	Vignette	Hassebroucq frères	HF
55	2.829	2 avril 1884	Sanglier (au)	Titre	A. Fauchille aîné	
56	3.854	20 avril 1886	Sans égal (fil)	Titre	A. Fauchille aîné	
57	1.116	29 septembre 1875	Sans nœuds pour machines à coudre (fil)	Vignette	Ed. Delecroix	D et P
58	1.565	25 février 1880	Sans pareil (fil)	Titre	I. Lambin	
59	1.821	8 avril 1881	Sans pareil (fil)	Vignette	I Lambin	G B
60	3.863	25 mai 1886	Sans pareil (fil)	Titre	L. Picavet aîné	
61	4.881	7 juillet 1888	Sans rival	Vignette	L. Picavet aîné	
62	4.885	7 juillet 1888	Sans rival (fil)	Bandes	L. Picavet aîné	P Aé
63	211	5 novembre 1861	Sans tambour ni trompette	Vignette	Roman Ghesquière	R G
64	498	25 janvier 1866	Sans tambour ni trompette avec bracelet et bout trouvé	Vignette	Roman Ghesquière	
65	3.373	25 mars 1885	Sapeur (au)	Vignette	I. Lambin	I L
66	2.494	14 février 1883	Sapeur (fil au)	Titre	I. Lambin	
67	3.903	28 mai 1886	Sarcelle (fil à la)	Titre	Poullier-Longhaye	
68	2.536	18 avril 1883	Sardine (la)	Titre	Hassebroucq frères	
69	2.605	8 août 1883	Sardine (la)	Bande	Hassebroucq frères	HF
70	3.881	28 mai 1886	Sarigue (fil à la)	Titre	Poullier-Longhaye	

N° d'ordre	N° d'inscription	DATE DU DÉPOT	NOM DE LA MARQUE	NATURE DE LA MARQUE	NOM DU DÉPOSANT	INITIALES
71	1.194	21 octobre 1876	Satiné (fil)	Vignette	Vᵉ Gustave Toussin	G T
72	5.544	26 décembre 1890	Satiné (fil)	Etiquette	Droulers-Vernier	
73	2.455	8 novembre 1882	Satrape (au)	Titre	A. Fauchille aîné	
74	6.317	19 septembre 1893	Saturne (fil à)	Titre	H. et L. Rogez	
75	315	8 octobre 1862	Sauveteur (fil au)	Vignette	Descamps-Beaucourt	
76	5.948	19 août 1892	Sauveteur (fil au)	Vignette	G.-J. Descamps-Beaucourt	G J D B
77	295	10 juin 1862	Sauveur (fil au)	Vignette	Bianco aîné	
78	1.324	21 mars 1878	Sauveur (fil au)	Vignette	P. Pᵒⁿ Bianco aîné. J.-Bᵗᵉ Taffin	B Aé
79	5.325	22 janvier 1890	Sauveur (fil au)	Vignette	L. Picavet aîné	P Aé
80	4.297	6 mai 1887	Savanes (fil des)	Titre	Crespel et Descamps	
81	5.407	17 avril 1890	Savate (fil à la)	Vignette	Vᵉ C. Crespel et fils	C F
82	1.126	29 octobre 1875	Savetier (au)	Vignette	J. Thiriez père et fils	
83	1.417	29 janvier 1879	Savoyarde (fil à la)	Vignette	Hassebroucq frères	HF
84	825	2 juillet 1872	Scandinave (fil au)	Vignette	Verstraete frères	
85	6.081	4 mai 1893	Scaphandre (au)	Titre	Crespel et Descamps	
86	5.767	29 octobre 1891	Sceptre (fil au)	Titre	I. Lambin	
87	380	10 janvier 1868	Schah de Perse (fil au)	Vignette	Victor Saint-Léger	
88	1.895	23 mai 1881	Schah de Perse (fil de lin supérieur au)	Bande	Victor Saint-Léger	V S L
89	4.167	25 février 1887	Science (fil à la)	Vignette	Vᵉ C. Crespel et fils	C F
90	316	8 octobre 1862	Sculpteur (fil au)	Vignette	Descamps-Beaucourt	
91	5.939	19 août 1892	Sculpteur (fil au)	Vignette	G.-J. Descamps-Beaucourt	G J D B
92	3.533	27 mai 1885	Seau (au)	Vignette	Boutry-Droulers	
93	350	22 mai 1863	Secret (fil au)	Vignette	Fauchille-Delanoy	
94	2.032	2 décembre 1881	Séducteur (au)	Vignette	Poullier-Longhaye	P L
95	2.944	9 août 1884	Séducteur (au)	Bande		M L
96	6.206	20 juin 1893	Seigneur (fil au)	Titre	H. et L. Rogez	
97	6.479	27 février 1894	Seine Maritime (à la)	Titre	Crespel et Descamps	
98	5.540	26 décembre 1890	Sellier (fil au)	Etiquettes	Droulers-Vernier	D V
99	4.916	24 août 1888	Semelle (fil extra à la)	Titre	Georges Saint-Léger	
100	6.231	4 juillet 1893	Semeur (fil au)	Titre	Crespel et Descamps	
101	2.158	2 mai 1882	Sentinelle (à la)	Titre	A. Fauchille aîné	
102	2.783	5 mars 1884	Sept merveilles du monde (aux)	Titre	I. Lambin	
103	2.866	14 mai 1884	Sergent (fil au)	Vignette	Hassebroucq frères	HF
104	1.148	16 février 1876	Serment (fil au)	Vignette	Collette	
105	652	14 novembre 1868	Serpent (fil au)	Vignette	Victor Saint-Léger	
106	6.642	1ᵉʳ septembre 1894	Serpentin (au)	Titre	I. Lambin	
107	3.548	27 mai 1885	Serrure (à la)	Vignette	Boutry-Droulers	
108	528	5 octobre 1866	Siamois (fil au)	Vignette	Bianco aîné	
109	558	24 novembre 1866	Siamois (fil au)	Vignette	A. Fauchille-Delanoy	
110	2.955	12 août 1884	Siamois (fil au)	Vignette	Poullier-Longhaye	P L
111	5.094	25 juin 1889	S I C, 30	Etiquettes	Boutry-Droulers	
112	1.415	29 janvier 1879	Sicilienne (fil à la)	Vignette	Hassebroucq frères	HF

Nº D'ORDRE	Nº D'INSCRIPTION	DATE DU DÉPOT	NOM DE LA MARQUE	NATURE DE LA MARQUE	NOM DU DÉPOSANT	INITIALES
113	3.074	10 septembre 1884.	Sifflet (fil au)	Titre	Hassebroucq frères	
114	5.504	11 octobre 1890	Signaux (aux)	Bandes	Poullier-Longhaye	
115	5.109	9 juillet 1889	Signaux (fil aux)	Titre	Poullier-Longhaye	
116	5.471	19 août 1890	Signaux (fil aux)	Vignette	Poullier-Longhaye	
117	6.301	19 septembre 1893	Simoun (fil au)	Titre	Vᵉ C. Crespel et fils	
118	3.394	15 avril 1885	Simplicité	Titre	Verstraete frères	
119	2.164	8 mai 1882	Singe (fil au)	Vignette	Anatole Descamps	A H F
120	1.083	16 août 1875	Siogoun (fil au)	Vignette	Senélar	
121	3.547	27 mai 1885	Siphon (au)	Vignette	Boutry-Droulers	
122	2.870	24 mai 1884	Sœur (fil à la)	Vignette	Hassebroucq frères	H F
123	5.869	30 avril 1892	Sœur (fil à la)	Vignette	Hassebroucq frères	
124	747	16 mai 1870	Sœur Marthe (fil à la)	Vignette	Vᵉ C. Crespel et fils	
125	2.574	8 juin 1883	Sœurs de charité (aux)	Titre	A. Fauchille aîné	
126	1.191	16 octobre 1876	Soie (fil à la)	Pelote	E. Guillemaud et Cⁱᵉ	E G et Cⁱᵉ
127	1.192	16 octobre 1876	Soie (fil à la)	Bande	E. Guillemaud et Cⁱᵉ	E G et Cⁱᵉ
128	1.459	11 juin 1879	Soie (fil à la)	Bande	E Guillemaud et Cⁱᵉ	E G et Cⁱᵉ
129	5.458	10 août 1890	Soie des Flandres	Etiquette	Alfred Descamps	
130	1.193	21 octobre 1876	Soie des Indes	Vignette	Vᵉ Gustave Toussin	
131	5.660	22 juillet 1891	Soie des Indes	Vignette	Vᵉ Gustave Toussin	
132	3.173	8 octobre 1884	Soie du lin	Bobine	Aug. Lambin	
133	415	3 décembre 1864	Soie végétale Urtica nivea (fil de)	Vignette	Humbert frères	
134	3.809	9 mars 1886	Soldat chinois (au)	Titre	A. Fauchille aîné	
135	2.930	9 août 1884	Soldat laboureur (au)	Vignette	Poullier-Longhaye	P L
136	1.255	23 juin 1877	Soldat volontaire (fil au)	Vignette	Verstraete frères	V F
137	824	2 juillet 1872	Soleil (fil au)	Vignette	Verstraete frères	
138	2.906	2 juillet 1884	Soleil (fil au)	Vignette	Hassebroucq frères	H F
139	849	25 septembre 1872	Soleil levant (fil au)	Vignette	Aug. Sarazin	
140	3.611	13 août 1885	Soleil levant (fil au)	Titre	Anatole Descamps	
141	6.188	20 juin 1893	Solitaire (fil au)	Titre	H. et L. Rogez	
142	2.800	15 mars 1884	Sommeiller (fil à)	Vignette	Poullier-Longhaye	
143	6.727	18 décembre 1894	Sorcier (au)	Vignette	A. Fauchille-Delanoy	
144	1.260	4 juillet 1877	Sorcier (fil au)	Vignette	A. Fauchille-Delanoy	A F D
145	560	8 octobre 1867	Sorcières (fil à la)	Vignette	Verstraete frères	
146	2.093	5 avril 1882	Sorcière (fil à la)	Vignette	Verstraete frères	V F
147	4.085	16 décembre 1886	Souci (fil au)	Vignette	Aug. Lambin	B B F
148	905	17 février 1873	Sou des chaumières (au)	Vignette	J. Villain Verstaen et Cⁱᵉ	
149	6.066	14 avril 1893	Sou du soldat (au)	Vignette	Gustave Toussin	G T
150	1.329	30 mars 1878	Sou du soldat (fil au)	Vignette	Gustave Toussin	G T
151	6.437	29 décembre 1893	Soufflet (au)	Titre	Wallaert frères	
152	6.438	29 décembre 1893	Soufflet (au)	Etiquette	Wallaert frères	W F
153	4.022	23 septembre 1886	Soufflet (fil au)	Titre	Scrive frères	
154	4.180	25 février 1887	Soufflet (fil au)	Vignette	Vᵉ C. Crespel et fils	

N° D'ORDRE	N° D'INSCRIPTION	DATE DU DÉPOT	NOM DE LA MARQUE	NATURE DE LA MARQUE	NOM DU DÉPOSANT	INITIALES
155	1.469	4 juillet 1879	Souhaits (aux)	Vignette	Crespel et Descamps	
156	6.660	11 septembre 1894	Souhaits (aux)	Vignette	Crespel et Descamps	D A é
157	3.440	5 mai 1885	Soulier rouge (au)	Vignette	Boutry-Droulers	
158	7.091	24 décembre 1895	Soupe (à la)	Titre	Crespel et Descamps	
159	1.579	9 avril 1880	Sourire (fil au)	Titre	Scrive frères	
160	4.071	14 décembre 1886	Sourire (fil au)	Devant de boîte	Scrive frères	
161	3.201	10 novembre 1884	Souris (aux)	Titre	A. Fauchille aîné	
162	1.039	8 septembre 1874	Souris (fil à la)	Vignette	Crespel et Descamps	C et C°
163	5.151	13 septembre 1889	Souris (fil à la)	Titre	Crespel et Descamps	
164	817	31 mai 1872	Souvenir (fil au)	Vignette	G.-J. Descamps-Beaucourt	
165	5.940	19 août 1892	Souvenir (fil au)	Vignette	G.-J. Descamps-Beaucourt	X...
166	1.815	8 avril 1881	Souveraine (à la)	Vignette	L. Darras et Cie	
167	3.049	10 septembre 1884	Souveraine (à la)	Titre	A. Fauchille aîné	
168	2.940	9 août 1884	Spadassin (fil au)	Bande	Poullier-Longhaye	P L
169	2.952	9 août 1884	Spadassin (fil au)	Vignette	Poullier-Longhaye	P L
170	2.109	26 avril 1882	Spartiate Léonidas (au)	Titre	A. Fauchille aîné	
171	931	30 avril 1873	Spécialité pour machines à coudre	Vignette	A. Fauchille-Delanoy	A F D
172	1.231	6 mars 1877	Sphinx (fil au)	Vignette	G.-J. Descamps-Beaucourt	
173	5.936	19 août 1892	Sphinx (fil au)	Vignette	G.-J. Descamps-Beaucourt	G J F F
174	6.223	20 juin 1893	Splendide (le)	Titre	H. et L. Rogez	
175	3.816	24 mars 1886	Statue de Balzac (fil à la)	Titre	I. Lambin	
176	1.497	9 août 1879	Statue de Thiers (fil à la)	Vignette	Scrive frères	
177	4.991	12 décembre 1888	Strasbourgeois (fil)	Vignette	Hassebroucq frères	
178	882	23 décembre 1872	Strasbourg et Metz	Vignette	Scrive frères	
179	2.037	13 décembre 1881	Suisse (fil)	Vignette	Dayez fils aîné et Cie	
180	1.494	1er août 1879	Suisse (fil au)	Titre	Verstraete frères	
181	3.119	10 septembre 1884	Suisse (fil au)	Titre	Aug. Lambin	
182	1.275	4 septembre 1877	Sultane (à la)	Vignette	Verstraete frères	V F
183	4.133	14 février 1887	Superbe (le)	Titre	Rogez	
184	1.862	30 avril 1881	Supérieur (fil)	Bande	Vve C. Crespel et fils	C F
185	1.824	8 avril 1881	Superior american	Vignette	E. Rémy Yon	
186	5.495	11 octobre 1890	Surcouf (fil à)	Titre	Poullier-Longhaye	
187	6.163	6 juin 1893	Surprenant (fil)	Titre	H. et L. Rogez	
188	1.119	19 octobre 1875	Surprise (fil à la)	Vignette	D. et V. Picavet aîné	
189	831	17 juillet 1872	Syrène (à la)	Vignette	G.-J. Descamps-Beaucourt	
190	5.932	19 août 1892	Syrène (fil à la)	Vignette	G.-J. Descamps-Beaucourt	
191	683	14 juin 1869	Syrien (au)	Vignette	Scrive frères	

N° D'ORDRE	N° D'INSCRIPTION	DATE DU DÉPOT	NOM DE LA MARQUE	NATURE DE LA MARQUE	NOM DU DÉPOSANT	INITIALES

N° d'ORDRE	N° d'INSCRIPTION	DATE DU DÉPOT	NOM DE LA MARQUE	NATURE DE LA MARQUE	NOM DU DÉPOSANT	INITIALES

N° D'ORDRE	N° D'INSCRIPTION	DATE DU DÉPOT	NOM DE LA MARQUE	NATURE DE LA MARQUE	NOM DU DÉPOSANT	INITIALES

N° d'ordre	N° d'inscription	DATE DU DÉPOT	NOM DE LA MARQUE	NATURE DE LA MARQUE	NOM DU DÉPOSANT	INITIALES

Nº D'ORDRE	Nº D'INSCRIPTION	DATE DU DÉPOT	NOM DE LA MARQUE	NATURE DE LA MARQUE	NOM DU DÉPOSANT	INITIALES

T

N° D'ORDRE	N° D'INSCRIPTION	DATE DU DÉPOT	NOM DE LA MARQUE	NATURE DE LA MARQUE	NOM DU DÉPOSANT	INITIALES
1	3.545	27 mai 1885	Tabac (au)	Vignette	Boutry-Droulers	
2	2.346	14 septembre 1882	Tabac (fil au)	Titre	Victor Saint-Léger	V S L
3	500	31 janvier 1866	Tabatière impériale (fil à la)	Vignette	Martin Blieck	
4	3.526	27 mai 1885	Table (à la)	Vignette	Boutry-Droulers	
5	1.865	30 avril 1881	Tablette (fil en)	Enveloppe	Ve C. Crespel et fils	C F
6	1.866	30 avril 1881	Tablette (fil en)	Enveloppe	Ve C. Crespel et fils	C F
7	3.418	5 mai 1885	Tabouret (au)	Vignette	Boutry-Droulers	
8	3.430	5 mai 1885	Tabouret (au)	Vignette	Boutry-Droulers	
9	4.564-4.565	20 décembre 1887	Tabouret (au)	Étiquette et vignette	Boutry-Droulers	B D
10	4.604	20 décembre 1887	Tabouret (au)	Vignette	Boutry-Droulers	B D
11	2.177	8 mai 1882	Tailleur (fil au)	Vignette	Anatole Descamps	Aug^{te} D
12	4.115	20 janvier 1887	Tailleur (fil au)	Vignette	Crespel et Descamps	D A^4
13	5.721	16 septembre 1891	Talisman (fil au)	Titre	I. Lambin	
14	187	23 juillet 1861	Tambour	Pelotes	A. Humbert frères	
15	413	19 novembre 1864	Tambour	Vignette	Humbert frères	
16	371	1er décembre 1863	Tambour (fil)	Vign. (dav. de boîtes)	Humbert frères	
17	300	11 juillet 1862	Tambour (fil au)	Vignette	Humbert frères	
18	475	11 mai 1865	Tambour (fil en caisse au)	Bande	Humbert frères	
19	2.042	16 décembre 1881	Tanné (fil)	Bande	Droulers-Vernier	D V
20	4.264	2 avril 1887	Tapageurs (fil aux)	Titre	Poullier-Longhaye	
21	5.991	16 novembre 1892	Taquin (fil au)	Titre	I. Lambin	
22	527	5 octobre 1866	Tartare (fil au)	Vignette	Bianco aîné	
23	545	20 mars 1867	Tartare (fil au)	Vignette	L. Devos	L D
24	1.432	2 avril 1879	Tartare (fil au)	Vignette	I. Lambin	I L
25	6.637	1er septembre 1894	Tartare (fil au)	Titre	I. Lambin	
26	3.546	27 mai 1885	Tasse (à la)	Vignette	Boutry-Droulers	
27	1.038	8 septembre 1874	Taureau (au)	Vignette	Crespel et Descamps	C et Co
28	5.152	13 septembre 1889	Taureau (fil au)	Titre	Crespel et Descamps	

N° D'ORDRE	N° D'INSCRIPTION	DATE DU DÉPÔT	NOM DE LA MARQUE	NATURE DE LA MARQUE	NOM DU DÉPOSANT	INITIALES
29	2.519	24 mars 1883	Teillage (le)	Titre	Hassebroucq frères	
30	2.625	7 septembre 1883	Teinture inaltérable	Bande	Droulers-Vernier	
31	2.359	21 septembre 1882	Teinturier (fil au)	Vignette	Hassebroucq frères	
32	2.781	5 mars 1884	Télégramme (fil au)	Titre	I. Lambin	
33	507	27 février 1866	Télégraphique (fil)	Vignette	P. T. F. G.	
34	1.340	19 avril 1878	Téléphone (fil au)	Titre	A. Humbert frères	
35	5.679	27 juillet 1891	Tempête (à la)	Titre	Crespel et Descamps	
36	3.230	21 novembre 1884	Templier (fil au)	Vignette	Crespel et Descamps	D Ad
37	2.222	14 juin 1882	Temps (le)	Bandes	Hassebroucq frères	HF
38	2.225	14 juin 1882	Temps (le)	Vignette	Hassebroucq frères	HF
39	3.103	10 septembre 1884	Tenailles (fil aux)	Titre	Aug. Lambin	
40	1.112	27 septembre 1875	Tendeur (câblé au)	Vignette	Aug. Wallaert frères	W F
41	2.416	27 octobre 1882	Tendeur (câblé au)	Vignette	Wallaert frères	W F
42	2.419	27 octobre 1882	Tendeur (câblé au)	Vign., étiqu., bande	Wallaert frères	W F
43	2.744	28 janvier 1884	Tentateur (au)	Titre	A. Fauchille aîné	
44	2.918	18 juillet 1884	Tentateur (au)	Bande	A. Fauchille aîné	A F A
45	1.681	13 septembre 1880	Terre (la)	Vignette	Hassebroucq frères	HF
46	1.710	3 décembre 1880	Terre (la)	Bande	Hassebroucq frères	HF
47	1.890	11 mai 1881	Terre (la)	Vignette	Hassebroucq frères	HF
48	2.221	14 juin 1882	Terre (la)	Bandes	Hassebroucq frères	HF
49	2.270	28 juillet 1882	Terre-Neuve (fil au)	Titre	A. Fauchille aîné	
50	3.047	10 septembre 1884	Terriers (aux)	Titre	A. Fauchille aîné	
51	1.064	21 avril 1875	Terriers (fil aux)	Vignette	L. Darras	
52	6.216	20 juin 1893	Testament (fil au)	Titre	H. et L. Rogez	
53	1.282	18 octobre 1877	Tête d'aigle (fil à la)	Vignette	Vᵉ Gustave Toussin	G T
54	4.550-4.551	20 décembre 1887	Tête d'ange	Vignette et étiquette	Boutry-Droulers	B D
55	3.426	5 mai 1885	Tête d'ange (à la)	Vignette	Boutry-Droulers	
56	4.262	30 mars 1887	Tête d'argent (fil à la)	Titre	Aug. Lambin	
57	2.437	27 octobre 1882	Tête de chat (câblé à la)	Vignette	Wallaert frères	W F
58	2.440	27 octobre 1882	Tête de chat (câblé à la)	Vignette, étiqu, bande	Wallaert frères	W F
59	581	15 janvier 1868	Tête de cheval	Vignette	J. Thiriez père et fils	J T P F
60	1.311	7 février 1878	Tête de cheval	Vignette	J. Thiriez père et fils	
61	4.581-4.582	20 décembre 1887	Tête de chou	Étiquette et vignette	Boutry-Droulers	B D
62	3.425	5 mai 1885	Tête de chou (à la)	Vignette	Boutry-Droulers	
63	2.892	6 juin 1884	Tête de coq (fil à la)	Titre	Anatole Descamps	
64	587	4 février 1868	Tête d'éléphant	Vignette	J. Thiriez père et fils	
65	1.328	30 mars 1878	Tête de lièvre (une)	Vignette	Gustave Toussin	G T
66	4.316	26 mai 1887	Tête de lynx (fil à la)	Titre	Anatole Descamps	
67	2.893	6 juin 1884	Tête de nègre (fil à la)	Titre	Anatole Descamps	
68	2.982	20 août 1884	Tête d'or (fil à la)	Titre	Aug. Lambin	
69	2.894	6 juin 1884	Tête noire (fil à la)	Titre	Anatole Descamps	
70	860	25 octobre 1872	Thémis (fil à)	Vignette	Bianco aîné	

No D'ORDRE	No D'INSCRIPTION	DATE DU DÉPÔT	NOM DE LA MARQUE	NATURE DE LA MARQUE	NOM DU DÉPOSANT	INITIALES
71	6.315	19 septembre 1893	Thémis (fil à)	Titre	H. et L. Rogez	
72	3.310	19 février 1885	Théodora (fil à)	Titre	Vanoutryve frères	
73	5.643	30 juin 1891	Théorie (à la)	Titre	Crespel et Descamps	
74	4.419	27 juillet 1887	Thermomètre	Devant de boîte	Hassebroucq frères	
75	4.395	27 juillet 1887	Thermomètre (au)	Vignette	Hassebroucq frères	HF
76	5.115	9 juillet 1889	Thermomètre (au)	Titre	Anatole Descamps	
77	4.317	28 mai 1887	Thermomètre (fil au)	Titre	Hassebroucq frères	
78	4.481	20 octobre 1887	Thermomètre (fil au)	Vignette	A. Fauchille-Delanoy	A F D
79	4.401	27 juillet 1887	Thermomètre (le)	Bande	Hassebroucq frères	HF
80	4.403	27 juillet 1887	Thermomètre (le)	Bande	Hassebroucq frères	HF
81	4.404	27 juillet 1887	Thermomètre (le)	Bande	Hassebroucq frères	HF
82	4.405	27 juillet 1887	Thermomètre (le)	Bande	Hassebroucq frères	HF
83	4.409	27 juillet 1887	Thermomètre (le)	Bande	Hassebroucq frères	HF
84	4.410	27 juillet 1887	Thermomètre (le)	Bande	Hassebroucq frères	HF
85	4.411	27 juillet 1887	Thermomètre (le)	Bande	Hassebroucq frères	HF
86	4.412	27 juillet 1887	Thermomètre (le)	Bande	Hassebroucq frères	HF
87	4.413	27 juillet 1887	Thermomètre (le)	Bande	Hassebroucq frères	HF
88	4.421	27 juillet 1887	Thermomètre (le)	Bande	Hassebroucq frères	HF
89	1.068	9 juin 1875	Thibet (fil du)	Vignette	Hassebroucq frères	HF
90	1.070	9 juin 1875	Thibet (fil du)	Bande	Hassebroucq frères	HF
91	6.447	3 janvier 1894	Thuriféraire (fil au)	Titre	Hassebroucq frères	
92	5.886	25 mai 1892	Tiare (fil à la)	Titre	I. Lambin	
93	4.614	20 décembre 1887	Ticket	Vignette	Boutry-Droulers	B D
94	6.406	19 décembre 1893	Tic-tac (fil au)	Titre	Vᵉ C. Crespel et fils	
95	3.071	10 septembre 1884	Timbale (fil à la)	Titre	Hassebroucq frères	
96	3.524	27 mai 1885	Timbre (au)	Vignette	Boutry-Droulers	
97	1.073	28 juin 1875	Timbre-poste (fil au)	Vignette	G.-J. Descamps-Beaucourt	G J D B
98	1.915	10 juin 1881	Timbres-poste (aux)	Bande	G.-J. Descamps-Beaucourt	G J D B
99	5.945	19 août 1892	Timbres-poste (fil aux)	Vignette	G.-J. Descamps-Beaucourt	G J D B
100	4.129	14 février 1887	Timonier (au)	Titre	Rogez	
101	756	16 juillet 1870	Tim-tam (fil au)	Vignette	Victor Saint-Léger	
102	6.196	20 juin 1893	Tir (fil au)	Titre	H. et L. Rogez	
103	2.394	27 octobre 1882	Tire-bouchon (au)	Vignette	Wallaert frères	W F
104	2.397	27 octobre 1882	Tire-bouchon (coton au)	Vignette, étiqu., bande	Wallaert frères	W F
105	2.426	27 octobre 1882	Tire-bouchon (coton au)	Vignette	Wallaert frères	W F
106	2.429	27 octobre 1882	Tire-bouchon (coton au)	Vignette, étiqu., bande	Wallaert frères	W F
107	2.613	22 août 1883	Tireur à la perche (au)	Vignette	Hassebroucq frères	HF
108	4.896	13 juillet 1888	Tiroir (fil au)	Vignette	L. Picavet aîné	P Aé
109	3.469	20 mai 1885	Tiroir (fil en)	Titre	Scrive frères	
110	706	3 décembre 1869	Tisserand chinois (au)	Vignette	Senélar	
111	679	3 avril 1869	Tisseur chinois (au)	Vignette	Senélar	
112	4.948	10 octobre 1888	Titan (fil au)	Titre	Scrive frères	

N° D'ORDRE	N° D'INSCRIPTION	DATE DU DÉPOT	NOM DE LA MARQUE	NATURE DE LA MARQUE	NOM DU DÉPOSANT	INITIALES
113	4.021	23 octobre 1886	Tocsin (fil au)	Vignette	Scrive frères	
114	698	2 octobre 1869	Toilette (fil à la)	Vignette	Crespel et Descamps	
115	3.223	21 novembre 1884	Toilette (fil à la)	Vignette	Crespel et Descamps	D A é
116	1.886	4 mai 1881	Toison d'or (la)	Bande	Hassebroucq frères	
117	2.773	18 février 1884	Tonkin (fil au)	Vignette	G.-J. Descamps-Beaucourt	G J D B
118	942	17 juin 1873	Tonkinois (fil au)	Vignette	Duhem et Derinck	
119	384	16 mars 1864	Tonneau et au petit tonneau (fil au)	Bandes	Verstraete frères	V F
120	3.329	5 mars 1885	Torche (la)	Vignette-étiquette	Wallaert frères	
121	919	2 avril 1873	Toréador (au)	Vignette	J. Thiriez père et fils	
122	206	2 octobre 1861	Torero (fil au)	Vignette	Auguste Lesay	
123	3.335	16 mars 1885	Torpilleur (au)	Titre	A. Fauchille aîné	
124	2.189	8 mai 1882	Tortue (fil à la)	Vignette	Anatole Descamps	
125	3.088	10 septembre 1884	Tortue (fil à la)	Titre	Aug. Lambin	
126	3.076	10 septembre 1884	Toton (fil au)	Titre	Hassebroucq frères	
127	6.295	19 septembre 1893	Touage (fil au)	Titre	Crespel et Descamps	
128	2.444	27 octobre 1882	Toupie (à la)	Vignette, étiqu., bande	Wallaert frères	W F
129	6.120	29 mai 1893	Toupie (câblé extra à la)	Etiquette	Gustave Toussin	G T
130	298	10 juillet 1862	Toupie (fil à la)	Vignette	Gustave Toussin	G T
131	2.289	2 août 1882	Toupie (mouliné à la)	Vignette	Wallaert frères	W F
132	2.430	27 octobre 1882	Toupie (mouliné à la)	Vignette, étiqu. bande	Wallaert frères	W F
133	2.427	27 octobre 1882	Toupie (mouliné à la)	Vignette	Wallaert frères	W F
134	2.433	27 octobre 1882	Toupie (mouliné à la)	Vignette	Wallaert frères	W F
135	4.302	7 mai 1887	Tour (câblé à la)	Vignette	Vᵉ Gustave Toussin	G T
136	3.007	27 août 1884	Tour (fil à la)	Titre	Aug. Lambin	
137	1.564	25 février 1880	Touraine (fil de)	Titre	I. Lambin	
138	1.820	8 avril 1881	Touraine (fil de)	Vignette	I. Lambin	H et P
139	512	31 mars 1882	Tour d'Issoudun (à la)	Vignette	Ph. Vrau	A G
140	5.472	19 août 1890	Tour du Bouffay	Bandes	Poullier-Longhaye	
141	1.379	20 septembre 1878	Tour du Bouffay (à la)	Vignette	Poullier-Longhaye	J S
142	3.584	18 juin 1885	Tour du monde (fil au)	Titre	A. Fauchille aîné	
143	4.012	23 novembre 1886	Tour Eiffel (fil à la)	Titre	Anatole Descamps	
144	3.931	28 mai 1887	Touristes (aux)	Bandes	Poullier-Longhaye	
145	3.868	28 mai 1886	Touristes (fil aux)	Vignette	Poullier-Longhaye	
146	4.507-4.598	20 décembre 1887	Tourne-vis	Étiquette et vignette	Boutry-Droulers	B D
147	3.439	5 mai 1885	Tourne-vis (au)	Vignette	Boutry-Droulers	
148	1.113	27 septembre 1875	Tourniquet (au)	Vignette	Wallaert frères	
149	5.511	16 octobre 1890	Tourniquet (au)	Vignette	Wallaert frères	
150	4.724	10 février 1888	Tournoi, triomphe de l'industrie nationale (fil au)	Titre	L. Picavet aîné	
151	812	31 mai 1872	Traîneau (fil au)	Vignette	G.-J. Descamps-Beaucourt	
152	5.934	19 août 1892	Traîneau (fil au)	Vignette	G.-J. Descamps-Beaucourt	G J D B
153	1.160	15 avril 1876	Trait d'union (fil au)	Vignette	Hassebroucq frères	H F
154	4.937	3 octobre 1888	Trait d'union (fil au)	Titre	Poullier-Longhaye	

N° D'ORDRE	N° D'INSCRIPTION	DATE DU DÉPOT	NOM DE LA MARQUE	NATURE DE LA MARQUE	NOM DU DÉPOSANT	INITIALES
155	1.439	3 avril 1879	Tramway (câblé au)	Vignette	Croquez frères	V C M
156	3.940	29 juin 1886	Transatlantique (au)	Titre	Crespel et Descamps	
157	4.926	19 septembre 1888	Trapèze (au)	Vignette	Wallaert frères	
158	6.027	31 janvier 1893	Trapèze (au)	Vignette	Poullier-Longhaye	P L
159	1.542	15 décembre 1879	Trapèze (fil au)	Vignette	Poullier-Longhaye	
160	2.948	9 août 1884	Trapèze (fil an)	Bande	Poullier-Longhaye	P L
161	6.213	20 juin 1893	Traqueurs (fil aux)	Titre	H. et L. Rogez	
162	4.652	29 décembre 1887	Travailleur de la mer (au)	Titre	Vᵛᵉ C. Crespel et fils	
163	1.069	9 juin 1875	Travailleurs (fil aux)	Vignette	Hassebroucq frères	HF
164	2.366	21 septembre 1882	Travailleurs du lin (les)	Vignette	Hassebroucq frères	
165	1.134	14 décembre 1875	Travailleurs français (aux)	Vignette	J.-Bᵗᵉ Taffin	B Aé
166	3.346	19 mars 1885	Travailleurs français (aux)	Vignette	Vanoutryve frères	B Aé
167	4.229	25 mars 1887	Travailleurs français (aux)	Vignette	Vanoutryve frères	J P V
168	2.026	16 novembre 1881	Travailleuse (la)	Vignette	Hassebroucq frères	HF
169	5.277	14 août 1893	30 blanc R et C	Etiquette	H. et L. Rogez	R et C
170	2.789	5 mars 1884	Trésor (fil au)	Titre	I. Lambin	
171	3.375	25 mars 1885	Trésor (fil au)	Titre	I. Lambin	I L
172	6.907	19 juillet 1895	Tresse (à la)	Titre	Wallaert frères	
173	4.678	3 février 1888	Triangle (au)	Vignette	L. Picavet aîné	P Aé
174	270	24 mars 1862	Triangle (fil au)	Pelote	D. et V. Picavet aîné	
175	722	16 mars 1870	Triangle (fil au)	Vignette	Ed. Delecroix	
176	2.234	24 juin 1882	Triboulet (fil à)	Vignette	Crespel et Descamps	D Aé
177	4.244	25 mars 1887	Tribu arabe (à la)	Bande	Vanoutryve frères	J P V
178	3.295	14 février 1885	Tribu arabe (fil à la)	Titre	Vanoutryve frères	
179	1.533	15 novembre 1879	Tribun (au)	Vignette	A. Fauchille-Delanoy	
180	4.511	14 décembre 1887	Tricolore (poisson) (au)	Titre	Jolivet	
181	916	17 mars 1873	Tricolore (fil)	Vignette	Victor Saint-Léger	
182	968	11 septembre 1873	Tricolore (le)	Bande	Victor Saint-Léger	V S L
183	1.563	19 février 1880	Tricolore (le)	Vignette	Victor Saint-Léger	V S L
184	2.495	15 février 1883	Tricolore (le)	Vignette	Victor Saint-Léger	V S L
185	6.466	24 janvier 1894	Tricorne (fil au)	Titre	Hassebroucq frères	
186	5.005	21 décembre 1888	Tricoteuse (fil à la)	Vignette	L. Picavet aîné	
187	4.201	2 mars 1887	Trictrac (au)	Titre	Hassebroucq frères	
188	6.465	24 janvier 1894	Trident (fil au)	Titre	Hassebroucq frères	
189	2.286	31 juillet 1882	Trinquet (fil au)	Titre	Scrive frères	
190	2.172	8 mai 1882	Triomphal (fil)	Vignette	Anatole Descamps	
191	2.154	2 mai 1882	Triomphateurs (aux)	Titre	A. Fauchille aîné	
192	2.108	26 avril 1882	Triomphe (au)	Titre	A. Fauchille aîné	
193	1.248	14 mai 1877	Triomphe du fil à la machine	Vignette	Roman Ghesquière	
194	5.107	9 juillet 1889	Triple alliance (fil de la)	Titre	Poullier-Longhaye	
195	6.420	20 décembre 1893	Triple carte (la)	Titre	Hassebroucq frères	
196	2.962	12 août 1884	Triple force	Vignette	Poullier-Longhaye	P L

No D'ORDRE	No D'INSCRIPTION	DATE DU DÉPOT	NOM DE LA MARQUE	NATURE DE LA MARQUE	NOM DU DÉPOSANT	INITIALES
197	1.303	4 décembre 1877..	Triple force (fil).........	Vignette...	Poullier-Longhaye.....	P L
198	2.961	12 août 1884.....	Triple force (fil à la)......	Vignette...	Poullier-Longhaye.....	P L
199	4.060	4 décembre 1886..	Triple force (fil de lin).....	Bande....	Poullier-Longhaye.....	
200	4.061	4 décembre 1886..	Triple force (fil de lin).....	Bande....	Poullier-Longhaye.....	
201	4.062	4 décembre 1886..	Triple force (fil de lin).....	Bandes....	Poullier-Longhaye.....	
202	827	8 juillet 1872 ...	Trois amis (fil aux)........	Vignette...	Collette.............	
203	345	7 avril 1863.....	Trois archanges (fil aux)	Vignette...	Picavet aîné.........	
204	5.777	12 novembre 1891.	Trois armes (fil aux).......	Vignette...	Poullier-Longhaye.....	
205	336	28 janvier 1863 ..	Trois carreaux (fil aux).....	Vignette...	Senélar.............	
206	613	28 avril 1868 ...	Trois chevaux (fil aux)	Vignette...	Henri Destailleurs......	
207	1.740	15 janvier 1881...	Trois cigognes (fil aux).....	Vignette...	Poullier-Longhaye.....	P L
208	2.184	8 mai 1882......	Trois commères (fil aux)....	Vignette...	Anatole Descamps......	Augte D
209	561	12 octobre 1867...	Trois couleurs (aux)	Bande et pelote..	Scrive frères.........	
210	564	23 octobre 1867...	Trois couleurs (aux)	Bobine....	Scrive frères.........	
211	1.941	25 juin 1881.....	Trois couleurs (aux)	Bandes et pelote..	Scrive frères.........	S F
212	170	23 mars 1861.....	Trois couleurs nationales (fil aux)	Vignette...	Gustave Toussin	G T
213	4.169	25 février 1887....	Trois couronnes (fil aux)....	Vignette.	Ve C. Crespel et fils	C F
214	2.113	26 avril 1882.....	Trois déesses (aux)........	Titre	A. Fauchille aîné......	
215	2.278	28 juillet 1882....	Trois déesses (fil aux)	Vignette...	A. Fauchille aîné......	A F Ané
216	1.671	19 août 1880.....	Trois dés (fil aux)........	Vignette...	A. Fauchille-Delanoy....	
217	2.104	26 avril 1882.....	Trois éléments (aux).......	Titre	A. Fauchille aîné......	
218	2.281	28 juillet 1882....	Trois éléments (fil aux)....	Vignette...	A. Fauchille aîné......	A F Ané
219	2.428	27 octobre 1882 ..	Trois épis (aux)	Vignette...	Wallaert frères........	W F
220	2.293	2 août 1882	Trois épis (coton à coudre aux).	Vignette...	Wallaert frères........	W F
221	2.449	27 octobre 1882 ..	Trois épis (coton à coudre aux).	Vignette, étiqu., bande	Wallaert frères........	W F
222	1.221	17 janvier 1877...	Trois étoiles (fil aux)	Vignette...	E. Remy Yon	X et Z
223	4.707	10 février 1888 ..	Trois étoiles (fil aux)	Dessin....	L. Picavet aîné.......	P Aé
224	4.710	10 février 1888...	Trois fileuses (fil aux)	Vignette...	L Picavet aîné.......	P Aé
225	1.298	12 novembre 1877 .	Trois frères (aux)	Vignette...	Poullier-Longhaye.....	P L
226	1.105	24 septembre 1875.	Trois frères (fil aux)	Vignette...	Poullier-Longhaye.....	P L
227	2.110	26 avril 1882.....	Trois grâces (aux)	Titre	A. Fauchille aîné......	
228	191	31 juillet 1861....	Trois jumeaux (fil aux)	Vignette...	A. Mallet et L. Darras...	M et D, Lille
229	2.187	8 mai 1882	Trois magots (aux)........	Vignette...	Anatole Descamps......	Augte D
230	4.095	24 décembre 1886.	Trois ours (aux)	Titre	Mordacq-Plamont......	
231	4.207	5 mars 1887	Trois ours (aux)	Bande et dev. de boîte	Mordacq-Plamont......	G J
232	4.206	5 mars 1887	Trois ours (fil aux)	Vignette...	Mordacq-Plamont......	G J
233	2.341	8 septembre 1882 .	Trois périodes (aux)	Titre	A. Fauchille aîné......	
234	4.517	14 décembre 1887.	Trois rongeurs (aux)	Titre	Jolivet..............	
235	4.689	3 février 1888 ...	Trois sapeurs (aux)	Vignette...	L. Picavet aîné.......	P Aé
236	4.393	25 juillet 1887....	Trois sauvages (fil aux)....	Titre	Jolivet..............	
237	789	29 février 1872...	Trois toupies (aux)........	Vignette...	Rogez et Cie.........	
238	3.075	10 septembre 1884.	Trompette (fil à la)........	Titre	Hassebrouq frères......	

N° D'ORDRE	N° D'INSCRIPTION	DATE DU DÉPOT	NOM DE LA MARQUE	NATURE DE LA MARQUE	NOM DU DÉPOSANT	INITIALES
239	1.171	20 mai 1876	Trompette (fil au)	Vignette	A. Fauchille-Delanoy	
240	2.868	24 mai 1884	Trompette (fil au)	Vignette	Hassebroucq frères	H?
241	2.326	31 août 1882	Trophée (fil au)	Vignette	Verstraete frères	V F
242	5.829	2 février 1892	Trotteurs (fil aux)	Vignette	Poullier-Longhaye	
243	4.687	3 février 1888	Troubadour (au)	Vignette	L. Picavet aîné	P Aé
244	1.006	28 avril 1874	Troubadour (fil au)	Vignette	A. Humbert frères	
245	1.009	21 mai 1874	Troubadour (fil au)	Vignette	D. et V. Picavet aîné	
246	6.194	20 juin 1893	Troupeau (fil au)	Titre	H. et L. Rogez	
247	2.340	8 septembre 1882	Troupier (au)	Titre	A. Fauchille aîné	
248	710	11 janvier 1870	Troupiers (fil aux)	Vignette	Victor Saint-Léger	
249	2.795	8 mars 1884	Tulipe (fil à la)	Titre	Anatole Descamps	
250	3.039	6 septembre 1884	Tulipe (fil à la)	Vignette	Anatole Descamps	
251	2.490	7 février 1883	Tunisie (fil à la)	Titre	A. Fauchille-Delanoy	
252	4.323	4 juin 1887	Tunisien (câblé)	Titre	Vᵉ Gustave Toussin	
253	2.096	5 avril 1882	Tunisien (fil au)	Vignette	Verstraete frères	V F
254	2.089	5 avril 1882	Tunisienne (à la)	Vignette	Verstraete frères	V F
255	4.733	23 février 1888	Turban (au)	Etiquette	Rémy Yon	R Y
256	5.994	18 novembre 1892	Turcoman (fil au)	Vignette	Gustave Toussin	G T
257	280	17 avril 1862	Tuteur	Bande	Poullier-Longhaye	P-L
258	1.092	15 septembre 1875	Tuteur (fil au)	Vignette	Poullier-Longhaye	P L
259	1.205	30 novembre 1876	Tuteur breveté	Bande	Poullier-Longhaye	P L
260	728	30 mars 1870	Tuyau d'argent (fil au)	Vignette-pelote	Ch. Schodet	
261	823	2 juillet 1872	Tyrolien (fil au)	Vignette	Verstraete frères	
262	5.975	15 octobre 1892	Tsarine (fil à la)	Titre	Georges Saint-Léger	

Nº d'ordre	Nº d'inscription	DATE DU DÉPOT	NOM DE LA MARQUE	NATURE DE LA MARQUE	NOM DU DÉPOSANT	INITIALES

N° D'ORDRE	N° D'INSCRIPTION	DATE DU DÉPOT	NOM DE LA MARQUE	NATURE DE LA MARQUE	NOM DU DÉPOSANT	INITIALES

N° D'ORDRE	N° D'INSCRIPTION	DATE DU DÉPOT	NOM DE LA MARQUE	NATURE DE LA MARQUE	NOM DU DÉPOSANT	INITIALES

N° D'ORDRE	N° D'INSCRIPTION	DATE DU DÉPOT	NOM DE LA MARQUE	NATURE DE LA MARQUE	NOM DU DÉPOSANT	INITIALES

N° D'ORDRE	N° D'INSCRIPTION	DATE DU DÉPOT	NOM DE LA MARQUE	NATURE DE LA MARQUE	NOM DU DÉPOSANT	INITIALES

N° D'ORDRE	N° D'INSCRIPTION	DATE DU DÉPOT	NOM DE LA MARQUE	NATURE DE LA MARQUE	NOM DU DÉPOSANT	INITIALES

Nº D'ORDRE	Nº D'INSCRIPTION	DATE DU DÉPOT	NOM DE LA MARQUE	NATURE DE LA MARQUE	NOM DU DÉPOSANT	INITIALES

U

N° D'ORDRE	N° D'INSCRIPTION	DATE DU DÉPOT	NOM DE LA MARQUE	NATURE DE LA MARQUE	NOM DU DÉPOSANT	INITIALES
1	4.699	10 février 1888	Union (fil à l')	Vignette	L. Picavet aîné	P Aé
2	4.994	21 décembre 1888	Union (fil à l')	Titre	L. Picavet aîné	
3	623	13 juin 1868	Union fait la force (l')	Vignette	Auguste Descamps	
4	1.713	4 décembre 1880	Union monétaire	Bande	Hassebroucq frères	HF
5	5.324	22 janvier 1890	Union monétaire (fil à l')	Titre	L. Picavet aîné	
6	1.571	17 mars 1880	Union monétaire (l')	Titre	Hassebroucq frères	
7	1.503	20 août 1879	Union postale (l')	Vignette	Hassebroucq frères	HF
8	1.537	26 novembre 1879	Union postale (l')	Bandes	Hassebroucq frères	HF
9	6.757	13 février 1895	Unique (l')	Titre	Scrive frères	
10	171	27 mars 1861	Univers (à l')	Vignette	Hassebroucq frères	HF
11	1.199	4 novembre 1876	Univers (à l')	Vignette	Hassebroucq frères	HF
12	552	3 juin 1867	Universel (fil)	Vignette	J. Thiriez père et fils	J T P F
13	2.604	8 août 1883	Universel (fil)	Vignette	Hassebroucq frères	HF
14	2.725	21 décembre 1883	Universel (fil)	Vignette	J. Thiriez père et fils	J T P F
15	1.120	26 octobre 1875	Universel aux lames d'or et fil à l'aiguille (fil)	Vignette	A. Derinck et Godefrin	
16	5.717	16 septembre 1891	Urne (fil à l')	Titre	I. Lambin	
17	5.370	14 mars 1890	Usine des quatre chemins	Vignette	H. et L. Rogez	H. et L. Rogez
18	4.282	23 avril 1887	Usines à La Madeleine	Etiquette	Georges Saint-Léger	

N° d'ordre	N° d'inscription	DATE DU DÉPOT	NOM DE LA MARQUE	NATURE DE LA MARQUE	NOM DU DÉPOSANT	INITIALES

V

No D'ORDRE	No D'INSCRIPTION	DATE DU DÉPOT	NOM DE LA MARQUE	NATURE DE LA MARQUE	NOM DU DÉPOSANT	INITIALES
1	5.680	27 juillet 1891...	Vague (à la)..........	Titre....	Crespel et Descamps....	
2	6.193	20 juin 1893....	Vaillance (fil à la).......	Titre....	H. et L. Rogez.......	
3	495	25 janvier 1866...	Vainqueur (au).........	Vignette...	Roman Ghesquière.....	
4	5.422	21 juin 1890....	Vainqueur d'Algérie (fil au)...	Bande....	Vᵉ Gustave Toussin....	G T
5	496	25 janvier 1866...	Vainqueur, force et souplesse (au)	Vignette...	Roman Ghesquière.....	
6	2.145	1ᵉʳ mai 1882....	Vaisseau (fil au),.......	Titre.....	Anatole Descamps.....	
7	682	22 mai 1869....	Valet de cœur (fil au)......	Vignette...	Hassebroucq frères.....	
8	2.883	4 juin 1884	Valet de cœur (fil au)......	Vignette...	Hassebroucq frères.....	
9	459	21 février 1865...	Valet de pique (fil au).....	Vignette ..	Bianco aîné	
10	463	10 mars 1865....	Valet de trèfle (fil au).....	Vignette...	Verstraete frères.....	
11	5.377	14 mars 1890 ...	Vallée d'Auge (fil à la)	Vignette...	H. et L. Rogez.......	A B
12	3.889	28 mai 1886	Vanneau (fil au)........	Titre....	Poullier-Longhaye.....	
13	3.747	12 décembre 1885 .	Vannier (fil au).........	Vignette...	Vᵉ C. Crespel et fils....	
14	1.677	4 septembre 1880..	Vapeur (fil à la)	Vignette...	I. Lambin.........	
15	1 705	22 novembre 1880 .	Vapeur (fil à la)	Vignette...	A. Fauchille-Delanoy....	
16	5.716	16 septembre 1891.	Vase (fil au)	Titre....	I. Lambin.........	
17	2.264	26 juillet 1882...	Vauban (fil à).........	Titre....	Vᵉ C. Crespel et fils....	
18	417	28 décembre 1864 .	Vaucanson (à)	Vignette...	Crespel et Descamps.....	
19	4.993	21 décembre 1888 .	Veau d'or (fil au).......	Titre....	L. Picavet aîné	
20	4.648	29 décembre 1887 .	Vedette (à la).........	Titre....	Vᵉ C. Crespel et fils....	
21	4.977	4 décembre 1888..	Vedette gauloise (fil à la)	Vignette...	Anatole Descamps.....	
22	6.985	26 septembre 1895.	Veinard (au).........	Titre....	A. Fauchille-Delanoy....	
23	735	27 avril 1870....	Vélocipède (au)........	Vignette...	Rogez et Cⁱᵉ	
24	672	3 février 1869 ...	Vélocipède (fil au)......	Vignette...	Vᵉ L. Devos	
25	5.172	9 octobre 1889...	Vélocipède (fil au).......	Vignette...	I. Lambin.........	I L
26	2.928	9 août 1884	Vendéen (fil au)........	Titre	Poullier-Longhaye.....	
27	1.320	16 mars 1878....	Vénérable (fil au).......	Vignette...	Crespel et Descamps....	D Aᵉ
28	576	29 novembre 1867 .	Vénitien (fil au)........	Vignette...	Rogez et Cⁱᵉ	R et Cⁱᵉ

N° D'ORDRE	N° D'INSCRIPTION	DATE DU DÉPÔT	NOM DE LA MARQUE	NATURE DE LA MARQUE	NOM DU DÉPOSANT	INITIALES
29	5.070	24 mai 1889	Vénitienne (à la)	Vignette	H. et L. Rogez	R et C
30	1.522	17 octobre 1879	Vénitienne (fil à la)	Vignette	Henri Rogez	R et C
31	3.217	21 novembre 1884	Vertus (fil aux)	Vignette	Crespel et Descamps	D Aé
32	4.160	25 février 1887	Vesta (fil à)	Vignette	Vᵉ C. Crespel et fils	C F
33	3.917	28 mai 1886	Veuve (fil à la)	Titre	Poullier-Longhaye	
34	411	9 novembre 1864	Viaduc de Chaumont (fil au)	Vignette	Auguste Descamps	
35	3.227	21 novembre 1884	Victoire (à la)	Vignette	Crespel et Descamps	D Aé
36	782	28 février 1872	Victoire (fil à la)	Vignette	I. Lambin	
37	5.662	22 juillet 1891	Victoria (fil)	Etiquette	Vᵉ Gustave Toussin	G T
38	209	2 octobre 1861	Victoria Thread	Vignette	D. et V. Picavet aîné	
39	3.337	16 mars 1885	Victorieux (aux)	Titre	A. Fauchille aîné	
40	665	9 janvier 1869	Vierge (à la)	Vignette	Scrive frères	
41	2.512	23 mars 1883	Vierge (à la)	Vignette	A. Fauchille aîné	
42	694	24 juillet 1869	Vierge (fil à la)	Vignette	Scrive frères	
43	1.098	20 septembre 1875	Vierge (fil à la)	Vignette	G.-J. Descamps-Beaucourt	
44	1.149	24 février 1876	Vierge (fil à la)	Vignette	A. Fauchille-Delanoy	A F D
45	4.717	10 février 1888	Vierge (fil à la)	Vignette	L. Picavet aîné	P Aé
46	5.930	19 août 1892	Vierge (fil à la)	Vignette	G.-J. Descamps-Beaucourt	
47	5.102	3 juillet 1889	Vierge (au fil de la)	Vignette	Hassebroucq frères	
48	163	13 mars 1861	Vierge couronnée (à la)	Vignette	Hassebroucq frères	F C et B
49	5.365	6 mars 1890	Vierge de France (à la)	Titre	L. Picavet aîné	
50	5.364	6 mars 1890	Vierge de Vaucouleurs (à la)	Titre	L. Picavet aîné	
51	2.600	26 juillet 1883	Vierge Marie (à la)	Titre	A. Fauchille aîné	
52	5.305	10 janvier 1890	Vieux brigadier (au)	Bandes	Poullier-Longhaye	J R
53	4.939	3 octobre 1888	Vieux brigadier (fil au)	Titre	Poullier-Longhaye	
54	5.299	10 janvier 1890	Vieux brigadier (fil au)	Vignette	Poullier-Longhaye	J R
55	2.949	9 août 1884	Vieux-Nantes (au)	Bande	Poullier-Longhaye	
56	4.828	27 avril 1888	Vieux patron (fil au)	Titre	Vᵉ C. Crespel et fils	
57	1.457	9 juin 1879	Vieux prisonnier (fil au)	Vignette	Dayez fils aîné et Cⁱᵉ	D et C
58	3.043	10 septembre 1884	Vieux-Rouen (au)	Vignette	Poullier-Longhaye	A D
59	2.457	8 novembre 1882	Vigie (à la)	Titre	A. Fauchille aîné	
60	6.064	14 avril 1893	Vignettes (aux)	Etiquette	Gustave Toussin	G T
61	1.389	14 octobre 1878	Vignettes (fil aux)	Vignette	Gustave Toussin	G T
62	1.492	1ᵉʳ août 1879	Villageois (fil au)	Titre	Verstraete frères	
63	1.549	6 janvier 1880	Villageois (fil au)	Vignette	Verstraete frères	
64	2.573	8 juin 1883	Ville de Besançon (à la)	Titre	A. Fauchille aîné	
65	2.244	7 juillet 1882	Ville de Namur (à la)	Vignette	I. Lambin	L D
66	4.454	15 septembre 1887	Vingt-huit jours (fil aux)	Titre	Georges Saint-Léger	
67	5.523	21 novembre 1890	Vingtième siècle (au)	Vignette	Alfred Descamps	
68	3.364	21 mars 1885	Violette (fil à la)	Titre	Aug. Lambin	
69	2.210	9 juin 1882	Virtuoses (aux)	Titre	Poullier-Longhaye	
70	6.026	31 janvier 1893	Virtuoses (aux)	Vignette	Poullier-Longhaye	

— 221 —

N° D'ORDRE	N° D'INSCRIPTION	DATE DU DÉPOT	NOM DE LA MARQUE	NATURE DE LA MARQUE	NOM DU DÉPOSANT	INITIALES
71	3.423	5 mai 1885	Vis (à la)	Vignette	Boutry-Droulers	
72	4.560-4.561	20 décembre 1887	Vis (la)	Etiquette et vignette	Boutry-Droulers	B D
73	6.237	4 juillet 1893	Vision (fil à la)	Titre	Crespel et Descamps	
74	6.411	20 décembre 1893	Vitrail (fil au)	Titre	Georges Saint-Léger	
75	7.060	13 novembre 1895	Vivat !	Titre	Hassebroucq frères	
76	6.394	3 novembre 1893	Vivats (fil aux)	Titre	Scrive frères	
77	2.462	6 décembre 1882	Vogue (fil à la)	Vignette	Hassebroucq frères	
78	3.413	4 mai 1885	Voiturier (au)	Titre	A. Fauchille aîné	
79	3.856	20 avril 1886	Voiturier (au)	Vignette	A. Fauchille aîné	
80	3.857	20 avril 1886	Voiturier (fil au)	Bande	A. Fauchille aîné	
81	3.058	10 septembre 1884	Volant (au)	Titre	A. Fauchille aîné	
82	358	3 septembre 1863	Volant (fil au)	Vignette	A. Mallet et Darras	M et D, Lille
83	1.927	16 juin 1881	Volant (fil au)	Vignette	L. Darras et Cie	L D
84	3.414	5 mai 1885	Volcan (au)	Vignette	Boutry-Droulers	
85	5.493	11 octobre 1890	Voleur (au)	Titre	Poullier-Longhaye	
86	5.776	12 novembre 1891	Voleur (au)	Vignette	Poullier-Longhaye	
87	5.783	12 novembre 1891	Voleur (au)	Bandes	Poullier-Longhaye	
88	1.050	29 octobre 1874	Volontaire d'un an (fil au)	Vignette	Scrive frères	
89	2.087	5 avril 1882	Voyages (fil aux)	Vignette	Verstraete frères	V F
90	1.085	16 août 1875	Vrai bonheur (au)	Vignette	Senélar	
91	4.891	13 juillet 1888	Vrai bonheur (au)	Vignette	L. Picavet aîné	
92	4.222	24 mars 1887	Vraie France (fil à la)	Titre	Anatole Descamps	
93	5.976	15 octobre 1892	Vrai fil de Russie	Vignette	Vve C. Crespel et fils	
94	702	26 octobre 1869	Vrai fil lillois (au)	Vignette	Desombre et Cie	D et C ou D M
95	480	12 juillet 1865	Vrai Guignol (fil au)	Vignette	Victor Saint-Léger	
96	2.028	18 novembre 1881	Vrai Guignol (fil au)	Vignette	Victor Saint-Léger	E G et H
97	1.630	28 mai 1880	Vrais citoyens (aux)	Vignette	Crespel et Descamps	A J
98	1.376	12 septembre 1878	Vulcain (à)	Vignette	Vve C. Crespel et fils	
99	7.033	15 octobre 1895	Vulcain (à)	Vignette	Vve C. Crespel et fils	C F

N° d'ordre	N° d'inscription	DATE DU DÉPOT	NOM DE LA MARQUE	NATURE DE LA MARQUE	NOM DU DÉPOSANT	INITIALES

N° D'ORDRE	N° D'INSCRIPTION	DATE DU DÉPOT	NOM DE LA MARQUE	NATURE DE LA MARQUE	NOM DU DÉPOSANT	INITIALES

No d'ordre	No d'inscription	DATE DU DÉPOT	NOM DE LA MARQUE	NATURE DE LA MARQUE	NOM DU DÉPOSANT	INITIALES

W à Z

No D'ORDRE	No D'INSCRIPTION	DATE DU DÉPOT	NOM DE LA MARQUE	NATURE DE LA MARQUE	NOM DU DÉPOSANT	INITIALES
1	2.408	27 octobre 1882	Wallaert frères, Lille	Titre	Wallaert frères	
2	2.816	24 mars 1884	Watteau (fil)	Titre	Rogez	

No D'ORDRE	No D'INSCRIPTION	DATE DU DÉPOT	NOM DE LA MARQUE	NATURE DE LA MARQUE	NOM DU DÉPOSANT	INITIALES
1	5.423	21 juin 1890	Yacht (fil au)	Bande	Vᵉ Gustave Toussin	G T
1	1.467	4 juillet 1879	Zagaie (fil à la)	Vignette	Hassebroucq frères	Hᶠ
2	910	11 mars 1873	Zampa (fil à)	Vignette	D. et V. Picavet aîné	
3	4.703	10 février 1888	Zampa (fil à)	Vignette	L. Picavet aîné	P Aé
4	3.589	27 juin 1887	Zèbre (fil au)	Titre	Aug. Lambin	
5	6.412	20 décembre 1893	Zibeline (à la)	Titre	Georges Saint-Léger	
6	2.333	1ᵉʳ septembre 1882	Zodiaque (fil au)	Titre	Anatole Descamps	
7	1.463	30 juin 1879	Zoulou (fil au)	Titre	Victor Saint-Léger	

MARQUES SANS TITRE

PAR

ORDRE DE DÉPOT

MARQUES SANS TITRE

PAR

ORDRE DE DÉPOT

N° D'ORDRE	N° D'INSCRIPTION	DATE DU DÉPOT	NATURE DE LA MARQUE	NOM DU DÉPOSANT	INITIALES
1	194	31 juillet 1861...	Vignette..................	A. Mallet et L. Darras...	M et D, Lille
2	198	31 juillet 1861...	Vignette..................	A. Mallet et L. Darras...	M et D, Lille
3	204	28 août 1861...	Vignette..................	Crespel et Descamps....	T D
4	243	15 janvier 1862..	Représentant une pelote de fil......	Auguste Lesay........	
5	360	3 septembre 1863.	2 demi-bandes................	A. Mallet et L. Darras...	M et D, Lille
6	375	29 décembre 1863.	Vignette représentant un soldat assis dans un camp	Gustave Toussin.......	G T
7	401	14 juillet 1864...	Vignette...................	Poullier-Longhaye.....	P L
8	402	14 juillet 1864...	Vignette représentant une bobine......	Poullier-Longhaye.....	P L
9	407	8 octobre 1864...	2 pelotes et bande...........	P. P^{on} Ph. Vrau, Ph. Vrau fils	P V
10	420	11 janvier 1865..	2 pelotes et 2 bandes avec ces mots : Extra sup. cœur de lin P V qualité sup^{re}......	Ph. Vrau...........	P V
11	423	6 février 1865...	Représentant une pelote avec bande dentelée et le n° 60	Humbert frères.......	
12	513	16 avril 1866...	Bobine de fil...............	Ph. Vrau...........	P V
13	566	23 octobre 1867..	Bande rayée or et argent.........	Devos frères........	
14	583	18 janvier 1868..	Dessin représentant l'intérieur d'une boîte de bobines de fil.............	Auguste Descamps.....	
15	592	18 février 1868..	Pelote de laquelle sort un fil chiné rouge et jaune.	A. Mallet et L. Darras...	
16	612	23 avril 1868...	Pelote...................	Victor Saint-Léger.....	V S L
17	647	31 octobre 1868..	Dessin de boîte..............	Scrive frères........	
18	648	31 octobre 1868..	Dessin de boîte..............	Scrive frères........	
19	649	31 octobre 1868..	Dessin de boîte..............	Scrive frères........	
20	650	31 octobre 1868..	Dessin de boîte..............	Scrive frères........	
21	718	8 mars 1870....	Pelote avec tuyau............	Ch. Schodet........	
22	792	24 avril 1872...	Représentant un rond, dans le milieu une ancre, au-dessus les mots : Fil de ménage pur, Q^{té} supérieure.............	G.-J. Descamps-Beaucourt	G J D B
23	793	24 avril 1872...	Représentant un rond, dans le milieu une ancre, au-dessus les mots: 3 fils 40 T^{rs}, 1ère Qualité..	G.-J. Descamps-Beaucourt	G J D B
24	794	24 avril 1872...	Représentant un rond, dans le milieu une ancre, au-dessus les mots: 3 fils 40 T^{rs} Q^{té} Sup^{re}..	G.-J. Descamps-Beaucourt	G J D B

No D'ORDRE	No D'INSCRIPTION	DATE DU DÉPOT	NATURE DE LA MARQUE	NOM DU DÉPOSANT	INITIALES
25	795	24 avril 1872	Représentant un rond, dans le milieu une ancre, au-dessus les mots : Q^{té} sup^{re} 40 T^{rs} 3 fils	G.-J. Descamps-Beaucourt	G J D B
26	796	24 avril 1872	Représentant un rond, dans le milieu une ancre, au-dessus les mots : 3 fils 40 T^{rs}. Bonne Q^{té}	G.-J. Descamps-Beaucourt	G J D B
27	797	24 avril 1872	Représentant un rond, au-dessus le mot : Q^{té}	G.-J. Descamps-Beaucourt	G J D B
28	798	24 avril 1872	Représentant un rond, au-dessus les mots: 48 T^{rs}	G.-J. Descamps-Beaucourt	G J D B
29	799	24 avril 1872	Représentant un rond, au milieu une ancre, au-dessus les mots : Bon ouvrier 40 T^{rs} 3 fils	G.-J. Descamps-Beaucourt	G J D B
30	869	3 décembre 1872	Pelote consistant en une perle, en cire, verre, colle	J. Villain Verstaen' et Cie	V V et Cie
31	903	7 février 1873	Pelote et bande	Devos frères	
32	914	15 mars 1873	Pelote	Victor Saint-Léger	V S L
33	928	29 avril 1873	Pelotes et bande	Rogez et Cie	R et C
34	929	29 avril 1873	Carré avec le mot : Noir N° 50 R et C; bande avec le mot : Blanc 40 à 150 R et C	Rogez et Cie	
35	956	12 août 1873	Vignette représentant une fleur de lin	A. Fauchille-Delanoy	
36	957	12 août 1873	Bobine	A. Fauchille-Delanoy	A F D
37	959	26 août 1873	Représentant un rond couleur acier, au milieu la lettre $\frac{3}{T}$	J. Thiriez père et fils	J T P F
38	979	24 septembre 1873	Représentant un rond couleur groseille, au milieu une croix	Verstraete frères	
39	993	17 décembre 1873	Pelote	J. Thiriez père et fils	
40	998	5 mars 1874	Un rond, dans le milieu une main	A. Fauchille-Delanoy	A F D
41	999	9 mars 1874	Bande	G.-J. Descamps-Beaucourt	
42	1.030	29 juillet 1874	Représentant un câble	Wallaert frères	W F
43	1.041	19 septembre 1874	Bandes rouges avec raies noires	Verstraete frères	
44	1.151	2 mars 1876	Vignette	A Fauchille-Delanoy	
45	1.223	25 janvier 1877	Vignette représentant un poids	Victor Saint-Léger	
46	1.228	17 février 1877	Représentant une tête de mouton (fil câblé)	Victor Saint-Léger	
47	1.265	26 juillet 1877	Représentant un rond, dans le milieu la lettre X avec initiales A F D	A. Fauchille-Delanoy	
48	1.266	26 juillet 1877	Représentant un ovale, dans le milieu les mots : A. Fauchille-Delanoy	A. Fauchille-Delanoy	
49	1.267	26 juillet 1877	Représentant un ovale avec les lettres A F D	A. Fauchille-Delanoy	
50	1.268	26 juillet 1877	Représentant un rond avec les lettres A F D	A. Fauchille-Delanoy	
51	1.293	3 novembre 1877	Vignette	Wallaert frères	W F
52	1.309	30 janvier 1878	Pelote avec un fil jaune	Devos frères	
53	1.326	22 mars 1878	Représente un hiéroglyphe	E. Guillemaud et Cie	
54	1.358	14 août 1878	Devantures	Henri Rogez	R C
55	1.362	14 août 1878	Bande acier	Henri Rogez	
56	1.424	15 février 1879	Représente une arbalète enlacée d'un G	E. Guillemaud et Cie	
57	1.426	19 février 1879	C 3	E. Guillemaud et Cie	
58	1.460	11 juin 1879	Représentant un lion tenant une pelote de fil dans ses pattes de devant	E. Guillemaud et Cie	
59	1.519	29 septembre 1879	Bande	Picavet aîné	P A^{é}
60	1.531	11 novembre 1879		Gustave Toussin	G T

N° d'ORDRE	N° D'INSCRIPTION	DATE DU DÉPOT	NATURE DE LA MARQUE	NOM DU DÉPOSANT	INITIALES
61	1.538	11 décembre 1879	Une lionne allaitant ses lionceaux (cachet)	A. Fauchille-Delanoy	
62	1.546	24 décembre 1879	Représente un paquet d'écheveaux de fil	I. Lambin	
63	1.553	21 janvier 1880	Pelote avec un petit tuyau d'or ou d'argent	Lambin	
64	1.575	24 mars 1880	Rond avec trous	Scrive frères	
65	1.596	23 avril 1880	4 bandes	Ph. Vrau et Cie	
66	1.603	23 avril 1880	2 pelotes avec fil d'or et fil d'argent	Ph. Vrau et Cie	
67	1.606	30 avril 1880	Etoile avec pointes bleues et rouges	Dayez fils aîné et Cie	
68	1.611	4 mai 1880	Un carré de carton avec initiales faites à l'emporte-pièces	Gustave Toussin	G T
69	1.615	4 mai 1880	Représentant une boîte pelote carrée et fil en tablette	Ve C. Crespel et fils	C F
70	1.622	10 mai 1880	5 bandes intitulées : Solférino lissé, bleu verni, chamois verni, rouge turc, rouge cerise	Poullier-Longhaye	
71	1.624	18 mai 1880	1 cachet tricolore	Victor Saint-Léger	
72	1.631	28 mai 1880	Bande couleur or, avec lignes noires	Crespel et Descamps	D Aé
73	1.633	4 juin 1880	Enveloppe nuance gris perle	Scrive frères	
74	1.642	14 juin 1880	Enveloppe tricolore	Verstraete frères	
75	1.647	17 juin 1880	Bande couleur rouge orange	Verstraete frères	
76	1.648	17 juin 1880	Etui sous la couleur grise	Verstraete frères	
77	1.649	17 juin 1880	Etui sous la couleur verte	Verstraete frères	
78	1.650	17 juin 1880	Etui sous la couleur solférino	Verstraete frères	
79	1.651	17 juin 1880	Etui sous la couleur rouge orange	Verstraete frères	
80	1.690	4 octobre 1880	Bande avec filets tricolores	A. Fauchille-Delanoy	
81	1.701	16 novembre 1880	Bande dit passe-poil	Auguste Descamps	
82	1.702	16 novembre 1880	Bande dit passe-poil	Auguste Descamps	
83	1.703	16 novembre 1880	Bande dit passe-poil	Auguste Descamps	
84	1.708	30 novembre 1880	Bande acier doré	Ve Gustave Toussin	G T
85	1.717	29 décembre 1880	Bande acier argent et un carré papier bleu avec initiales G T	Ve Gustave Toussin	
86	1.721	4 janvier 1881	Capsule verte	Victor Saint-Léger	V S L
87	1.737	14 janvier 1881	Un carré de papier couleur rose, pour enveloppe de fil	Ve Collette	
88	1.738	14 janvier 1881	Un carré de papier noir acier, pour enveloppe de fil	Ve Collette	
89	1.739	14 janvier 1881	Un carré de papier couleur marron, pour enveloppe de fil	Ve Collette	
90	1.744	2 février 1881	Étui sous la couleur bleue	Ve Gustave Toussin	G T
91	1.747	9 février 1881	Étui couleur violet foncé	Bianco aîné	
92	1.748	9 février 1881	Étui couleur violet moyen	Bianco aîné	
93	1.749	9 février 1881	Étui couleur violet clair	Bianco aîné	
94	1.750	9 février 1881	Étui couleur gris argent	Bianco aîné	
95	1.752	21 février 1881	Devanture de boîte	Scrive frères	S F
96	1.759	12 mars 1881	Vignette représentant une femme filant	A. Pilate	A P
97	1.760	12 mars 1881	Vignette représentant une tête de bœuf	A. Pilate	A P
98	1.762	21 mars 1881	Bande d'or	Verstraete frères	V F

N° d'ordre	N° d'inscription	DATE DU DÉPOT	NATURE DE LA MARQUE	NOM DU DÉPOSANT	INITIALES
99	1.763	21 mars 1881	Bande d'argent.	Verstraete frères	V F
100	1.772	2 avril 1881	Bande carton couleur rouge brique.	Victor Saint-Léger	
101	1.773	2 avril 1881	Bande couleur bleu d'outremer.	Victor Saint-Léger	
102	1.774	2 avril 1881	Bande couleur rouge vermillon.	Crespel et Descamps	D Aé
103	1.775	2 avril 1881	Bande couleur jaune bistrée.	Henri Rogez	
104	1.776	2 avril 1881	Bande couleur bleu turquoise.	Henri Rogez	
105	1.777	2 avril 1881	Bande couleur rouge cassis.	Henri Rogez	
106	1.779	2 avril 1881	Bande couleur jaune.	Crespel et Descamps	D Aé
107	1.780	2 avril 1881	Bande couleur chocolat.	Crespel et Descamps	D Aé
108	1.781	2 avril 1881	Bande couleur verte.	Crespel et Descamps	D Aé
109	1.782	2 avril 1881	Bande couleur violette.	Crespel et Descamps	D Aé
110	1.783	2 avril 1881	Bande.	Victor Saint-Léger	
111	1.784	2 avril 1881	Bande couleur rouge brique.	Victor Saint-Léger	
112	1.785	2 avril 1881	Bande couleur orange.	Victor Saint-Léger	
113	1.786	2 avril 1881	Bande couleur rouge géranium.	Henri Rogez	
114	1.787	2 avril 1881	Bande couleur rouge carmin.	Henri Rogez	
115	1.788	2 avril 1881	Bande couleur bleu d'orient.	Henri Rogez	
116	1.789	4 avril 1881	Bande gaufrée rouge.	Victor Saint-Léger	
117	1.790	4 avril 1881	Bande gaufrée bleu pâle.	Victor Saint-Léger	
118	1.792	4 avril 1881	Bande couleur rouge géranium.	A. Fauchille-Delanoy	
119	1.793	4 avril 1881	Bande couleur écarlate foncée.	A. Fauchille-Delanoy	
120	1.794	5 avril 1881	Bande avec lignes diagonales rouges et bleues, (sur papier blanc).	Verstraete frères	
121	1.795	5 avril 1881	Bande couleur gris mastic.	Poullier-Longhaye	
122	1.798	6 avril 1881	Bande couleur de chêne.	Dayez fils aîné et Cie	
123	1.800	6 avril 1881	Bande couleur bleu azuline.	Dayez fils aîné et Cie	
124	1.805	6 avril 1881	Bande.	Dayez fils aîné et Cie	
125	1.806	6 avril 1881	Bande bleue chagrin.	Hassebroucq frères	
126	1.807	6 avril 1881	Bande vermillon chagrin.	Hassebroucq frères	
127	1.808	7 avril 1881	Bande couleur lie de vin.	Scrive frères	
128	1.809	7 avril 1881	Bande couleur ruban de la Légion d'honneur.	Scrive frères	
129	1.810	7 avril 1881	Bande couleur sang de bœuf.	Scrive frères	
130	1.811	7 avril 1881	Bande couleur saumon.	Scrive frères	
131	1.812	7 avril 1881	Bande carton pointillée.	Scrive frères	
132	1.818	8 avril 1881	Bande couleur groseille avec rayures noires.	L. Darras et Cie	
133	1.823	8 avril 1881	Vignette pour machine à coudre.	E. Remy Yon	
134	1.828	9 avril 1881	Bande d'or avec liseré rouge.	Verstraete frères	V F
135	1.829	9 avril 1881	Bande couleur rouge clair.	Crespel et Descamps	
136	1.831	9 avril 1881	Bande tracée ou quadrillé losange.	L. Darras et Cie	
137	1.832	9 avril 1881	Bande.	L. Darras et Cie	
138	1.834	11 avril 1881	Bande couleur sang de bœuf.	Scrive frères	
139	1.835	11 avril 1881	Bande couleur vert paon.	Victor Saint-Léger	

N° D'ORDRE	N° D'INSCRIPTION	DATE DU DEPOT	NATURE DE LA MARQUE	NOM DU DÉPOSANT	INITIALES
140	1.836	11 avril 1881	Bande couleur rouge capucine	Victor Saint-Léger	
141	1.843	13 avril 1881	Bande rouge avec torsades blanches	Victor Saint-Léger	
142	1.844	13 avril 1881	Bande couleur agate rouge	Hassebroucq frères	
143	1.845	13 avril 1881	Bande couleur agate verte	Hassebroucq frères	
144	1.846	13 avril 1881	Bande couleur agate bleue	Hassebroucq frères	
145	1.867	30 avril 1881	Enveloppe	Vᵉ C. Crespel et fils	D Aé
146	1.891	11 mai 1881	Bande avec filigrane violet	Hassebroucq frères	HF
147	1.892	14 mai 1881	Enveloppe	Scrive frères	
148	1.899	28 mai 1881	Bande	Vᵉ Gustave Toussin	G T
149	1.908	10 juin 1881	Bande à lignes, impression rouge sur rose	G.-J. Descamps-Beaucourt	
150	1.909	10 juin 1881	Bande à lignes, impression bleue sur bleu	G.-J. Descamps-Beaucourt	
151	1.910	10 juin 1881	Bande à lignes, impression rouge sur chamois	G.-J. Descamps-Beaucourt	
152	1.911	10 juin 1881	Bande à étoiles	G.-J. Descamps-Beaucourt	
153	1.912	10 juin 1881	Bande rayée	G.-J. Descamps-Beaucourt	G J D B
154	1.913	10 juin 1881	Bande grecque	G.-J. Descamps-Beaucourt	G J D B
155	1.914	10 juin 1881	Bande rouge sur chamois avec le mot : Consolidé	G.-J. Descamps-Beaucourt	G J D B
156	1.917	10 juin 1881	Bande moitié or, moitié bleu acier	G.-J. Descamps-Beaucourt	G J D B
157	1.918	10 juin 1881	Bande dessins or sur fond bleu acier	G.-J. Descamps-Beaucourt	G J D B
158	1.919	10 juin 1881	Bande à lignes bleu acier et à lignes or	G.-J. Descamps-Beaucourt	G J D B
159	1.920	10 juin 1881	Bande quadrillée, impression chamois	G.-J. Descamps-Beaucourt	
160	1.921	10 juin 1881	Bande quadrillée, impression bleue	G.-J. Descamps-Beaucourt	
161	1.922	10 juin 1881	Bande quadrillée, impression rouge	G.-J. Descamps-Beaucourt	
162	1.923	10 juin 1881	Bande	G.-J. Descamps-Beaucourt	G JD B
163	1.934	24 juin 1881	Bande couleur mauve	Scrive frères	
164	1.937	25 juin 1881	Bande couleur lilas	Victor Saint-Léger	
165	1.938	25 juin 1881	Bande couleur bleu d'outremer très pâle	Victor Saint-Léger	
166	1.939	25 juin 1881	Bande rouge minium	Victor Saint-Léger	
167	1.940	25 juin 1881	Bande acier	Victor Saint-Léger	V S L
168	1.945	30 juin 1881	Bande	Anatole Descamps	
169	1.946	30 juin 1881	Bande	Anatole Descamps	
170	1.948	30 juin 1881	Bande couleur rouge avec étiquette couleur bleue	Scrive frères	
171	1.949	30 juin 1881	Bande or sur papier bleu	Scrive frères	
172	1.953	7 juillet 1881	Bande avec liseré rouge bordant une bande noire	A. Derinck	
173	1.954	7 juillet 1881	Bande avec liseré bleu vieux chêne bordant une bande noire	A. Derinck	
174	1.955	7 juillet 1881	Bande avec liseré bleu vieux chêne bordant une bande noire	A. Derinck	
175	1.956	7 juillet 1881	Bande avec liseré rouge acajou bordant une bande noire	A. Derinck	
176	1.957	7 juillet 1881	Bande avec liseré rouge solférino bordant une bande grise	A. Derinck	
177	1.958	7 juillet 1881	Bande avec liseré bleu bordant une bande grise	A. Derinck	
178	1.959	7 juillet 1881	Bande avec liseré jaune bordant une bande grise	A. Derinck	

N° D'ORDRE	N° D'INSCRIPTION	DATE DU DÉPOT	NATURE DE LA MARQUE	NOM DU DÉPOSANT	INITIALES
179	1.961	9 juillet 1881...	Bande acier sur bande à rayures couleur rouge	Verstraete frères......	
180	1.962	9 juillet 1881...	Bande acier sur bande à étoiles couleur rouge.	Verstraete frères......	
181	1.964	12 juillet 1881....	Etui couleur bleue avec bande bleue impression or..............	Scrive frères..........	
182	1.974	21 juillet 1881....	Bande avec liseré brun noyer bordant une bande vert et or........	A. Derinck.........	D R
183	1.975	21 juillet 1881...	Bande avec liseré bleu vieux chêne bordant une bande vert et or...	A. Derinck.........	D R
184	1.976	21 juillet 1881....	Bande avec liseré rouge acajou bordant une bande vert et or.......	A. Derinck.........	D R
185	1.979	23 juillet 1881...	Bande rouge turc avec bande acier......	Anatole Descamps...	
186	1.984	4 août 1881.....	Etiquette représentant une locomotive....	Vᵉ Gustave Toussin......	
187	1.987	12 août 1881.....	Vignette représentant une manufacture....	Croquez frères......	C F
188	1.988	12 août 1881.....	Vignette représentant une grappe de raisins...	Croquez frères........	C F
189	2.001	31 août 1881...	Devantures de boîtes à compartiments....	Hassebroucq frères.....	H F
190	2.011	8 octobre 1881.	Devant de boîte.............	Scrive frères.........	S F
191	2.016	21 octobre 1881..	Bande tricolore.............	Victor Saint-Léger.....	V S L
192	2.017	25 octobre 1881...	Représentant la statue érigée à Sᵗ-Quentin...	Victor Saint-Léger.....	
193	2.049	18 janvier 1882...	Pelote de fil.............	Anatole Descamps......	
194	2.060	10 février 1882...	Capsule bleue entourée d'une bande impression rouge sur fond jaune...........	Victor Saint-Léger.....	
195	2.064	22 février 1882...	Etui mauve.............	Poullier-Longhaye.....	
196	2.065	22 février 1882...	Bande avec filets formant losanges......	Poullier-Longhaye.....	
197	2.081	3 mars 1882.....	Bande avec losanges couleur jaune sur jaune.	G.-J. Descamps-Beaucourt.	
198	2.082	3 mars 1882.....	Bande avec losanges couleur bleue sur bleue.	G.-J. Descamps-Beaucourt.	
199	2.083	3 mars 1882.....	Bande avec losanges couleur rouge sur rouge.	G.-J. Descamps-Beaucourt	
200	2.103	22 avril 1882....	La lettre Z.............	Anatole Descamps.....	
201	2.124	26 avril 1882....	La lettre S.............	Anatole Descamps.....	
202	2.125	26 avril 1882....	Bobine de fil.............	Ph. Vrau et Ciᵉ.....	P V
203	2.197	1ᵉʳ juin 1882....	Boîte en forme d'étui...........	G.-J. Descamps-Beaucourt.	
204	2.198	1ᵉʳ juin 1882....	Etui pour pelotes de fil.........	G.-J. Descamps-Beaucourt.	
205	2.199	1ᵉʳ juin 1882....	Etui pour pelotes de fil.........	G.-J. Descamps-Beaucourt.	
206	2.205	5 juin 1882.....	Petite étiquette jaune, 40 Tours, supʳ Qᵗᵉ...	Anatole Descamps......	J B-B F
207	2.223	14 juin 1882....	Bande bleue avec étoiles or........	Hassebroucq frères.....	
208	2.224	14 juin 1882....	Bande couleur rouge avec étoiles or......	Hassebroucq frères.....	
209	2.242	3 juillet 1882...	Bande cercle.............	A. Fauchille aîné.....	
210	2.328	31 août 1882...	Étui couleur bleue...........	Verstraete frères......	
211	2.329	31 août 1882....	La lettre X.............	Verstraete frères......	
212	2.403	27 octobre 1882..	Étiquettes, bandes...........	Wallaert frères......	W F
213	2.409	27 octobre 1882..	3 couleurs : bleu, vert, réséda.......	Wallaert frères......	
214	2.412	27 octobre 1882..	Nuances de papier...........	Wallaert frères......	
215	2.447	27 octobre 1882..	Étiquettes (une chaise) vignette.......	Wallaert frères......	W F
216	2.468	11 décembre 1882..	Un étui entouré d'une bande papier rouge...	Scrive frères.........	
217	2.469	11 décembre 1882..	Un étui entouré d'une bande marron.....	Scrive frères........	

No D'ORDRE	No D'INSCRIPTION	DATE DU DÉPOT	NATURE DE LA MARQUE	NOM DU DÉPOSANT	INITIALES
218	2.470	11 décembre 1882	Un étui bleu entouré d'une bande de papier olive	Scrive frères	
219	2.471	11 décembre 1882	Un étui bleu entouré d'une bande de papier bleu foncé	Scrive frères	
220	2.488	7 février 1883	Représentant une boîte de pelotes de fil à tiroir	A. Fauchille-Delanoy	
221	2.565	22 mai 1883	Capsule	G.-J. Descamps-Beaucourt	
222	2.566	22 mai 1883	Bande dite consolidée	G.-J. Descamps-Beaucourt	G J D B
223	2.595	27 juin 1883	Bande cachemire	I. Lambin	
224	2.598	24 juillet 1883	Bande étiquette	Scrive frères	S F
225	2.609	13 août 1883	Bande, couleur chamois	Scrive frères	S F
226	2.854	7 mai 1884	Bandes	Hassebroucq frères	
227	2.855	7 mai 1884	Bandes	Hassebroucq frères	
228	3.069	10 septembre 1884	Contre-marque	Scrive frères	
229	3.139	22 septembre 1884	Papier bulle glacé servant à envelopper les boîtes de fil à la Louve	I. Lambin	
230	3.142	24 septembre 1884	Représentant une double croix rouge	Aug. Lambin	
231	3.143	24 septembre 1884	Représentant une croix rouge	Aug. Lambin	
232	3.276	21 janvier 1885	Image, genre Épinal, pour être mise dans l'intérieur des boîtes	G.-J Descamps-Beaucourt	
233	3.277	21 janvier 1885	Bande rouge	G.-J. Descamps-Beaucourt	
234	3.350	19 mars 1885	4 bandes : verte, rouge, bleue et rose	Vanoutryve frères	
235	3.351	19 mars 1885	4 bandes à lignes d'or	Vanoutryve frères	
236	3.352	19 mars 1885	4 bandes à lignes d'or	Vanoutryve frères	
237	3.353	19 mars 1885	3 bandes avec pointillé	Vanoutryve frères	
238	3.354	19 mars 1885	Devants de boîtes	Vanoutryve frères	
239	3.432	15 mai 1885	Fil carte d'or, casier classeur	L. Picavet aîné	
240	3.583	18 juin 1885	Casier classeur, fil sur carte marque d'or, vignette représentant un casier	L. Picavet aîné	
241	3.592	30 juin 1885	Bande rouge sur bande blanche	Vᵉ Gustave Toussin	
242	3.593	30 juin 1885	Bande bleue sur bande blanche	Vᵉ Gustave Toussin	
243	3.608	7 août 1885	Représentant un tourniquet (carte)	Georges Saint-Léger	
244	3.723	4 novembre 1885	Casier	Poullier-Longhaye	
245	3.736	10 décembre 1885	Etui avec bande en papier acier et or	Anatole Descamps	
246	3.737	10 décembre 1885	Etui avec bande acier et or et écusson blanc	Anatole Descamps	
247	3.738	10 décembre 1885	Etui avec bande bleue et or	Anatole Descamps	
248	3.739	10 décembre 1885	Etui avec bande rouge et or	Anatole Descamps	
249	3.779	9 février 1886	Représente un tourniquet rouge	Georges Saint-Léger	V S L
250	3.780	9 février 1886	Représente un tourniquet bleu	Georges Saint-Léger	V S L
251	3.781	9 février 1886	Représente un tourniquet rouge et bleu	Georges Saint-Léger	V S L
252	3792 à 3805	8 mars 1886	Nuances de papier	Boutry-Droulers	
253	3.807	8 mars 1886	Nuance de papier	Boutry-Droulers	
254	3.957	19 juillet 1886	Etui bleu, bande or, avec bande noire, impression blanche	A. Fauchille aîné	A F A
255	3.986	9 septembre 1886	Papier rouge avec étoiles d'or et d'argent	Ed. Delecroix	
256	3.988	14 septembre 1886	Bande, nuances, or et noir	Scrive frères	

N° D'ORDRE	N° D'INSCRIPTION	DATE DU DÉPOT	NATURE DE LA MARQUE	NOM DU DÉPOSANT	INITIALES
257	3.989	14 septembre 1886	Bande nuances or et noir sur papier couleur.	Scrive frères	
258	3.990	14 septembre 1886	Bande or et noir sur papier blanc.	Scrive frères.	
259	4.013	23 octobre 1886	Devant de boîte bleu.	Scrive frères.	
260	4.014	23 octobre 1886	Devant de boîte rouge.	Scrive frères.	
261	4.015	23 octobre 1886	Etui, bande or superposée sur bande bleue, impression noire et blanche.	Scrive frères.	
262	4.016	23 octobre 1886	Etui, bande or superposée sur bande bleue, impression noire et bleue.	Scrive frères.	
263	4.018	23 octobre 1886	Bande or superposée sur bande rouge, impression noire et bleue.	Scrive frères.	
264	4.019	23 octobre 1886	Bande or superposée sur bande verte, impression noire et bleue.	Scrive frères.	
265	4.020	23 octobre 1886	Bande or superposée sur bande rouge, impression noire et bleue.	Scrive frères.	
266	4.063	4 décembre 1886	Devant de boîtes or impression rouge et bleue	Poullier-Longhaye	
267	4.069	14 décembre 1886	Devant de boîte rouge.	Scrive frères.	
268	4.070	14 décembre 1886	Devant de boîte or.	Scrive frères.	
269	4.072	14 décembre 1886	Devant de boîte rouge et or.	Scrive frères.	
270	4.074	14 décembre 1886	Bande acier et or superposée sur bande couleur sang de bœuf.	Scrive frères.	
271	4.105	11 janvier 1887	Étui metallique.	Scrive frères.	
272	4.134	15 février 1887	Etiquette.	Scrive frères.	
273	4.140	17 février 1887	Bande avec lignes tricolores.	G. J. Descamps-Beaucourt.	
274	4.213	11 mars 1887	Devants de boîte rouge et bleu.	Scrive frères.	
275	4.214	11 mars 1887	Devants de boîte or, impression rouge et bleue	Scrive frères.	
276	4.250	25 mars 1887	Bandes rouge, bleue et chamois à lignes blanches	Vanoutryve frères	
277	4.251	25 mars 1887	Bandes à lignes tricolores.	Vanoutryve frères.	
278	4.252	25 mars 1887	Bandes rouge, bleue, jaune et blanche à lignes dorées.	Vanoutryve frères.	
279	4.253	25 mars 1887	Bandes rouge, bleue et orange à lignes noires et blanches.	Vanoutryve frères.	
280	4.254	25 mars 1887	Bandes rouge, bleue et orange à petits carreaux blancs.	Vanoutryve frères.	
281	4.255	25 mars 1887	Bandes rouge, bleue et orange à lignes blanches	Vanoutryve frères.	
282	4.260	28 mars 1887	Modèle de boîte.	L. Picavet aîné.	
283	4.261	29 mars 1887	Modèle représentant un panier.	L. Picavet aîné.	
284	4.336	22 juin 1887	Représente une boîte à laquelle est attaché un cordon qui forme bracelet.	Vᵉ Gustave Toussin.	
285	4.338	27 juin 1887	Représente une boîte fermée.	Anatole Descamps.	
286	4.339	27 juin 1887	Représente l'intérieur d'une boîte avec 12 casiers	Anatole Descamps.	
287	4.340	27 juin 1887	Représente la même boîte avec ses 12 casiers remplis de cartes à dents (lin dévidé).	Anatole Descamps.	
288	4.396	27 juillet 1887	Représente une boussole.	Hassebroucq frères.	
289	4.397	27 juillet 1887	Représente un thermomètre.	Hassebroucq frères.	
290	4.487	27 octobre 1887	Vignette représente une tête de licorne (Ryssel)	Théodore Barrois	T B
291	4.520	20 décembre 1887	Etiquette B D.	Boutry-Droulers.	

No D'ORDRE	No D'INSCRIPTION	DATE DU DÉPOT	NATURE DE LA MARQUE	NOM DU DÉPOSANT	INITIALES
292	4.616	20 décembre 1887	Vignette, représente une botte fil d'acier	Boutry-Droulers	
293	4.618	20 décembre 1887	Vignette, représente un encadrement	Boutry-Droulers	
294	4.619	20 décembre 1887	Vignette, représente un encadrement	Boutry-Droulers	
295	4.620	20 décembre 1887	Bande encadrement	Boutry-Droulers	
296	4.621	20 décembre 1887	Etiquette forme écusson	Boutry-Droulers	B D
297	4.622-4.623	20 décembre 1887	Étiquette	Boutry-Droulers	
298	4.624 à 4.644	20 décembre 1887	Nuance de papier	Boutry-Droulers	
299	4.661	14 janvier 1888	2 modèles de cartes sans dénomination	L. Picavet aîné	P Aé
300	4.742	27 mars 1888	2 modèles de boîte avec armature, couleur bistre, couleur bleue	Scrive frères	
301	4.743	27 mars 1888	2 modèles de boîtes couleur blanche, couleur rouge, avec armature	Scrive frères	
302	4.747	27 mars 1888	2 bandes, 1e rouge marbré, 2e acier et or	Scrive frères	S F
303	4.764	31 mars 1888	Bande acier et or apposée sur une sous-bande de carton quadrillée cramoisi et blanc	Scrive frères	
304	4.765	31 mars 1888	Bande acier et or apposée sur une sous-bande en carton quadrillé cramoisi sur rouge	Scrive frères	
305	4.767	31 mars 1888	Bande acier et or apposée sur une sous-bande de carton quadrillé noir sur rouge	Scrive frères	
306	4.768	31 mars 1888	Bande acier et or apposée sur une sous-bande de carton rayé dans le sens longitudinal cramoisi sur rouge	Scrive frères	
307	4.769	31 mars 1888	Bande acier et or apposée sur une sous-bande de carton quadrillé rouge sur blanc	Scrive frères	
308	4.770	31 mars 1888	Bande acier et or apposée sur une sous-bande de carton rayé cramoisi sur blanc	Scrive frères	
309	4.772	31 mars 1888	Bande acier et or apposée sur une sous-bande de carton rayé rouge sur blanc	Scrive frères	
310	4.773	31 mars 1888	Bande acier et or apposée sur une sous-bande de carton rayé rouge et cramoisi	Scrive frères	
311	4.794	12 avril 1888	Bande et sous-bande	Scrive frères	
312	4.795	12 avril 1888	Bande et sous-bande	Scrive frères	
313	4.799	20 avril 1888	Bande et sous-bande	Scrive frères	S F
314	4.800	20 avril 1888	Bande et sous-bande	Scrive frères	S F
315	4.801	20 avril 1888	Bande et sous-bande	Scrive frères	S F
316	4.802	20 avril 1888	Sous-bande carton	A. Fauchille aîné	
317	4.803	20 avril 1888	Sous-bande carton	A. Fauchille aîné	
318	4.833	27 avril 1888	Bande acier et or et sous-bande avec dessins du liseré	Ve C. Crespel et fils	C F
319	4.834	27 avril 1888	Bande acier et or et sous-bande avec dessins du liseré	Ve C. Crespel et fils	C F
320	4.852	20 juin 1888	Bande passe-poil	Hassebroucq frères	
321	4.853	20 juin 1888	Bande passe-poil	Hassebroucq frères	
322	4.854	20 juin 1888	Bande passe-poil	Hassebroucq frères	
323	4.855	20 juin 1888	Bande passe-poil	Hassebroucq frères	
324	4.856	20 juin 1888	Bande passe-poil	Hassebroucq frères	
325	4.857	20 juin 1888	Bande passe-poil	Hassebroucq frères	

No D'ORDRE	No D'INSCRIPTION	DATE DU DÉPOT	NATURE DE LA MARQUE	NOM DU DÉPOSANT	INITIALES
326	4.858	20 juin 1888	Bande passe-poil	Hassebroucq frères	
327	4.859	20 juin 1888	Bande passe-poil	Hassebroucq frères	
328	4.917	20 août 1888	Bande	Hassebroucq frères	
329	4.918	20 août 1888	Bande	Hassebroucq frères	
330	4.951	10 octobre 1888	2 devants de boîtes; sur un fond noir, bordé d'or, se détache un nœud d'une teinture quelconque.	Scrive frères	
331	4.980	4 décembre 1888	Nuance de papier Japon	Anatole Descamps	
332	5.138	10 août 1889	Nuances de papier et 3 fils de différentes couleurs.	Wallaert frères	
333	5.198	7 novembre 1889	Vignette devant servir de calendrier	Poullier-Longhaye	
334	5.280	13 décembre 1889	Bande	Scrive frères	
335	5.281	13 décembre 1889	Bande	Scrive frères	
336	5.282	13 décembre 1889	Bande	Scrive frères	
337	5.283	13 décembre 1889	Bande	Scrive frères	
338	5.284	13 décembre 1889	Bande	Scrive frères	S F
339	5.323	21 janvier 1890	Représente une boîte renfermant les cartes pièces d'or	Alfred Descamps	
340	5.378	14 mars 1890	4 bandes et sous-bandes	H. et L. Rogez	
341	5.379	14 mars 1890	4 bandes et sous-bandes	H. et L. Rogez	
342	5.380	14 mars 1890	4 bandes et sous-bandes	H. et L. Rogez	
343	5.381	14 mars 1890	4 bandes et sous-bandes	H. et L. Rogez	
344	5.451	12 juillet 1890	Pelote de fil	Alfred Descamps	
345	5.457	10 août 1890	Représente un écusson avec les lettres A E D entrelacées.	A. E. Delesalle et Cie	
346	5.485	26 septembre 1890	Bande dentée pour supporter et maintenir des cartes de fil	G.-J. Descamps-Beaucourt	
347	5.486	26 septembre 1890	Modèle d'une boîte avec bandes dentées pour maintenir les cartes de fil	G.-J. Descamps-Beaucourt	
348	5.583	6 mars 1891	Pelote entourée d'un tube protecteur	Scrive frères	
349	5.671	23 juillet 1891	4 bandes et sous-bandes	Ph. Vrau et Cie	
350	5.678	23 juillet 1891	2 pelotes dont l'une avec un fil d'or, l'autre avec un fil d'argent.	Ph. Vrau et Cie	
351	5.705	28 août 1891	Modèle de boîte renfermant des cartes de fil.	Alfred Descamps	
352	5.728	22 septembre 1891	5 sous-bandes à dessins rouge, bleu, bistre, grise avec bande or	H. et L. Rogez	
353	5.729	22 septembre 1891	5 sous-bandes à dessins rouge, bleu, bistre, grise avec bande or	H. et L. Rogez	
354	5.730	22 septembre 1891	5 sous-bandes avec dessins rouge, bleu, bistre, grise et bande or	H. et L. Rogez	
355	5.731	22 septembre 1891	5 sous-bandes avec dessins rouge, bleu, bistre, grise et bande or	H. et L. Rogez	
356	5.732	22 septembre 1891	5 sous-bandes avec dessins rouge, bleu, bistre, grise et bande or	H. et L. Rogez	
357	5.733	22 septembre 1891	5 sous-bandes avec dessins rouge, bleu, bistre, grise et bande or	H. et L. Rogez	
358	5.734	22 septembre 1891	5 sous-bandes avec dessins rouge, bleu, bistre, grise et bande or,	H. et L. Rogez	
359	5.735	22 septembre 1891	5 sous-bandes avec dessins rouge, bleu, bistre, grise et bande or	H. et L. Rogez	

N° D'ORDRE	N° D'INSCRIPTION	DATE DU DÉPOT	NATURE DE LA MARQUE	NOM DU DÉPOSANT	INITIALES
360	5.736	22 septembre 1891.	5 sous-bandes avec dessins rouge, bleu, bistre, grise et bande or..............	H. et L. Rogez.......	
361	5.737	22 septembre 1891.	5 sous-bandes avec dessins rouge, bleu, bistre, grise et bande or..............	H. et L. Rogez.......	
362	5.738	22 septembre 1891.	5 sous-bandes avec dessins rouge, bleu, bistre, grise et bande or..............	H. et L. Rogez.......	
363	5.739	22 septembre 1891.	5 sous-bandes avec dessins rouge, bleu, bistre, grise et bande or..............	H. et L. Rogez.......	
364	5.740	22 septembre 1891.	5 sous-bandes avec dessins rouge, bleu, bistre, grise et bande or....... '.....	H. et L. Rogez.......	
365	5.741	22 septembre 1891.	5 sous-bandes avec dessins rouge, bleu, bistre, grise et bande or..............	H. et L. Rogez.......	
366	5.742	22 septembre 1891.	5 sous-bandes avec dessins rouge, bleu, bistre, grise et bande or..............	H. et L. Rogez.......	
367	5.743	22 septembre 1891.	5 sous-bandes avec dessi s rouge, bleu, bistre, grise et bande or..............	H. et L. Rogez.......	
368	5.744	22 septembre 1891.	5 sous-bandes avec dessins rouge, bleu, bistre, grise et bande or..............	H. et L. Rogez.......	
369	5.745	22 septembre 1891.	5 sous-bandes avec dessins rouge, bleu, bistre, grise et bande or..............	H. et L. Rogez.......	
370	5.746	22 septembre 1891.	5 sous-bandes avec dessins rouge, bleu, bistre, grise et bande or..............	H. et L. Rogez.......	
371	5.747	22 septembre 1891.	5 sous-bandes avec dessins rouge, bleu, bistre, grise et bande or..............	H. et L. Rogez.......	
372	5.757	22 octobre 1891..	Vignette, représente une usine, étiquette...	Wallaert frères........	W F
373	5.785	13 novembre 1891.	Modèle de boîte............	Alfred Descamps......	D
374	5.800	5 janvier 1892...	Bande blanche dont les bords sont garnis de points noirs................	Alfred Descamps......	
375	5.801	5 janvier 1892...	Bande or dont les bords sont garnis de points noirs.................	Alfred Descamps......	
376	5.802	5 janvier 1892...	Bande rouge dont les bords sont garnis de points blancs...............	Alfred Descamps......	
377	5.803	5 janvier 1892...	Bande bleue dont les bords sont garnis de points blancs................	Alfred Descamps......	
378	5.804	5 janvier 1892...	Bande or dont les bords sont garnis de points rouges................	Alfred Descamps......	
379	5.805	5 janvier 1892...	Bande or dont les bords sont garnis de points noirs.................	Alfred Descamps......	
380	5.806	5 janvier 1892...	Bande noire dont les bords sont garnis de points or,.................	Alfred Descamps......	
381	5.807	5 janvier 1892...	Bande rouge dont les bords sont garnis de points or	Alfred Descamps......	
382	5.808	5 janvier 1892...	Bande rouge dont les bords sont garnis de points or	Alfred Descamps......	
383	5.809	5 janvier 1892...	Bande noire dont les bords sont garnis de points or	Alfred Descamps......	
384	5.971	13 septembre 1892.	Vignette représentant une poulie........	A. Fauchille aîné.......	A F A
385	6.452	9 janvier 1894...	Etiquette, dans le milieu une tête de mouton.	Georges Saint-Léger....	
386	6.755	9 février 1895..	Vignette représentant Jeanne d'Arc......	A. Fauchille aîné......	
387	6.783	20 mars 1895 ...	Représente une bobine et sa décomposition..	Georges Saint-Léger....	
388	6.784	20 mars 1895 ...	Représente une bobine et sa décomposition..	Georges Saint-Léger....	
389	6.785	20 mars 1895....	Représente une bobine et sa décompositon..	Georges Saint-Léger....	

N° D'ORDRE	N° D'INSCRIPTION	DATE DU DÉPOT	NATURE DE LA MARQUE	NOM DU DÉPOSANT	INITIALES
390	6.794	29 mars 1895	5 bandes dont une acier, bleue, rouge or, écossais, rouge	Auguste Descamps	
391	6.840	7 mai 1895	Bande	Crespel et Descamps	D Aé
392	6.872	7 juin 1895	Modèle de porte-cartes	L. Picavet aîné	
393	6.879	18 juin 1895	Grille pour boîte de fil sur carte	Gustave Toussin	
394	6.908	19 juillet 1895	Vignette, représente une tresse	Wallaert frères	

N° D'ORDRE	N° D'INSCRIPTION	DATE DU DÉPOT	NATURE DE LA MARQUE	NOM DU DÉPOSANT	INITIALES

N° D'ORDRE	N° D'INSCRIPTION	DATE DU DÉPOT	NATURE DE LA MARQUE	NOM DU DÉPOSANT	INITIALES

No D'ORDRE	No D'INSCRIPTION	DATE DU DÉPOT	NATURE DE LA MARQUE	NOM DU DÉPOSANT	INITIALES

N° D'ORDRE	N° D'INSCRIPTION	DATE DU DÉPOT	NATURE DE LA MARQUE	NOM DU DÉPOSANT	INITIALES

N° D'ORDRE	N° D'INSCRIPTION	DATE DU DÉPOT	NATURE DE LA MARQUE	NOM DU DÉPOSANT	INITIALES

N° D'ORDRE	N° D'INSCRIPTION	DATE DU DÉPOT	NATURE DE LA MARQUE	NOM DU DÉPOSANT	INITIALES

No d'ordre	No d'inscription	DATE DU DÉPOT	NATURE DE LA MARQUE	NOM DU DÉPOSANT	INITIALES

N° D'ORDRE	N° D'INSCRIPTION	DATE DU DÉPOT	NATURE DE LA MARQUE	NOM DU DÉPOSANT	INITIALES

TITRES DE CARTES

PAR

ORDRE ALPHABÉTIQUE

A

N° D'ORDRE	N° D'INSCRIPTION	DATE DU DÉPOT	NOM DE LA MARQUE	NATURE DE LA MARQUE	NOM DU DÉPOSANT	INITIALES
1	4.867	23 juin 1888	A (fil en)	Carte	G. Jolivet	
2	6.375	7 octobre 1893	Abri (carte)	Titre	Poullier-Longhaye	
3	6.336	7 octobre 1893	Accidentée (carte)	Titre	Poullier-Longhaye	
4	6.373	7 octobre 1893	Acclamée (carte)	Titre	Poullier-Longhaye	
5	6.804	2 avril 1895	Accomplie (carte)	Titre	H. et L. Rogez	
6	6.381	7 octobre 1893	Admirée (carte)	Titre	Poullier-Longhaye	
7	6.568	7 juillet 1894	Admirée (carte)	Carte	Poullier-Longhaye	P L
8	6.552	25 mai 1894	Adresse (carte)	Carte	H. et L. Rogez	R et C
9	6.134	6 juin 1893	Agréable (carte)	Titre	H. et L. Rogez	
10	4.865	23 juin 1888	Ailes (fil aux)	Carte	G. Jolivet	G J
11	6.344	7 octobre 1893	Album (carte)	Titre	Poullier-Longhaye	
12	6.150	6 juin 1893	Algérienne (carte)	Titre	H. et L. Rogez	
13	6.357	7 octobre 1893	Alléchante (carte)	Titre	Poullier-Longhaye	
14	5.881	14 mai 1892	Alliance russe	Carte	Georges Saint-Léger	V S L
15	5.592	19 mars 1891	Alliés (carte des)	Titre	I. Lambin	
16	6.595	10 juillet 1894	Amorce (carte)	Carte	H. et L. Rogez	R et C
17	6.384	7 octobre 1893	Amour (carte)	Titre	Poullier-Longhaye	
18	6.567	7 juillet 1894	Amour (carte)	Carte	Poullier-Longhaye	P L
19	6.364	7 octobre 1893	Amusante (carte)	Titre	Poullier-Longhaye	
20	6.948	17 septembre 1895	Ancienne (carte)	Titre	Crespel et Descamps	
21	3.481	21 mai 1885	Ancre (fil sur)	Carte	G.-J. Descamps-Beaucourt	
22	3.658	26 août 1885	Anglaise (carte)	Titre	Hassebroucq frères	
23	6.366	7 octobre 1893	Anguleuse (carte)	Titre	Poullier-Longhaye	
24	6.555	25 mai 1894	Annonce (carte)	Carte	H. et L. Rogez	R et C
25	6.833	10 avril 1895	Anonyme (carte)	Carte	H. et L. Rogez	
26	6.904	13 juillet 1895	Antiquaire (carte)	Titre	Poullier-Longhaye	
27	5.718	16 septembre 1891	Antique (carte)	Titre	I. Lambin	
28	6.527	11 mai 1894	Apogée (carte)	Carte	H et L. Rogez	R et C

N° D'ORDRE	N° D'INSCRIPTION	DATE DU DÉPOT	NOM DE LA MARQUE	NATURE DE LA MARQUE	NOM DU DÉPOSANT	INITIALES
29	6.091	9 mai 1893	Apparente (carte)	Titre	H. et L. Rogez	
30	6.137	6 juin 1893	Appréciée (carte)	Titre	H. et L. Rogez	
31	6.342	7 octobre 1893	Arabesque (carte)	Titre	Poullier-Longhaye	
32	3.249	17 décembre 1884	Argent (carte d')	Titre	Hassebroucq frères	
33	7.092	24 décembre 1895	Aristocratique (carte)	Titre	Crespel et Descamps	
34	5.353	27 février 1890	Arlequin (carte)	Carte	Crespel et Descamps	D Aé
35	6.130	6 juin 1893	Artistique (carte)	Titre	H. et L. Rogez	
36	3.313	20 février 1885	As (carte à l')	Carte	Hassebroucq frères	HF
37	6.242	4 juillet 1893	Astre (carte à l')	Carte	Crespel et Descamps	D Aº
38	6.243	4 juillet 1893	Astre (carte à l')	Carte	Crespel et Descamps	D Aé
39	6.762	13 février 1895	Atout (à la carte)	Titre	Scrive frères	
40	3.724	4 novembre 1885	Atout (carte d')	Carte	Hassebroucq frères	HF
41	6.813	2 avril 1895	Attrayante (carte)	Titre	H. et L. Rogez	
42	6.945	17 septembre 1895	Audacieuse (carte)	Titre	Crespel et Descamps	
43	6.539	11 mai 1894	Augure (carte)	Carte	H. et L. Rogez	R et C
44	6.526	11 mai 1894	Auréole (carte)	Carte	H. et L. Rogez	
45	6.095	9 mai 1893	Avantageuse (carte)	Titre	H. et L. Rogez	
46	6.943	17 septembre 1895	Avenante (carte)	Titre	Crespel et Descamps	
47	6.361	7 octobre 1893	Aveuglante (carte)	Titre	Poullier-Longhaye	
48	6.532	11 mai 1894	Avis (carte)	Carte	H. et L. Rogez	R et C

N° D'ORDRE	N° D'INSCRIPTION	DATE DU DÉPOT	NOM DE LA MARQUE	NATURE DE LA MARQUE	NOM DU DÉPOSANT	INITIALES

B

N° D'ORDRE	N° D'INSCRIPTION	DATE DU DÉPOT	NOM DE LA MARQUE	NATURE DE LA MARQUE	NOM DU DÉPOSANT	INITIALES
1	6.354	7 octobre 1893	Baccara (carte)	Titre	Poullier-Longhaye	
2	5.726	18 septembre 1891	Bambou (carte)	Carte	I. Lambin	I L
3	6.144	6 juin 1893	Barrée (carte)	Titre	H. et L. Rogez	
4	5.352	27 février 1890	Bébé (carte)	Carte	Crespel et Descamps	D Aé
5	3.656	26 août 1885	Belge (carte)	Titre	Hassebroucq frères	
6	6.939	17 septembre 1895	Belliqueuse (carte)	Titre	Crespel et Descamps	
7	6.349	7 octobre 1893	Bien aimée (carte)	Titre	Poullier-Longhaye	
8	6.566	7 juillet 1894	Bien aimée (carte)	Carte	Poullier-Longhaye	P L
9	6.359	7 octobre 1893	Bienvenue (carte)	Titre	Poullier-Longhaye	
10	6.087	9 mai 1893	Bijou (carte)	Titre	H. et L. Rogez	
11	6.365	7 octobre 1893	Biseautée (carte)	Titre	Poullier-Longhaye	
12	6.495	17 avril 1894	Bizarre (carte)	Carte	H. et L. Rogez	
13	3.251	17 décembre 1884	Blanche (carte)	Titre	Hassebroucq frères	
14	5.373	14 mars 1890	Blason (carte)	Vignette	H. et L. Rogez	R et C
15	3.253	17 décembre 1884	Bleue (carte)	Titre	Hassebroucq frères	
16	5.590	19 mars 1891	Blindée (carte)	Titre	I. Lambin	
17	5.907	29 juillet 1892	Bois (carte)	Titre	Vᵉ C. Crespel et fils	
18	6.550	25 mai 1894	Bonne à faire (carte)	Carte	H. et L. Rogez	
19	6.967	17 septembre 1895	Bonne carte (la)	Titre	H. et L. Rogez	
20	6.337	7 octobre 1893	Bordelaise (carte)	Titre	Poullier-Longhaye	
21	6.402	28 novembre 1893	Bouche-trou (carte)	Titre	Georges Saint-Léger	
22	3.669	9 septembre 1885	Boucle (carte)	Carte	Hassebroucq frères	
23	5.137	10 août 1889	Boucle (carte)	Carte	Hassebroucq frères	
24	5.575	7 février 1891	Bouclier (carte)	Carte	Poullier-Longhaye	
25	5.207	8 novembre 1889	Boule de neige (carte)	Titre	Crespel et Descamps	
26	6.918	17 septembre 1895	Bourgeoise (carte)	Titre	Crespel et Descamps	
27	5.647	8 juillet 1891	Brassard (carte)	Titre	I. Lambin	
28	6.145	6 juin 1893	Bretonne (carte)	Titre	H. et L. Rogez	

N° d'ordre	N° d'inscription	DATE DU DÉPOT	NOM DE LA MARQUE	NATURE DE LA MARQUE	NOM DU DÉPOSANT	INITIALES
29	6.921	17 septembre 1895	Brillante (carte)	Titre	Crespel et Descamps	
30	7.076	19 novembre 1895	Brillante (carte)	Carte	V° C. Crespel et fils	C F
31	3.257	17 décembre 1884	Bronze (carte de)	Titre	Hassebroucq frères	
32	6.362	7 octobre 1893	Burlesque (carte)	Titre	Poullier-Longhaye	

C

No D'ORDRE	No D'INSCRIPTION	DATE DU DÉPOT	NOM DE LA MARQUE	NATURE DE LA MARQUE	NOM DU DÉPOSANT	INITIALES
1	6.382	7 octobre 1893	Cabalistique (carte)	Titre	Poullier-Longhaye	
2	6.607	24 juillet 1894	Cadeau (carte)	Carte	H. et L. Rogez	R et C
3	5.354	27 février 1890	Cangue (carte)	Carte	Crespel et Descamps	D A"
4	5.333	7 février 1890	Canons (fil aux)	Carte	Alfred Descamps	
5	5.018	3 janvier 1889	Canot (câblé au)	Carte	V° Gustave Toussain	G T, à Lille
6	6.830	10 avril 1895	Capitale (carte)	Titre	H. et L. Rogez	
7	5.136	10 août 1889	Carapace (carte)	Carte	Poullier-Longhaye	P L
8	5.350	27 février 1890	Carcan (carte au)	Titre	Crespel et Descamps	
9	5.578	25 février 1891	Carillon (câblé au)	Carte	Remy Yon	A D Y
10	5.249	28 novembre 1889	Carillon (le)	Carte	Alfred Descamps	
11	3.695	29 septembre 1885	Carnet porte-fil (fil en)	Carte	Scrive frères	S F
12	3.323	4 mars 1885	Carreaux (carte à)	Titre	Hassebroucq frères	
13	5.351	27 février 1890	Cartes (carte aux)	Carte	Descamps-Crespel	D A"
14	5.699	26 août 1891	Céleste (carte)	Titre	I. Lambin	
15	6.339	7 octobre 1893	Céramique (carte)	Titre	Poullier-Longhaye	
16	6.806	2 avril 1895	Certaine (carte)	Titre	H. et L. Rogez	
17	6.355	7 octobre 1893	Champenoise (carte)	Titre	Poullier-Longhaye	
18	6.092	9 mai 1893	Charmante (carte)	Titre	H. et L. Rogez	
19	6.892	25 juin 1895	Charmeuse (carte)	Titre	Crespel et Descamps	
20	6.065	14 avril 1893	Chasseur (au)	Carte	Gustave Toussain	G T
21	6.979	17 septembre 1895	Chatoyante (carte)	Carte	H. et L. Rogez	
22	6.978	17 septembre 1895	Chef-d'œuvre (carte)	Carte	H. et L. Rogez	R et C
23	3.078	10 septembre 1884	Chêne (fil au)	Carte-bobine	Hassebroucq frères	H F
24	4.230	25 mars 1887	Chine (fil de)	Carte	Vanoutryve frères	J P V
25	3.657	26 août 1885	Chinoise (carte)	Titre	Hassebroucq frères	
26	5.629	20 mai 1891	Chinoise (carte)	Carte-vignette	L. Picavet aîné	J P V
27	6.128	6 juin 1893	Choisie (carte)	Titre	H. et L. Rogez	
28	6.360	7 octobre 1893	Chouette (carte)	Titre	Poullier-Longhaye	

N° D'ORDRE	N° D'INSCRIPTION	DATE DU DÉPOT	NOM DE LA MARQUE	NATURE DE LA MARQUE	NOM DU DÉPOSANT	INITIALES
29	6.573	7 juillet 1894	Chouette (carte)	Carte	Poullier-Longhaye	P L
30	6.353	7 octobre 1893	Chromo (carte)	Titre	Poullier-Longhaye	
31	5.248	28 novembre 1889	Chronomètre	Carte	Alfred Descamps	
32	6.350	7 octobre 1893	Circulaire (carte)	Titre	Poullier-Longhaye	
33	6.572	7 juillet 1894	Circulaire (carte)	Carte	Poullier-Longhaye	P L
34	6.376	7 octobre 1893	Circulation (carte de)	Titre	Poullier-Longhaye	
35	5.331	7 février 1890	Ciseaux (fil aux)	Carte	Alfred Descamps	
36	6.383	7 octobre 1893	Civique (carte)	Titre	Poullier-Longhaye	
37	6.352	7 octobre 1893	Classique (carte)	Titre	Poullier-Longhaye	
38	6.903	13 juillet 1895	Cocasse (carte)	Titre	Poullier-Longhaye	
39	6.634	7 septembre 1894	Cocotte (carte)	Carte	Hassebroucq frères	
40	7.042	13 novembre 1895	Cocotte (carte)	Carte	Hassebroucq frères	
41	3.320	4 mars 1885	Cœur (carte de)	Vignette	Hassebroucq frères	HF
42	6.549	25 mai 1894	Coffre-fort (carte)	Carte	H. et L. Rogez	
43	6.902	13 juillet 1895	Collection (carte)	Titre	Poullier-Longhaye	
44	5.766	29 octobre 1891	Coloniale (carte)	Titre	I. Lambin	
45	6.106	9 mai 1893	Commerciale (carte)	Titre	H. et L. Rogez	
46	6.131	6 juin 1893	Commode (carte)	Titre	H. et L. Rogez	
47	6.820	2 avril 1895	Complète (carte)	Titre	H. et L. Rogez	
48	6.292	19 septembre 1893	Confortable (carte)	Titre	Crespel et Descamps	
49	6.765	13 février 1895	Consacrée (carte)	Titre	Scrive frères	
50	6.591	10 juillet 1894	Conseillée (carte)	Carte	H. et L. Rogez	R et C
51	6.828	10 avril 1895	Considérable (carte)	Titre	H. et L. Rogez	
52	6.801	2 avril 1895	Contemporaine (carte)	Titre	H. et L. Rogez	
53	6.248	10 juillet 1893	Continentale (carte)	Titre	Poullier-Longhaye	
54	6.571	7 juillet 1894	Continentale (carte)	Carte	Poullier-Longhaye	
55	6.680	20 octobre 1894	Continentale (carte)	Vignette	Poullier-Longhaye	
56	6.346	7 octobre 1893	Contournée (carte)	Titre	Poullier-Longhaye	
57	6.341	7 octobre 1893	Contre-fil (carte)	Titre	Poullier-Longhaye	
58	6.351	7 octobre 1893	Contremarque (carte)	Titre	Poullier-Longhaye	
59	6.963	17 septembre 1895	Convenable (carte)	Titre	H. et L. Rogez	
60	6.371	7 octobre 1893	Convergente (carte)	Titre	Poullier-Longhaye	
61	6.372	7 octobre 1893	Convoitée (carte)	Titre	Poullier-Longhaye	
62	6.570	7 juillet 1894	Convoitée (carte)	Carte	Poullier-Longhaye	P L
63	6.083	9 mai 1893	Coquette (carte)	Titre	H. et L. Rogez	
64	5.822	30 janvier 1892	Corbeille (carte)	Carte	Vᵉ C. Crespel et fils	
65	6.380	7 octobre 1893	Correspondance (carte)	Titre	Poullier-Longhaye	
66	6.970	17 septembre 1895	Courante (carte)	Titre	H. et L. Rogez	
67	4.286	4 mai 1887	Couronnée (carte)	Carte	I. Lambin	
68	5.609	8 avril 1891	Couronnée (carte)	Carte	I. Lambin	
69	5.646	8 juillet 1891	Couronnée (carte)	Carte	I. Lambin	I L
70	5.626	9 mai 1891	Couronnes (fil aux)	Carte	Alfred Descamps	

N° D'ORDRE	N° D'INSCRIPTION	DATE DU DÉPOT	NOM DE LA MARQUE	NATURE DE LA MARQUE	NOM DU DÉPOSANT	INITIALES
71	6.759	13 février 1895	Crabe (à la carte)	Titre	Scrive frères	
72	5.873	10 mai 1892	Crénelée (carte)	Carte	Vᵉ C. Crespel et fils	C F
73	6.225	27 juin 1893	Crénelée (carte)	Carte	Vᵉ C. Crespel et fils	
74	5.589	19 mars 1891	Croisée (carte)	Titre	I. Lambin	
75	4.670	27 janvier 1888	Croisé marque d'or (fil)	Carte	L. Picavet aîné	P Aé
76	5.870	30 avril 1892	Croix belge (fil à la)	Carte	Hassebroucq frères	HF
77	6.155	6 juin 1893	Croix blanche (carte)	Titre	H. et L. Rogez	
78	6.154	6 juin 1893	Croix d'argent (carte)	Titre	H. et L. Rogez	
79	3.453	16 mai 1885	Croix de Malte	Carte	Scrive frères	S F
80	3.987	14 septembre 1886	Croix de Malte	Carte	Scrive frères	S F
81	4.869	23 juin 1888	Croix d'Italie (à la)	Carte	G. Jolivet	
82	6.153	6 juin 1893	Croix d'or (carte)	Titre	H. et L. Rogez	
83	5.588	19 mars 1891	Cuirassée (carte)	Titre	I. Lambin	
84	6.338	7 octobre 1893	Curieuse (carte)	Titre	Poullier-Longhaye	
85	6.577	7 juillet 1894	Curieuse (carte)	Carte	Poullier-Longhaye	P L

N° D'ORDRE	N° D'INSCRIPTION	DATE DU DÉPOT	NOM DE LA MARQUE	NATURE DE LA MARQUE	NOM DU DÉPOSANT	INITIALES

N° d'ORDRE	N° d'INSCRIPTION	DATE DU DÉPOT	NOM DE LA MARQUE	NATURE DE LA MARQUE	NOM DU DÉPOSANT	INITIALES

D

No D'ORDRE	No D'INSCRIPTION	DATE DU DÉPOT	NOM DE LA MARQUE	NATURE DE LA MARQUE	NOM DU DÉPOSANT	INITIALES
1	5.878	10 mai 1892	D Aé 100	Carte	Crespel et Descamps	D Aé
2	6.296	19 septembre 1893	Dahlia (carte)	Titre	Vᵉ C. Crespel et fils	
3	5.571	6 février 1891	Dames (carte aux)	Carte-vignette	A. Fauchille aîné	A F A
4	6.370	7 octobre 1893	Dauphinoise (carte)	Titre	Poullier-Longhaye	
5	6.977	17 septembre 1895	Découpure (carte)	Carte	H. et L. Rogez	
6	6.973	17 septembre 1895	Délicate (carte)	Carte	H. et L. Rogez	R et C
7	6.936	17 septembre 1895	Délicieuse (carte)	Titre	Crespel et Descamps	
8	6.124	6 juin 1893	Demandée (carte)	Titre	H. et L. Rogez	
9	6.269	27 juillet 1895	Demandez le coton sur plaque	Carte	A. Fauchille-Delanoy	A F D
10	6.340	7 octobre 1893	Démocratique (carte)	Titre	Poullier-Longhaye	
11	5.347	25 février 1890	Dentée fil de lin extra (carte)	Carte	Vᵉ C. Crespel et fils	C F
12	3.319	4 mars 1885	Dentelle (carte)	Vignette	Hassebroucq frères	H F
13	3.836	27 mars 1886	Dentelle (carte)	Carte	Rogez	
14	5.330	7 février 1890	Dés (fil aux)	Carte	Alfred Descamps	
15	6.356	7 octobre 1893	Descriptive (carte)	Titre	Poullier-Longhaye	
16	6.158	6 juin 1893	Désirée (carte)	Titre	H. et L. Rogez	
17	3.409	30 avril 1885	Deux divisions (carte à)	Vignette	Henri Rogez	
18	5.700	26 août 1891	Diadème (carte)	Titre	I. Lambin	
19	6.962	17 septembre 1895	Disponible (carte)	Titre	H. et L. Rogez	
20	6.093	9 mai 1893	Distinguée (carte)	Titre	H. et L. Rogez	
21	6.763	13 février 1895	Divine (carte)	Titre	Scrive frères	
22	6.896	26 juin 1895	Divisible (carte)	Carte	I. Lambin	
23	7.062	13 novembre 1895	Dominante (carte)	Titre	Hassebroucq frères	
24	6.940	17 septembre 1895	Dorée (carte)	Titre	Crespel et Descamps	
25	6.609	24 juillet 1894	Dot (carte)	Carte	H. et L. Rogez	R et C
26	3.847	7 avril 1886	Double carte (fil à la)	Carte	A. Fauchille aîné	A F A
27	3.848	7 avril 1886	Double carte (fil à la)	Carte	A. Fauchille aîné	A F A
28	6.895	26 juin 1895	Doublée (carte)	Carte	I. Lambin	

N° D'ORDRE	N° D'INSCRIPTION	DATE DU DÉPOT	NOM DE LA MARQUE	NATURE DE LA MARQUE	NOM DU DÉPOSANT	INITIALES
29	5.134	6 août 1889	Double six (carte).	Cartes.	Poullier-Longhaye	
30	6.822	2 avril 1895.	Durable (carte).	Titre	H. et L. Rogez	

E

N° D'ORDRE	N° D'INSCRIPTION	DATE DU DÉPOT	NOM DE LA MARQUE	NATURE DE LA MARQUE	NOM DU DÉPOSANT	INITIALES
1	6.288	19 septembre 1893	Ebène (carte)	Titre	Crespel et Descamps	
2	5.720	16 septembre 1891	Eclair (carte)	Titre	I. Lambin	
3	6.576	7 juillet 1894	Eclatante (carte)	Carte	Poullier-Longhaye	P L
4	5.014	2 janvier 1889	Economique (carte)	Carte	Hassebroucq frères	HF
5	4.990	12 décembre 1888	Economique tubée (carte)	Carte	Hassebroucq frères	HF
6	6.143	6 juin 1893	Egyptienne (carte)	Titre	H. et L. Rogez	
7	6.348	7 octobre 1893	Electorale (carte)	Titre	Poullier-Longhaye	
8	5.978	28 octobre 1892	Elégante (carte)	Titre	Hassebroucq frères	
9	5.251	28 novembre 1889	Eléphant	Carte	Alfred Descamps	
10	6.700	6 novembre 1894	Elite (carte d')	Carte	H. et L. Rogez	R et C
11	5.659	17 juillet 1891	Emaillée (carte)	Titre	Vᵉ C. Crespel et fils	
12	6.241	4 juillet 1893	Emblème (carte)	Titre	Crespel et Descamps	
13	7.290	19 septembre 1893	Emeraude (carte)	Titre	Crespel et Descamps	
14	6.575	7 juillet 1894	Eminente (carte)	Carte	Poullier-Longhaye	P L
15	6.239	4 juillet 1893	Enchanteresse (carte)	Titre	Crespel et Descamps	
16	5.775	12 novembre 1891	Enfile-aiguille brevetée (carte)	Titre	Poullier-Longhaye	
17	6.926	17 septembre 1895	Enjolivée (carte)	Titre	Crespel et Descamps	
18	5.763	29 octobre 1891	Entrée (carte d')	Titre	I. Lambin	
19	3.468	20 mai 1885	Enveloppée (carte)	Titre	Scrive frères	
20	6.108	9 mai 1893	Enviée (carte)	Titre	H. et L. Rogez	
21	6.832	10 avril 1895	Ephémère (carte)	Carte	H. et L. Rogez	
22	6.367	7 octobre 1893	Epreuve (carte)	Titre	Poullier-Longhaye	
23	6.802	2 avril 1895	Essentielle (carte)	Titre	H. et L. Rogez	
24	6.162	6 juin 1893	Estimée (carte)	Titre	H. et L. Rogez	
25	6.369	7 octobre 1893	Etat-Major (carte)	Titre	Poullier-Longhaye	
26	7.064	13 novembre 1895	Etincelante (carte)	Titre	Hassebroucq frères	
27	5.016	2 janvier 1889	Etoile (carte)	Titre	Hassebroucq frères	
28	5.195	6 novembre 1889	Etoile (carte)	Carte	Hassebroucq frères	

N° D'ORDRE	N° D'INSCRIPTION	DATE DU DÉPOT	NOM DE LA MARQUE	NATURE DE LA MARQUE	NOM DU DÉPOSANT	INITIALES
29	6.746	29 janvier 1895	Etoile russe (carte)	Titre	Georges Saint-Léger	
30	6.105	9 mai 1893	Etonnante (carte)	Titre	H. et L. Rogez	
31	6.374	7 octobre 1893	Etrange (carte)	Titre	Poullier-Longhaye	
32	6.274	3 août 1893	Etui (carte)	Titre	Aug. Lambin	
33	6.123	6 juin 1893	Européenne (carte)	Titre	H. et L. Rogez	
34	3.862	20 mai 1886	Eventail (carte)	Carte	Rogez	R et C
35	6.964	17 septembre 1895	Excellente (carte)	Titre	H. et L. Rogez	
36	6.468	24 janvier 1894	Excentrique (carte)	Titre	Hassebroucq frères	
37	6.358	7 octobre 1893	Exemplaire (carte)	Titre	Poullier-Longhaye	
38	6.574	7 juillet 1894	Exemplaire (carte)	Carte	Poullier-Longhaye	P L
39	6.932	17 septembre 1895	Expéditive (carte)	Titre	Crespel et Descamps	
40	6.377	7 octobre 1893	Exposant (carte d')	Titre	Poullier-Longhaye	
41	6.689	30 octobre 1894	Express (carte)	Carte	Crespel et Descamps	D Aé
42	3.663	27 août 1885	Extra lin	Carte	Vᵉ C. Crespel et fils	C F
43	6.589	10 juillet 1894	Extraordinaire (carte)	Carte	H. et L. Rogez	R et C
44	3.662	27 août 1885	Extra table	Carte	Vᵉ C. Crespel et fils	

N° D'ORDRE	N° D'INSCRIPTION	DATE DU DÉPOT	NOM DE LA MARQUE	NATURE DE LA MARQUE	NOM DU DÉPOSANT	INITIALES

F

Nº D'ORDRE	Nº D'INSCRIPTION	DATE DU DÉPOT	NOM DE LA MARQUE	NATURE DE LA MARQUE	NOM DU DÉPOSANT	INITIALES
1	6.751	29 janvier 1895	Facile (carte)	Carte	H. et L. Rogez	R et C
2	5.655	17 juillet 1891	Faisceau d'armes (carte)	Titre	Vᵉ C. Crespel et fils	
3	6.590	10 juillet 1894	Fameuse (carte)	Carte	H. et L. Rogez	R et C
4	6.580	7 juillet 1894	Fameuse (carte la)	Carte	Poullier-Longhaye	P L
5	6.915	17 septembre 1895	Familière (carte)	Titre	Crespel et Descamps	
6	6.161	6 juin 1893	Fantaisie (carte)	Titre	H. et L. Rogez	
7	6.928	17 septembre 1895	Fantastique (carte)	Titre	Crespel et Descamps	
8	7.093	24 décembre 1895	Fashionable (carte)	Titre	Crespel et Descamps	
9	6.594	10 juillet 1894	Faveur (carte)	Carte	H. et L. Rogez	
10	6.817	2 avril 1895	Favorable (carte)	Titre	H. et L. Rogez	
11	6.141	6 juin 1893	Féerique (carte)	Titre	H. et L. Rogez	
12	6.930	17 septembre 1895	Festonnée (carte)	Titre	Crespel et Descamps	
13	5.784	12 novembre 1891	Feuille de lierre (je meurs où je m'attache) (carte)	Carte-vignette	Poullier-Longhaye	
14	6.562	26 juin 1894	Fine (carte)	Carte	H. et L. Rogez	R et C
15	4.864	23 juin 1888	Flacon (fil au)	Carte	G. Jolivet	G J
16	6.122	6 juin 1893	Flamande (carte)	Titre	H. et L. Rogez	
17	6.510	1ᵉʳ mai 1894	Flamme (carte)	Carte	Crespel et Descamps	D Aᵈ
18	6.927	17 septembre 1895	Flatteuse (carte)	Titre	Crespel et Descamps	
19	5.332	7 février 1890	Flèches d'or (fil aux)	Carte	Alfred Descamps	
20	5.701	26 août 1891	Fleurie (carte)	Titre	I. Lambin	
21	5.725	18 novembre 1891	Fleurie (carte)	Carte	I. Lambin	I L
22	6.916	17 septembre 1895	Florissante (carte)	Titre	Crespel et Descamps	
23	6.890	25 juin 1895	Forcée (carte)	Titre	Crespel et Descamps	
24	6.972	17 septembre 1895	Forcée (carte)	Carte	H. et L. Rogez	R et C
25	3.661	27 août 1883	Fort sur table (fil)	Carte	Vᵉ C. Crespel et fils	C F
26	6.748	29 janvier 1895	Foyer (carte du)	Carte	H. et L. Rogez	R et C
27	3.442	5 mai 1883	Française (carte)	Titre	Aug. Lambin	
28	3.443	5 mai 1883	France (carte de)	Titre	Aug. Lambin	
29	5.625	29 avril 1891	Frontière (carte)	Titre	Poullier-Longhaye	

N° D'ORDRE	N° D'INSCRIPTION	DATE DU DÉPOT	NOM DE LA MARQUE	NATURE DE LA MARQUE	NOM DU DÉPOSANT	INITIALES

G

Nº D'ORDRE	Nº D'INSCRIPTION	DATE DU DÉPOT	NOM DE LA MARQUE	NATURE DE LA MARQUE	NOM DU DÉPOSANT	INITIALES
1	6.536	11 mai 1894	Gage (carte)	Carte	H. et L. Rogez	
2	4.325	4 juin 1887	Gagne-petit (fil au)	Carte	Vᵉ Gustave Toussin	
3	6.920	17 septembre 1895	Galante (carte)	Titre	Crespel et Descamps	
4	6.797	30 mars 1895	Garde-champêtre (au)	Carte	Georges Saint-Léger	V S L
5	6.701	6 novembre 1894	Gaufre (carte)	Carte	H. et L. Rogez	
6	5.840	16 février 1892	Gaufrée (carte)	Cartes	Vᵉ C. Crespel et fils	C F
7	6.919	17 septembre 1895	Généreuse (carte)	Titre	Crespel et Descamps	
8	7.075	19 novembre 1895	Généreuse (carte)	Carte	Vᵉ C. Crespel et fils	C F
9	6.605	24 juillet 1894	Gentille (carte)	Carte	H. et L. Rogez	R et C
10	3.338	18 mars 1885	Géographique (fil)	Carte	Hassebroucq frères	A G
11	5.425	21 juin 1890	Glacé parisien	Carte	Vᵉ Gustave Toussin	G T
12	6.812	2 avril 1895	Glorieuse (carte)	Titre	H. et L. Rogez	
13	6.669	9 octobre 1894	Gothique (carte)	Carte	H. et L. Rogez	R et C
14	6.157	6 juin 1893	Goûtée (carte)	Titre	H. et L. Rogez	
15	5.904	28 juillet 1892	Gouvernail (carte)	Titre	Crespel et Descamps	
16	6.240	4 juillet 1893	Gracieuse (carte)	Titre	Crespel et Descamps	
17	6.688	30 octobre 1894	Gradins (carte)	Carte	Crespel et Descamps	D Aᵉ
18	3.861	20 mai 1886	Guipure (carte)	Carte	Rogez	R et C

H

N° D'ORDRE	N° D'INSCRIPTION	DATE DU DÉPOT	NOM DE LA MARQUE	NATURE DE LA MARQUE	NOM DU DÉPOSANT	INITIALES
1	3.244	29 novembre 1884	H (fil)	Carte	Picavet aîné	P Aé
2	6.955	17 septembre 1895	Habillée (carte)	Titre	Crespel et Descamps	
3	6.819	2 avril 1895	Habituelle (carte)	Titre	H. et L. Rogez	
4	5.255	28 novembre 1889	Hélice (carte)	Titre	Crespel et Descamps	
5	6.929	17 septembre 1895	Heureuse (carte)	Titre	Crespel et Descamps	
6	7.074	19 novembre 1895	Heureuse (carte)	Carte	Vᵉ G. Crespel et fils	C F
7	7.065	15 novembre 1895	Hexagonale (carte)	Carte	Gustave Toussin	G T
8	6.941	17 septembre 1895	Honnête (carte)	Titre	Crespel et Descamps	
9	7.082	19 novembre 1895	Honnête (carte)	Carte	Crespel et Descamps	D Aé
10	6.898	1ᵉʳ juillet 1895	Hors-concours (carte)	Titre	Poullier-Longhaye	
11	6.579	7 juillet 1894	Hors-ligne (carte)	Carte	Poullier-Longhaye	P L

I

N° D'ORDRE	N° D'INSCRIPTION	DATE DU DÉPOT	NOM DE LA MARQUE	NATURE DE LA MARQUE	NOM DU DÉPOSANT	INITIALES
1	6.152	6 juin 1893	Idéale (carte)	Titre	H. et L. Rogez	
2	6.535	11 mai 1894	Identité (carte d')	Carte	H. et L. Rogez	R et C
3	6.529	11 mai 1894	Idole (carte)	Carte	H. et L. Rogez	
4	6.876	11 juin 1895	Illustrée (carte)	Titre	H. et L. Rogez	
5	6.749	29 janvier 1895	Immense (carte)	Carte	H. et L. Rogez	R et C
6	5.623	29 avril 1891	Immortelle (carte)	Titre	Poullier-Longhaye	
7	6.803	2 avril 1895	Impérissable (carte)	Titre	H. et L. Rogez	
8	6.818	2 avril 1895	Importante (carte)	Titre	H. et L. Rogez	
9	7.063	13 novembre 1895	Imposante (carte)	Titre	Hassebroucq frères	
10	7.043	13 novembre 1895	Imposée (carte)	Titre	Hassebroucq frères	
11	6.139	6 juin 1893	Incomparable (carte)	Titre	H. et L. Rogez	
12	6.808	2 avril 1895	Incontestable (carte)	Titre	H. et L. Rogez	
13	6.807	2 avril 1895	Indépendante (carte)	Titre	H. et L. Rogez	
14	3.659	26 août 1885	Indienne (carte)	Titre	Hassebroucq frères	
15	6.133	6 juin 1893	Indispensable (carte)	Titre	H. et L. Rogez	
16	6.132	6 juin 1893	Industrielle (carte)	Titre	H. et L. Rogez	
17	6.666	9 octobre 1894	Inépuisable (carte)	Carte	H. et L. Rogez	R et C
18	6.831	10 avril 1895	Inévitable (carte)	Titre	H. et L. Rogez	
19	7.047	13 novembre 1895	Inflexible (carte)	Titre	Hassebroucq frères	
20	6.935	17 septembre 1895	Ingénieuse (carte)	Titre	Crespel et Descamps	
21	6.805	2 avril 1895	Insigne (carte)	Titre	H. et L. Rogez	
22	7.046	13 novembre 1895	Intéressante (carte)	Titre	Hassebroucq frères	
23	6.113	9 mai 1893	Internationale (carte)	Titre	H. et L. Rogez	
24	5.132	6 août 1889	Intimes (carte des)	Cartes	Poullier-Longhaye	
25	6.530	11 mai 1894	Introduction (carte d')	Carte	H. et L. Rogez	R et C
26	6.944	17 septembre 1895	Invraisemblable (carte)	Titre	Crespel et Descamps	
27	6.702	6 novembre 1894	Irréprochable (carte)	Carte	H. et L. Rogez	R et C

N° d'ordre	N° d'inscription	DATE DU DÉPOT	NOM DE LA MARQUE	NATURE DE LA MARQUE	NOM DU DÉPOSANT	INITIALES

J

Nº D'ORDRE	Nº D'INSCRIPTION	DATE DU DÉPOT	NOM DE LA MARQUE	NATURE DE LA MARQUE	NOM DU DÉPOSANT	INITIALES
1	3.655	26 août 1885	Japonaise (carte)	Titre	Hassebroucq frères	
2	5.913	30 juillet 1892	Japonaise (carte)	Carte	Hassebroucq frères	HF
3	4.227	25 mars 1887	Japonaise autrement dit Armes du Japon (carte)	Carte	Vanoutryve frères	J P V
4	3.256	17 décembre 1884	Jaune (carte)	Titre	Hassebroucq frères	
5	6.149	6 juin 1893	Javanaise (carte)	Titre	H. et L. Rogez	
6	5.635	30 juin 1891	Jeanne d'Arc	Carte-vignette	Crespel et Descamps	D Aé
7	6.462	24 janvier 1894	Jolie carte (la)	Titre	Hassebroucq frères	
8	6.961	17 septembre 1895	Joujou (carte)	Titre	Crespel et Descamps	
9	4.287	4 mai 1887	Jour (carte à)	Titre	I. Lambin	
10	5.713	16 septembre 1891	Jour (carte à)	Carte	I. Lambin	I L
11	6.098	9 mai 1893	Journalière (carte)	Titre	H. et L. Rogez	
12	6.975	17 septembre 1895	Joyeuse (carte)	Carte	H. et L. Rogez	
13	5.144	21 août 1889	Jumelle (carte)	Titre	Hassebroucq frères	

K

N° D'ORDRE	N° D'INSCRIPTION	DATE DU DÉPOT	NOM DE LA MARQUE	NATURE DE LA MARQUE	NOM DU DÉPOSANT	INITIALES

L

No D'ORDRE	No D'INSCRIPTION	DATE DU DÉPOT	NOM DE LA MARQUE	NATURE DE LA MARQUE	NOM DU DÉPOSANT	INITIALES
1	6.534	11 mai 1894	Laissez-passer (carte)	Carte	H. et L. Rogez	
2	3.317	25 février 1885	Lames (fil en)	Carte	Crespel et Descamps	D A⁶
3	6.511	1er mai 1894	Lance (carte)	Carte	Crespel et Descamps	D A"
4	3.243	28 novembre 1884	Lancier (fil au)	Carte	Picavet aîné	P A⁶
5	6.626	21 août 1894	Légère (carte)	Carte	H. et L. Rogez	R et C
6	5.607	8 avril 1891	Lettre (carte)	Titre	I. Lambin	
7	6.363	7 octobre 1893	Lilloise (carte)	Titre	Poullier-Longhaye	
8	5.285	13 décembre 1889	Lilloise (fil à la carte)	Carte	Scrive frères	S F
9	3.973	11 août 1886	Lin dévidé	Carte	Anatole Descamps	
10	3.407	27 avril 1885	Lin extra	Carte	Poullier-Longhaye	P L
11	4.837	3 mai 1888	Lin extra	Carte	Alfred Descamps	
12	5.128	6 août 1889	Lin extra	Cartes	Poullier-Longhaye	P L
13	5.129	6 août 1889	Lin extra	Cartes	Poullier-Longhaye	P L
14	5.130	6 août 1889	Lin extra	Cartes	Poullier-Longhaye	P L
15	5.877	10 mai 1892	Lin extra	Carte	Crespel et Descamps	D A⁶
16	5.981	28 octobre 1892	Lin extra	Carte	Hassebroucq frères	H F
17	6.478	16 février 1894	Lin extra (fil de)	Carte	Georges Saint-Léger	V S L
18	5.636	30 juin 1891	Lin extra fort	Carte	Crespel et Descamps	D A⁶
19	5.627	9 mai 1891	Lions (fil aux)	Carte	Alfred Descamps	
20	6.606	24 juillet 1894	Locale (carte)	Carte	H. et L. Rogez	R et C
21	3.411	30 avril 1885	Longue (carte)	Vignette	Henri Rogez	
22	6.148	6 juin 1893	Lorraine (carte)	Titre	H. et L. Rogez	
23	6.913	3 septembre 1895	Lorraine (carte)	Carte	Scrive frères	
24	5.724	18 septembre 1891	Loup (carte au)	Carte	I. Lambin	I L
25	6.501	18 avril 1894	Louve (à la)	Carte	I. Lambin	
26	6.347	7 octobre 1893	Loye Fuller (carte)	Titre	Poullier-Longhaye	
27	5.374	14 mars 1890	Lumière Fiat Lux (carte)	Vignette	H. et L. Rogez	R et C
28	6.960	17 septembre 1895	Lumineuse (carte)	Titre	Crespel et Descamps	

N° D'ORDRE	N° D'INSCRIPTION	DATE DU DÉPOT	NOM DE LA MARQUE	NATURE DE LA MARQUE	NOM DU DÉPOSANT	INITIALES
29	6.593	10 juillet 1894	Luxe (carte de)	Carte	H. et L. Rogez	R et C
30	6.343	7 octobre 1893	Lyonnaise (carte)	Titre	Poullier-Longhaye	
31	5.254	28 novembre 1889	Lys (carte)	Titre	Crespel et Descamps	

M

N° D'ORDRE	N° D'INSCRIPTION	DATE DU DÉPOT	NOM DE LA MARQUE	NATURE DE LA MARQUE	NOM DU DÉPOSANT	INITIALES
1	3.725	4 novembre 1885	Magique (carte)	Titre	Hassebroucq	
2	6.933	17 septembre 1895	Magistrale (carte)	Titre	Crespel et Descamps	
3	6.121	6 juin 1893	Magnifique (carte)	Titre	H. et L. Rogez	
4	6.891	25 juin 1895	Malicieuse (carte)	Titre	Crespel et Descamps	
5	6.958	17 septembre 1895	Maniable (carte)	Titre	Crespel et Descamps	
6	6.699	2 novembre 1894	Manille (coupe-fil)	Carte	Alfred Descamps	
7	5.908	29 juillet 1892	Marbrée (carte)	Titre	Vᵉ C. Crespel et fils	
8	4.695	8 février 1888	Marine (carte)	Titre	Aug. Lambin	
9	7.056	13 novembre 1895	Marque (carte de)	Titre	Hassebroucq frères	
10	3.242	28 novembre 1884	Marque d'or	Carte	Picavet aîné	P Aᵉ
11	5.185	25 octobre 1889	Marque d'or	Carte	L. Picavet aîné	
12	5.243	25 novembre 1889	Marque d'or à l'Étoile	Carte	L. Picavet aîné	
13	6.378	7 octobre 1893	Marseillaise (carte)	Titre	Poullier-Longhaye	
14	5.318	21 janvier 1890	Ménagère (carte)	Carte	Poullier-Longhaye	
15	6.101	9 mai 1893	Méridionale (carte)	Titre	H. et L. Rogez	
16	5.426	21 juin 1890	Merle blanc (fil au)	Carte	Vᵉ Gustave Toussin	G T
17	6.138	6 juin 1893	Merveille (carte)	Titre	H. et L. Rogez	
18	6.135	6 juin 1893	Merveilleuse (carte)	Titre	H. et L. Rogez	
19	3.454	16 mai 1885	Métallique (carte)	Titre	Scrive frères	
20	6.024	31 janvier 1893	Météore (carte)	Titre	Poullier-Longhaye	
21	6.140	6 juin 1893	Midi (carte du)	Titre	H. et L. Rogez	
22	6.090	9 mai 1893	Mignonne (carte)	Titre	H. et L. Rogez	
23	5.618	29 avril 1891	Militaire (carte)	Titre	Poullier-Longhaye	
24	3.788	24 février 1886	Mineurs (carte des)	Titre	Aug. Lambin	
25	6.971	17 septembre 1895	Mirobolante (carte)	Titre	H. et L. Rogez	
26	6.136	6 juin 1893	Mode (carte à la)	Titre	H. et L. Rogez	
27	5.517	14 novembre 1890	Moderne (carte)	Titre	Hassebroucq frères	
28	5.905	29 juillet 1892	Moirée (carte)	Titre	Vᵉ C. Crespel et fils	

Nº d'ordre	Nº d'inscription	DATE DU DÉPOT	NOM DE LA MARQUE	NATURE DE LA MARQUE	NOM DU DÉPOSANT	INITIALES
29	6.887	25 juin 1895	Mondaine (carte)	Titre	Crespel et Descamps	
30	6.821	2 avril 1895	Monopole (carte)	Titre	H. et L. Rogez	
31	6.885	25 juin 1895	Montagnarde (carte)	Titre	Crespel et Descamps	
32	5.906	29 juillet 1892	Mosaïque (carte)	Titre	Vᶜ C. Crespel et fils	
33	5.719	16 septembre 1891	Moscovite (carte)	Titre	I. Lambin	
34	5.256	28 novembre 1889	Moulin (carte)	Titre	Crespel et Descamps	
35	5.340	25 février 1890	Moulin (carte)	Carte	Crespel et Descamps	D Aᵉ
36	7.057	13 novembre 1895	Moulinet (carte)	Titre	Hassebroucq frères	
37	6.112	9 mai 1893	Multicolore (carte)	Titre	H. et L. Rogez	
38	6.160	6 juin 1893	Murale (carte)	Titre	H. et L. Rogez	
39	6.925	17 septembre 1895	Musicale (carte)	Titre	Crespel et Descamps	
40	6.889	25 juin 1895	Mutine (carte)	Titre	Crespel et Descamps	
41	6.498	17 avril 1894	Mystère (carte)	Carte	H. et L. Rogez	R et C
42	5.622	29 avril 1891	Mystérieuse (carte)	Titre	Poullier-Longhaye	

No d'ordre	No d'inscription	DATE DU DÉPOT	NOM DE LA MARQUE	NATURE DE LA MARQUE	NOM DU DÉPOSANT	INITIALES

N

Nº d'ordre	Nº d'inscription	DATE DU DÉPOT	NOM DE LA MARQUE	NATURE DE LA MARQUE	NOM DU DÉPOSANT	INITIALES
1	5.823	30 janvier 1892	Nacrée (carte)	Carte	Vᵉ C. Crespel et fils	
2	3.444	5 mai 1885	Nationale (carte)	Titre	Aug. Lambin	
3	6.966	17 septembre 1895	Naturelle (carte)	Titre	H. et L. Rogez	
4	3.702	10 octobre 1885	Navette (fil sur)	Carte	A. Fauchille-Delanoy	A F D
5	6.107	9 mai 1893	Nécessaire (carte)	Titre	H. et L. Rogez	
6	5.136	18 septembre 1889	Nickel (carte)	Titre	Hassebroucq frères	
7	5.137	18 septembre 1889	Nickelée (carte)	Titre	Hassebroucq frères	
8	6.521	1ᵉʳ mai 1894	Noble (carte)	Carte	H. et L. Rogez	
9	6.146	6 juin 1893	Nord (carte du)	Titre	H. et L. Rogez	
10	5.355	28 février 1890	Notre ami (carte à)	Carte	Vᵉ C Crespel et fils	C F
11	6.159	6 juin 1893	Nouveauté (carte)	Titre	H. et L. Rogez	
12	6.758	13 février 1895	Nouvelle (à la carte)	Titre	Scrive frères	
13	6.541	11 mai 1894	Nuage (carte)	Carte	H. et L. Rogez	R et C

O

N° D'ORDRE	N° D'INSCRIPTION	DATE DU DÉPOT	NOM DE LA MARQUE	NATURE DE LA MARQUE	NOM DU DÉPOSANT	INITIALES
1	6.499	17 avril 1894	Objet d'art (carte)	Carte	H. et L. Rogez	
2	6.750	29 janvier 1895	Obligatoire (carte)	Carte	H. et L. Rogez	R et C
3	6.102	9 mai 1893	Occidentale (carte)	Titre	H. et L. Rogez	
4	6.764	13 février 1895	Océan (carte)	Titre	Scrive frères	
5	6.703	10 novembre 1894	Œillet (à l')	Carte	A Fauchille-Delanoy	
6	6.156	6 juin 1893	Officielle (carte)	Titre	H. et L Rogez	
7	6.914	17 septembre 1895	Ondoyante (carte)	Titre	Crespel et Descamps	
8	6.917	17 septembre 1895	Opportune (carte)	Titre	Crespel et Descamps	
9	6.952	17 septembre 1895	Opulente (carte)	Titre	Crespel et Descamps	
10	3.248	17 décembre 1884	Or (carte d')	Titre	Hassebroucq frères	
11	6.100	9 mai 1893	Orientale (carte)	Titre	H. et L. Rogez	
12	6.125	6 juin 1893	Originale (carte)	Titre	H. et L. Rogez	
13	6 974	17 septembre 1895	Ornée (carte)	Carte	H et L. Rogez	R et C
14	6.934	17 septembre 1895	Ornementale (carte)	Titre	Crespel et Descamps	
15	5.191	6 novembre 1889	Oscillante (carte dite)	Carte	Georges Saint-Léger	
16	5.338	25 février 1890	Oscillante (carte)	Carte	Georges Saint-Léger	V S L
17	5.765	29 octobre 1891	Ovale (carte)	Titre	I. Lambin	

P

No D'ORDRE	No D'INSCRIPTION	DATE DU DÉPÔT	NOM DE LA MARQUE	NATURE DE LA MARQUE	NOM DU DÉPOSANT	INITIALES
1	5.447	21 juin 1890	Paix (fil à la)	Carte	Vᵉ G. Toussin	G T
2	5.133	6 août 1889	Panier (carte)	Cartes	Poullier-Longhaye	
3	5.656	17 juillet 1891	Panoplie (carte)	Titre	Vᵉ C. Crespel et fils	
4	6.517	1ᵉʳ mai 1894	Panoplie (carte)	Carte	Vᵉ C. Crespel et fils	C F
5	5.346	25 février 1890	Paon (carte)	Carte	Vᵉ C. Crespel et fils	
6	5.824	30 janvier 1892	Paon (carte)	Carte	Vᵉ C Crespel et fils	
7	5.797	18 décembre 1891	Papillon (carte)	Titre	Hassebroucq frères	
8	6.873	7 juin 1895	Papillon (carte)	Carte	L. Picavet aîné	
9	4.866	23 juin 1888	Papillon (fil au)	Carte	G. Jolivet	
10	6.300	19 septembre 1893	Pâquerette (carte)	Titre	Vᵉ C. Crespel et fils	
11	6.610	24 juillet 1894	Parée (carte)	Carte	H. et L. Rogez	R et C
12	6.795	30 mars 1895	Paresseux (au)	Carte	Georges Saint-Léger	V S L
13	6.097	9 mai 1893	Parfaite (carte)	Titre	H. et L. Rogez	
14	3.684	25 septembre 1885	Paris (carte de)	Titre	Hassebroucq	
15	6.103	9 mai 1893	Parisienne (carte)	Titre	H. et L. Rogez	
16	6.811	2 avril 1895	Passe-partout (carte)	Titre	H. et L. Rogez	
17	6.537	11 mai 1894	Passeport (carte)	Carte	H. et L. Rogez	R et C
18	6.738	24 décembre 1894	Patriarcale (carte)	Carte	Poullier-Longhaye	
19	6.528	11 mai 1894	Pays (carte du)	Carte	H. et L. Rogez	
20	6.922	17 septembre 1895	Paysanne (carte)	Titre	Crespel et Descamps	
21	7.083	19 novembre 1895	Paysanne (carte)	Carte	Crespel et Descamps	D
22	6.585	10 juillet 1894	Pelote (carte)	Carte	Poullier-Longhaye	
23	6.586	10 juillet 1894	Pelote (carte)	Carte	Poullier-Longhaye	
24	6.587	10 juillet 1894	Pelote (carte)	Carte	Poullier-Longhaye	
25	3.864	26 mai 1886	Peloton lin dévidé	Carte	Anatole Descamps	
26	4.048	23 novembre 1886	Peloton lin dévidé	Carte	Anatole Descamps	
27	4.088	24 décembre 1886	Peloton lin dévidé	Carte	Anatole Descamps	
28	5.979	28 octobre 1892	Perfectionnée (carte)	Titre	Hassebroucq frères	

No D'ORDRE	No D'INSCRIPTION	DATE DU DÉPOT	NOM DE LA MARQUE	NATURE DE LA MARQUE	NOM DU DÉPOSANT	INITIALES
29	5.342	25 février 1890	Perles (carte)	Carte	Crespel et Descamps	D A d
30	5.343	25 février 1890	Perles (carte)	Carte	Crespel et Descamps	D A e
31	5.876	10 mai 1893	Perles (carte)	Carte	Crespel et Descamps	D A é
32	6.827	10 avril 1895	Permanente (carte)	Titre	H. et L. Rogez	
33	6.809	2 avril 1895	Perpétuelle (carte)	Titre	H. et L. Rogez	
34	6.547	25 mai 1894	Personnelle (carte)	Carte	H. et L. Rogez	R et C
35	6.796	30 mars 1895	Petite mère (à la)	Carte	Georges Saint-Léger	V S L
36	6.049	11 mars 1893	Phénomène (carte)	Titre	Poullier-Longhaye	
37	6.343	7 octobre 1893	Photographique (carte)	Titre	Poullier-Longhaye	
38	5.345	25 février 1890	Pierrot (carte)	Carte	Vᵉ C. Crespel et fils	C F
39	6.608	24 juillet 1894	Pimpante (carte)	Carte	H. et L. Rogez	R et C
40	3.322	4 mars 1885	Pique (carte de)	Vignette	Hassebroucq frères	HF
41	6.298	19 septembre 1893	Pivoine (carte)	Titre	Vᵉ C. Crespel et fils	
42	3.263	26 décembre 1884	Planches (fil sur)	Carte	Poullier-Longhaye	
43	6.931	17 septembre 1895	Planétaire (carte)	Titre	Crespel et Descamps	
44	5.872	10 mai 1892	Planète (carte)	Carte	Vᵉ C. Crespel et fils	
45	3.974	14 août 1886	Plaque au jeu de cartes	Carte	A. Fauchille-Delanoy	
46	6.704	10 novembre 1894	Plaque des Indes	Carte	A. Fauchille-Delanoy	
47	6.706	10 novembre 1894	Plaque retentissante	Carte	A. Fauchille-Delanoy	
48	5.683	31 juillet 1891	Plaques casse-fil	Carte	A. Fauchille-Delanoy	A F D
49	6.705	10 novembre 1894	Plaque sphérique	Carte	A. Fauchille-Delanoy	
50	3.722	4 novembre 1885	Plastrons (carte)	Titre	Poullier-Longhaye	
51	6.668	9 octobre 1894	Pleine (carte)	Carte	H. et L. Rogez	R et C
52	6.540	11 mai 1894	Plus belles (carte des)	Carte	H. et L. Rogez	
53	6.924	17 septembre 1895	Poétique (carte)	Titre	Crespel et Descamps	
54	6.533	11 mai 1894	Point de mire (fil sur)	Carte	H. et L. Rogez	R et C
55	5.910	29 juillet 1892	Pointillée (carte)	Titre	Vᵉ C. Crespel et fils	
56	5.516	12 novembre 1890	Poisson (carte)	Carte	I. Lambin	I L
57	5.977	28 octobre 1892	Pompadour (carte)	Titre	Hassebroucq frères	
58	6.578	7 juillet 1894	Pompeuse (carte)	Carte	Poullier-Longhaye	P L
59	6.109	9 mai 1893	Populaire (carte)	Titre	H. et L. Rogez	
60	5.459	19 août 1890	Porte-bonheur (carte)	Titre	Poullier-Longhaye	
61	5.559	30 décembre 1890	Porte-bonheur (carte)	Vignette	Poullier-Longhaye	P L
62	5.582	6 mars 1891	Postale (carte)	Carte	Scrive frères	
63	2.896	11 juin 1884	Poule (fil à la)	Carte-bobine	Hassebroucq frères	HF
64	6.096	9 mai 1893	Pratique (carte)	Titre	H. et L. Rogez	
65	6.810	2 avril 1895	Préférable (carte)	Titre	H. et L. Rogez	
66	6.110	9 mai 1893	Préférée (carte)	Titre	H. et L. Rogez	
67	6.531	11 mai 1894	Présage (carte)	Carte	H. et L. Rogez	
68	3.471	20 mai 1885	Préservée (carte)	Titre	Scrive frères	
69	6.497	17 avril 1894	Privilège (carte)	Carte	H. et L. Rogez	R et C
70	6.494	17 avril 1894	Prix (carte de)	Carte	H. et L. Rogez	R et C

N° D'ORDRE	N° D'INSCRIPTION	DATE DU DÉPOT	NOM DE LA MARQUE	NATURE DE LA MARQUE	NOM DU DÉPOSANT	INITIALES
71	6.129	6 juin 1893	Prodige (carte)	Titre	H. et L. Rogez	
72	6.548	25 mai 1894	Profit (carte)	Carte	H. et L. Rogez	
73	5.980	28 octobre 1892	Progrès (carte du)	Titre	Hassebroucq frères	
74	6.268	27 juillet 1893	Projectile casse-fil	Carte	A. Fauchille-Delanoy	
75	7.054	13 novembre 1893	Promise (carte)	Titre	Hassebroucq frères	
76	6.834	10 avril 1895	Propice (carte)	Carte	H. et L. Rogez	R et C
77	6.946	17 septembre 1895	Prospère (carte)	Titre	Crespel et Descamps	
78	6.938	17 septembre 1895	Provinciale (carte)	Titre	Crespel et Descamps	

N° D'ORDRE	N° D'INSCRIPTION	DATE DU DÉPOT	NOM DE LA MARQUE	NATURE DE LA MARQUE	NOM DU DÉPOSANT	INITIALES

N° D'ORDRE	N° D'INSCRIPTION	DATE DU DÉPOT	NOM DE LA MARQUE	NATURE DE LA MARQUE	NOM DU DÉPOSANT	INITIALES

Q

N° D'ORDRE	N° D'INSCRIPTION	DATE DU DÉPOT	NOM DE LA MARQUE	NATURE DE LA MARQUE	NOM DU DÉPOSANT	INITIALES
1	5.909	29 juillet 1892	Quadrillée (carte)	Titre	Vᵉ C. Crespel et fils	
2	6.460	23 janvier 1894	Quilles (carte aux)	Carte	Crespel et Descamps	D Aé
3	6.461	23 janvier 1894	Quilles (carte aux)	Carte	Crespel et Descamps	D Aé
4	6.099	9 mai 1893	Quotidienne (carte)	Titre	H. et L. Rogez	

R

N° D'ORDRE	N° D'INSCRIPTION	DATE DU DÉPOT	NOM DE LA MARQUE	NATURE DE LA MARQUE	NOM DU DÉPOSANT	INITIALES
1	6.761	13 février 1895	Râblée (à la carte)	Titre	Scrive frères	
2	6.698	30 octobre 1894	Rapide (carte)	Titre	Crespel et Descamps	
3	6.561	26 juin 1894	Rare (carte)	Carte	H. et L. Rogez	R et C
4	6.162	6 juin 1893	Ravissante (carte)	Titre	H. et L. Rogez	
5	6.127	6 juin 1893	Recherchée (carte)	Titre	H. et L. Rogez	
6	6.569	7 juillet 1894	Réclamer (carte à)	Carte	Poullier-Longhaye	P L
7	6.111	9 mai 1893	Recommandée (carte)	Titre	H. et L. Rogez	
8	6.176	20 juin 1893	Recommandée (carte)	Titre	G.-J. Descamps-Beaucourt	
9	6.500	17 avril 1894	Récompense (carte)	Carte	H. et L. Rogez	
10	3.784	24 février 1886	Rectangulaire (carte)		Aug. Lambin	
11	6.893	25 juin 1895	Redoutée (carte)	Titre	Crespel et Descamps	
12	6.554	25 mai 1894	Référence (carte)	Carte	H. et L. Rogez	R et C
13	6.545	25 mai 1894	Régionale (carte)	Carte	H. et L. Rogez	R et C
14	6.816	2 avril 1895	Régulière (carte)	Titre	H. et L. Rogez	
15	6.538	11 mai 1894	Relique (carte)	Carte	H. et L. Rogez	
16	6.546	25 mai 1894	Remarquable (carte)	Carte	H. et L. Rogez	R et C
17	6.147	6 juin 1893	Renaissance (carte)	Titre	H. et L. Rogez	
18	6.766	13 février 1894	Réputée (carte)	Carte	Scrive frères	S F
19	7.049	13 novembre 1895	Réservée (carte)	Titre	Hassebroucq frères	
20	7.061	13 novembre 1895	Résistante (carte)	Titre	Hassebroucq frères	
21	6.086	9 mai 1893	Réussie (carte)	Titre	H. et L. Rogez	
22	6.464	24 janvier 1894	Riche (carte)	Titre	Hassebroucq frères	
23	6.888	25 juin 1895	Rieuse (carte)	Titre	Crespel et Descamps	
24	7.073	19 novembre 1895	Rieuse (carte)	Carte	Vᵉ C. Crespel et fils	C F
25	5.764	29 octobre 1891	Romaine (carte)	Titre	I. Lambin	
26	6.679	20 octobre 1894	Ronde (carte)	Titre	Poullier-Longhaye	
27	6.814	2 avril 1895	Ronflante (carte)	Titre	H. et L. Rogez	
28	3.252	17 décembre 1884	Rose (carte)	Titre	Hassebroucq frères	

N° D'ORDRE	N° D'INSCRIPTION	DATE DU DÉPOT	NOM DE LA MARQUE	NATURE DE LA MARQUE	NOM DU DÉPOSANT	INITIALES
29	6.446	3 janvier 1894	Rose des vents (carte)	Titre	Hassebroucq frères	
30	6.496	17 avril 1894	Rosette (carte)	Carte	H. et L. Rogez	
31	5.196	6 novembre 1889	Roue (carte à la)	Carte	Hassebroucq frères	
32	6.368	7 octobre 1893	Rouennaise (carte)	Titre	Poullier-Longhaye	
33	3.250	17 décembre 1884	Rouge (carte)	Titre	Hassebroucq frères	
34	6.947	17 septembre 1895	Roulante (carte)	Titre	Crespel et Descamps	
35	5.619	29 avril 1891	Routière (carte)	Titre	Poullier-Longhaye	
36	5.702	26 août 1891	Royale (carte)	Titre	I. Lambin	
37	5.628	9 mai 1891	Rubans (carte à)	Carte	A. Fauchille aîné	
38	5.772	6 novembre 1891	Rubans (carte à)	Carte	A. Fauchille aîné	A F A
39	6.291	19 septembre 1893	Rubis (carte)	Titre	Crespel et Descamps	
40	5.250	28 novembre 1889	Ruche d'or	Carte	Alfred Descamps	
41	6.937	17 septembre 1895	Rurale (carte)	Titre	Crespel et Descamps	
42	5.697	26 août 1891	Russe (carte)	Titre	I. Lambin	
43	5.836	16 février 1892	Russe (carte)	Cartes	V° C. Crespel et fils	C F
44	5.837	16 février 1892	Russe (carte)	Cartes	V° C. Crespel et fils	C F

Nº d'ordre	Nº d'inscription	DATE DU DÉPOT	NOM DE LA MARQUE	NATURE DE LA MARQUE	NOM DU DÉPOSANT	INITIALES

S

N° D'ORDRE	N° D'INSCRIPTION	DATE DU DÉPOT	NOM DE LA MARQUE	NATURE DE LA MARQUE	NOM DU DÉPOSANT	INITIALES
1	3.701	7 octobre 1885	Sablier (carte)	Carte	Hassebroucq frères	
2	6.923	17 septembre 1895	Saillante (carte)	Titre	Crespel et Descamps	
3	6.556	25 mai 1894	Salon (carte)	Carte	H. et L. Rogez	R et C
4	6.942	17 septembre 1895	Sans défaut (carte)	Titre	Crespel et Descamps	
5	5.608	8 avril 1891	Sans pareille (carte)	Titre	I. Lambin	
6	7.050	13 novembre 1895	Saphir (carte)	Titre	Hassebroucq frères	
7	5.663	22 juillet 1891	Satiné (fil)	Carte	Vᵉ Gustave Toussin	G T
8	6.956	17 septembre 1895	Satisfaisante (carte)	Titre	Crespel et Descamps	
9	6.951	17 septembre 1895	Savante (carte)	Titre	Crespel et Descamps	
10	6.894	25 juin 1895	Savoureuse (carte)	Titre	Crespel et Descamps	
11	6.151	6 juin 1893	Savoyarde (carte)	Titre	H. et L. Rogez	
12	6.104	9 mai 1893	Séduisante (carte)	Titre	H. et L. Rogez	
13	6.949	17 septembre 1895	Select (carte)	Titre	Crespel et Descamps	
14	6.957	17 septembre 1895	Sémillante (carte)	Titre	Crespel et Descamps	
15	6.959	17 septembre 1895	Sentimentale (carte)	Titre	Crespel et Descamps	
16	6.238	4 juillet 1893	Sérieuse (carte)	Titre	Crespel et Descamps	
17	5.703	26 août 1891	Sèvres (carte de)	Titre	I. Lambin	
18	6.815	2 avril 1895	Simple (carte)	Titre	H. et L. Rogez	
19	6.624	21 août 1894	Singulière (carte)	Carte	H. et L. Rogez	R et C
20	6.067	14 avril 1893	Soie d'Orient	Carte	Gustave Toussin	
21	5.092	25 juin 1889	Soie du Congo	Carte	Boutry-Droulers	
22	6.824	10 avril 1895	Soignée (carte)	Titre	Hassebroucq frères	
23	6.676	10 octobre 1894	Soir (carte du)	Titre	Georges Saint-Léger	
24	6.954	17 septembre 1895	Solaire (carte)	Titre	Crespel et Descamps	
25	3.393	15 avril 1885	Soleil (carte)	Vignette	Hassebroucq frères	H F
26	5.796	18 décembre 1891	Soleil (carte)	Titre	Hassebroucq frères	
27	5.591	19 mars 1891	Solide (carte)	Titre	I. Lambin	
28	6.965	17 septembre 1895	Somptueuse (carte)	Titre	H. et L. Rogez	

No d'ordre	No d'inscription	DATE DU DÉPOT	NOM DE LA MARQUE	NATURE DE LA MARQUE	NOM DU DÉPOSANT	INITIALES
29	6.297	19 septembre 1893	Souci (carte)	Titre	Vᵉ C. Crespel et fils	
30	6.142	6 juin 1893	Souveraine (carte)	Titre	H. et L. Rogez	
31	7.051	13 novembre 1895	Soyeuse (carte)	Titre	Hassebroucq frères	
32	6.625	21 août 1894	Spéciale (carte)	Carte	H. et L. Rogez	R et C
33	6.953	17 septembre 1895	Suave (carte)	Titre	Crespel et Descamps	
34	6.089	9 mai 1893	Superbe (carte)	Titre	H. et L. Rogez	
35	6.094	9 mai 1893	Supérieure (carte)	Titre	H. et L. Rogez	
36	6.829	10 avril 1895	Supérieure (carte)	Titre	H. et L. Rogez	
37	7.052	13 novembre 1895	Suprême (carte)	Titre	Hassebroucq frères	
38	6.976	17 septembre 1895	Sûre (carte)	Carte	H. et L. Rogez	R et C
39	6.969	17 septembre 1895	Surnaturelle (carte)	Titre	H. et L. Rogez	
40	5.624	29 avril 1891	Symbole (carte)	Titre	Poullier-Longhaye	

N° D'ORDRE	N° D'INSCRIPTION	DATE DU DÉPOT	NOM DE LA MARQUE	NATURE DE LA MARQUE	NOM DU DÉPOSANT	INITIALES

T

N° D'ORDRE	N° D'INSCRIPTION	DATE DU DÉPOT	NOM DE LA MARQUE	NATURE DE LA MARQUE	NOM DU DÉPOSANT	INITIALES
1	3.314	20 février 1885	Table (fil en)	Carte	Vᵉ C. Crespel et fils	C F
2	3.660	27 août 1885	Table (fil en)	Carte	Vᵉ C. Crespel et fils	C F
3	6.670	9 octobre 1894	Taffetas (carte)	Carte	H. et L. Rogez	R et C
4	5.334	7 février 1890	Tambour (fil au)	Carte	Alfred Descamps	
5	6.737	24 décembre 1894	Tandem (carte)	Carte	Poullier-Longhaye	
6	6.520	1ᵉʳ mai 1894	Tapis (carte)	Carte	H. et L. Rogez	
7	7.059	13 novembre 1895	Tenace (carte)	Titre	Hassebroucq frères	
8	6.551	25 mai 1894	Tête (carte)	Carte	H. et L. Rogez	
9	3.446	5 mai 1885	Tête d'or (à la)	Carte	Aug. Lambin	
10	4.086	16 décembre 1886	Tête d'or (à la)	Carte	Aug. Lambin	A L
11	6.553	25 mai 1894	Tirelire (carte)	Carte	H. et L. Rogez	
12	5.621	29 avril 1891	Toile d'araignée (carte)	Titre	Poullier-Longhaye	
13	6.005	7 décembre 1892	Tonkinoise (carte)	Titre	Hassebroucq frères	
14	6.289	19 septembre 1893	Topaze (carte)	Titre	Crespel et Descamps	
15	5.135	6 août 1889	Tortue (carte)	Carte	Poullier-Longhaye	P L
16	5.180	16 octobre 1889	Tour Eiffel (carte)	Titre	Scrive frères	
17	5.518	14 novembre 1890	Tournante (carte)	Titre	Hassebroucq frères	
18	3.321	4 mars 1885	Trèfle (carte au)	Vignette	Hassebroucq frères	H F
19	5.111	9 juillet 1889	Trèfle (carte)	Cartes	Poullier-Longhaye	
20	6.419	20 décembre 1893	Triangulaire (carte)	Titre	Hassebroucq frères	
21	3.993	20 septembre 1886	Tricolore (carte)	Carte	H. Rogez	
22	5.620	29 avril 1891	Triple force (carte)	Titre	Poullier-Longhaye	
23	6.247	10 juillet 1893	Troublante (carte)	Titre	Poullier-Longhaye	
24	6.401	28 novembre 1893	Trous (carte aux)	Titre	Georges Saint-Léger	
25	6.670 bis	9 octobre 1894	Trille (carte)	Carte	H. et L. Rogez	R et C
26	6.588	10 juillet 1894	Type (carte)	Carte	H. et L. Rogez	R et C

N° D'ORDRE	N° D'INSCRIPTION	DATE DU DÉPOT	NOM DE LA MARQUE	NATURE DE LA MARQUE	NOM DU DÉPOSANT	INITIALES

U à Z

N° d'ordre	N° d'inscription	DATE DU DÉPOT	NOM DE LA MARQUE	NATURE DE LA MARQUE	NOM DU DÉPOSANT	INITIALES
1	5.798	18 décembre 1891	Union postale (carte)	Titre	Hassebroucq frères	
2	6.126	6 juin 1893	Universelle (carte)	Titre	H. et L. Rogez	
3	7.058	13 novembre 1895	Urgente (carte)	Titre	Hassebroucq frères	
4	7.045	13 novembre 1895	Usage (carte d')	Titre	Hassebroucq frères	
5	4.422	27 juillet 1887	Usine Saint-Sauveur	Carte	L. Picavet aîné	P A⁶
6	5.131	6 août 1889	Usuelle (carte)	Cartes	Poullier-Longhaye	
7	6.088	9 mai 1893	Utile (carte)	Titre	H. et L. Rogez	
1	4.868	23 juin 1888	V (fil en)	Carte	G. Jolivet	
2	7.055	13 novembre 1895	Valeur (carte de)	Titre	Hassebroucq frères	
3	6.724	23 novembre 1894	Vélo (carte)	Carte	L. Picavet aîné	
4	6.837	2 mai 1895	Vélo (carte)	Modèle de boîte	L. Picavet aîné	
5	6.667	9 octobre 1894	Velours (carte)	Carte	H. et L. Rogez	R et C
6	6.950	17 septembre 1895	Veloutée (carte)	Titre	Crespel et Descamps	
7	5.903	21 juillet 1892	Verre brise-fil (carte à)	Carte	Hassebroucq frères	HF
8	3.254	17 décembre 1884	Verte (carte)	Titre	Hassebroucq frères	
9	6.760	13 février 1895	Vins (à la carte des)	Titre	Scrive frères	
10	3.255	17 décembre 1884	Violette (carte)	Titre	Hassebroucq frères	
11	6.379	7 octobre 1893	Visite (carte de)	Titre	Poullier-Longhaye	
12	6.886	25 juin 1895	Vivace (carte)	Titre	Crespel et Descamps	

N° D'ORDRE	N° D'INSCRIPTION	DATE DU DEPOT	NOM DE LA MARQUE	NATURE DE LA MARQUE	NOM DU DÉPOSANT	INITIALES
13	6.592	10 juillet 1894	Vogue (carte en)	Carte	H. et L. Rogez	R et C
14	6.968	17 septembre 1895	Volumineuse (carte)	Titre	H. et L. Rogez	
15	7.053	13 novembre 1895	Vraie carte (la)	Titre	Hassebroucq frères	
16	7.048	13 novembre 1895	Vue (carte en)	Titre	Hassebroucq frères	
1	3.668	9 septembre 1885	X (carte)	Carte	Hassebroucq frères	HF
2	4.097	29 décembre 1886	X (carte)		Hassebroucq frères	
1	3.316	25 février 1885	Zéros (fil aux)	Carte	Crespel et Descamps	
2	7.044	13 novembre 1895	Zigzag (carte)	Titre	Hassebroucq frères	

CARTES SANS TITRE

PAR

ORDRE DE DÉPOT

CAHIERS SANS TITRE

PAR

ORDRE DE DÉPÔT

N° D'ORDRE	N° D'INSCRIPTION	DATE DU DÉPOT	NATURE DE LA MARQUE	NOM DU DÉPOSANT	INITIALES
1	3.238	24 novembre 1884	Carte à huit pans	Hassebroucq frères	
2	3.315	25 février 1885	Carte avec initiales	Vᵉ C. Crespel et fils	C D
3	3.318	25 février 1885	Carte avec initiales percées en ajour	Vᵉ C. Crespel et fils	C F
4	3.408	30 avril 1885	Carte à quatre pans formant chacun un cœur	Poullier-Longhaye	P L
5	3.451	13 mai 1885	Carte forme de poisson	I. Lambin	
6	3.463	20 mai 1885	Carte ronde à six gorges	Victor Saint-Léger	
7	3.464	20 mai 1885	Carte formée de deux cartons rentrant l'un dans l'autre	Victor Saint-Léger	
8	3.482	21 mai 1885	Carte	G.-J. Descamps-Beaucourt	
9	3.605	7 août 1885	Représente une carte	Anatole Descamps	
10	3.606	7 août 1885	Carte, sans dénomination	Anatole Descamps	
11	3.607	7 août 1885	Carte, représentant une croix	Anatole Descamps	
12	3.664	27 août 1885	Carte	Vᵉ C. Crespel et fils	C F
13	3.665	27 août 1885	Carte	Vᵉ C. Crespel et fils	C F
14	3.783	12 février 1887	Carte	Anatole Descamps	
15	4.305	7 mai 1887	Carte à dents (ovale)	Anatole Descamps	
16	4.306	7 mai 1887	Carte à dents, à cinq pans	Anatole Descamps	
17	4.307	7 mai 1887	Carte à dents (carrée)	Anatole Descamps	
18	4.308	7 mai 1887	Carte à dents, à six pans	Anatole Descamps	
19	4.660	14 janvier 1888	Une carte sans dénomination	L. Picavat aîné	P Aé
20	4.753	30 mars 1888	Carte	Crespel et Descamps	D Aé
21	4.756	30 mars 1888	Modèle de carte	Vᵉ C. Crespel et fils	C F
22	5.081	15 juin 1889	Carte	G.-J. Descamps-Beaucourt	
23	5.120	25 juillet 1889	Carte	Aug. Lambin	
24	5.121	25 juillet 1889	Carte	Aug. Lambin	
25	5.122	25 juillet 1889	Carte	Aug. Lambin	
26	5.123	25 juillet 1889	Carte	Aug. Lambin	
27	5.124	25 juillet 1889	Carte	Aug. Lambin	

No D'ORDRE	No D'INSCRIPTION	DATE DU DÉPOT	NATURE DE LA MARQUE	NOM DU DÉPOSANT	INITIALES
28	5.125	25 juillet 1889	Carte	Aug. Lambin	
29	5.162	25 septembre 1889	Carte	Hassebroucq frères	
30	5.212	13 novembre 1889	Carte	Poullier-Longhaye	
31	5.213	13 novembre 1889	Carte	Poullier-Longhaye	
32	5.214	13 novembre 1889	Carte	Poullier-Longhaye	
33	5.215	13 novembre 1889	Carte	Poullier-Longhaye	
34	5.216	13 novembre 1889	Carte	Poullier-Longhaye	
35	5.217	13 novembre 1889	Carte	Poullier-Longhaye	
36	5.218	13 novembre 1889	Carte	Poullier-Longhaye	
37	5.219	13 novembre 1889	Carte	Poullier-Longhaye	
38	5.220	13 novembre 1889	Carte	Poullier-Longhaye	
39	5.221	13 novembre 1889	Carte	Poullier-Longhaye	
40	5.222	13 novembre 1889	Carte	Poullier-Longhaye	
41	5.223	13 novembre 1889	Carte	Poullier-Longhaye	
42	5.224	13 novembre 1889	Carte	Poullier-Longhaye	
43	5.225	13 novembre 1889	Carte	Poullier-Longhaye	
44	5.226	13 novembre 1889	Carte	Poullier-Longhaye	
45	5.227	13 novembre 1889	Carte	Poullier-Longhaye	
46	5.228	13 novembre 1889	Carte	Poullier-Longhaye	
47	5.229	13 novembre 1889	Carte	Poullier-Longhaye	
48	5.230	13 novembre 1889	Carte	Poullier-Longhaye	
49	5.231	13 novembre 1889	Carte	Poullier-Longhaye	
50	5.232	13 novembre 1889	Carte	Poullier-Longhaye	
51	5.233	13 novembre 1889	Carte	Poullier-Longhaye	
52	5.234	13 novembre 1889	Carte	Poullier-Longhaye	
53	5.235	13 novembre 1889	Carte	Poullier-Longhaye	
54	5.236	13 novembre 1889	Carte	Poullier-Longhaye	
55	5.237	13 novembre 1889	Carte	Poullier-Longhaye	
56	5.238	13 novembre 1889	Carte	Poullier-Longhaye	
57	5.292	16 décembre 1889	Modèle de carte	Georges Saint-Léger	
58	5.312	10 janvier 1890	Carte	Poullier-Longhaye	
59	5.313	10 janvier 1890	Carte	Poullier-Longhaye	
60	5.314	10 janvier 1890	Carte	Poullier-Longhaye	
61	5.322	21 janvier 1890	Carte et bande	Alfred Descamps	
62	5.326	22 janvier 1890	Carte	G.-J. Descamps-Beaucourt	
63	5.327	22 janvier 1890	Carte	G.-J. Descamps-Beaucourt	
64	5.328	22 janvier 1890	Carte	G.-J. Descamps-Beaucourt	
65	5.341	25 février 1890	Carte	Crespel et Descamps	D Aé
66	5.344	25 février 1890	Carte	Crespel et Descamps	
67	5.348	25 février 1890	Carte	Vᵉ C. Crespel et fils	C F
68	5.349	25 février 1890	Carte	Vᵉ C. Crespel et fils	C F
69	5.409	28 avril 1890	Carte	G.-J. Descamps-Beaucourt	

No D'ORDRE	No D'INSCRIPTION	DATE DU DÉPOT	NATURE DE LA MARQUE	NOM DU DÉPOSANT	INITIALES
70	5.415	30 mai 1890	Carte	G.-J. Descamps-Beaucourt	
71	5.417	30 mai 1890	Carte	G.-J. Descamps-Beaucourt	
72	5.418	30 mai 1890	Carte	G.-J. Descamps-Beaucourt	
73	5.572	7 février 1891	Carte	Poullier-Longhaye	
74	5.573	7 février 1891	Carte	Poullier-Longhaye	
75	5.574	7 février 1891	Carte	Poullier-Longhaye	
76	5.587	19 mars 1891	Modèle de carte	I. Lambin	
77	5.637	30 juin 1891	Carte	Crespel et Descamps	D Aᵉ
78	5.714	16 septembre 1891	Carte	I. Lambin	I L
79	5.715	16 septembre 1891	Carte	I. Lambin	I L
80	5.792	30 novembre 1891	Carte	Scrive frères	
81	5.795	18 décembre 1891	Carte	Hassebroucq frères	
82	5.834	16 février 1892	Carte	Crespel et Descamps	D Aᵉ
83	5.835	16 février 1892	Carte	Crespel et Descamps	D Aᵉ
84	5.838	16 février 1892	Carte	Vᵉ C. Crespel et fils	C F
85	5.839	16 février 1892	Carte	Vᵉ C. Crespel et fils	C F
86	5.858	5 avril 1892	Carte	H. et L. Rogez	
87	5.859	5 avril 1892	Carte	H. et L. Rogez	R et C
88	5.871	4 mai 1892	Carte	Georges Saint-Léger	S L
89	5.874	10 mai 1892	Carte	Vᵉ C. Crespel et fils	C F
90	5.875	10 mai 1892	Carte	Vᵉ C. Crespel et fils	C F
91	5.892	25 mai 1892	Carte	I. Lambin	
92	5.901	6 juillet 1892	Carte	Alfred Descamps	
93	5.912	30 juillet 1892	Carte	Hassebroucq frères	
94	5.915	2 août 1892	Carte	H. et L. Rogez	R et C
95	5.916	2 août 1892	Carte	H. et L. Rogez	R et C
96	5.917	2 août 1892	Carte	H. et L. Rogez	R et C
97	5.918	2 août 1892	Carte	H. et L. Rogez	R et C
98	5.920	6 août 1892	Carte	Hassebroucq frères	
99	5.921	6 août 1892	Carte	Hassebroucq frères	
100	5.922	6 août 1892	Carte	Hassebroucq frères	
101	5.967	1ᵉʳ septembre 1892	Carte	Alfred Descamps	
102	5.968	1ᵉʳ septembre 1892	Carte	Alfred Descamps	
103	5.997	18 novembre 1892	Carte	Gustave Toussin	G T
104	5.998	18 novembre 1892	Carte	Gustave Toussin	G T
105	6.000	2 décembre 1892	Carte	Alfred Descamps	
106	6.001	2 décembre 1892	Carte	Alfred Descamps	
107	6.002	2 décembre 1892	Carte	Alfred Descamps	
108	6.003	7 décembre 1892	Carte	Hassebroucq frères	
109	6.004	7 décembre 1892	Carte	Hassebroucq frères	
110	6.006	15 décembre 1892	Carte	Alfred Descamps	
111	6.007	15 décembre 1892	Carte	Alfred Descamps	

N° D'ORDRE	N° D'INSCRIPTION	DATE DU DÉPOT	NATURE DE LA MARQUE	NOM DU DÉPOSANT	INITIALES
112	6.021	27 janvier 1893.	Carte............	I. Lambin.........	I L
113	6.022	27 janvier 1893...	Carte............	I. Lambin.......	
114	6.040	18 février 1893...	Modèle de carte......	J.-Bte Roland........	J B R
115	6.041	23 février 1893....	Carte............	Georges Saint-Léger....	V S L
116	6.058	28 mars 1893....	Carte............	H. et L. Rogez.......	
117	6.059	28 mars 1893.....	Carte............	H. et L. Rogez.......	
118	6.060	28 mars 1893....	Carte............	H. et L. Rogez......	
119	6.061	28 mars 1893...	Carte............	H. et L. Rogez......	
120	6.244	4 juillet 1893...	Carte............	Vve C. Crespel et fils.	
121	6.245	4 juillet 1893...	Carte............	Vve C. Crespel et fils	
122	6.250	19 juillet 1893...	Carte en forme de croix.	Aug. Lambin........	
123	6.255	25 juillet 1893....	Carte............	Vve C. Crespel et fils....	C F
124	6.256	25 juillet 1893....	Carte............	Vve C. Crespel et fils....	C F
125	6.257	25 juillet 1893....	Carte............	Vve C. Crespel et fils....	C F
126	6.258	25 juillet 1893....	Carte............	Vve C. Crespel et fils....	C F
127	6.259	25 juillet 1893....	Carte............	Vve C. Crespel et fils....	C F
128	6.260	25 juillet 1893....	Carte............	Crespel et Descamps....	D Aᵉ
129	6.261	25 juillet 1893....	Carte............	Crespel et Descamps....	D Aᵉ
130	6.262	25 juillet 1893....	Carte............	Crespel et Descamps....	D Aᵉ
131	6.263	25 juillet 1893....	Carte............	Crespel et Descamps....	D Aᵉ
132	6.264	25 juillet 1893....	Carte............	Crespel et Descamps....	D Aᵃ
133	6.265	25 juillet 1893....	Carte............	Crespel et Descamps....	D Aᵉ
134	6.272	31 juillet 1893....	Carte............	Vve C. Crespel et fils....	C F
135	6.395	7 novembre 1893...	Carte............	Vve C. Crespel et fils....	C F
136	6.396	7 novembre 1893...	Carte............	Vve C. Crespel et fils....	C F
137	6.397	7 novembre 1893...	Carte............	Vve C. Crespel et fils....	C F
138	6.398	7 novembre 1893...	Carte............	Vve C. Crespel et fils....	C F
139	6.399	15 novembre 1893.	Carte............	Hassebroucq frères....	
140	6.400	15 novembre 1893.	Carte............	Hassebroucq frères....	
141	6.417	20 décembre 1893.	Carte............	Hassebroucq frères....	
142	6.418	20 décembre 1893.	Carte............	Hassebroucq frères....	
143	6.421	21 décembre 1893.	Carte............	G.-J. Descamps-Beaucourt	G J D B
144	6.443	29 décembre 1893.	Carte............	Georges Saint-Léger....	
145	6.444	29 décembre 1893.	Carte............	Georges Saint-Léger....	
146	6.445	3 janvier 1894...	Carte............	Hassebroucq frères....	
147	6.453	9 janvier 1894...	Carte............	Georges Saint-Léger....	V S L
148	6.454	9 janvier 1894...	Carte............	Georges Saint-Léger....	V S L
149	6.455	9 janvier 1894...	Carte............	Georges Saint-Léger....	V S L
150	6.456	9 janvier 1894...	Carte............	Georges Saint-Léger....	V S L
151	6.457	19 janvier 1894...	Carte............	G.-J. Descamps-Beaucourt	G J D B
152	6.491	16 avril 1894....	Carte............	Alfred Descamps......	
153	6.492	16 avril 1894....	Carte............	Alfred Descamps......	

N° d'ordre	N° d'inscription	DATE DU DÉPÔT	NATURE DE LA MARQUE	NOM DU DÉPOSANT	INITIALES
154	6.493	16 avril 1894	Carte	Alfred Descamps	
155	6.506	27 avril 1894	Carte	Georges Saint-Léger	
156	6.507	1er mai 1894	Carte	Crespel et Descamps	D Aé
157	6.508	1er mai 1894	Carte	Crespel et Descamps	D Aé
158	6.509	1er mai 1894	Carte	Crespel et Descamps	D Aé
159	6.512	1er mai 1894	Carte	Vᵉ C. Crespel et fils	C F
160	6.513	1er mai 1894	Carte	Vᵉ C. Crespel et fils	C F
161	6.514	1er mai 1894	Carte	Vᵉ C. Crespel et fils	C F
162	6.515	1er mai 1894	Carte	Vᵉ C. Crespel et fils	C F
163	6.516	1er mai 1894	Carte	Vᵉ C. Crespel et fils	C F
164	6.524	9 mai 1894	Carte	G.-J. Descamps-Beaucourt	
165	6.542	17 mai 1894	Carte	Hassebroucq frères	
166	6.543	17 mai 1894	Carte	Hassebroucq frères	
167	6.596	17 juillet 1894	Carte	Georges Saint-Léger	
168	6.597	17 juillet 1894	Carte	Georges Saint-Léger	
169	6.598	17 juillet 1894	Carte	Georges Saint-Léger	
170	6.599	17 juillet 1894	Carte	Georges Saint-Léger	
171	6.600	17 juillet 1894	Carte	Georges Saint-Léger	
172	6.601	17 juillet 1894	Carte	Georges Saint-Léger	
173	6.602	17 juillet 1894	Carte	Georges Saint-Léger	
174	6.603	17 juillet 1894	Carte	Hassebroucq frères	
175	6.621	18 août 1894	Carte	Georges Saint-Léger	
176	6.622	18 août 1894	Carte	Hassebroucq frères	
177	6.623	18 août 1894	Carte	Hassebroucq frères	
178	6.646	7 septembre 1894	Carte	Hassebroucq frères	
179	6.647	7 septembre 1894	Carte	Hassebroucq frères	
180	6.648	7 septembre 1894	Carte	Hassebroucq frères	
181	6.649	7 septembre 1894	Carte	Hassebroucq frères	
182	6.650	7 septembre 1894	Carte	Hassebroucq frères	
183	6.651	7 septembre 1894	Carte	Hassebroucq frères	
184	6.652	7 septembre 1894	Carte	Hassebroucq frères	
185	6.653	7 septembre 1894	Carte	Hassebroucq frères	
186	6.655	7 septembre 1894	Carte	Hassebroucq frères	
187	6.656	7 septembre 1894	Carte	Hassebroucq frères	
188	6.657	7 septembre 1894	Carte	Hassebroucq frères	
189	6.671	10 octobre 1894	Carte	Georges Saint-Léger	V S L
190	6.672	10 octobre 1894	Carte	Georges Saint-Léger	V S L
191	6.673	10 octobre 1894	Carte	Georges Saint-Léger	V S L
192	6.674	10 octobre 1894	Carte	Georges Saint-Léger	V S L
193	6.675	10 octobre 1894	Carte	Georges Saint-Léger	V S L
194	6.677	10 octobre 1894	Carte	Georges Saint-Léger	
195	6.683	22 octobre 1894	Carte	Georges Saint-Léger	V S L

N° D'ORDRE	N° D'INSCRIPTION	DATE DU DÉPOT	NATURE DE LA MARQUE	NOM DU DÉPOSANT	INITIALES
196	6.684	22 octobre 1894	Carte	Georges Saint-Léger	V S L
197	6.685	22 octobre 1894	Carte	Georges Saint-Léger	V S L
198	6.686	22 octobre 1894	Carte	Georges Saint-Léger	V S L
199	6.690	30 octobre 1894	Carte	Crespel et Descamps	D Aé
200	6.691	30 octobre 1894	Carte	Crespel et Descamps	D Ae
201	6.692	30 octobre 1894	Carte	Crespel et Descamps	D Aé
202	6.693	30 octobre 1894	Carte	Crespel et Descamps	D Aé
203	6.694	30 octobre 1894	Carte	Crespel et Descamps	D Aé
204	6.695	30 octobre 1894	Carte	Crespel et Descamps	D Aé
205	6.696	30 octobre 1894	Carte	Crespel et Descamps	D Aé
206	6.697	30 octobre 1894	Carte	Crespel et Descamps	D Aé
207	6.710	20 novembre 1894	Carte	Crespel et Descamps	D Aé
208	6.711	20 novembre 1894	Carte	Crespel et Descamps	D Aé
209	6.712	20 novembre 1894	Carte	Crespel et Descamps	D Aé
210	6.713	20 novembre 1894	Carte	Crespel et Descamps	D Aé
211	6.714	20 novembre 1894	Carte	Vᵉ C. Crespel et fils	C F
212	6.715	20 novembre 1894	Carte	Vᵉ C. Crespel et fils	C F
213	6.716	20 novembre 1894	Carte	Vᵉ C. Crespel et fils	C F
214	6.717	20 novembre 1894	Carte	Vᵉ C. Crespel et fils	C F
215	6.726	13 décembre 1894	Carte	Georges Saint-Léger	
216	6.767	13 février 1895	Carte	Scrive frères	
217	6.861	20 mai 1895	Carte	G.-J. Descamps-Beaucourt	G J D B
218	6.862	20 mai 1895	Carte	G.-J. Descamps-Beaucourt	G J D B
219	6.863	20 mai 1895	Carte au milieu de laquelle se trouve une ancre	G.-J. Descamps-Beaucourt	G J D B
220	6.906	19 juillet 1895	Carte	A. Fauchille aîné	
221	6.987	26 septembre 1895	Carte	A Fauchille-Delanoy	
222	6.988	26 septembre 1895	Carte	A. Fauchille-Delanoy	
223	6.989	26 septembre 1895	Carte	A. Fauchille-Delanoy	
224	6.996	9 octobre 1895	Carte	Hassebroucq frères	
225	6.997	9 octobre 1895	Carte	Hassebroucq frères	
226	6.998	9 octobre 1895	Carte	Hassebroucq frères	
227	6.999	9 octobre 1895	Carte	Hassebroucq frères	
228	7.000	9 octobre 1895	Carte	Hassebroucq frères	
229	7.001	9 octobre 1895	Carte	Hassebroucq frères	
230	7.002	9 octobre 1895	Carte	Hassebroucq frères	
231	7.003	9 octobre 1895	Carte	Hassebroucq frères	
232	7.004	9 octobre 1895	Carte	Hassebroucq frères	
233	7.005	9 octobre 1895	Carte	Hassebroucq frères	
234	7.006	9 octobre 1895	Carte	Hassebroucq frères	
235	7.007	9 octobre 1895	Carte	Hassebroucq frères	
236	7.008	9 octobre 1895	Carte	Hassebroucq frères	
237	7.009	9 octobre 1895	Carte	Hassebroucq frères	

N° d'ordre	N° d'inscription	DATE DU DÉPOT	NATURE DE LA MARQUE	NOM DU DÉPOSANT	INITIALES
238	7.010	9 octobre 1895...	Carte.................	Hassebroucq frères.....	
239	7.011	9 octobre 1895...	Carte.................	Hassebroucq frères.....	
240	7.012	9 octobre 1895...	Carte.................	Hassebroucq frères.....	
241	7.013	9 octobre 1895...	Carte.................	Hassebroucq frères.....	
242	7.014	9 octobre 1895...	Carte.................	Hassebroucq frères.....	
243	7.015	9 octobre 1895...	Carte.................	Hassebroucq frères.....	
244	7.016	9 octobre 1895...	Carte.................	Hassebroucq frères.....	
245	7.017	9 octobre 1895..	Carte.................	Hassebroucq frères.....	
246	7.018	9 octobre 1895...	Carte.................	Hassebroucq frères.....	
247	7.019	9 octobre 1895...	Carte.................	Hassebroucq frères.....	
248	7.020	9 octobre 1895...	Carte.................	Hassebroucq frères.....	HF
249	7.027	12 octobre 1895..	Carte.................	Alfred Descamps......	
250	7.028	12 octobre 1895..	Carte.................	Alfred Descamps	
251	7.041	13 novembre 1895.	Carte.................	Hassebroucq frères.....	
252	7.077	19 novembre 1895.	Carte.................	Crespel et Descamps....	D Aᵉ
253	7.078	19 novembre 1895.	Carte.................	Crespel et Descamps....	D Aᵉ
254	7.079	19 novembre 1895.	Carte.................	Crespel et Descamps....	D Aᵉ
255	7.080	19 novembre 1895	Carte.................	Crespel et Descamps....	D Aᵉ
256	7.081	19 novembre 1895.	Carte.................	Crespel et Descamps....	D Aᵉ

N° d'ordre	N° d'inscription	DATE DU DÉPOT	NATURE DE LA MARQUE	NOM DU DÉPOSANT	INITIALES

N° D'ORDRE	N° D'INSCRIPTION	DATE DU DÉPOT	NATURE DE LA MARQUE	NOM DU DÉPOSANT	INITIALES

N° d'ordre	N° d'inscription	DATE DU DÉPOT	NATURE DE LA MARQUE	NOM DU DÉPOSANT	INITIALES

N° D'ORDRE	N° D'INSCRIPTION	DATE DU DÉPOT	NATURE DE LA MARQUE	NOM DU DÉPOSANT	INITIALES

N° D'ORDRE	N° D'INSCRIPTION	DATE DU DÉPOT	NATURE DE LA MARQUE	NOM DU DÉPOSANT	INITIALES

www.ingramcontent.com/pod-product-compliance
Lightning Source LLC
Chambersburg PA
CBHW070448170426
43201CB00010B/1261